苏报案
与辛亥风云

20 世纪初的中国愤青　　施原◎著

SUBAOAN
YU XINHAI FENGYUN
20 SHIJI CHU DE ZHONGGUO FENQING

语文出版社

·北京·

图书在版编目(CIP)数据

苏报案与辛亥风云 / 施原著. —北京：语文出版社，2011
ISBN 978-7-80241-452-5

I.①苏…　Ⅱ.①施…　Ⅲ.①苏报案–研究②辛亥革命–研究
Ⅳ.①K257.107②K257.07

中国版本图书馆CIP数据核字（2011）第006721号

责任编辑	高全军
装帧设计	李建章
出　版	语文出版社
地　址	北京市东城区朝阳门内南小街51号　100010
电子信箱	ywcbsywp@163.com
排　版	语文出版社照排室
印刷装订	北京兆成印刷有限责任公司
发　行	语文出版社　新华书店经销
规　格	787mm×1092mm
开　本	1/16
印　张	26.75
字　数	477千字
版　次	2012年8月第1版
印　次	2012年8月第1次印刷
印　数	1–5,000
定　价	42.00元

本书如有质量问题请与本社发行部联系 ☎：010-65251033

目 录

楔 子

金门两日游就要结束了。按照行程，我们提前一个小时到水头码头候船。

紧挨着码头的一块高地上，是个林木森森的小公园。由于时间充裕，我们中几位耐不住等船的枯燥，决定登高再拍几张海峡彼岸的望乡照。

原来，这是建于1953年的吴稚晖海葬纪念公园。一片绿地，一条小路，一个纪念亭，一尊铜像。铜像屹立在公园尽头的最高点，面向大海。望着远远的大陆山河田野。

当被告知，半个世纪过去了，这公园一直不曾遭遇意外时，我们意外了：

经历三十年不间断的万炮轰金门，这个离大陆最近的地点，居然能神奇地保住"金身不破"，莫非是奇迹？

但，这就是奇迹。

当然，奇迹靠的是炮战双方的共同维护。

他是89岁那年死去。一辈子怕见医生，怕吃药打针，更怕住医院。可他偏偏要死在医院的病床上。

弥留之际，李石曾从巴黎赶来。他禁不住向老友表达自己对亲人不尽的情感：留在大陆的老婆袁云庆和女儿，念叨着国外治病的儿子。

他并不知道，老婆已先他离开人间了。

这年10月30日深夜，他静静死去。当他睁开最后一眼时，留下的遗言是

"海葬!"

而且"只带走一条内裤"。

1949年，吴稚晖被奉化蒋介石先生的专机"美龄号"从广州接到了台北。之前吴稚晖在上海，知道专机"美龄号"要到上海接他时，他借口要到广州会朋友，临时走避。结果那趟专机只接走钮永建。但吴到广州还是免不了同样结果。

吴稚晖知道，奉化父子是需要他和钮永建、居正、于右任等元老作为正统的象征，让他们在台湾重新获得最高权力。他是无法脱身的。

但这造成了他有家不能归，骨肉分离的痛苦。以至于最后到了流落异乡，死为他乡鬼的结局。

奉化父子口口声声把吴稚晖奉为师表，不知是否真心。但蒋介石先生的确十分理解他和体谅他，哪怕是作秀也表演得真切。

抗战时期在陪都重庆，吴稚晖白天上街卖字赈灾为战争难民施粥。晚上，老夫妇执意住草庐，埋砂锅烧粥过日子。蒋先生夫妇登门，让第一夫人宋美龄接替守砂锅烧粥。

内战时，吴稚晖发飙，青天白日提着灯笼四处招摇，甚至大白天提着灯笼去参加"中常会"。蒋先生明知难堪，却赔笑上前：

"老先生，您这是？……"

"这里黑暗啊!"没有好话。

这次海葬的仪式，蒋介石先生也是尽心尽力：派军机遣军舰，"太子"亲自护灵下海播骨灰。自己又是献"痛失师表"的挽联，又是亲自审定吴的铜像模型。铸成的两尊铜像分别立在台北闹市区的敦化路与南京路交叉路口和金门水头码头。

水头码头的高地上，看大陆最真切。

那是故土，是祖国。是一辈子奋斗不息的地方，是叶落归根之处。

金门料罗湾离大陆最近，让灵魂附着骨灰，从海上漂过去。漂上大陆，漂进扬子江，漂到太湖，漂至无锡雪堰桥。

雪堰桥就是外婆桥啊！吴稚晖从小在这里由外婆养大。

到了雪堰桥就到了家乡。就可以拜见外婆，可以见到老太婆和女儿了，盼望叶落归根。

高处的铜像凝望着，这一望，五十六年。

其中有三十连年，这里万炮轰鸣，排山倒海。他没有动摇。

岁岁月月，日日夜夜，岁月蹉跎。酷暑寒霜，狂风巨浪，他不改初衷。

终于，盼到了。

虽然他没有孙子，没有外孙。但无锡乡亲在2009年把他的铜像从台北搬回故乡。

叶落归根，他可以安息了。

吴稚晖是个时代人物。

是个既受争议，又得到肯定的人物。

他逝世十周年前夕，第十三届联合国教科文组织提名他为"世纪伟人"。近代中国，他是唯一得此殊荣的。

作为同盟会的元老，孙中山的挚友，他终身从事民主革命，是得到大众认可的。

作为教育家，他终身致力于教育事业，特别是组织了留法的勤工俭学，这是受到公认的。

他作为学者，向中国介绍新学，传播新思想。他是1928年中央研究院22名评议员（当时不设院士）之一，又是1948年中研院首批院士。他的学识，是公认的。

特别是作为语言学家和中国国语读音统一会会长，推广他的"豆芽符号"作为注音符号。提倡并推广统一汉语的发音，是有功劳的。

他一生清廉，生活清贫，靠卖字为生，靠卖字施粥救济战争难民。这点是大众看到的。

他与钮永建、沈尹默还是那个年代最顶尖的三大书法家。

但对他的诟病，也绝不比赞誉少。

邋遢，粗口，行为怪癖，政治立场极端。

他也被骂为疯子，笑为老顽童。

他代表了一代人。

按现代语言来说，他或许可称为老愤青。

他的的确确是 20 世纪初那个时代的愤青，而且是个终身愤青。

他革命历程的开端，始于上海 1902 年到 1903 年的爱国学社学潮和苏报案事件。那里，汇集了中国 20 世纪初的一大批精英，汇集 20 世纪中国的第一代愤青。

以此为以下全文的楔子。

上 编

第一章

从戊戌中来

一　杨崇伊

欲说20世纪初的革命党人事件，绝不能忽略19世纪最末几年的戊戌事件。应该说，戊戌维新的失败，才激起了20世纪初激烈的革命运动。

戊戌运动出了一批慷慨激昂的斗士。他们是那个时代的愤青，19世纪末的愤青。1902年发生的反清民主革命事件出了另一类愤青。他们本质不一样，但是有关联的。特别后者有不少是直接经历戊戌事变的。

我们这里出场的第一个人物是杨崇伊。

杨崇伊当然不是"有心杀贼，无力回天；死得其所，快哉快哉！"的戊戌君子。更不是那时代的愤青。或许，还有人会说杨崇伊是贼，是小人。

但我们这里暂时只讲过程而少评判是非，不先给任何人戴"贼""小人"或"君子"的帽子加以评论。如果坚持要说杨崇伊是贼，那不过只是个小贼而已。袁世凯比他厉害多了。历史也总是这样地作怪：小贼的最终下场，往往比大贼惨。

从事实来看，杨崇伊不是獐头鼠目之徒，更不是狗屁不通的庸俗之辈。

他一表人才，风流倜傥，算是那个时代的才子，也是一时精明过人的干吏。

他进士出身，入过翰林。1895年授御史。注意，这御史是凭真才实学考来的。虽说他这广西道监察御史只是一个从五品官员（相当于副司级）。但作为言官，他可以直接上书弹劾任何朝廷大员。

他文笔犀利，书法上乘。当代书画市上，犹有杨崇伊的墨品在拍卖行交易。

他有家族天生遗传下的一副好相貌。凭才貌，他的幼弟成了李瀚章的东床快婿。他的女儿当上李瀚章的孙媳妇。李瀚章是谁？李瀚章是李鸿章的大哥，是湘军重要人物，当过封疆大臣湖广总督。

杨崇伊儿子杨云史，17岁刚过，就被李经方招为女婿。还不因为天生一副小白脸和出色的文采？那李经方又是谁呢？李经方是大清外交大员，李鸿章的儿子。

光绪廿一年（1895年），杨崇伊刚出任贵州道侍读御史。第一状就拿康梁的"强学会"开刀。"强学会"立即被取缔。参加"强学会"的那些人，比如大学士兼帝师翁同和、大学士文廷式、封疆大臣张之洞等都只能干瞪眼。据说李鸿章也想参加强学会，并愿出2000大洋的报名费，被拒。原因是甲午败绩，李的名声不好。

◎ 张元济

次年，就是光绪廿二年（1896年），他又上书参文廷式一本，文廷式遭贬。而文廷式是光绪宠爱的瑾妃和珍妃两姐妹的老师。

这先后二状，都甚合老佛爷的心意。连发二炮，两炮俱中要害，朝野为之一震。

杨崇伊名声上扬。他可以依托的势力圈，就不再只是限于裙带的李家，而扩大到恭亲王奕䜣、庆亲王奕劻和立山、怀塔布等强有力的满大员。不知何时起，杨崇伊与突然起飞的荣禄异常热络。

说实在话，杨崇伊并不反对变法，不反对新思想。他觉得，只要对仕途有利，他就会毫不犹豫出现在那一边。

总理衙门章京张元济从事外交又从事洋务，懂英文还宣传新思想。张元济业余办"通艺学堂"，教授英文和数学，传播西方思想。杨崇伊就让儿子杨云史参加，杨云史是首批30名学员之一。杨崇伊也心里佩服张元济，希望儿子学点新潮思想，将来有好出路。

杨崇伊家的对面，就是已故兵部尚书许庚身的官邸。许庚身任军机处大臣30余年，根基深厚。官邸现在由其女婿张元济居住。杨崇伊眼红张元济：好运气，刚中进士就官运、桃花运一起来。靠山硬，关系广。张比自己晚十年考取功名，却升得飞快。从翰林院，一下就升了刑部主事，没多久，又是总理衙门章京，与自己的官位相当，位置却更令人眼红。还是恭亲王奕䜣、庆亲王奕劻和李鸿章的身边人，甚至于还听说张元济可间接通皇上。

张元济在总理衙门时，接手了一件额外的差使：光绪皇帝喜欢新学，爱看新书。衙门指定由张元济物色有关西方新思想的书籍资料。那时，国内这方面资料非常少，弄新书不容易。有时，张元济只好把自己仅有的一些私人书籍，拿来充数。由于书上有张元济的图章，光绪就这样预知了这张元济的人和事。

张元济是厚道人，对邻居的孩子杨云史十分关照，确实希望杨云史与其他 30 名学生一样成为品格高尚的新人才。

送杨云史上新学堂，这点杨崇伊没错。

后来李经方任驻英公使，在新加坡设立公使馆驻远东英属殖民地的代表处，把这份清闲差使安排给女婿杨云史，小夫妻在那里逍遥享乐。民国后，杨云史也是著名才子了，长期当吴佩孚的秘书。

二　明定国是

变法终于发生了。

名义上，自光绪结婚后，慈禧就该宣布归政退居圆明园了。但她不甘寂寞，依然控制朝政，视光绪为傀儡。

1894 年这年，光绪挂着皇帝的名义，却在不能自主决策的情况下经历甲午战败。他心痛至极，这皇帝当得窝囊，耻辱！

愤于战败，欲思振作，于是决心变法改革政治。

1898 年 6 月 11 日，发布《明定国是》上谕，昭告天下，实行变法。《明定国是》的诏书是由老师翁同和草就的。

翰林院侍读学士徐致靖首先响应。以《国是既定，用人宜先》上奏折"密保维新救时之才"。向光绪推荐了康有为、黄遵宪、谭嗣同、张元济和梁启超五人。

而同时，慈禧却发出指令：要贬退翁同和，撤换王文昭，指定荣禄为直隶总督。

或许，光绪为了变法，想采用折中妥协的办法：老佛爷的指示我照办，我的朝政也希望太后手下留情。

但，这一妥协，光绪变法的第一回合，就受挫了。翁同和再窝囊不得力，不思变法，与光绪有过口角之争，但究竟翁同和是权高位重的心腹，是可以用来同慈禧捣捣糨糊，挡挡政治寒潮的。光绪少了翁同和，就倒了一堵挡风墙。

罢了翁同和不说，光绪还同意把这直隶总督位子交给荣禄。到后来就知道这一步走错了，错得悲惨。

但，光绪有胆量、有能力驳回慈禧的意图吗？

没有。

既然没有，那变法的事，本就是一桩走刀锋的冒险了。

6月15日，光绪召见荣禄、康有为、张元济和另外两位外派任知府的官员。

张元济对皇上能平和地同自己谈看法，鼓励自己不必有所戒惧，畅所欲言，十分感恩戴德。光绪甚至与张元济讲到西方技术，讲到铁路，居然能讲到英国通过藏南铁路运兵进攻我大西南，而中国从云南通报个消息到北京就要个把月。开战消息还没报达北京，战败失地已成定局。这就是指当时中国在英军的进攻下，失去对上缅甸的江心坡和八莫等地的控制权。可见光绪不但对变法图强，还对新的技术有着迫切的心情。这点，令张元济十分感动。不过，张元济不是激进改革者。他主张从教育入手，通过普及西方新的思想，掌握西方新的技术来强国。

张元济或许赞同老友严复的观点：在当时国民智力条件下，需要有一个思想启蒙过程，这个过程是缓慢的、漫长的，不能骤然去实行，而只能教育先行。

严复的主张是：民主，科学。也就是要开启民智，营造风气。没有民众的觉悟，变法只不过是沙滩上的楼阁。

而对处于焦急状态的光绪，更希望张元济能提激进点的建议。

张元济后，光绪见了荣禄，封他为直隶总督。传说，光绪本拟让康有为出任总理大臣行走，被荣禄劝阻。当然荣禄是表达了慈禧的意见。阻止康有为的任命的理由还有：康有为是1898年新科进士，与当代大学新毕业生一样，有见习期。皇帝只好作罢，授予康有为"专折奏事"的特权，除此没有别的地位。

就在这天，光绪皇帝连发五道上谕，其中关系具体人事变动的是：翁同和开缺回乡，王文韶调京，荣禄任直隶总督。第一回合，光绪就丢分了。

第二天，张元济同李鸿章讲起面圣的事。李问，是否知道翁同和被逐的事？神情凝重。的确，张元济当时还不知道。他这种"司局级干部"，不可能在第一时间时看到上谕的抄本。

其实翁同和与李鸿章在甲午后，几成冤家。李主动提这事，使张元济意识到朝廷局面会有重大变化。对此，李只是叹气。那时李已经靠边了，他那总理衙门大臣，也只是虚的了。对于变法事，李鸿章既不甚赞成也不反对。这也影响了整个洋务派的立场。由于洋务派的"弃权"，变法实际上成为光绪孤家寡人的行为了。

◎ 清末上海四马路

接着，京师大学堂成立。可以说，那是维新变法的唯一成果，但那只是形式上的成果。管学大臣孙家鼐欲请张元济出任京师大学堂总办，但张元济婉辞了，因为一股危机感正压在心头。另外就是京师大学堂所用非人，拼凑的班子鱼龙混杂，张元济不愿与他们共谋。但张元济报答皇帝的知遇之恩，还是很强烈的。

面圣第二天，也就是1889年6月16日，张元济就与梁启超一起上了"废八股"的折子。但"废八股"的事，戊戌年没机会实行。倒是复辟后几年，"后党"们实行了。主持的不是光绪，而是慈禧。这是后话。

由于对康有为任命受到挫折，徐致靖等人再次推荐了谭嗣同、杨深秀、林旭、杨锐和刘光第等人。这就是以后称的"六君子"中的五位。谭嗣同等四人进了军机处，只是官职不得超过章京级。

康有为更是不断地上折，提出许多推行改革方略。张元济和其他人也陆续上了些变法的折子。

变法似乎在进行着。

但这变法只是停留在奏折上的热闹，而没发生任何实际行动（除了大学堂那块招牌，花十几两银子让工匠加工外）。其他无非是想调整朝廷机构及官员职位的上下，却几乎没成功。

军机处老大员和六部尚书们则以缺乏"可操作性"为理由，敷衍着，对变法软磨硬泡。

皇帝急了，于是龙颜大怒，贵族们受到了训斥，礼部六堂官被罢黜。

被斥的权贵们，演出了闹剧：怀塔布、立山等率内务府人员数十人先是遥跪西太后，哭诉冤枉。进而直接在西后前，诉皇上之无道。

这让杨崇伊看到了机会，感觉到自己该挺身而出了。

而其实这时，荣禄与庆亲王奕劻、怀塔布、立山等满员以及部分台谏官员，已开始抱成团，形成了后党，展开幕后活动。其唯一目的是：要慈禧太后出山"训政"，制止皇帝，扼杀变法。

荣禄与杨崇伊更是往来亲密。杨崇伊，还有怀塔布和立山不时地在北京与天津（荣禄）之间奔波，后党们忙碌着。

他们谈点什么？显然，他们是不搞会谈纪要的，后人，只能从后来事态的发展进行猜测。

三　太后亲政

在后党的阴谋气氛中，光绪感到了害怕。

据称在光绪二十四年七月二十九日（1898 年 9 月 15 日）光绪帝到颐和园见慈禧太后时，慈禧太后威胁过要废掉他。光绪预感不但变法要面临夭折，而且自身可能性命不保，为此给帝党人物杨锐发下密谕：

朕惟时局艰难，非变法不足以救中国，非去守旧衰谬之大臣，而用通达英勇之士，不能变法。而皇太后不以为然，朕屡次进谏，太后更怒。今朕位几不保，汝康有为、杨锐、林旭、谭嗣同、刘光第等，可妥速密筹，设法相救。朕十分焦灼，不胜期望之至。特谕。

这文字是康党后来公开的。但不知真实性多大。但光绪感觉到受威胁，应是千真万确的。

正在此时，徐致靖保举了袁世凯。袁世凯早年也参加过"强学会"，康、梁与六君子十分赞同。

1898 年 9 月 16 日和 9 月 17 日（戊戌年八月初一初二）两天，光绪接连召见袁世凯。

袁世凯得到面圣机会，信誓旦旦，忠心耿耿。光绪心怀几分欣慰，授兵部侍郎衔。

有资料称，袁世凯是托好友徐世昌去打通徐致靖的关节，得到机会的。徐世昌是徐致靖的本家侄儿。徐世昌后来是民国大总统。

经过后党们的反复酝酿与斟酌，甚至是太后本人的意图，后党们终于亮出了"迎请太后亲政"的旗号。打先锋的，是杨崇伊。

公元 1898 年 9 月 18 日（戊戌年八月初三日）杨崇伊上书，请求西太后训政，全

文仅500字，十分诡秘又显得十分危急。

据说，原本按西太后最初的意思是，要造成一个朝臣齐请训政的声势，以掩盖她自己迫不及待的心情。

可是由于时间仓促，同时，朝臣们和言官们尽管反对新法，但都不想当第一个出头人，不愿自己被指责为背后打小报告的小人，更不愿意在历史上留下骂名。

连参与谋划的立山、塔尔布也不署名，结果是杨崇伊一人单干。

后人评价甚高的徐凌霄与徐一士兄弟的《凌霄一士随笔》对杨御史上书的过程记述甚详：

御史杨崇伊之以危词耸后听政也，具折后谒庆亲王奕劻，蕲代奏，奕劻有难色。崇伊曰，此折王爷已见之矣，如日后闹出大乱子来，王爷不能诿为不知也。奕劻乃诺之，至颐和园见后，面奏崇伊有折言事。后犹作暇豫之状曰，闲着也是闲着，拿过来看看吧。既阅而色变，立召见诸大臣。

这"有难色"的奕劻，表现得近乎厚道。但这厚道又有几分真？但奕劻不肯直接当这个不光彩的角色，倒是可能。

这"后犹作暇豫之状"，更是十分写真。老佛爷真是菩萨心肠。她老人家若不是因国难当头，哪会贪恋权位？重新出山，还不都因为光绪病重，自己才不得已把老骨头赔上？

反正，一场复辟之战就这样在邪恶与虚伪的气氛中拉开序幕。

这就是杨崇伊上书的经过。

戊戌八月初三日夜，也就是杨崇伊上书太后的同一天，据传，林旭、谭嗣同带着光绪的"密诏"，深夜访袁世凯，求袁世凯救驾。此事是真是假不得而知。

但不论怎么说，光绪、康梁及六君子冒险地把希望寄托在袁世凯身上，是大错了。杀身之祸正由此人而生。

八月初四日（1898年9月19日），因袁世凯面圣受加封，荣禄不安，以军情紧急，催袁世凯回津。

八月初五日（1898年9月20日），袁世凯回天津。

八月初六日（1898年9月21日），西太后垂帘诏下，突然宣布训政，第三度掌握政权。下令逮捕康有为、康广仁和梁启超，光绪被幽禁于西苑瀛台。

同一天，张元济等到日本使馆去看伊藤博文，这日本前首相正在中国访问。当时张元济还不知道发生政变的事。

伊藤说：一个国家要变法，不是一件容易的事，一定要经过许多挫折才会成功。诸位有志爱国，望善自保重。

伊藤已经知道政变的事，他不好明说，所以说出这一段含蓄的话。

从日本使馆出来，张元济才听到西太后由颐和园回宫发动政变的消息。

八月初八日（1898 年 9 月 23 日）朝廷庆贺太后垂帘。

不过，那几天，除光绪被禁，康有为、康广仁及梁启超遭追捕外，一时，其他人没什么动静。

张元济还只当是皇帝太后母子之间闹别扭，就去见李鸿章：

现在太后和皇上意见不合，你是国家重臣，应该出来调和调和才是。

李叹气：你们小孩子懂得什么？

张不敢再说了。

可是，事远没完。

原来八月初六（1898 年 9 月 21 日），御史杨崇伊来到天津，向荣禄报告训政的消息。荣禄召见袁世凯。由于太后政变，而袁世凯也刚被光绪帝授了兵部侍郎的头衔。荣禄自然心存疑虑：你小袁到底姓"后"还是姓"帝"？不得不提防。召见袁时，辕门卫兵夹道罗列。袁世凯见状，又从杨崇伊口里得知太后训政，捉拿康有为、康广仁和梁启超的事，吓得直哆嗦。

于是，就选择了'坦白从宽，抗拒从严'的光明大道。扑通一声跪下：

大帅替我做主！

他如实供出了一批"大逆不道"的人物和事情。

四　六君子遇难

经荣禄和袁世凯统一口径后，拿着袁世凯的揭发材料，杨崇伊意气风发，回到北京。

次日（即八月初九）旨下：张荫桓、徐致靖、杨深秀、杨锐、林旭、谭嗣同、刘光第均著先行革职，交步军统领衙门，拿解刑部治罪。

此后，天天有抓人的传闻。

张元济料定自己也在被捕行列。照常每两天去衙门一次上班，早到晚退，静候就捕。他情愿在衙门被捕去，也不要在家中被带走，以免母亲及家人受惊。

八月十三日那天，张元济回到家门口，被一个兴冲冲而来的少年撞了一下。一看，原来是"通艺学堂"的学生杨云史。

哎呀，张大人！你知道不？刚才菜市口杀了康党！一个挨一个的。作孽啊！

还特地看了看张元济的脸。

一股凉气从后脊骨冷透到脚后跟。

这事有什么值得杨云史如此兴奋？他就是我在"通艺学堂"培养的学生吗？

张元济禁不住连连冷战。

杨云史讲的杀康党的事，就是指戊戌八月十三日这天（1898年9月28日），康有为之弟康广仁、御史杨深秀，以及光绪左右专门办理新政的军机章京杨锐、刘光第、林旭、谭嗣同被斩于菜市口。史称戊戌"六君子"蒙难。

第二天就是八月十四日才宣示六君子罪状：

包藏祸心，潜图不轨，前日竟有纠约乱党，谋围颐和园，劫制皇太后及朕躬之事，幸经觉察，立破奸谋。

这叫做"先斩后判"，死了不用对证。如果以为大清朝廷样样不如洋人的话，那就大错特错了。杀自己人雷厉风行这点，那是洋人们万万不可及的。

这道谕旨说明，荣禄、袁世凯、杨崇伊又立了功劳。

难怪儿子杨云史乐了。但此时究竟还是孩子，后来长大，他的为人，比父亲要好些。

六君子杀头后，大学士徐致靖关在狱中，侍讲学士文廷式和湖南巡抚陈宝箴革职，尚书李端棻和户部侍郎张荫桓发配新疆。

张元济去送别。

五　革职，永不叙用

政变十七天后，也就是戊戌八月二十三日（1898年10月8日），宣布张元济、王锡蕃、李岳瑞三人同被革职，永不叙用。于是张元济从总理衙门拿到官报后就向唐文治、沈曾植等移交。唐文治、沈曾植当时也是总理衙门章京，他们后来逐步升迁，唐文治当过工部署理尚书（署理就是代理）。1907年唐文治辞官当了南洋公学校长。而事前6年，张元济、沈曾植也曾先后当过南洋公学校长。

这是一种历史的巧合。

话说回来，张元济不是正开办通艺学堂吗？官被罢了，通艺学堂也该结束了，张元济把校产登记造册移交给京师大学堂。

当年，刚开张的京师大学堂还来不及招生，这通艺学堂的那批旗人和汉员的官宦子弟就自然算是京师大学堂的首批学生了。不幸，京师大学堂开办第二年，就被义和团们闹垮了。后来国子监和京师大学堂被八国联军中的沙俄军队作为兵营和马棚，惨遭践踏，斯文扫地，被迫关门了。

不想，此后这居然成了十多年的传统：1902年京师大学堂复校后，也只招收旗人和官宦子弟。这情况一直延续到1913年。

这恐怕是戊戌变法的先驱们不曾料到的。

当天，张元济拿着官报回家。

院里的两位老太太，母亲和岳母。

岳母看到官报，急得哭了：你闯大祸丢了官，连累了女儿，不能当诰命夫人，永无出头之日了。

而母亲看着官报处之泰然：儿啊，有子万事足，无官一身轻。

张元济自西后政变以来，历多少惊惶和委屈，而不曾流泪，却在这么一位胸怀宽大且有见识的母亲面忍不住眼泪。

革职后，朋友于式枚来慰问张元济，同时带来李鸿章的安慰。知道张想到上海谋生，于式枚把这告诉了李鸿章。过了几天，于再来答复：你可先去上海，李中堂已招呼盛宣怀替你找事情了。

这于式枚是晚清著名的才子和诗人。像于式枚这种旧科举进士出身，却能通晓多种外文，在当时中国，确实难得。他积极参与洋务运动，后来为京师大学堂总办，最后升邮传部侍郎。

张元济与李鸿章其实没有什么渊源，只是上下级关系而已。李对张倒十分关照。可能，是这老资格的官僚的特有的一种眼光：张元济是个人才！

盛宣怀从上海来了答复。因张元济热衷于教育，懂英文还酷爱新学，想暂先安排张元济去南洋公学负责筹建译学院。

第二章

聚集南洋公学

由于戊戌失败及后来的事变，各地引起连锁反应，牵涉到一批知识分子和学生不得不重新谋求出路。于是与戊戌维新相关的知识分子和学生南下、东进，来到受"后党"影响较小的上海，聚集到上海南洋公学。

这当中有：张元济、蔡元培、吴稚辉、钮永建、蔡艮寅（即蔡锷）、范源廉及后来因义和团事变而停办的北洋大学堂并入南洋公学的学生，其中就有王宠惠兄弟等。

一　张元济到南洋公学

张元济经天津向严复等告别后南下。

严复时任北洋水师学堂总办。知道张元济将去主持南洋公学译学院，就郑重地把自己翻译亚当·斯密的《国民财富的性质和原因的研究》（定名为《原富》）的书稿交给张元济，并请求订正。张元济收下了。

张元济到上海，盛宣怀聘张元济筹建南洋公学译学院。那是 1898 年戊戌变法失败一个月后的事。

就这样，张元济在上海开始了他毕生的事业。盛宣怀最初给张元济的月俸是 100 银元。大致相当于眼下 2 万元人民币的月薪。

张元济办事干练，南洋公学译学院果然顺利地投入运行。1899 年年初，张元济被正式聘为南洋公学译学院院长。译学院聘请外籍专家顾问，首先着手南洋公学教

材的出版工作。张元济下决心要培养国内自己的翻译出版人才。依靠外教及请部分南洋公学本部的教师来兼课，首先招生开办英文班，招收学生 120 名。

接着还在译学院内设立东文学堂，再招生 40 名学习日文，以培养留学生和日文翻译。"东文学堂"的监督是大学者罗振玉，请日本驻沪领馆的藤田丰八、田冈岭云等为教师。学生有樊炳清、王国维、沈紘、章鸿钊和丁福保等人。其实"东文学堂"就是接收了刘鹗、汪康年与罗振玉开办"东文学社"的骨干教师和优秀学生组成的。罗振玉本人及日本教师藤田丰八、田冈岭云及学生樊炳清、王国维、沈紘和丁福保等就是直接来自东文学社。罗振玉给王国维一份助教职务，使他能一边当学堂的执事，一边学习。东文学社在 1898 年由张元济朋友刘鹗、汪康年开办，学生去向正是为了满足张元济开办译学院的需求。1900 年因财力难以为继，张元济才"连锅端"，直接接手。

汪康年是张元济的老朋友，他的《时务报》就在办在上海泥城桥。当年《时务报》社长汪康年与总编梁启超出现内部矛盾，就是张元济出面沟通化解的。如果不是李鸿章把张元济托付给盛宣怀，张元济也会到上海与汪康年合作办报自求发展。

"东文学堂"的学生出来后，樊炳清等许多人在商务印书馆任编辑。其中有二名学生值得额外一提，其一是王国维，另外是章鸿钊。王国维后来与罗振玉一样是著名国学大师，当了清华大学国学研究院研究员。罗振玉与王国维的师生情谊，就是在"东文学堂"建立的。王国维与南洋公学校长沈曾植的师生情谊也随后发生。沈曾植在张元济之后任南洋公学监督，也是前辈的国学大师。王国维后来眼界很高，他的文章不轻易赞扬古今各名师大家，唯独对沈曾植赞誉有加。

1904 年以后，盛宣怀因资金问题，停办译学院。章鸿钊在罗振玉帮助下，先去广东，再东渡留学日本。章鸿钊却例外地成了中国地质学会的首任会长，并在北京大学建立了地质系，他是中国地质学的开创人之一，因为他出国留学后改学地矿工程了。

南洋公学译学院成了后来上海交通大学外国语学院。这英文班和东文学堂也就是交通大学英语系和日语系的源头。南洋公学译学院也是中国大学办出版的第一例。

南洋公学设在徐家汇，而译学院却设在虹口，先在宝昌路，后又到提篮桥。可能当时徐家汇算是郊区，不像如今这等繁华热闹。而虹口一带，那时已是上海的工商业区域。搞出版印刷，当然是虹口方便。

设在宝昌路的英文班的地址现在已比较难确定。因为历经 1932 年的一二·八战争，日本飞机根据文化特务的指点，轰炸了东方图书馆及商务印书馆。这东方图书

馆及商务印书馆凝聚了张元济那一代人的全部心血，日本特务趁机抢劫贵重图书后放火焚烧了楼舍，企图从精神上摧毁中国人民的抗日意志。

战后遗址几乎是一片残墙碎瓦，后来又在废墟上建设。据回忆，这外文班最早的地址就在新中国成立后的上海幼儿师范一带。

值得一提的是，张元济一到上海，就以南洋公学译学院名义出版了严复译的亚当·斯密的《原富》这一不朽名著，也首次作为中国的大学正式教材，登上南洋公学的课堂。亚当·斯密（Adam Smith）《原富》中表达的保守自由主义思想，揭示市场经济背后那只神奇的"无形之手"，至今犹闪烁着无尽的光辉。以《原富》的思想为基础，世界上培育着一批又一批诺贝尔经济学奖的获得者。

张元济与赵从藩一起租用外虹口隆庆里 772 号居住。可见当时生活还是十分简朴的。

赵从藩是南洋公学师范学院第三届学生，出道后为南洋公学特班教习蔡元培助手，后来到张元济译学院工作过，也参与办报。1902 年，京师大学堂重新开办，于式枚出任总办，经张元济推荐，赵从藩被聘为京师大学堂副总办。第二次革命前夕，因出任江西省长闹出了许多麻烦，成了第二次革命的导火索之一。赵从藩的事，就此处提及，后不赘述。

二 蔡元培南下

因变法失败而去职南下的还有另一人。不过，此人虽同情变法，却没有参与变法。

他去职回乡不是因为戊戌变法对他有什么牵连，而是眼睁睁地看着张元济和康梁等人参与的变法失败，深感官场腐败，政治黑暗。他在失望中愤然离开翰林院。

这人不是别人，而正是张元济的同榜进士、同时进翰林院的浙江老乡的蔡元培。

蔡元培回到了绍兴老家，开办中西学堂，任校长。他要办新学救中国。

蔡元培自戊戌失败回乡后未与张元济取得联系。直到 1899 年 9 月 29 日蔡从朋友陈正臣中了解到张元济近状，即作一书，托人送到张元济手中，他们联系上了。1899 年蔡元培日记中记下了张元济的住址。

蔡元培请张元济开列严侯官的各种著作书目，并要购买南洋公学所编的各种书籍。当时，新潮思想的书，几乎是到了"一书难求"的地步。特别是新学教材，除了南洋公学译书院外，全国几乎没有。这严侯官不是别人，正就是严复。前面说过，严复此时是天津水师学堂总办（校长）。严复是福建侯官人，称严侯官，有如称原籍南皮的张之洞为"南皮"，称原籍广东南海的康有为"南海"先生，是一种习惯。正像我们称同班同学为"老山东"，"小宁波"或"小苏州"一样。蔡元培早就知道，严复是当时中国最精通西学的，翻译各类新思想的学术著作最多而且质量最高。而严复的学术著作，都是由张元济主持的译学院出版。

蔡元培太需要老朋友的支持了。11 月 29 日绍兴中西学堂开始放假，蔡元培到上海取书，正遇到经元善要联合知名文人和乡绅，联名上书反对慈禧以立储为名企图废除光绪的阴谋。蔡元培签上了名字。同时签名的 1300 人中，还有吴稚晖。可惜，这次，他们是相遇而没直接交谈。据吴稚晖 1940 年回忆，壬寅前三年他们在上海偶然"一遇"，"旁人指曰此即蔡元培"，就此而已。

谈到蔡元培求购南洋公学所编的各种书籍的事，这里有必要提到张元济开拓书籍销售代理的事。张元济办译学院的高明之处在于"外包""买稿"这四个字。

张元济原来在总理衙门是管理外交和洋务的，对西方经济制度相当精通。

买稿，就是出钱买版权。张元济是中国第一个提出版权概念，并具体实施的人。他还以公文形式，知会上海道台（应称苏太常道道台）袁树勋和江苏等地官员，敦促保护版权。他以高价买下作者的版权，付印后，提取分成，就与当前我们的做法一样。比如，张元济以占译书院全年经费 20% 的 2000 两白银买下严复翻译的《原富》原稿，不能不说是大手笔。其实，严复早就把书稿交给了张元济，但张元济没有简单地拿去印刷，而是先付款买许可。

这外包：第一就是把编书、译稿的事外包给约稿人；第二就是把排版印刷的事包给夏瑞芳的印刷厂；第三是留足南洋公学自用的教材和参考书外，其他书籍的销售，外包给经销商代理。

张元济的一个经销伙伴就是蒯光典。蒯光典是进士出身，他是新派人物，是1902 年江宁高等学堂创办人。这江宁就是现在的南京市，但不能简单地把江宁高等学堂同现在的南京大学联系起来。因为南大与东南大学更愿意与晚一点的南京高等师范学堂联系起来，而"南高"又是与"两江师范"联系在一起的。两江师范与江宁高等学堂开办于同时，彼此就没有因果关系了。江宁高等学堂是 1902 年成立的，但蒯光典着手筹建的时间则更早。筹建新学就需要书籍和教科书，于是，他在上海办"金粟斋译书处"。其实这金粟斋译书处，就是张元济的销售代理商之一。

后来偶有人称严复的《原富》《穆勒名学》和《群学肄言》等书，是金粟斋译书处出版的。那是错的。前面说过，严复是张元济的密友，这些版权早就卖断给张元济了，蒯光典不可能拥有严复《原富》的版权。在上海道台袁树勋眼皮底下，也是不敢搞"山寨"的。只能说，南洋公学译学院在社会上销出的教科书和各类新潮书中，有相当部分是通过"金粟斋译书处"代销的。蒯光典有一个门人名包天笑，包天笑就是主管金粟斋译书处的。他是个知名娱乐人物，他拥有自己的小说的版权。蒯光典是李鸿章的侄女婿，凭这身份，他还兼江苏十二圩的盐务督办，那是个捞钱的肥缺。

因对新书的需求，最早与张元济联系的还有金松岑、曾朴和刘鹗等人。

代理商的事，说到这里。等讲到蔡元培后来在爱国学社创业艰难时，我们还讲到金松岑和蒯光典等人。这金松岑和曾朴是《孽海花》的作者也都是教育家。刘鹗是《老残游记》的作者。

到1901年，张元济当上南洋公学校长时，推荐蔡元培当了南洋公学上院特班的教习。

命运注定，他们同时进翰林，又同时离开官场，同时南下，却又能在上海的南洋公学聚在一起。在互帮互助中，从此开始了各自辉煌的人生。

三　师范学院的吴稚晖

正当张元济和蔡元培因戊戌事变，失意地从京城途经天津南下时，还有人南下上海，此人时任北洋中西学堂国学教员。北洋中西学堂后来就是北洋大学，也就是现在天津大学前身。南洋公学与北洋中西学堂，一南一北，就是中国最早建立的大学，都由中国洋务派代表人物盛宣怀创办。

听说皇帝实行变法，这位北洋国学教员原本是想南下大干一通，以抒展平生的志向。

没想到，坏消息接踵而来，变法失败了。为了寻求新的出路，他报考南洋公学的师范院，成了公学第二届师范生。此人名吴敬恒，也就是吴稚晖。

为什么舍北洋中西学堂的国学教习而重新报考南洋公学师范学院？

谈不出太多的为什么。吴稚晖是举人出身，但他向往新学。读书人就需要一个读书的环境，南洋公学的气氛和环境不错。还有，南洋公学师范学院的学生，是兼职于师范学院附属学校的教师。既是兼当职教师，就必有薪俸。对于有家室而没有功名的读书人来说，既能免费上学，还有一份俸禄养家活口，是很重要的。再说，吴稚晖是个爱招惹是非的人，他得罪了北洋中西学堂总办王修植。他自认为，继续留在北洋中西学堂，没有好果子吃。

吴笔试和面试的成绩很好，又有在北洋中西学堂当教习的经历，南洋公学自然不委屈他。他当了"外院"代理学长，换句话说，是师范院附属学校的代校长，月薪40银元。这在学校原始档案中有记录。由于原来高年级的师范生沈庆鸿和林康侯当过这职务，所以吴只算是代理。师范生自己还是要读书考试的，教师和校长的位子是不可能一直挂在一个人身上，而是轮着当。

这沈庆鸿就是沈心工，历史记载中一直是个踏踏实实的好人，中国现代第一位作曲家和音乐教育家就是他。《沈心工唱歌集》，就是清末民初流行最广且发行量最大的中国音乐作品。

而林康侯后来却成为上海滩的大银行家和工商巨头，当过公共租界工部局华董，上海总商会会长和中华总商会主席。但此人晚节不保。抗战初期，他表现积极。1938年被日伪76号魔窟的丁默村、李士群逮捕。林康侯后来设法逃脱，进入香港。太平洋战争爆发，香港失陷，他再次落入敌手。终于坚持不住76号的折磨而屈从，丧失了气节。

当今许多有关上海滩的电影电视中，那些挂着工部局华董的名号，翻手为云覆手为雨的商界大佬，也隐约透出此人的身影。

吴稚晖月薪40银元是什么概念？2000年有人估算过：一个银元当时购买力相当于150元人民币。这40银元相当于2000年的6000元。对应于2000年6000元月薪的白领，今年相当几何？这要重新估算了。

学生靠兼职也能负担一家人的柴米油盐，吴稚晖知足了。此人一生谋钱财，他甚至卖字换钱到88岁，但他一生不苟求钱财。

吴稚晖联系了钮永建，劝他也来南洋公学。钮永建是他在江阴南箐书院的好友，同年的举人，因对甲午战败耿耿于怀，决心不再上京赶考，而投笔从戎，走从军救国的道路。他考取了张之洞主办的湖北武备学堂。

1899年，钮永建修完湖北武备学堂课业，再考进南洋公学师范院。他也兼职当了南洋公学学生的军体领操员，每月也有30银洋的酬贴。

而湖北武备学堂还继续保留着钮永建的学籍档案。当时管理湖北学务的梁鼎芬，

对钮永建有着很深的印象。

与钮永建同时考入南洋公学师范院的，还有江谦、赵从蕃、白毓崑、张相文、陆尔奎等，后来也都是历史名人。比如江谦就是东南大学（就是中央大学）的创建人和首任校长。白毓崑是辛亥滦州兵变的组织者。张相文是中国地理学科开创人及中国地理学会的创建者和会长。

南洋公学是三院制的新式学校。"三院"制是指整个公学分成：上、中、下三院。

上院及师范学院和译学院（外语学院）是大学部。还有1900年设的铁道管理班（北洋中西学堂停办而并来）及和1901年开张的"特班"。上院可直接通过考试向社会招生，也可由中院高班直升。

中院相当于大学预科（但西欧国家承认南洋公学中院派遣的留学生具有本科学历）。社会上的秀才可直接报考中院，下院优秀生可升中院。中院分六个班。头班最高而六班最低。高班可升上院。

外院（或下院）则是附属于师范学院的教学实习学校，就是高小。第一批招生120名，按人数分成三班。按程度，分高级和初级两层。程度高的，读一年，可升中院3班或4班。

社会上读完私塾或其他学校，而没考取秀才，只能报考外院。后面就提到，来自"长沙时务学堂"的一批学生，只能报考外院。

到1902年，全国推行统一的"寅卯学制"。国家教育分大学、中学、小学三级。"寅卯学制"的三级学校，原型就来自南洋公学的三院制。

中国新式小学，是自1902年以后才逐步建立起来。

1902年年前，整个中国除南洋公学的下院外，只有私塾，而无现代小学。历代的私塾只学三字经，千字文，而后学四书五经。

而南洋公学外院是学外语、数学、自然、体育和音乐。而且南洋公学外院采用寄宿制，免学费和住宿费，起初还免伙食费。当然南洋公学外院是从社会招考学生的，而录取的学生都已修完私塾的全部课程。国学水平也都不俗。

四　拒绝八股文

但为什么，听说皇帝实行变法，吴稚晖不去京师，反而要南下呢？

关键是他认为自己起初误信了康有为的为人，发觉后，他不愿意再与康梁来往了。

1895 年，他进京。那年正是中国甲午战败的次年，中国被迫割地赔款。

众举子汇在一起，不禁悲情激越、义愤填膺。1300 名举子联名"公车上书"。反对割地赔款，反对《马关条约》，要求改革朝政，实行变法。吴稚晖参与了，当时他十分佩服康有为和梁启超。

那时，康有为、梁启超和吴稚晖一样，都是举人，而没有为官的资格，即没有所谓的"功名"。

1897 年（光绪二十三年），吴稚晖 33 岁时，出任天津北洋学堂汉文教习。学生中有后来的民国同僚王宠惠和王正廷等人。

当年寒假，吴稚晖到北京南海会馆拜会康有为，与康有为畅谈时政。他们把"八股、小脚、鸦片"视为中国社会的"三害"。吴稚晖认为除此三害，要从自己做起。并说：八股，我们可以自动不赴考；小脚，可以不缠；鸦片，可以相戒不染。康有为十分赞同。他们相约以后不再赴京赶考了。

因当年"公车上书"未果，心中一直不服，吴稚晖写了个三千字的折子，想上呈给光绪，要求变法，以除弊兴利。但康托故不参与。

1898 年 1 月 1 日，吴稚晖孤身一人候在北京彰仪门大街，拦下朝贺回府的礼部侍郎瞿鸿机，请瞿转呈光绪。瞿是个滑头，见折子的签名，知道来的这位是江苏大名赫赫的吴疯子。瞿本人曾担任过江苏学政，他早就听说过这位闹得前两任江苏学政下不了台的人物。今天面对这冲头，自然收起威风，和气相对：你的折子还有可以商量的地方，我带回去细看再说。

然后坐轿如飞而去。

次日，吴稚晖自知不会有什么回音，便离京返津。

他下决心此后再也不看线装书（八股书）了，不再参加科举。

后来听说原本约定好不再参与考八股的康梁，又参加了 1898 年的考试。而且康有为还为中了进士而兴高采烈。吴稚晖感到深深受伤。

骗人！

他从内心拉开了与维新党人的距离。

后来，他与蔡元培、张继、邹容、章太炎从舆论上对满清王朝发起攻击时，都以极端鄙视的心情，与康梁保皇党论战。对吴稚晖个人来说，这恐怕与这段经历有关。

五　蔡艮寅与范源濂

前面提到，戊戌政变，谭嗣同被杀，湖南巡抚陈宝箴被罢官。

这样一来，在湖南引发了系列效应。

最受影响的当数长沙时务学堂的学生们。

时务学堂是戊戌变法运动期间维新派在湖南长沙创办的新式学校。由谭嗣同和湖南巡抚陈宝箴、按察使黄遵宪、学政江标发起，于1897年10月在长沙创办。熊希龄任提调，梁启超和李维格分别任中、西文总教习。唐才常等为分教习。1898年春，开班招生，全堂师生达200余人。但没多久，谭嗣同遇难，梁启超逃难海外及陈宝箴被撤职，时务学堂被迫停办。时务学堂从创建到关门，仅维持了数月。

不过，时务学堂刚开办，盛宣怀就已经开始挖墙脚：把精通英文的西文总教习李维格挖到南洋公学。

李维格走后两个月，时务学堂停办，学生惶惶然不知所措。

学生唐才质、蔡艮寅（后改名蔡锷）、范源廉等同学去武昌两湖书院求学。两湖书院是张之洞一手办的。但一进校门，说是时务学堂来的，马上被拒绝，谁都不愿与康党搭边。

无奈辗转到上海，蔡艮寅与范源濂、唐才质等考入南洋公学"外院"。其中，蔡艮寅是以第六的高名次考中的。张榜公布时，已是暑假。蔡艮寅、范源濂等在上海举目无亲，一筹莫展。幸好遇到李维格，经特许，他们预先进入南洋公学住宿，才解决了难题。

这批"时务学堂"的学生，终于再次进了学堂。

就这样，经历戊戌事变，全国各地区陆续有知识人士，或避难，或求学汇集到南洋公学。

当然，有进，也必有出。

1898年南洋公学选派中院优秀生杨廷栋、富士英、杨荫杭、胡礽泰和师范院优秀生章宗祥、雷奋共六人留学日本帝国大学、法政大学和早稻田大学（早稻田这校名是1903年以后定的），他们是南洋公学第一批公派留学生。

留学生选拔考核是十分严格的，由此开了南洋选送毕业生留洋的先河。以后每年都有，而且人数也逐渐增多。有些年，还一连派出两批。学生留学地点遍及美、英、日、德、比利时等。

顺便提及这位杨荫杭同学。他是 1897 年从北洋中西学堂出来考到南洋公学中院的。

第三章

动乱岁月

一 袁世凯升官

戊戌政变处理完康党，就轮到惩处李鸿章。

李鸿章不是康党，但看得出，康党那些话，李鸿章并不反对。不反对，那就立场不坚定，该受罚。叫老家伙上山下乡，接受贫下中农再教育去！

1898 年年末，近八旬的李老头被赶出总理衙门，赶出京师，去治理黄河。李鸿章怎么求情，也不顶用。只好叫来比利时工程师卢法尔（Armand Rouffart）同行。他们一起踏冰勘测。只因当年黄河决堤，贫下中农自身正处于饥寒交迫的境地，面临死亡的威胁，自然没工夫去对李中堂进行再教育了。

原来，1898 年夏秋交替，华北经历一场严重的黄河水灾。单山东省就有数十县被淹，受难乡民无数，到处是一片浮尸蔽水、哀鸿遍野的惨状。

凭直觉，李某感到一场更大的灾难就要降临中国。

1899 年 4 月，寒冬过尽，李回京，又赋闲 8 个月。这年，华北大旱。

终于讨了个两广总督的外差，如愿把家眷带出京师。1889 年 12 月，李鸿章南下。

分明已是"枯藤老树昏鸦"了，却不想，没几天，这枯藤老树还差点开出花来，甚至几乎要改变中国的前途。

戊戌政变的功臣自然封官受禄。

荣禄进京掌了军机处。

袁世凯也升官了，当上了山东巡抚，而原本比他地位高的聂士成，仍留天津当直隶提督，比不上自己了。

那个自以为功劳盖天下的杨崇伊却被打发出京城，当了个陕西汉中的知府。估计慈禧也很瞧不起他。

那陕西的知府有啥当头？杨崇伊以丁忧为由，回到鱼米之乡的老家。清沿古制，凡官员遭遇父母丧，须去职在家守制 27 个月。

不是说回家守孝吗？杨崇伊回到老家却又不守孝了。他看到苏州缉私统领出了空缺，他马上去钻营谋到手。

堂堂知府去当苏州缉私统领？在他看来，值！那是肥缺，好捞大笔钞票，好欺男霸女。

地方名绅吴子和办济良所，教化从良的妓女学手艺，重新做人，这是善事一桩啊。可杨崇伊看上济良所中两女子，带兵丁携枪去抢！事后还在别人的宴会上与吴子和争吵。这引发众乡绅的公怒。谁不知道他是"落井下石"的小人？杨崇伊被众手拿下，捆绑后，还吊在马棚里打了一顿。当时的江苏巡抚瑞澄也不想包庇此类小人。知道后，上奏朝廷，将杨奉旨革职，永不叙用。回到家里，杨崇伊又气又辱，于是吞金自杀了。

这下场，也算是得其所哉。

二 "励志会"与《译书汇编》

此时在南洋公学的蔡艮寅、范源廉和唐才质等湘籍学子也终于和梁启超接上头。流亡日本的梁启超闻讯大喜。梁启超正不甘心流亡混日子，他急着要有所作为，正思量着招募人马办点大事，自己的旧学生主动联系上门，怎能不高兴？但笼络这批年轻人的唯一办法是，请他们来上学。于是他一面着手开办学校，一面让蔡艮寅广泛联络同学，特别是原时务学堂的旧人马。

梁启超从一位华商处借3000元，租屋注册了一个"东京大同学校"，自任校长。

1900年，梁启超通过唐才常，以留学为名把蔡艮寅等一批学生接到日本。加上秦力山等，一共凑齐十几个人。于是东京大同学校正式开班。当然，这个大同学校

只能算是"弄堂学校",康有为利用华侨"勤王"的募捐款支持大同学校的开销和学生的日常开支。这期间,梁启超与孙逸仙也正东京接上头,彼此通过沟通,逐渐达成联合反慈禧的共识。

此时日本东京成立了中国留学生组织"励志会"。"励志会"头面人物是章宗祥、胡礽泰、雷奋、杨廷栋、杨荫杭、富士英、张继、沈云翔、戢元丞等。人同学校的秦力山、蔡艮寅、范源廉和唐才质也参加了励志会的活动。

"励志会"开头仅为联络交流目的而建立的,但后来就逐渐分化出稳健派和激进派。南洋公学派出的留学生,分化出两派的头面人物。励志会稳健派代表是章宗祥、曹汝霖、胡礽泰和王景芳。而激进派代表人物有雷奋、杨廷栋、杨荫杭、富士英、张继、沈云翔、戢元丞等。其中,雷奋、杨廷栋、杨荫杭、富士英及章宗祥,胡礽泰就是南洋公学出来的公费留学生。这里的稳健派,隐隐约约地看到了当今"精英派"的影子:总是以理智见称,办事老练稳当,常常自觉与当局沟通,国内领导来了,不用吩咐,就能给主动领导当翻译。有趣的是这章宗祥和曹汝霖,在后来中国历史中总是连在一起。

而激进派,则逐渐强化了"反清排满,民主革命"的主张,带着一股浓烈的反时代气息。他们一般与官府持对立的立场,起码是保持了一定距离。这似乎像是当代的愤青。只是,当时那些愤青,十分有才干。

1900年,励志会的较激进的成员雷奋、杨廷栋、杨荫杭在日本东京创办《译书汇编》,庚子下半年就正式出版。此汇编专门编译欧、美的法政名著。如卢梭的《民约论》(即《社会契约论》),孟德斯鸠的《万法精理》(《论法的精神》),约翰·穆勒的《自由原论》(《论自由》),斯宾塞的《代议政体》,逐期连载。译笔流畅典雅,风行一时。

他们主张向西方学习,抵抗列强侵略,争取民族独立。认为只有发扬民族主义、建立民族共和的国家,才能抵抗侵略,达到救亡图存。

西方的启蒙思想,西方的法制精神,西方的民主自由和科学,通过这雷奋、杨廷栋、杨荫杭,传向中国留学生,流进中国。影响着后来几代的中国人的精神世界。

这是中国留学生办杂志的鼻祖。此后各省学生办的报纸杂志,如雨后春笋,爆发了中国思想界的一场巨大革命。

国内新知识分子一接触到西方的启蒙思想,产生的思想震撼极其强烈和深刻。受西方的启蒙思想的影响,后来的中国教育会成员蒋智由题诗一首:《卢骚》(按:即《卢梭》)。表达要用自身之血,灌溉自由之苗的决心。

世人皆欲杀，法国一卢骚。民约倡新义，君威扫旧骄。

力填平等路，血灌自由苗。文字收功日，全球革命潮。

1901 年夏，雷奋、杨廷栋、杨荫杭回国。先到张元济的商务印书馆，与老同学孟森、张相文和杨志洵等一起，以各自的名义，整理出版了这些经典名著。中文第一版的这些经典名著也就这样地与雷奋、杨廷栋、杨荫杭和张相文的名字连在一起。后来，他们走向政界、司法界和文化界，成了一代风云人物。

其中，卢梭的《民约论》（即《社会契约论》）的第一中文版，署名就是杨廷栋。张相文中译本孟德斯鸠的《万法精理》（即《论法的精神》）也比严复中译本《法意》早六年之久。

那杨志洵就是杨荫杭的五叔父，先于杨荫杭进南洋公学。此后，长期在商务印书馆任职。后来在中国公学兼教授，是胡适之念念不忘的恩师。胡适之在《四十自述》中表达了杨志洵的学术思想和教诲使他受益终身。甚至是庚款出国考试，甚至是美国毕业论文，都得到老师思想的启发。胡适是因为大哥胡绍之与杨志洵和雷奋都是南洋公学同班同学，才受到特别辅导。孟森是清史的奠基人，他与郑孝胥成了知交，也一起参加过广西新军运动，是清末江苏咨议局议员和民国江苏议会议员。

杨廷栋和雷奋知识渊博，思维敏捷，文笔流畅，是当时出名的大才子。都当过大清咨议局或资政院议员，后来是民国临时参议院议员。富士英则民国初年出任中国驻汉城总领事。他同日本人斗争的事，现在依然作为浙江海盐市党风廉政的教育材料。

避开这些人经历的其他事件不提，单说后来到了辛亥革命，这些人仍然表现不俗。

1912 年 2 月 12 日，宣统皇帝溥仪以朝廷的名义，颁布了退位诏书。这份诏书，不论从哪个角度来看，都堪称经典。是一份可压倒历史上所有圣旨的经典。

这是中国历史上最后一篇退位诏书。它宣布中国最后一位封建帝王的下场。此诏不是溥仪和他的朝臣阁老们写的，而是民国临时参议院议员杨廷栋草诏的。[1] 杨廷栋起草的《退位诏书》作为南北会谈的共同文件，通过袁世凯交给隆裕皇太后照本宣科。

杨廷栋见证了中国封建王朝的终结。

杨廷栋用自己的笔，宣告中国两千多年专制王朝的终结。

同在那时候，雷奋又演出了什么呢？

---

[1] 编者注：当今史界通行的说法认为，《退位诏书》由张謇的幕僚杨廷栋草拟，经张润色，由袁世凯改定。

　　1911 年年底，革命党人筹建中华民国临时政府。是雷奋执笔书写了《中华民国临时政府组织大纲》。

　　《中华民国临时政府组织大纲》确定了中华民国的基本政治体制，仿效美国的政治体制，实行三权分立原则，所以可以说：《中华民国临时政府组织大纲》是亚洲第一部共和民主宪法文件。第一次以最高法律的形式确认了中国的共和政体，宣告了封建专制制度的灭亡。它成为以后制定《中华民国临时约法》的基础。《临时政府组织大纲》起草和公布时孙文不在。但孙文后来为以《临时政府组织大纲》为基础的《临时约法》奋斗终生。南京中山陵镌刻着《临时约法》全文陪伴孙文。尽管起初，孙并不全部赞同。

　　杨荫杭的一生也不简单。

　　杨荫杭在 1906 年又攻读美国宾夕法尼亚大学法学专业硕士。他是老同盟会员，回国正值辛亥革命，他出任江苏和浙江的高级法院院长和京师高等检察长。他致力以法治国实践，刚正不阿。每到一地，均大有作为。特别是杨荫杭任京师高等检察长时，杨荫杭下令关押贪腐的北洋政府交通部总长许世英并不准保释，此案当时轰动京城。他的女儿杨绛老先生在《回忆我的父亲》中娓娓道来的故事，是首长长的诗，是曲长长的歌。

　　很糟糕的是，当代人知道杨绛和钱钟书，也从中学语文课本知道杨荫榆，却不知道大名赫赫的杨荫杭。而且即使是对他妹妹杨荫榆，也还是自某一篇文章从一个不明朗的角度去看待。杨荫榆面对日本侵略军的刺刀，严词指责日军暴行而被枪杀，弃尸于家门口的河水中。

　　这里急匆匆说了许多有关杨荫杭、杨廷栋、杨志洵和雷奋后来的事，原因是想表明：本人不是宗族主义者。一开头就拿杨崇伊来说事，并不表示本人对杨家的人有任何偏见。其实相反，本人非常崇拜这几位杨姓老前辈。

　　同时，也想在继续讲中国一段最暗无天日的历史前，先透点曙光和黎明。让我们怀着希望，怀着信心，去经历后来的那段黑暗。

三　经元善通电

　　1900 年。

　　朝廷当心出事，偏偏就出事了。

第一件事，出在上海。

政变后慈禧，把光绪看成自己的心腹大患，总想找借口把他废除掉。光绪二十五年（1889 年）十二月二十五日，慈禧在荣禄等人的策划下立十五岁的溥儁为"大阿哥"（皇储），图谋废黜已在软禁之中的光绪皇帝。这就是晚清的"己亥建储"事件。

这太露骨不过了。

每朝每代，皇帝总是要立自己的亲生儿子为皇储（太子），除非没有亲生儿或遇意外。现光绪年纪轻轻，才刚结婚，有人居然背着皇帝立别人的后代作皇储？这还不算大逆不道？

宫廷的秘密消息也总通过电报来传送，上海电报局总办经元善得到了消息。照理，他只是"事外人"（道员级，相当于电信局局长），但既然管电报，那就瞒不过他。经元善大惊，马上密电顶头上司盛宣怀，请其上言挽回。岂料盛氏的复电居然是一句话：

大厦将倾，非一木能支。

此时盛宣怀是大理寺少卿、铁道督办大臣，兼海运、电报、通商银行和汉冶萍及南洋公学和北洋大学堂的督办。地位不算最高，但实权不小。相当于把如今工业和信息化部、铁道部、交通部全握在一个人手里。此外还管教育、海关和银行。反正洋务的大小事都与他有关。

经元善见盛的复电十分惶然。

但他考虑到国家的前途，决计顾不了这么多。12 月 28 日，他公然在上海张园聚众讲演。还联合了沪浙文化名士和乡绅富商叶瀚、章炳麟、蔡元培、吴眺（即吴稚晖）、唐才常、丁惠康、黄炎培等 1231 人，以上海电报局总办的名义领衔向总理各国事务衙门通电抗议。上海中外报刊也大版地刊登消息和评论。国际舆论喧然。

慈禧大怒，于 1900 年 2 月 8 日责令盛宣怀严拿经元善等人治罪。盛宣怀虚与委蛇，存心包庇。经元善在赵凤昌等人的策划下逃到澳门。盛宣怀便以需要国际引渡为由把这事推给总理衙门，拖延敷衍。是的，唯一能镇住朝廷，只有洋人，哪怕只是洋蚂蚁国。当然当时的葡萄牙的国土不比大清帝国小（注意，管着巴西呢）。顺便说一下这赵凤昌此时正"闲居"上海电报局，他可不是个等闲人物。

专门喜欢干涉中国内政的西方帝国主义者也总耐不住寂寞。朝廷向澳门当局引渡经元善没任何结果的情况下，列强使节倒找上门来，乘势向慈禧施加外交与舆论

压力。

洋人们无非是质疑慈禧政变的合法性。

他们劝慈禧还政给光绪，还表示支持光绪维新，怀疑慈禧所说的光绪有病是谎言，要派医生给光绪体检治病。

步步进逼，老佛爷忍无可忍，却咬着牙忍。

四　义和团与八国联军

接着，河北、山东果然出事了。首先就是义和团。

任何时代，农民聚众闹事，主因不外是两个：

饥饿和受气。

19世纪末和20世纪初的那个时候。两样都发生了。

前面已提到1899年秋黄河水灾，水灾后紧接着1900年春的华北大旱，这一涝一旱是饥饿的起因。

而受气的原因是洋人传教士横行乡里，破坏民风民俗，欺压百姓，酿成冲突。

义和团起来了，红灯照也出来了，义和团红灯照和洋人干起来了。

洋人们为义和团的事，又向朝廷抗议。

原本就对洋人使臣恼羞成怒的慈禧和后党们终于把宝押在义和团的身上。错误地向十一国列强宣战。调兵遣将与义和团一起攻打东交民巷的外国使馆。

慈禧还通过电报把调兵勤王的圣旨发向各督抚。

向列强宣战？

这分明是自招亡国的荒唐行径。

老太婆足不出户，显然不知道世界有多大，中国和列强各国势力有多悬殊。

刚刚惨败于小小的日本之手。现在还居然向世界宣战？

疯了！

慈禧发向各省的第一道圣旨是要各省"召集义民，对外宣战"。

大理寺卿盛宣怀扣压发往各地的该电报，而首先通报李鸿章。盛的电文如下：

千万秘密。

廿三署文，勒限各使出京，至今无信，各国咸来问讯。（指驻京使馆被围，各国到沪问讯）

以一敌众，理屈势穷。俄已据榆关，日本万余人已出广岛，英法德亦必发兵。瓦解即在目前，已无挽救之法。（指敌情危急，灯蛾反倒要扑火）

初十以后，朝政皆为拳匪把持，文告恐有非两宫所出者，将来必如咸丰十一年故事，乃能了事。今为疆臣计，各省集义团御侮，必同归于尽。（指圣旨可伪，形势严重，将重蹈咸丰十一年火烧圆明园之覆辙。何止如此？）

欲全东南以保宗社，诸大帅须以权宜应之，以定各国之心，仍不背廿四旨，各督抚联络一气，以保疆土。（建议联省互保）

乞裁示，速定办法。

不能不叹服盛宣怀的胆略与见识！

李鸿章立即把这封电报转给了刘坤一、张之洞。接着，李鸿章直指慈禧的宣战和勤王"圣旨"是"矫旨"！

封疆大臣们本就心存怀疑。见盛宣怀的通报，又李鸿章如此果断，也就定下心。

于是各自按兵不动。

当盛宣怀看到李鸿章公开斥圣旨为"矫旨"时，心中不免狐疑：莫非这老头铁了心，要南面为王了？李鸿章后来否认有此念头。

但鼓动李鸿章起事的，却大有人在。

鄂督张之洞就提到，此战（慈禧向列强宣战）非同小可，一旦慈禧、光绪三长两短，他就要拥立李鸿章为大总统，以保中国不分裂、不亡国。

孙文更是一再通过港督卜立带话，鼓动李鸿章宣布独立。梁启超等改良派力劝说李鸿章举大旗。

但李鸿章不为所动，坚持观望。

他也正在预计：老太婆太不自量力，无须多久，必然大吃苦头。不论老太婆结局如何，朝廷最终总要逼自己去收拾残局。

他看透了。

的确，慈禧没大怒。倒是6月15日来了电报，殷切地催李鸿章迅速来京。

要向世界宣战，慈禧想到李鸿章。朝中拍马屁的有的是，唯一能定大局的却只有李鸿章。当然，慈禧更怕洋人支持李鸿章当皇帝。调李鸿章回京，是她的唯一选择。

李鸿章把两广总督位子交广东巡抚代理，口头答应北上，但故意磨蹭徘徊，不

肯动身。

到7月8日，慈禧明确重新任命李鸿章为直隶总督兼北洋大臣。到7月16日李才离开广州。到上海，李鸿章又与盛宣怀密谈了两天。又借病假，拖延近一个月。

知道李鸿章没有"谋大事"的野心，盛宣怀就建议李利用眼下中国形势，力挽狂澜，当中国的俾斯麦。

此时，北洋最得力的将领聂士成已经阵亡，精锐军队不堪一击，天津沦陷。八国联军在沙俄海尔德布兰特海军上将指挥下，攻进天津疯狂杀人放火、奸淫掳掠。沙皇亲自指挥屠杀江东六十四屯居民，没被杀死的，被赶下黑龙江淹死，几十万中国人无一幸存。

随后，沙皇亲率大军占领中国的整个东北。

接着八国联军进攻北京，北京失陷。

中国蒙受了极大的耻辱，人民遭受空前灾难。

慈禧狼狈向山西、陕西逃窜。狼狈之际，以光绪名义发"罪己诏"。只盼李鸿章来救自己的命。

你看，这"罪己"还要算到光绪头上去。中国人民历此浩劫，生灵涂炭，她一句轻描淡写的"罪己"了事。

当然这"罪己诏"是向各督抚讨情：你们没错，我错。但你们得出面救我。

这一招，还真起作用了。李鸿章向各国呼吁：

停战。

天津激战聂士成阵亡处，就在北洋大学堂附近。那一战，北洋大学堂惨遭破坏。

在闹义和团之际，北洋大学堂已无法继续开办。经盛宣怀同意，北洋大学堂师生南下，合并到南洋公学。南洋公学在上院特设铁道管理班，收容北洋大学堂南下学生。这批铁道管理班有王宠惠、王宠佑兄弟等。一同南下的王正廷因在上海找到一份工作，就退出铁道班。

南洋公学这以前没有工科专业。铁道班是第一次建立的。不想，时过境迁，南洋公学的工科从此倒发达起来，分出机、电、土木和管理等工科系科，发展成为学校的骨干。到改名交通大学时，学校已是清一色的理工大学。原本强大的文科中除了外语，其他如政治、法律等已全部消失。

铁道班里的南下学生大都在1901年以后毕业。许多人经选拔，作为公派留学生到美国留学。

1903年北洋大学堂恢复了预科，1905年恢复大学本科。学生由南洋公学的提供补充。这批从南洋公学到北洋的学生中，有徐谟、秦汾、张星烺等名人。徐谟是中国首位海牙国际法庭高级法官、副外长、大使等。张星烺、秦汾是名学者。

北洋大学堂自 1895 年建立后，经庚子风火，历难五年。终于在 1905 年重生。以后虽又经历抗日战争的艰难险阻。但作为中国自己开办的第一所大学，今日的成就令人景仰。

五　东南互保

都说李鸿章参与了"东南互保"，但事实上他只是赞成而没参加。这样说的根据是，李在 6 月 15 日答应北上后，名义已不是两广总督了。而"东南互保"是 6 月 17 日后的事。同时，签署东南互保的名单中只有湖广总督张之洞、两江总督刘坤一、闽浙总督许应骙、四川总督奎俊、福州将军善联、大理寺少卿盛宣怀、浙江巡抚刘树棠、安徽巡抚王之春，后来加上山东巡抚袁世凯。这里面的确没有李鸿章。

1900 年 6 月 17 日，英国威胁要派军舰进入长江。英领事法雷斯说：

如果长江流域发生动乱，英国政府可以提供切实的军事援助。

引起两江总督刘坤一和两湖总督张之洞的警觉。

深深分析了英国人心理的盛宣怀为此分别委托张謇和赵凤昌去说服刘坤一和张之洞，指明英国只是虚张声势，其实也担心发生战争。并建议由刘和张出面联合南方各省督抚，一同抗旨，不主动对外开战。

得到督抚们的支持后，盛宣怀大喜。立即安排众列强领事在上海道衙门的小会堂见面协商，请上海道台余联沅列席。

盛宣怀先是客气几声，可英驻沪总领事华伦却傲慢无比，盛宣怀于是就让怪人辜鸿铭出台。其貌不扬，土里土气的"乡巴佬"辜鸿铭直接操英语对西方国家在华行为的斥责，使各国使节大跌眼镜，听着听着，列强使节居然插嘴与辜鸿铭讨论起莎士比亚、拜伦和歌德来了。针对德国领事的狂言，辜鸿铭还用德语反击说，与中华文明相比，德国人才是地地道道的野蛮人，还列举外籍传教士在中国大地上的暴行事实。

英、美两使居然颇然点头承认：

辜先生的话大有道理，列邦人员在华行事，确有不当之处。

盛宣怀乘机把会议转入正题。

经过三天协商，东南互保方案经各方同意，形成了文字协议。要点是：

1. 上海租界归各国共同保护，长江及苏杭内地均归各督抚保护，两不相扰，以保全中外商民人命产业为主。

2. 上海租界共同保护章程，已另立条款。

3. 长江及苏杭内地各国商民教士产业，均归南洋大臣刘、两湖总督张，允认真切实保护，并移知各省督抚及严饬各该文武官员一律认真保证。现已出示禁止谣言，严拿匪徒。

4. 长江内地中国兵力已足使地方安静，各口岸已有的外国兵轮者仍照常停泊，惟须约束人等水手不可登岸。

5. 各国以后如不待中国督抚商允，竟至多派兵轮驶入长江等处，以致百姓怀疑，借端启衅，毁坏洋商教士的人命产业，事后中国不认赔偿。

6. 吴淞及长江各炮台，各国兵轮不可近台停泊，及紧对炮台之处，兵轮水手不可在炮台附近地方练操，彼此免致误犯。

7. 上海制造局、火药局一带，各国允兵勿往游弋驻泊，及派洋兵巡捕前往，以期各不相扰。此军火专为防剿长江内地土匪，保护中外商民之用，设有督巡提用，各国毋庸惊疑。

8. 内地如有各国洋教士及游历洋人，遇偏僻未经设防地方，切勿冒险前往。

9. 凡租界内一切设法防护之事，均须安静办理，切勿张皇，以摇人心。

竟然在处于国难的紧急关头而不是国势强大时期，同时也没有强势的革命浪潮可利用，这种情况下，保住国家大部的社稷宗庙，就算是功德无量了。所以，后党们不敢指责东南互保。

还因为朝廷后来通过"罪己诏"的形式承认贸然向列强宣战是错误的。既然朝廷自称圣旨是错的，哪能再批评抗旨行为呢？

六　自立军起义

孙文初期的革命行动集中于国外，也没有鲜明的纲领和宗旨，他们的活动最多也只是在边境或沿海制造一些小型骚乱。当时国家闭塞，媒体落后，百姓并不了解他们，即使偶有听闻，也被想象成是倭寇海盗。最多有人想到是侠盗。国内没有人为他们说话，影响甚小。

动员朝廷重臣李鸿章举旗，是孙文第一个重大行动，但没有成功。

联络康梁共谋大事，联络国外留学青年及国内哥老会天地会等会党，共同反清，是孙文又一个重大行动，这些行动有一定成果。国外留学生中有许多主张反清，主张民主共和的有识之士，与孙文有了交往。同湖南会党关系密切的毕永年转向革命立场，参加兴中会成了孙文的同志。

联络康梁的事，进行得较顺利。

容闳作为孙文代表于1900年春回到上海。老资格的兴中会成员温宗尧也到上海。

维新派唐才常正与兴中会的毕永年在沪成立正气会准备反清。唐才常此时采取二元的立场：一面接受康、梁领导，一面又表示拥戴孙文先生。1900年农历6月27日至7月25日间，正是八国联军进攻北京，慈禧狼狈逃窜之际，中国国会在上海张园宣布成立。投票选举容闳、严复为正副议长，唐才常、章太炎、文廷式、吴葆初、叶浩吾、黄宗仰、沈荩、龙泽厚、毕永年、林圭等为议员，唐才常为秘书长。决定建立自立军起义。整个操作起义的大权握在唐才常手中。

自立军设在上海的机关也由唐才常总负责。兴中会的代表温宗尧任自立军驻上海外交代表。此时在南洋公学的王宠惠本是香港成长的，本与温宗尧熟悉。温宗尧就常与王宠惠往来，王宠惠有时也协助处理一些外交事务。

这里介绍一下温宗尧。历史上温宗尧最重要的事迹是辛亥革命中，伍廷方与他分别作为南方的正副代表参与南北会谈。但其实温宗尧与杨衢云一样，是中国最早提出反清革命建立中华共和国的人。1892年杨衢云与温宗尧一起建立香港辅仁文社，辅仁文社提出"推翻满清、创立合众政府、选举伯理玺天德"等主张，比兴中会成立还早数年。这"合众政府"就是民主共和政府，这"伯理玺天德"就是英文单词"总统"的音译。几年后，兴中会成立，主张与辅仁文社同。兴中会成立后3个月，在香港，兴中会与辅仁文社合并成新兴中会，杨衢云为新兴中会首任会长及"合众政府大总统"。杨衢云被清刺杀后，孙文接替会长职务。温宗尧在上海参与自立军起义这年，正是杨衢云遇难年。后来温宗尧长期在上海，与张元济保留友好关系，并参与张元济的《外交报》的办报事务。温宗尧的亲侄儿温应星就留在南洋公学学习。温应星死后安葬于美国西点军校校园内。

自立军起义安排得井井有条。可是，会议中却爆发了激烈的争辩。章太炎指责唐才常一面打着反清旗号，另一面又要打着勤王旗号迎光绪南下，认为反清与保皇

不能同谋。

虽说吴葆初、毕永年也同情章太炎，但多数人认为要成大事，要多团结些人，不妨旗帜暧昧些。

章太炎毅然断发明志，剪断发辫，表示不与合流。当时中国男子，毅然割掉辫子，是需要点勇气的。

此后，章太炎住在上海的租界里不断写反满的文章，鼓吹革命。指出残忍嗜血是满人的天性，重新批判嘉定三屠、文字狱。揭露清朝把江山宁赠友邦、不与家奴的卑鄙嘴脸。淋漓尽致地骂清王朝。坚持提醒国人"发奋革命，以复我汉家江山"。

尽管发生这小插曲，自立军起义还是在进行中。

由于种种原因，起义经费不能到位，唐才常就发明了"打白条"革命的创举：用空白纸印制"富有票"发给下属，凡参加革命，或出粮出力，都可以拿到"富有票"。革命成功，凭票兑现。唐才常这"打白条"的"富有票"，并没有给任何拥有者带来财富和运气，相反，"富有票"后来成为砍脑袋的罪证。

这时，在日本由梁启超办的大同学校的学生林锡圭、秦力山、田邦璇、李炳寰、蔡钟浩及蔡艮寅、范源廉和唐才质等，回国参加起义。

终因康梁的内部矛盾及唐才常组织无方，加上事前泄露机密，起义失败了。自立军的首领们大部遭屠杀。

但要指出的是，在皖南大通发起首义的秦力山、吴禄贞等十分出色。在唐才常决定延期起义，而又不能把通知发到的情况下，秦力山率七百多人的队伍，向皖南大通清军发起猛攻，自立军用大炮轰陷大通督销局，迅速占领了大通。击沉敌船八艘，清军长江水师军官洪益全受重伤，清军溺毙无数。起义军向青阳、芜湖、南陵一带发展，占据府县，开狱释囚，张贴告示，大壮声势。安徽巡抚王之春、两江总督张之洞急调大军镇压。8月11日，秦力山力战，终因寡不敌众，又后勤不继，弹尽粮绝，不得已解散余部。各自分散逃命。秦力山只身到上海。吴禄贞与秦力山失散后，再赴日本。

沈荩也在湖南坚持了斗争。沈荩的故事，我们将在后面的有关章节再叙述。

毕永年也因对唐才常的失望，对帮派会党的失望，怀着极其遗憾的心情，削发为僧，堕入空门。

由于自立军事件，张之洞担心湖北武备学堂的学生被革命党利用，决定选拔原湖北武备学堂的学生出国留学。钮永建是湖北武备学堂的好学生，主管军校的梁鼎芬并没有忘记他，同样通知钮永建去日本士官学校留学。此时是1900年冬天。

接到通知，1901 年钮永建直接从上海去了东京。

七 庚子赔款

电影与电视给我们提供了"鬼子进村"的场面。

当亡国奴的滋味，真不好受。可是，就没看到八国联军攻进皇城京师，该是一幅什么样的图景。

残墙碎瓦，尸体横陈，垃圾成山，臭气弥漫，一座面临死亡的城？

除此，还能作什么想象？

当后来传来消息：妓女赛金花取代了西太后，成了京师芸芸众生心目中的唯一救星时，一股斯文丧尽的耻辱，比亡国的屈辱更给人一种撕心裂肺的剧痛。

不过，西太后盼望的唯一救星是李鸿章。

以免除慈禧一死为条件，李鸿章同列强磋商停战赔款的条约。

在屈辱与亡国之间，能有其他选择么？

洋人说，要停战退兵？很简单，拿那老妖婆的脑袋来换。

你堂堂李中堂把那龟缩在黄土高坡缝隙中发抖的老太婆取来，有何难？

慈禧说，天下这么大，洋人要什么，就答应给定什么，这有何难？

这难，还是不难？

此时牺牲个慈禧是个选项。但李鸿章不选。

要慈禧的命，光绪肯定先遭慈禧毒手。没了慈禧没了光绪，大清皇朝就终结在他李鸿章手里。

让大清王朝终结在自己手中？李鸿章不能不犹豫：自己已是风烛残年，没必要在最后的时刻，改变一生的为人与志向。他想起老师曾国藩的劝告：不论到什么地步，不能对大清有二心。

那事留给后人去做吧。

但拿个国家换慈禧的命又将如何呢？

谈判面对的敌人中，最贪婪的是沙俄，最恶毒最想灭亡中国的是日本。

李鸿章在最后的关头以利益为诱饵分别接触西方使节，并公开表达其私人对日本的厌恶。谈判中果然出现日本人被孤立和取笑的局面，日本决定肢解灭亡中国的

提议被冷在一边。而独占东北的沙俄也因西方他国的醋意，而被迫口头表示适时退兵。最终列强达成默契不瓜分中国。

西方国家声称，既然李鸿章一再表示慈禧太后在中国人民心中无比的重要性，既然每位中国人都把老佛爷看成心中最明最亮的明月，衷心拥戴慈禧太后。那好吧：每个中国人出一两银子为心中的明月赎罪吧。一两银子，那只是象征性表达一下小小的心意呵。

庚子赔款4亿5千万两白银。正好中国人均一两。

老佛爷乐了：还是我身价高！

李鸿章死了：总轮到我死有余辜！

李鸿章倒下了，他死了。死在这份中国历史上最受屈辱的条约上。

是啊。当洋人可以拿金銮殿当小便池，有权把皇帝皇后的白玉床当狗窝时，还能梦想什么样的平等条约？

命运注定，李鸿章只能是李鸿章，而永远不可能是俾斯麦。

八 《国民报》与《新民丛报》

自立军失败，唐才常等被杀。蔡艮寅、范源廉和唐才质又陷入困境。好在，他们原来在南洋公学外院的老师王培荪收留了他们。避过风头，王培荪为他们备好行装再设法送到日本。顺便提及，这唐才质就是唐才常胞弟。

王培荪是南洋公学首届师范学院师范生。后来是老同盟会员、教育家。他终身致力于教育事业。史量才（后来中国的报业巨头）与丁文江、马君武、胡敦复、胡明复、李登辉等海归学者的第一个老板就是他。

蔡艮寅、范源廉和唐才质逃回日本后，继续求学，但立场都转向革命那边去了。蔡艮寅愤于先烈壮志未酬，自己改名为蔡锷，以激励自己保持革命锐气。他的故事还长，以后就用蔡锷这个名字来叙述他的事了。

前面说过，大通起事，秦力山、吴禄贞因后勤不继，补给全无，最后弹尽粮绝，无法维持数千军马的生存，兵败解体。秦力山逃到上海，匿于温宗尧处。

温宗尧找来王宠惠，指使他设法把秦力山带进南洋公学暂避风头。王宠惠佩服秦力山的勇气与胆略，冒险掩护。在温宗尧和张元济的暗中协助下，秦力山暂离危险。事后王宠惠自然也无法在国内生存，更不能待在南洋公学了。1900 年冬，秦力山、王宠惠一起逃亡日本。

秦力山、王宠惠、范源廉和唐才质一时还落脚于大同学校。由于自立军事变前后，梁启超与康有为产生政见分歧。大同学校学生全都热衷于民族主义和爱国主义，而转向排满反清立场。这与康有为保皇会宗旨不合。于是大同学校遂废止汉文讲席，而改为攻读日文之专修学校。自立军败后，康有为公然拒绝派款支持大同学校，于是大同学校日趋萧条，最终被清公使蔡钧接办，"更易名清华学校，盖表示大清统治中华之义云"。（注意：此清华非彼清华之源。）

应该指出，秦力山、王宠惠、范源廉和唐才质等都属于"自费留学"的性质。而这赴日"自费留学生"，短短的两年中，已是达到相当大的数量。此后还有诸如陈由己（独秀），邹容，冯自由，苏曼殊等陆续到来。

愿意到日本留学的原因很简单：

中国私塾没有前途了，而新学太少，很难考（但也有例外，从有关记载判断：蔡锷又倒回去，考了张之洞办的广雅书院）。

从上海（或天津）去东京，只要一张船票就行，船票价格低廉，还无须护照签证。

当时日本东京生活水平甚至比上海更低廉。

日本有许多弄堂学校可以就读，学费极低，还来去自由。况且当年，整个社会不关注学校的资质。

最重要的是明治维新后，日本思想比中国自由，比中国开放。可以接触到和学到西方的新思想。而且在那边，中国的官方管不着，封建礼教束缚不到。

从而，当时有许多中国知青就这样到达日本。

此时的日本，其实离天堂极其遥远。日本平民的状况，比中国人好不到那儿去。

这点，从留学生自己谈的留学体会和在异国的笑话中，可以发现。

杨荫杭谈到他们这批留学生每次去日本时，总从上海买好食品和牙粉牙膏等必需品带去。而负责照料他们的东京姑娘们除偷吃他们的食品外，还把牙粉牙膏涂抹在脸上，还以为是美容品！（那时有牙粉，牙粉是牙膏代用品。）

另一则笑话就是有关王宠惠的：

帅哥王宠惠和秦力山等合租一套日本房舍。他们也雇了一个日本姑娘当服务员。日本小娘子容貌姣好，却看上了王帅哥。不时的言语挑逗，没让王宠惠动心。一天清晨四点，日本小姐赤体上阵要征服帅哥。王宠惠见状，吓得急忙大呼："不可，不

可！"囧得那倭妞狼狈不堪。住在楼下的秦力山及其他几位留学生，听到王在楼上大叫，都从梦中惊醒过来，他们上楼见此乱相不禁大笑。王宠惠的这段"艳遇"，最后被传成了"王宠惠坐怀不乱"的革命传统教育的生动事例。

其实，中国甲午惨败于日本及这次招来八国联军的灾难，并非中日两国经济实力或民间有多大悬殊，而是两国当局的观念与智力差别太大了。

愤于康梁在紧要关头，视救国事业如同儿戏，视爱国志士的生命如粪土，秦力山毅然挥刀决裂，弃改良维新而转向反清排满的革命立场。

这次秦力山一到东京，马上与励志会的激进派联在一起。沈云翔、戢元丞、杨廷栋、杨荫杭、雷奋、王宠惠、张继等人出面，与秦力山合办《国民报》。为防止清朝驻日公使馆的干涉，他们借用英商经塞尔（Kingsell）为名义上发行人。所谓英人经塞尔，其实就是香港人冯镜如，就是冯自由的父亲。当年清朝官员普遍患恐英症，挂了洋招牌就避免了许多麻烦。

《国民报》中文章和评论由秦力山、杨廷栋、杨荫杭、雷奋等执笔，附的英文解说版权归王宠惠。

《国民报》救亡图存的宣传十分醒目。在《二十世纪之中国》一文指出："今既圈其土地，割其港湾，削其主权，监其政治，两千年文明之古国，久已为列强俎上之肉，釜中之鱼，其存其亡，不容自主矣。言辞恳切，悲情难抑。呼吁我同胞之国民，当知一国之兴亡，其责任专在国民。"不对朝廷抱任何幻想，而把救国的重担自己挑起来。

这时自立军失败的各志士多数逃亡到日本，也异口同声通过《国民报》指责康、梁是卑鄙小人。揭露康、梁骗取爱国华侨华人的大笔财产，达到拥资自肥的自私目的，批判他们自我钩心斗角导致贻误义师的恶果。

从起义第一线来的秦力山尤为激烈，列列举康、梁的罪状，也最为翔实。

《国民报》既以宣传天赋人权、平等自由，大力提倡革命反满的学说，又高举爱国反侵略的旗帜。亦情亦理，措辞激昂，是最早的革命刊物。它对于扩大革命的影响，促使一批爱国志士由改良向革命的转变，作用巨大。

从此，中国历史上最激烈的革命党与保皇党的大辩论拉开了序幕。

接下来，逃亡日本的章太炎等人接过矛头，与秦力山，孙文联手，继续掀起一波又一波反清革命和反保皇党舆论浪潮。秦力山后来参加同盟会，受孙文委托，在云南边境策划革命，最后死在西南边疆。

由于温宗尧的介绍，孙文特别关注了王宠惠。并给1000英镑说是用来支持《国民报》英文版的，后来也说是支持王宠惠到美国留学的。其实没过多久，张元济为王宠惠办理了公派美国加州大学留学的手续。

辛丑年（1901 年）杨廷栋、杨荫杭、雷奋回国。《大陆》杂志由戢元丞在上海创刊，仍由秦力山、杨廷栋、杨荫杭、雷奋人担任编辑。旗帜鲜明地鼓吹革命，批判保皇党。

《大陆》中有一文指责梁启超在日本不思进取，无所作为，却假装忧国忧民。其中一联如下：

娇妻侍宴，群仙同日咏霓裳，

稚子候门，共作天涯沦落客。

据说张之洞看到这句话，也拍案叫绝。

其实，梁启超经自立军事件后，走一条与康有为保皇党有分歧的道路，逐渐淡化保皇立场，也开始宣传西方新思想、新观念。他后来开办的《新民丛报》，虽然不赞成革命，但也刊登严复、杨廷栋、杨荫杭、雷奋等人主张的民主自由的新思想的文章。它办得有特色，花样繁多，有评论、学说、传记、教育、学术、小说、名家丛谈、新闻短评、海外奇谈、新知识等栏目，包罗万象，蔚为大观，给人以耳目一新的感觉，很得部分知识分子的欢迎。

《新民丛报》流入国内，对启发民智，改变民风也起了很好的作用。特别是广泛介绍西方的 思 想文化学说，鼓吹西学，对于开通风气，启迪民智，大有裨益。

在这方面，《新民丛报》接过了《译书汇编》的接力棒，长期对国民宣传西方先进思想。由于它持续时间长，在启迪民智方面起的作用更持久深入。

辛亥革命以后，梁启超放弃了保皇立场，与康有为分道扬镳。后来终于立场鲜明地反对袁世凯复辟。

第四章

吴稚晖与日本成城学校的留学事件

一　两江总督这个位置

1901 年，这 20 世纪的第一年 。

李鸿章死了，两江总督兼南洋大臣刘坤一也匆匆忙忙跟了去。天堂里，曾国藩和左宗棠的麻将桌上正缺一半人，所缺的人正是李鸿章和刘坤一。

准备回金銮殿的西太后也思量着：虽然这刘坤一、张之洞和盛宣怀当日抗旨，搞东南互保十分可恨。但细想，究竟他们还是做对了。而且自己也以光绪名义发了"罪己诏"，那就不能再追究他们了。再说，这爹亲娘亲不如银子亲。自己从西安回宫，两手空空，还不全赖盛宣怀及刘、张两督及时地孝敬银两？

太后气消了，给刘坤一高规格荫封。按定例，由张之洞接替刘坤一，署理两江总督。也赐给盛宣怀一个商约大臣的官衔，并同意盛宣怀可以继续居上海，不必上朝。还特许他不必来京师恭迎两圣还宫。

银子来就行，人就免了。

为此张之洞禁不住连夸盛宣怀好运气。

调走了张之洞，可便宜了端方。由荣禄力荐，端方不久才从一个道员升湖北巡抚。屁股没坐热，又马上捡了张之洞留下的空缺，代理了湖广总督。而年迈多病的陕甘总督陶模调任两广总督。

聪明一世的盛宣怀，却不知搭错了哪根筋，上书力荐袁世凯当直隶总督。这袁世凯，临上轿还发一阵哕，赖在山东，装着不去上任。而盛宣怀多管闲事，发电报做思想政治工作。原来这直隶总督按例是兼北洋大臣的，袁世凯等着朝廷明确把北洋大臣也搭上。明确后，马上翻过身，以北洋大臣的名义，趁盛宣怀后来居家"丁忧守制"之际，要夺电报局和轮船招商局的财权。理由是原北洋大臣李鸿章本来就主管这些洋务！这电报局和招商局可是清国大摇钱树啊。清王朝、袁世凯与盛宣怀为此展开一场肉搏战。

张之洞署理了两江总督和南洋大臣，但始终没把"署理"两字去掉，也就是说，没转正。据说是军机大臣荣禄给太后出主意了：

张之洞太会花钱，岂能以两江膏腴之地供他挥霍？

这个说法，最能打动慈禧的心。于是，西太后想到了陕西巡抚魏光焘。自己逃难西安的日子，这魏光焘没少伺候自己，虽说不及张之洞之辈的谋略才智，但，笨的奴才听话。

出乎所有人的意料之外，陕西巡抚魏光焘当了两江总督兼南洋大臣。张之洞回鄂许久，升他为大学士的圣旨，才姗姗来迟。不久，又来了一道圣旨，调左都御史吕海寰到上海为会办商约大臣。意思也很清楚：

大清的对外经济贸易大权，必须由吕海寰和盛宣怀两人一起会办才行。互相制约嘛。

这里讲了许多官员的调动，目的是一个：便于解释以后发生《苏报》案时，为什么针对章太炎和邹容区区两平民"囚犯"的办案组，却空前地规模地集中了大批朝廷大员和封疆大臣。

二 上海的张园

匆匆交代过世纪交接时期的这些事件后，现准备在上海多停留一段时间。

前段历史太沉重了，使人心情压抑。我们不妨在上海稍微调整一下心情。喝杯茶或咖啡，到公园放松一下。

在 19 世纪末与 20 世纪初的年代，上海最佳的喝茶休憩地点是张园。

这张园，正就是前章提到的经元善集会抗议慈禧立储的地方。也是唐才常组织"国会"，策划自立军起义的地方（有一说，选举"国会"地点是愚园，但策划"自立军"整个过程多数在张园）。可想象这张园，是当年上海最重要的一个公共活动

场所。

其实，张园只是一家私人花园，一家对公众免费开放的花园。我们可以放心进去，要杯茶或咖啡慢慢品尝，不必担忧有"华人与狗不得入内"的禁忌。所有中国人都可以不分身份尊卑贵贱地进出，就连所有常住上海或路过上海的洋人也喜欢去玩玩。

张园又称味莼园。因园主是张叔和，所以俗称"张家花园"。这家花园就是当时上海规模最大的开放园林（而同样有名气的哈同花园就不是开放的）。

园内草坪广阔，绿树成荫。茶室、书场、戏台、照相馆、网球场等游乐设施样样俱全。张叔和还出巨资请当时上海最著名的英国工程师景斯美、庵景生在园中设计建造了一幢高大洋房，称为 Arcadia Hall，中文名为"安垲第"。安垲第是会所，有巨大的拱顶宴会厅。另外园内还建设了"海天胜处"等娱乐场所。

张园是近代上海的时尚之源。

世界上最时髦的东西都是先在此亮相，然后推广到全上海。比如张园常于春秋两季举行花会，届时满园芬芳，到处一派姹紫嫣红。于是，花会就在上海各处盛行。至今，长风公园花会、杨浦公园花会、植物园花会和森林公园花会还盛行不衰。

在 1886 年，张园首先试用电灯。据描写，那是"一时火树银花，大放光明"，吸引了大批游客。当然，对比当今的城市灯火，这所谓的'火树银花'是微不足道的。别说与上海外滩南京路不可同日而语，就连西藏、新疆最偏僻的小镇的节日灯光夜景也难比了。但你要想到，当时中国，每天晚上 7 点后便是漆黑一团，野外除了星光，就是萤火虫。诗歌中还把萤火虫美化为"灯笼"，你就可想而知，平民第一次见到张园电灯璀璨的那种"心灵震撼"了。

赏花、照相、看戏、评妓、宴客？上张园！

喝茶、咖啡、纳凉、展览、购物、集会、讲演？去张园！

时尚展览、新奇焰火、惊险运动、政论演说，张园都有。

什么服饰最流行？张园展现；

哪位妓女最走红？张园会面。

达官贵人王知春、盛宣怀、文廷式、郑孝胥、李平书、郑观应、王一亭、经元善、席子眉、蔡钧、蔡尔康常光顾这里。

风流墨客姚伯欣、吴葆初、吴趼人、狄楚青、沈缦云、李伯元等也流连忘返。

维新党和革命派人士唐才常、容闳、严复、章炳麟、叶浩吾（叶瀚）、沈荩、龙泽厚、马相伯、毕永年、林锡硅、唐才质、戢翼翚也常在此结社造势。

平民自然不用提了。

但这里我们顺便提几位初到上海的小知青马君武、马叙伦、林森、林獬（白水）和林述庆等人。特别，后面三位林姓福建籍"知青"，还在此成立了福建同学会。提到这些"知青"的原因，是这些人与随后发生在这里的事件有关，而且在中国后来历史中担任了重要角色。

来张园活动的妓女流莺争奇斗胜、大出风头。据说墨客李伯元（就是《官场现形记》的作者）还为妓女写评论，为小姐写评论的还有徐敬吾。这徐敬吾是广东人，与他女儿徐宝妯一起在四马路青莲阁开书店。他装束奇特，蓄三绺长须，盘发辫于顶，穿西装，戴瓜皮帽，腰系麻绳一条，脚蹬草鞋一双。曾编写《野鸡花榜》登载于《游戏报》上，那小报《游戏报》马上被卖空。徐敬吾一下子成了名人，得到一个"野鸡大王"的雅号。我们随后会发现，"野鸡大王"原来也有一股侠义心肠。只是他的最终结局无从打听。

原来在中国搞明星小姐排行榜的知识产权属于徐敬吾。所以，眼下搞天王榜，歌星皇后榜的，该认识认识这位徐老前辈。

张园是近代中国的一座大舞台，几十年间这里上演了许许多多活灵活现的社会大戏，蕴涵了无比丰富的历史细节，值得后人仔细探究。

我们将会看到，本文未来的主人翁们也就是以张园为舞台，上演出了历史一出大戏。

如今，张园消失得无影无踪。她被历史的尘埃淹埋了。留在我们面前的只有地铁2号线的石门路站，及车站南面一大片后来随意搭建的旧房简屋。其范围包括南京西路以南、石门一路以西，威海路以北的大片区域。

除了少量旧照片，现在张园也没有任何建筑或景物遗留。

三 张元济出任校长

1901年3月，南洋公学首任总理何嗣焜去世。

张元济接何嗣焜出任公学代总理。这代总理的"代"字，有这样的缘故：盛宣怀没将此事上奏皇帝。理由很简单，张元济是御批"革职永不叙用"的，盛宣怀自

然不会去自讨没趣。

而奇怪的是，盛宣怀总是利用自己向光绪上奏折的机会，将南洋公学大大小小的事分成多个独立附件，交给皇帝审批。而皇上也总是逐个审阅，作御批。想必，戊戌变法前，皇帝办事认真，又特别关心新事物和中国洋务。而戊戌变法后，困于瀛台的皇帝以批阅这种鸡毛蒜皮的奏折作为唯一能解闷的事。而其他国家大事，他想过问，也过问不到了。

所以南洋公学不仅有开办的御批奏折，而且每年大小事务，都有一大堆的御批。现交通大学闵行校区东门内就有一堵墙，上面全文刻写着南洋公学开办的御批奏折。

变法前，光绪励精图治，办事快达。1896年，盛宣怀上书提出强国要点，主张在上海开办南洋公学和银行等事，光绪皇帝朱批：

盛宣怀条陈自强大计暨设立达成馆并开设银行各折片，著军机大臣、总理各国事务衙门、户部妥议具奏。

这"设立达成馆"，就是指建立培养急用人才的学校。

光绪二十二年十二月二十四日，光绪再次对"筹建南洋公学及达成馆舍片"朱批：

该衙门知道，钦此。

同意招商轮船、电报两局提供南洋公学办学经费。

甚至，光绪对《南洋公学章程》、开设译学院、开设特班等校内小事及申请校内学生"免岁科两试"也一一朱批。其中对南洋公学开办译学院这件事，也特地批示：

知道了，着即推广翻译。书留览，钦此。

估计光绪已知道，南洋公学译学院是张元济主管，光绪照样想看译学院出的新书。不是吗？请看御批"书留览"三字。一定还记得当年张元济为他张罗新思潮书籍的事。

首任总理何嗣焜去世，盛宣怀不忘上折向皇上讨封追加荣誉，而新任命张元济为南洋公学总理的事，却故意不禀明，盛宣怀够滑头。

南洋公学总理是不是官员呢？后来的都是，就张元济这次不算。而按学校章程得服从张元济的南洋公学监院福开森却是朝廷官员。这美国人还常穿着大清官服，三品花翎顶戴，在公学校园里转悠。三品不低了，相当于六部的侍郎。后来不久，福开森的顶戴花翎升为二品。身兼南洋公学督办的盛宣怀虽称"头品顶戴"，其实也不过是"从一品"（还跟向国库捐款搭上边）。只有朝廷最高层的王大臣那级，才是正一品。

中国所有大学档案中，难得留有如此多的皇帝御批。

四 蔡元培与南洋公学特班

张元济在公学总理任上所做的一件重要事情就是筹办南洋公学"特班"。

特班是干什么的？用盛宣怀的原话来说：

添设特班是为应经济特科之选（按：指朝廷酝酿要用经济特科取代旧科举，此时的"经济"一词，是更倾向于"政治"和"运筹管理"的涵义。到后来才逐渐变味成向钱看的"经济"），以储国家栋梁之才，故宜专志政学，但望学成之后，能如曾、李两星，本大臣对特班期望极为郑重。请总理、提调、教习严格考核、管理，传谕诸生不得逾越公学规矩。

盛宣怀开设"特班"的目标是培养像曾国藩、李鸿章那样的政治巨星。

张元济征得盛宣怀同意，请蔡元培出任特班主任教习。另聘王舟瑶、赵从蕃为教习，协助蔡元培。这是 1901 年夏天的事。赵从蕃前已作介绍，而王舟瑶后来是著作甚多的国学大师。

张元济 1901 年 3 月 1 日当南洋公学代总理，蔡元培就从绍兴来到上海。

前面说过，张元济与蔡元培关系非同一般。

1901 年 3 月的黄昏，蔡元培乘乌篷船从绍兴到达上海。为不想给张元济带去不便，也为省钱计，当夜，就留宿小船，一夜挨到天亮。

第二天清晨蔡元培就赶到张元济家，在"年伯母的影堂前行礼"。

这影堂，当代人可能不好理解它是什么名堂。其实就是指有屏风分隔的客厅嘛，屏风开口处悬着挂帘。蔡元培是外姓侄辈，男女见面要隔着门帘交谈。这大概是当年的礼数。

初来，蔡元培下榻宝善街周昌记客栈，过了六七日才搬到外虹口隆庆里 782 号邵元冲处，与张元济做了邻居。

当今的我们是很难设想这位出身于小康家庭，而且是翰林院出来的蔡先生竟然是如此俭朴和小心谨慎。

通过向社会公开招考，特班录取了一批社会贤达作为第一批学生。也从南洋公

学中院高年级选拔了优秀生。第一批总共 42 人。这些学生中有黄炎培、穆湘瑶、邵力子、李叔同（即后来的弘一法师）、胡仁源、胡敦复、谢无量、项骧、贝寿同、洪允祥、王世征、殷祖伊和沈步洲等。名单中的胡敦复（炳生）就是一步步地从外院升中院，又从中院升到上院"特班"的。要指出的是，整个特班的建立过程，是张元济开的头，而由沈曾植接手完成的。

特班虽经统一考试，又都是举人秀才出身，那只说明有一定的国学基础。但南洋公学要求他们修的课程则是欧美的理论与自然科学，这方面他们显然是参差不齐的。特别是英文，有部分还得从 ABC 开始。只有从中院内部升上来的学生，才比较全面。

多有人说蔡元培在特班的教学中，"多提倡民权之说"，于特班学生在学业之外，也"晓然于革命大义"。但在事实上，民权之说和革命大义，并不是简单地从蔡元培口中传出去的，而是通过给定的必读书和参考书让学生去自己接受的，通过个别面谈、交流进行启发的。

据黄炎培回忆，特班第一年是每天上午半天上英文和算学课，下半天中文课。中文总教习蔡鹤卿（按：就是蔡元培，后来改号孑民）集同学谈话，交给大家一张国学科分门清单，如哲学、文学、政治、外交、经济、教育等，约二三十门，让各人认定一门，蔡师就这一门开列应读的主要次要书目，吩咐学生向学校藏书楼去借书阅读。每天须写笔记送师批阅。

蔡师还说：现在中国被各国欺侮到这地步，我们要知己知彼，才能百战百胜。我们要知道自己弱点，还要了解国际情况。了解国际，要通晓外国文，读外国书。英文自然要读，通日本文，比较容易，从日本书中亦可以了解国际情况。

黄炎培就选定了外交这一门，蔡师开示《国际公法》和外交文牍几种参考书。还指导大家有关"和文"的翻译法，让大家从学习日文翻译中，阅读容易了解的日文书。

每人将所写笔记缴送蔡元培。蔡师不但亲手批阅，还每夜轮流召二三学生到房里面谈，或就笔记，或就今天日报所载时事消息交流看法，并作指示。学生也可以提出意见请教。不单这种教育方法切合学生们的要求，蔡师语言态度的亲切、谦和，使每一学生都心悦诚服。这些还影响到上院其他各班和中院。每月蔡师出题交特班同学抒写所见，题材是不拘的。

蔡元培注意培养学生的演讲能力。成立演说会，定期轮流演说。蔡师对全班同学讲：

中国国民在极度痛苦中，还没有知道痛苦的由来，没有能站立起来，结合起来，用自力解除痛苦，这是中国根本弱点。你们将来出校，就要担负唤醒民众的重责，就不但要通过文字启发大众，更要用自己的语言唤起大众。

可见，特班学生遇到了最好的老师。连黄炎培这种跨越两个世纪、三个政治朝代的大革命家，都感到终身受益匪浅。而蔡元培身体力行，给学生们交流的民主精神，更给这位为民主而奋斗的伟大人物以终身的力量：

1945 年的延安，著名的"窑洞对"中，我们可以从黄炎培身上，看到蔡元培的影子。

1945 年 7 月 4 日下午，毛泽东主席又邀请黄炎培和冷遹（按：1913 年二次革命中，著名的民军三师中将师长）到他家里做客。毛泽东问黄炎培来延安几天的感想。黄炎培坦率地说：

我生 60 多年，耳闻的不说，所亲眼看到的，真所谓"其兴也勃焉，其亡也忽焉"……一部历史，"政怠宦成"的也有，"人亡政息"的也有，"求荣取辱"的也有。总之没有能跳出这周期率。中共诸君从过去到现在，我略略了解了的，就是希望找出一条新路，来跳出这条周期率的支配。

毛泽东回答：

我们已经找到了新路，我们能跳出这周期率。这条新路，就是民主。只有让人民起来监督政府，政府才不敢松懈，只有人人起来负责，才不会人亡政息。

听了毛泽东的话，黄炎培写道：

这话是对的。只有大政方针决之于公众，个人功业欲才不致发生。只有把每一个地方的事，公之于每一个地方的人，才能使地地得人，人人得事。用民主来打破这个周期率，怕是有效的。

啊，扯远了。

关于特班，黄炎培还提到蔡元培和几位教师同学向马相伯学拉丁文的事。黄炎培记得自己是追随前去的，而且是第一次见到了马相伯。

南洋公学没有拉丁语课程，也没有拉丁语教师。而南洋公学所在的上海徐家汇有个天主教堂，教堂里全是法国教士，他们讲法语和拉丁语。其中马相伯兄弟俩是中国人。后来马相伯退隐徐汇土山湾（想必是天主教牧师不得参与世俗政治活动。而前文提到，1900 年马相伯卷入了张园的"上海国会案"。可能是要受教会的惩戒。故而"面壁退隐"）。1901 年，蔡元培亲自上门，想请马相伯开拉丁语课。但退隐教士进公立学校，双方都有忌讳。再说，马相伯坚持是义务上课的，总是上门去求教

更好。于是约好，由蔡元培挑选二十四名青年学生去教堂附属的徐汇公学开班教学。学生有黄炎培、邵力子、胡敦复、贝寿同、项骧和沈步洲等，这些都是特班的同学。还有一位从广州丕崇书院来的马君武同学也加入该拉丁语班。不久，马君武就到日本留学去了。

张元济在南洋公学任职时期，特别是代任总理期间，工作繁重，加之从虹口到徐汇路远耗时，他平时住宿在学校里，极少回家。他时常直接找学生谈话，询问他们的功课。蔡元培任职后亦在校内住宿，两人常作彻夜长谈。当年的学生平海澜、伍特公、张季鸾等人，到了1962年集聚上海政协回忆历史事件时，对张元济仍然念念不忘。甚至于能回忆到与各自谈话的细节，连吹牛冒称自己看过什么名著，结果答不出校长提问的窘态也回忆得十分生动。

张元济与当过外院学长的吴稚晖有了上下级的工作关系，也注意到外院胡明复和胡刚复这对神童。或许张元济同意了吴稚晖的推荐，破格让胡明复和胡刚复从外院提前升中院。

但一天早上，张元济看到胡明复和胡刚复兄弟俩在中院扶梯扶手上顽皮时，他改变了主意。两个孩子倒躺在扶手上，头朝下慢慢地从楼上滑向楼下。

这要出事的！小兄弟俩被退回下院。

这胡明复和胡刚复正是前面提到的特班胡敦复的亲弟弟。他们还有一堂兄弟胡笃生也是同学。胡笃生的父亲胡雨人也就是师范学院的学生。这一家子五个人在同一年月，既是父子同学，又是亲叔侄同学，只有那个年代才会发生。

胡雨人是乡绅，后来当过北京女师大的校长。这胡敦复、胡明复和胡刚复三兄弟，就是后来著名的中国第一批博士"三胡"，是中国科学社的发起人，是大同大学的缔造人和中国大学数理基础教育的奠基人。胡明复是中国第一位数学博士，胡刚复是中国第三位物理博士，胡敦复是哲学博士及首任清华教务长和中国数学学会首任会长。

神童小兄弟被退回下院，在他们成长经历中增加了一段必要的磨炼。

在下院，每班有师范生当班主任。班主任监督每个学生，从早起，洗脸刷牙，出操上课，作业自习，吃饭睡觉，甚至夜间查铺帮盖被子。对违纪学生，班主任可以罚面壁几分钟，还可以用竹片打手心。但据记载，即使这样做，也没让这对胡家小天才少惹麻烦。

作为外院曾经的学长，吴稚晖不赞成体罚，不赞成对学生管束太严厉。他甚至支持学生组织"卫学会"，提倡师生共同治理学校。

吴稚晖同前任总理何嗣焜就因这事弄得十分不协调。看来这次，他与张元济也没谈拢。虽说见解不同，但私人关系不错，后来张元济同意由学校资助吴稚晖留学日本东京高等师范。南洋公学师范院学生，大部分都可以由公学资助到日本游学，而不列入公派留学的指标中。

这年7月，蔡元培进南洋公学时，吴稚晖已动身去了日本。

蔡元培何时与吴稚晖见第一面呢？

或许是经元善联名抗议慈禧"立储"时遇到过，但彼此之间没有谈过话。

据蔡元培日记的记载，1901年12月6日张元济在万年青招待蔡元培和吴稚晖时，蔡吴两人才第一次见面交谈。这时候，张元济已辞去总理职务回虹口主持译学院，而吴稚晖是从日本回国，准备南下广州。

他们彼此相见恨晚，但一见面，就分手。

长亭外，古道边，芳草碧连天，晚风拂柳笛声残，夕阳山外山。

天之涯，地之角，知交半零落，一壶浊酒尽余欢，今宵别梦寒。

蔡元培和吴稚晖之间的世纪情谊就从这一天开始。

五　蔡元培与中国教育会的成立

张元济此后又在万年青与蔡元培、黄宗仰、吴丹初、蒋维乔、蒋智由、温宗尧等人小聚，商榷办《外交报》和设立教材编译所的事。谈外交搞国际事务评论，本就是张元济的专长。而办教材编译所，那是因为译学院人手不够。译学院人员除给学生上外文课外，还做选稿、校对、编辑和付印这些工作，同时每人也翻译名著或编写工具典册。

当时，朝廷开始推行新政，教育是新政的第一步。初等、中等教材需求量很大。虽说，南洋公学师范学院的学生顺带编写些教材，但远不够应付，教材的缺口大。这就需要蔡元培等出面，广约社会贤达，从事中等和初等教材的编写。仍然采用前面讲过的"约稿外包"的办法。而不一样的是，不再是一人一稿地包，而是建议蔡元培业余搞个编译所，由整个编译所来包。这样，就可以有计划又有分工地组织书

稿。同时，将来出版后，也可以通过蔡元培回报稿酬给编译所，再给各人。这是两全其美的好事。

蔡元培等一拍即合。在协助办《外交报》的同时，蔡元培与黄宗仰（乌目山僧）、吴丹初、黄炎培、蒋维乔、叶瀚、王慕陶、蒋智由（观云）、林獬、王季同、汪季宗、钟宪鬯、金松岑和陈去病等协商筹备。后来干脆决定在编译所的基础上成立"中国教育会"。中国教育会宗旨为：

以教育中国男女青年，开发其智识，而推进其国家观念，以为他日恢复国权之基础为目的。

中国教育会将"教材编译所"扩大设教育、出版、实业三部，拟集合力量，编订教科书。以上各位就都是会员，他们多数是教师、编辑、记者、学生及其他新兴文化事业界人士。他们是一时才俊，或国学、或外文、或社会伦理、或数理化学各有所成，其中黄炎培就是蔡元培在特班的学生。黄炎培和蔡元培早在经元善事件中，曾列入签名行列。

1902 年，"中国教育会"正式成立，蔡元培选为会长，开会成立地点正就是上面所说的张园，而办事机构设在上海泥城桥福源里 21 号。

六　吴稚晖、钮永建与广东大学堂 及广东武备学堂

前面已经提过 1901 年 12 月 6 日，吴稚晖路过上海的事。

那是 1901 年 12 月初，吴稚晖和钮永建一道从日本回上海准备去广州，这以前张元济与钮永建没谋过面。因为钮永建是 1901 年 1 月出国留学，而张元济是 1901 年 3 月才从虹口到徐家汇任公学总理。史料明文记载张元济与钮永建的直接会面的事是发生在 14 年后袁世凯称帝前夕，钮永建卷土重来，到上海组织反袁军事行动，张元济向钮永建捐了数万银元的巨款。当然，这之前他们不乏见面机会。只是他们一人好文，一人尚武，不大可能有深交。

促成吴、钮此次广州之行的，是他们的同学陆尔奎及方子仁。这方子仁已看不到历史文件的相关记载，但陆尔奎就是钮永建在南洋公学的同班同学。在没进南洋公学前陆就已是吴稚晖的朋友。因为吴稚晖记住，自己经济拮据时，陆尔奎替自己

介绍过一份每月10银元家教。这次，陆尔奎介绍给自己这两位朋友的，就不是家教那么简单的事了。两广总督陶模要创办"广东大学堂"和"广东武备学堂"，两校的总教习，就定为吴稚晖和钮永建两人。

就不知为何，老帅陶模挑选了没谋过面的这两人，而不是陆尔奎及方子仁。反正陆尔奎及方子仁够朋友了。陆尔奎后来虽当过大学教师，但其重要经历都是在商务印书馆。陆尔奎是张元济合伙人，他留给世人的一项成就是他主编的《辞源》（正编本）。这相当了不起，不像当今，工具书可以抄来抄去。第一套《辞源》，那就得全靠他的心血去浇铸。

或许陆尔奎是安于学问，而不热衷于政治活动。

钮永建又名钮惕生，和吴稚晖一样，是举人出身，还都是江阴南箐书院的同学，后来又都是南洋公学同学，眼下还都在日本留学。

有记述，他们在南箐书院时，还很年轻。一天时任江阴知县过孔庙不下轿，吴稚晖认为父母官"非圣无法"，有辱斯文。与钮永建等向轿子投石块和砖头，砸得知县狼狈不堪。县令恼羞成怒将吴稚晖等捉回衙门。

按清朝律例，举人与知县之间纠纷，要由上级处理。知县的做法有违"律例"。南箐书院院长黄以周据理抗争。那知县也识趣，便向吴稚晖等道歉，并用轿子将吴送回。这是那对哥们的一次合作。

当然，另有一说可能更接近事实：坐轿的不是江阴知县，而是江苏学政溥良。轿子挨石头的，就是溥良。溥良恼羞成怒，要江阴知县严办。于是知县差衙役抓人。见到衙役，扔石块的大声叫喊：

南箐书院学生吴稚晖是也！

江阴知县乖巧，两头敷衍，两头赔不是。了结此事。

一年后，又是这个吴稚晖跟新的江苏学政杨颐闹上了。

原来，新江苏的学政杨颐上任，下属为他接风，在太湖的画舫上摆了花酒，携妓笙歌泛游为乐。吴稚晖知道了又是大怒，认为此举大违圣贤之道，便自己穿了条大红裤子，头戴柳条编成的帽子，身上背些乱树枝，树枝末端遍插红萝卜，打扮成个小丑模样，要去会会学政。另一同窗田其田帮忙划一条小船，载吴稚晖追上学政乘坐的画舫。吴稚晖笑哈哈地跳上画舫，痴头怪脑地向杨颐作揖：大人好享福哇，可否赏学生一杯花酒喝喝？

杨颐气极，要驱逐赶吴稚晖。吴稚晖就故意跌个四肢朝天，背的红萝卜满船乱滚，搅得杨学政兴趣全失。回衙要取消他的举人资格。好在，同僚暗示杨学政：这

不识好歹的举子就是"吴疯子",这事声张出去,会弄得杨大人面子不好看。杨学政才作罢。

吴稚晖年轻时,就是这样三番五次搞"替天行道",专挑官员上。把诸如此类的事"做做大",成了苏南一带著名的"吴疯子"。

这里只是想说,钮永建、吴稚晖是一对是从小到大的铁哥们。的确,他们到老还是一对铁哥们。

1901年4月,吴稚晖经张元济资助,携家眷东渡日本,留学日本东京高等师范学堂。吴稚晖在日本东京通过钮永健、章宗祥等结识吴禄贞、俞大纯、丁文江等中国留学生。顺便提一下,这俞大纯,是江南陆师学堂校长俞明震之子,他也是属于激进派人物。后面要讲到俞明震的故事。

其时,孙文正在日本横滨广泛结交革命志士。好友吴禄贞、钮永健等人邀吴稚晖同去横滨拜识孙文,吴稚晖拒绝。吴稚晖在日后的回忆文章中写道:

当时心想,梁启超都不想去看,何况孙文不过是个草泽英雄,有什么看头?你们去吧,我要到上野公园去。等他们几个回来,就问孙文的相貌是否像庙里供奉的大王爷爷,魁梧奇伟。钮永健说,弄错了,孙文是一个温文尔雅的绅士。于是就估量孙文大概是东汉的刘秀、邓禹一类人物,还是不想去见。

不久,国内清政府开始实施"新政",其中重要的一项内容就是创办新学。广东也跟上新潮。根据《粤督陶粤抚德奏陈广东大学堂开办情形折》中叙述,广东大学堂和武备学堂的筹办开始于1901年冬,陶模电请留学日本高等师范学校"夙究教育理法"的江苏举人吴稚晖来粤筹划。仿照山东大学堂办法,将张之洞督粤时创办的"广雅书院"改建为"广东省大学堂",以广东试用道姚文焯为大学堂总理,吴稚晖为总教习。1902年4月首批招生160人。

广东省武备学堂则在原水陆师学堂的基础上改建,因朝廷未拨款项,主要靠绅商捐资解决。聘请钮永建为总教习,另聘教习、助教、监队十余人。1902年4月首批从6000考生中招180人。

当时是由总督陶模做主,两校筹建工作全由吴稚晖、钮永建二人操办。

吴稚晖记得,广东大学堂首批录取的考生中有古应芬、杨永泰等,没录取的有汪精卫等。因位这三人后来都是国民政府的名人,古应芬是1927年南京国民政府首任财政部部长,杨永泰当过湖北省政府主席,所以吴稚晖记得特别清楚。

但没多久,因两广总督陶模病重不能视事,原本表面附从的广东巡抚德寿便一反常态,将所办各事尽行颠覆变更。官场督抚纠纷是常事,但这次巡抚捣鬼,直接使广东高等学堂内部产生矛盾。吴稚晖不满，决定辞职。

而广东省武备学堂筹建相对顺利些。

据陶模幕僚汪大钧的回忆，广东省武备学堂开办之事，基本上是总教习钮永建、戴立夫两人操办。福茨廉访为总理，不过徒有其名，不过问实事。而汪大钧出任提调，是后来的事。

钮永建、戴立夫两位是先后由大帅陶模召来的。起草学堂章程，选聘教习，然后利用贡院考场，从报考者 6000 人中录取 180 名学生，都是钮、戴二人负责。特别是监考，阅卷、面试，十分忙碌。钮永建在南洋公学师范学院的同学胡雨人、陆尔奎、傅运森等也应聘为学堂教习。

这里的福茨廉访是指吴福茨，当时是广东按察使。按察使常被称为"廉访"，福茨廉访的称呼，就像眼下称 XX 警官或 XX 书记类似。

汪大钧这个提调相当于副校长，而钮永建这总教习相当于教务长。广东省武备学堂里的管理层还比较融洽，特别汪大钧与钮永建关系不错。但因广东大学堂的变故，导致吴稚晖辞职返回日本。钮永建也决定谢绝挽留，回日本士官学校继续留学。只是因工作移交拖迟了许多时间，没能与吴稚晖一干人同行。汪大钧记得：（钮永建）"濒行托人致弟，言提调因新党，恐为疑谤所丛，诸事勿过于认真为是，其意可知。"言语间可感觉到此时钮永建有一定的城府，不再是个毛头愤青了。但同时的吴稚晖依然是个愣头愤青，随后发生的事就可充分说明。

这汪大钧是海归，与张荫桓、黄遵宪、李维格等均是维新党。而戴立夫后来也是国民党要人。在 1925 年，李立三同志上海遇险时，就利用戴立夫家避难。

提示一下：这广东省武备学堂办到后来就演化成黄埔军官学校，而广东大学堂并没有成为后来的中山大学，吴稚晖走后，督抚相争未了，办了十年没发展而萎缩回原来的广雅学校。

七　吴稚晖与日本成城学校留学生事件

回头说吴稚晖的故事。

吴稚晖决定辞职返回日本。原广雅书院有一批学生也不想留广东大学堂了。两广总督陶模知道不可挽留，就委托吴顺便带走这批原广雅书院的二十多名学生也去

日本留学。其中就有受陶模关照的晚清重臣沈葆桢的曾孙沈觐鼎兄弟。吴稚晖答应了，与二十六名学生一同去日本。

查下来，同行二十六名中，并不全是广雅书院的学生，而其中有胡汉民、蔡锷、李显漠等三位是后来的大人物。当时胡汉民已不是广雅书院学生了，而是广东一官宦人家的西席（按：现代名词是"家教"），与吴稚晖一见如故，谈得来。经吴稚晖一阵鼓动，下决心一道东渡日本。而这李显漠，就是李英石。他是上海名绅李平书亲侄，他不比这次同行的蔡锷逊色。

经四天多的航行，终于进了日本的海域。有人告知：前面就是岛国日本。

舟人哪识伤心地，遥指前程是马关。

屈辱的《马关条约》就在那里订的啊！可中国知青们却一批又一批地登上这片伤心之地，寻求救国之道。

临时老大哥吴稚晖带的其他同学都顺利入校了，但最后剩下了孙揆钧、蔡锷、钮镱、李显漠、刘钟英、吴慕良（还有三名学生已没查不出是谁了）等九名坚持要上成城学校的学生遇到了麻烦。成城学校是日本士官学校的预备学校，原先，中国留学生可以随便进成城学校的。但因自立军事件中，有吴禄贞等士官学校学生参与。清廷怕军校学生学成回国造反，企图施加限制，于是照会日本政府并约定：中国学生要进成城学校，必须要由清政府派驻日本公使具函保送方可。公使蔡钧秉承旨意，拒绝为这九名学子提供担保。吴稚晖与孙揆钧不知内情，就到使馆要求咨送。公使蔡钧推说是须得学生原籍的官府出具保证方可。众学生没有来回的路费了，又马上就要开学，因而嗟叹不已。

吴稚晖找章宗祥，让章宗祥发动留学生，为这九名学生每人配5位担保人，蔡钧再次刁难。

蔡钧便要个花招，不以公使馆的名义制作保证书，却直接将吴稚晖收集的那些同乡好友的担保书派人送日军参谋本部，敷衍了事。日方果然不允。

学生知道后气愤不过，便集体到使馆找蔡钧，蔡钧拒不理会。学生也声言，不解决问题不离开，并静坐示威，彼此相持一星期。

看来这吴疯子，的确有讨人欢喜的地方：

忠于朋友之托，他尽心尽力。一路上这临时老大哥的角色，也要全力以赴去当好。

同行二十六人中，十七人已经如愿入学了。九名因达不到要求感到不如愿。不如愿可以先将就将就，先进别的学校过渡过渡，以后再说啊。只要安抚这余下九名另择他校，吴稚晖就算尽力了，自己也可以到东京高等师范继续留学，与家人团聚。

可这吴稚晖一股疯劲来了：他要两肋插刀，为这九名弟兄刨到底。

这时，桐城学派首脑吴汝伦准备出任京师学堂总教习，任职前正在日本考察。吴稚晖找吴汝伦帮忙。

经吴汝伦与一个日本参谋部翻译从中沟通后，吴稚晖得以向蔡钧禀陈学生的要求。他于是出列，对公使长揖：

学生等别无他事，只求咨送入学，请大人费心设法与日方交涉，使孙揆钧，蔡锷等能如愿上学。

蔡钧两手一摊：

是日本人不允啊，不是我不肯尽力！别胡扯了，另选学校去吧。

本就是见枉官就刺眼的吴稚晖也就没好话：

你大人身为驻日公使，负朝廷与日交涉的责任。日本人不允，你应该据理力争。如果处处按日本人的意见，那还设公使做啥？

吴稚晖继续疯劲大发：

如果你大人自感能力有限，交涉不过日本人，那便该辞官还乡，免得既耽误朝廷的事，又误了子民的事，为天下人笑骂！

这话使蔡钧下不了台，对吴稚晖大喝：

你好大胆，敢骂本官！

学生读圣贤书，怎敢骂人，但天下之人甚多，能担保人人不骂？

吴稚晖反唇相讥。

蔡钧怒极。喊来日本警察，抓走众学生。

以扰乱治安为名，日本警察限吴稚晖、孙揆钧二十四小时离境。

梁启超、吴震修、张秉彝、侯毅等人听说此事都从各处赶来，声援吴、孙两人。

吴稚晖见无以挽回，愤懑不已，向日警要来纸笔，悄悄写下绝命书：

信之已死，明不作贼，民权自由，健邦天则……孔曰成仁，孟曰取义，亡国之惨，将有如是。诸公努力，仆终不死。

吴稚晖、孙揆钧被押往横滨码头。吴稚晖沿途喊叫：

士可杀，不可辱也！

行过日本皇宫附近，吴稚晖忽然挣脱警察，向护城河跳，沉下河水。幸好护城河水不深，警察们七手八脚便将吴稚晖捞了上来。

吴稚晖满身湿淋淋的，大哭：

孔曰成仁，孟曰取义，我将以死醒我同胞也，奈何不让我死！

被日警送回警署，换上干净的衣服，再次押送。

吴稚晖跳河的事一时成为各报纸的头条新闻。梁启超为此在自己办的《清议报》登了吴稚晖地绝命书，并评论：

吴君之被逮也，以为士可杀不可辱，欲以一死唤醒群梦，引起国民利权思想。

中国在日留学生听闻吴稚晖以死殉国，又见绝命书，群情激愤，相约数百人来送别吴稚晖。

吴稚晖此时成了大英雄，声名大震。日警担心再有意外，便派四名精警严加看守，直至将吴稚晖送上一艘由日本神户开往中国的法国邮船。

胡汉民赶来了，见此状，表示要放弃留学，陪吴稚晖回国。

而当时南洋公学的教习蔡元培正在日本游历考察。听到此事，担心吴稚晖在船上出事，便忙赶到横滨码头，劝胡汉民放心，自己亲自陪吴稚晖一同回国。

蔡元培一路安慰开导，吴稚晖渐渐平定。在回国的邮船上，吴、蔡两人就中国时政、教育等进行了激烈交谈，彼此重新认识，更接近一步。

留学生为吴稚晖这事，进一步在日本集会。联名通电清政府，严斥蔡钧的"辱国威，辱士类"行为，要求撤换这勾结日本警察欺辱中国国民的公使。一面又对日本当局以退学来表示抗议。同时，又致电上海的中国教育会，请求国内声援。从而酿成一次震动全国的学潮。

吴、蔡两人到达上海。

此时是在壬寅年七月（1902年8月13日）。配合留学生团体的要求。蔡元培以中国教育会会长名义，在张园的海天胜处集会欢迎吴稚晖、孙揆钧。到会者一百多人。

吴稚晖在欢迎会上慷慨陈词，痛斥清廷丧权辱国，腐败无能。受众人欢呼。他也由此顿时萌发革命思想，遂加入中国教育会。

八　张园会

张园的海天胜处欢迎吴稚晖集会却多出了几个意想不到的人。你道是谁？原来是后来大名赫赫的李石曾和张静江，还有夏循垍。这吴稚晖、蔡元培、李石曾和张静江就是后来欧洲同盟会的发起人和领导者，也是后来国民党著名的"四老"和监察委员。海天胜处的聚会可算是他们第一次聚会。只是没人会知道，这些年轻人会成为举足轻重的"四老"。而夏循垍则是与吴稚晖同在南洋公学师范学院的同学，后来的外交官也是国学大师。

原来因孙宝琦要出任驻法公使，夏循垍、李石曾和张静江是作为"公使随员"。他们一行从京师经天津乘轮船到上海，再从上海去巴黎"履职"。说是"履职"，李石曾与张静江实是自费去留学。

都说上海张园好玩，这李石曾、张静江能放过这机会吗？这自然要由夏循垍当导游。而没想到张园此时，正好是举行"吴稚晖同学的先进事迹报告会"，年轻人大受感动。

李石曾听到吴稚晖在东京的"见义勇为"，大为佩服，特地约见面叙谈。一见面就十分投机，大有相见恨晚之感。李石曾知道吴稚晖因此中断了日本留学的机会，就劝吴稚晖去法国留学。而吴稚晖却因家小还在日本，不能成行。但十分赞同年轻人去西方留学，他说：

这一次你们去法国，机会难得。以后最好能帮助国内青年也有去法国的机会，以便吸取西洋知识，为国家造就人才。而且人越多越好。到国外吸取新知识，人不厌其多，但也需有人引荐。你们此去，等于打个先锋。

似乎意犹未尽，他又补充说：

出去的人越多越好，就算他们学不到什么，只学得改良茅厕，也是值得的。

不想，这次不经意会面的几句话，竟然成为17年后他们共同行动的方针。1919年，他们组织了大规模的留法勤工俭学运动。

李石曾和张静江分别是官宦或富商子弟。张静江是出自富可敌国的湖州丝绸商人家庭，他的江苏候补道员的头衔是父亲花数万两白银买来的、其岳父与孙宝琦一样，都是军机大臣李鸿藻的门生。李鸿藻（注意：李鸿藻与李鸿章是政敌，而非"本家"）就是李石曾的父亲。当然这一对富二代倒都不错，据说张静江自小算是见义勇为的好青年。他就因救火救人而受伤导致跛腿。

九 成城学校事件的尾音

上海和国内其他报刊普遍报道了吴稚晖等留日学生与蔡钧冲突事件，引起朝野关注。

学潮迅速发展，满清当局受到冲击。为平息事态，清廷以蔡钧"不洽舆情，激成巨变"为由实施弹劾，以示惩处，并派专使大臣贝勒载振赴日本安抚学生。外务部还在东京增设留日学生总监督一职，不再让蔡钧兼管留学生事务。蔡锷等八名学生如愿进了成城学校。

原来不是九名学生吗，怎么成了八名？其实是其中一名为李显谟的也被驱逐回国了。当大家把目光注视着吴稚晖身上时忽略了他。当日本警察抓捕中国学生时，李显谟怒气冲天，砸了公使馆的用品，这是只初生牛犊。莽撞的李显谟也被驱逐出境。

9年后的1911年，这李显谟终于又出现在公众的面前。人们发现，李显谟已经是上海商团总司令，参与领导上海光复，组织进攻江南制造局，他已变成一只猛虎了。李显谟的另一大名就是李英石。1911年，陈英士是靠黄郛和刘福彪耍流氓手段：在会议室里扬言要引爆手榴弹，与全部起义领袖同死相威胁，才使李平书和钮永建妥协：劝李英石让出沪军都督的位子。

孙揆均原来就在家乡办过《无锡白话报》。他决定回去继续自己的事业。这前后，江南各地都有《白话文报》。其中办《杭州白话文报》的林獬，后来又办了一份最大的《中国白话文报》，发行遍及大江南北。而安庆的《安徽白话文报》是柏文蔚和陈由己（陈独秀）办的。柏文蔚辛亥革命时是安徽都督。而且这些《白话文报》也都是主张救国革命，宣传新学的，但最大的特点，就是100%用口语写作。由于江南一带普遍用"白话"来称呼口语。白话文书报就是从这时候开始流行的。京师不同，在京师讨论"白话文"问题，要到17年后的1919年的五四运动。中国太大了，当年交通又不方便，各地难免有差别。

吴汝伦在这次成城学校入学事件中，对蔡钧持反对态度。蔡钧后来受弹劾，他们因此彼此心怀芥蒂。吴汝伦在日本考察结束后回京师大学堂任总教习，范源廉也从而到京师大学堂当日语翻译并在京师大学堂任教。

进入民国后，范源廉长期出任北洋政府的教育总长，他也是北师大创办人。

十　王宠惠和李复几

1901年，张元济着手选拔当年的公派留学生。

南洋公学自第二批开始，留学生去向转到欧美。

就是 1900 年中国灾难最深重的那年，南洋公学还是选派了师范学院的章宗元和先期留日的胡初泰留学美国加利福尼亚大学。同时前章提到，当年还有师范院钮永建也出国留学了。

章宗元就是章宗祥的亲兄和同班同学。留学回来后，他们都为洋进士，进翰林。章宗元不像其弟章宗祥那样留恋权势，他没贪恋银行大班的美差，也不留恋高官，他辞去财政部次长和铁道部次长的职位后，出任唐山交通大学校长，与该校名教授詹天佑一起献身于国家的教育事业。而胡初泰，是浦东高桥乡绅家庭出身，一生官运亨通，就是官品平庸。

本年，南洋公学又向英国剑桥大学和伦敦大学派出曾宗鉴、李复基、胡振平、赵兴昌等人。还因公学上院的铁道科的许多学生是北洋大学堂来的，张元济也同等地从中选拔一批去美国的公派留学生，并为这事，亲自到天津与北洋大学的总办（校长）王修植协商名单。王修植当时不知道王宠惠已在日本办反清的革命报刊，以为还在南洋公学，同意把王宠惠也列入名单。其实张元济也正有此意，温宗尧也正为王宠惠的事与张元济商议了好几次。张元济是细心人，这种提名从王修植口中念出来，比自己提出来更好。反正，公学上院的铁道科本次含王宠惠、王宠佑兄弟在内有七人入选公派名单。他们这批都去了美国名校。上院的铁道科还有人留南洋公学继续学业，比如温应星，他是后来（1903 年）才去西点军校留学。本年张元济还推介张轶欧和秦毓鎏到日本早稻田大学留学。在日本张轶欧与秦毓鎏、稽镜等一起把日趋保守的励志会分化出革命的青年会。秦毓鎏是留学生出色的领袖人物。秦毓鎏是在 1898 年校举行孔子诞生纪念时与美国人监院福开森交恶，导致退学。张轶欧也类似地蒙受委屈。

由于当时中国百废待兴，人才奇缺，特别是现代政治、法律、金融、外交等方面。而那几年国家历经内外折腾，国内几乎没有像南洋公学这样可派出留学生的学校了。这些留学生当海归后，都一帆风顺。不论从政还是从事金融财务的都十分发达。银行大班、外交大员、大律师和部长副部长比比皆是，其中有位是国家审计机构的开创者，最差的也是国家驻外大使。其中曾宗鉴就当过中外各银行经理、国家经济总局局长、外交和铁道两部的副部长。

王宠惠先入加州大学，后取得耶鲁大学法学博士。又因是同盟会元老，1912 年就当了中华民国首任外交总长，后来为政府总理和海牙国际法官。1947 年，王宠惠还被聘为中央研究院首届院士。2009 年，王宠惠先生的一大批珍贵照片及文献资料，由其嫡孙王守正先生全部捐赠给母校上海交通大学凯原法学院。

只有学矿业的王宠佑作为中国矿冶老前辈，学机械李复基作为汉冶萍公司的基层总工程师默默奋斗。1937年卢沟桥事变，李复基离开家人，孤身一人到抗战大后方任四川盐矿总局工程师，1947年去世。因战争全家始终没能团聚。

但百年以后，却有意外消息：21世纪初，德国波恩大学校长到中国，来寻找该校授予的第一位中国物理学博士的下落。参加会议的交大校长谢绳武凭投影上的"Nanyang College"的校名，想到是本校的学长。于是经双方核对，确定是1901年派遣去英国伦敦大学（即现帝国理工大学）学机械的李复基。李复基1903年得伦敦大学机械硕士后到德国汉尼尔理机器厂实习，1906年5月进入波恩大学攻读物理博士学位，博士生导师是著名物理学家、氩的发现者凯瑟尔。1907年李复基在博士论文《关于P-Lenard的碱金属光谱理论的分光镜实验研究》中，拿1905年获诺贝尔奖的物理学家勒纳德开涮，用实验事实，否定了勒纳德的燃烧火焰学说。波恩大学高度评价李复基的论文，1907年3月授高等物理学博士学位。其博士论文在波恩大学长期保留，这是中国第一位物理学博士，也是第一位敢于批判当年诺贝尔物理奖的得主，并驳倒了他的理论。可惜，这中国第一物理博士海归后，再也没机会接触物理而最后遗憾告别人生。

2007年10月10日，波恩大学校长率团参与上海交通大学举行的李复基获得博士学位一百周年纪念会，李复基后人向交大捐赠了李复基的博士论文和一批文物。

十一 张元济和福开森的世纪之争

1901年的南洋公学，张元济的公学总理的权威，却不断地受到另一位人士的挑战。

这人不是别人，正是前面提到的洋人教官福开森（John Calvin Ferguson）。

福开森是美国人，波士顿大学毕业。在南京学中文讲中国话。1888年当南京汇文书院（即后来的金陵大学）院长。1896年为南洋公学学监。南洋公学章程有规定，学监服从总理。可这美国人就特别外向，常不买公学总理的账。他在自己名片上标为President of The Nanyang College。这原本无所谓。虚荣心嘛。但，一旦当真把自己当做是President，那就不可避免地出问题了。主人翁意识太强了。

以前，福开森忙于选校址，建校舍，（顺便提及，交大徐汇校区中院和上院的外观就是他设计的。）他还搞第二职业，办中英文报刊。此时，他无暇与总理及提调、总教习（教务长）争权。福开森在1899年办的《新闻报》是与《申报》一样，都是中国最大的新闻传媒。值得一提的是，福开森聘用他在南洋公学的学生汪汉溪和金世如为《新闻报》总经理和总编辑。当年汪汉溪才25岁，金世如比汪汉溪更年轻，他俩都忠于福开森，报业也很快发达了。后来的《苏报》案中，福开森、金世如和汪汉溪的《新闻报》与主流中英文报刊不一样：主流中英文报刊在同情南洋公学的学生和《苏报》问题上的态度是鲜明的。偏偏是福开森和汪汉溪的新闻报站在奇怪的立场上，表现出既对学生指责，又对清政府不痛不痒的批评。其实，当时的《新闻报》完全是被端方劫持了，几乎成了清朝官府的喉舌。而福开森终身的立场都是倾向中国最高当局的。

到了1901年，南洋公学校舍基建初具规模，《新闻报》也初成大局面。福开森开始向张元济挑战争权了。

说福开森是出于个人争权夺利目的而发难，可以说是，但也不全是。这其中包含中国大学中一直存在的两种办学观念的争论。

说得明确一些，那就是关系到教育要坚持民族现代化的方针呢，还是采取"全盘西化"的方针。说得含混一些，那是大学教育如何实现民族性与国际性保持平衡的问题。

南洋公学是中国大学中第一个提出这样的难题，并为之而争辩、而斗争的。斗争的结果是对立双方的代表人物付出两败俱伤的代价，才表面上保住了民族现代化的方向，但本质上，并没有完全给出这一问题孰是孰非的答案。

可以说，张元济是当时最开放，也最有世界目光的中国学者。

显然，从民族的角度上来看，中国教育必须坚持中国的民族性。张元济坚持母语教育，坚持必须用中国文字教学，用中国语言教学。他不赞成"全盘西化"，而赞成"中学为体，西学为用"的主张。这"中学为体，西学为用"的口号，正是当时坚持民族文化的提法。

张元济致力于发动南洋公学教师和师范学院学生，编写中文的新学教材，把外国原版书籍翻译成中文，使用中文的新学教材和中译本的外国教材。他同意高级班的部分课程用外语讲授，但坚持高级班仍旧要有国学课程。而中院下院各班，除外语课，别的都要以汉字汉语为基本文字和语言。张元济勉励学生读新书，当发现一些中文教习依然把《史记》《汉书》《资治通鉴》《御批通鉴辑览》等旧书作为国学教材时，他下令删去。改《原富》《天演论》等为国学教材，鼓励看《民约论》等

新书。他晚上与个别学生交谈，检查学习心得。就是对中院低年级学生，也不马虎了事。

张元济主张中国人要有自己的教材，用自己的教师，教育自己的学生，这样才能保证中国学生，在接受世界先进文明的同时，继续保持自己民族特性，保持优秀的传统道德，保持爱国主义。

福开森的监院之职，其实是洋教务长兼西学总教习。他介绍美国人薛来西、勒芬尔、乐提摩等人来公学任教。引进欧美的教育制度、教学内容和教育方法。这些，南洋公学都赞成。

但他认为公学"中学为体，西学为用"的办学方针，是轻视西学的表现。他坚持全部课程要用外语讲授，主张全盘西化的做法，张元济是不同意的。为此，他与总理张元济争执不下，还企图迫使张元济辞去总理职务。

当然，福开森也可以提出他的理由。他可以说，我爱中国，不比普通中国人差。现在中国办新式学校，就是迅速缩小与世界列强的差距，时不等人啊。

他认为，南洋公学有足够的外教，也有自己精通外文的中国教师，突击一两年，从娃娃抓起，先使外语过关，然后直接用原版外国教科书，直接用外语上课，还不更快更好？再说，中国学生不存在抛弃母语的问题，南洋公学学生中，不少就已经是秀才举人了，那还会有母语问题？

福开森甚至质疑开办译学院的必要性。认为因语言差异，翻译的教材，总与原版存在差异，原版教材更好。

这样一来，对立就免不了。

除开这些工作上的分歧，福开森是个不甘于受支配的角色。

福开森飞扬跋扈，还穿着满清的官服在学校内来来回回，炫耀自己的官品高。处处表现自己高明，处处要和张元济争高低。这让张元济的工作开展得极不顺利。为此张元济一再请辞，但盛宣怀总是不批准。而公学学生普遍替张先生抱不平，反对洋人专横。学生秦毓鎏、张轶欧等就发起驱逐福开森活动被开除出校。张元济情知秦毓鎏、张轶欧等受冤枉，就暗地把他送到日本早稻田大学留学，以示安慰。秦毓鎏后来成为职业革命家。而张轶欧1903年受"拒俄义勇队"派遣，回沪参加爱国学社。爱国学社被清朝取缔后，他参与筹建震旦大学和复旦大学。后来又留学比利时学矿冶，回国走技术救国的道路，创办中国地质研究所并任所长，聘请章鸿钊、翁文灏和丁文江在所里工作。前面说过这章鸿钊，他是张元济在南洋公学虹口分部的东文学堂的学生，张轶欧、章鸿钊两人都是中国地质事业的开创者和奠基人。章鸿钊是北大地质学开创人，首任地质系主任和教授，中国地质学会第一任会长。这说明张元济是慧眼识人才。另外，翁文灏还当过行政院长和1948年中研院士，不过他是震旦毕业的。1907年后震旦的毕业生，一般来说，与南洋公学没直接的血缘关系了。至于经过103年后，震旦的余脉居然以第二医科大学的名义与交通大学复合，组建新的上海交通大学，那是事前不曾预料的。

下半年秋，盛宣怀总算同意张元济回去主持译学院，由劳乃宣和沈曾植接替张元济，也给福开森带薪休假半年回美国探亲，用外教薛来西暂时代替他。

盛宣怀最后撤销监院编制，改监院为庶务长，这庶务长不过是个现在的总务主任。盛宣怀还通过上书皇帝请为福开森荣誉授勋，戴足高帽子，然后调福开森去自己的商约大臣衙门当秘书长（文案）。后来，福开森一直是清政府和北洋政府的高级顾问。

这里并不是要否定福开森，只是因为这洋人是有股扩张型的个性。

就办学而言，这种不同文化、不同观念的冲突还在继续。后来的交通大学也一直在民族性和国际性的天平上作不断的调整，也继续存在西式教育与中式教育观念的不断较量。南洋公学及后来的交通大学始终坚持以母语为教学语言，坚持把民族主义与爱国主义放在第一位，但为了国际交流，在民国期间，交大也一度在技术专业领域，采用全英文原版教材，教师在课堂全用英文授课。就是到现在，在完全贯彻国家教育法的同时，国家教育部也特批交大的密执根联合学院全面用英语和原版教材，聘外教上课，学生可以取中外双重学位。这表明，一刀两断地彻底解决以上问题的办法依然没有找到。

张元济保持着他观念到终生。后来他离开南洋公学总理位置了，也一样坚持同一观念。1904年至1907年，清皇朝一改初衷，几次召张元济回朝廷到外务部和邮传部当官，后来甚至是要他出任学部副大臣，他不为所动。到了民国，熊希龄内阁要聘他当教育部总长。张元济都一一婉辞。他说：编好小学教科书要比进京做官高一层。

从他建立商务印书馆到1911年，就出齐了初小、高小至中学各年级的各科课本共375种，发行量以数十万计，完成了连清政府都无法办到的巨大的文化工程。至20世纪20年代，商务出版的教科书约占全国教科书发行量的70%左右。当然，他的商务印书馆，更是包办了中西方经典名著和各种工具书的出版发行，为中华文明大发展，起了巨大的推动作用。张元济的商务印书馆是历史的丰碑，是标志着中国人

迈向新文明的丰碑。

需要说明的是，由于第一批"蒙学"教材（指启蒙教材或中小学教材）是南洋公学师范生直接从日本翻译过来，因而都是口语化教材。口语化教材适合于幼龄低龄学童使用。这"口语化"，就是后来所说的"白话文"。张元济商务印书馆出的中小学教材，全是"白话文"教材。

余秋雨先生发布过许许多多高深的理论，我大都印象不深。但他对京师'五四的新文化运动'，特别是白话文运动时指出：

中国的各个中小学开始采用白话文的教科书，新的一代文化人以商务印书馆印制的课本接受启蒙。从这个意义上说，白话文乃是整个新文化运动真正的根基。

而这个根基，不是在 1919 年的五四奠定的，而是 1889—1911 年间张元济领导的南洋公学译学院及后继的商务印书馆奠定的。

蔡元培订的第一批教科书书，就是张元济主持的译学院出版的。胡适等闯将，在上海南溪小学和中国公学上学期间，用的就是张元济他们编制的白话文教科书，看的就是林獬等前辈《中国白话文报》，阅读的是《申报》连载《杨乃武与小白菜》。前面提到，商务印书馆的杨志洵就是胡适在 1906 年考入中国公学时的老师，也是亲自辅导胡适通过 1910 年庚款出国考试的恩人。胡适留学前，也与商务印书馆联在一起。他本人就是白话文教育的受益者，而不仅仅是后来"京师白话文运动"的倡导者。

中国文明的进步和发扬光大，必须以中华的母语和文化作为立足点。历史证明张元济是对的。

1947 年，中央研究院把年过 80 的张元济推选为中央研究院首批院士，是张元济的光荣，更是中央研究院本身的光荣。

福开森也绝不是坏人，他酷爱中国文化，他也表示自己爱中国。1902 年他参与修订中国对日对美条约，维护部分权益。他常参与调解中外冲突。他还在中国组织慈善和救灾。清末，中原大旱，他出任华洋义赈会会长，募得赈灾金约 100 万美元，被清廷封赐为二品顶戴。后来他长期作为北洋政府最高顾问，1921 年作为中国代表团成员与顾问参加华盛顿会议，通过国际力量遏制日本在华扩张。北洋政府走马灯式地不断轮换，但福开森的位置一直不变。

卢沟桥事变后，日军搜捕抗日名将张自忠，福开森慨然容纳张自忠在家中，掩护并设法让张自忠将军脱险。武汉保卫战之后，张自忠将军在前沿阵地上流尽最后一滴血。

　　福开森在华 57 年，对中国社会颇具影响，对中西文化交流卓有贡献。福开森对中国文化兴趣浓烈，能说一口极流利的南京话，特别热衷鉴别与收藏中国古董字画。1934 年，把大批数十年的收藏品捐赠给南京的金陵大学。

　　1936 年，福开森参加交通大学 40 周年校庆。他不因被南洋公学辞退而恼恨，并亲口保证一定参加交大 50 周年大庆。可惜，1942 年福开森家被日本查封，文物古董遭日本人抢劫。原本日本人要押解福开森到集中营，但后来被单独囚禁。最后被孤身驱逐到美国。

　　在美国，他一贫如洗。他希望回到中国，拥有他在中国原有的事业，房屋，财产和全部收藏。可是，他在 1945 年死去，在希望即将来临的时候死去。离交大 50 周年大庆差一年。

　　没有必要拿爱国主义的尺度去衡量他的一生：在中国，有他的一切，在美国他一无所有。而他在中国的一切，又是被日本人剥夺了。事情就是那样。

　　没有必要将一个与我们认定的好人闹过矛盾的人打入另类。

　　一条紧接着交大徐汇校区东北角的街道，原来就命名为福开森路。新中国成立后改名武康路。

第五章

一个墨水瓶的故事

一 新上任的总办

1902 年下半年，盛宣怀的事有点不顺。一是其老父盛康病重；二是南洋公学两任总理劳乃宣与沈曾植都到位没几个月，就又被调走。换来了个汪凤藻，他临时代理了几个月的校政。

当年 10 月 18 日（夏历九月十七日），盛宣怀向清廷上疏，要求批准汪凤藻正式出任南洋公学总办。可是，就在一周后的当月 24 日，父亲盛康就死了。

那个年代，"万事孝为先"是为人的第一准则。盛宣怀按惯例向"皇上"打报告，辞去本职和各兼职，安心"守制"。还是张之洞帮忙说话，盛宣怀例外地保留了铁路督办大臣一职。但清廷想趁盛宣怀开缺守制之机，把轮船、电报两局的岁入，全部归入户部（即当今财政部），并派张翼全权接管。盛宣怀明里辞职，暗中却在想另一回事。他表示不赞成：从公的角度来说，张翼在民间被看成卖国贼，开平煤矿就是他出卖给英国人，结果给中国造成严重损失；从私来说，轮船、电报两局是盛的心头肉，怎肯落入外人之手？他很自然地想到袁世凯，袁世凯是旧交，而且直隶总督位子是他力荐担保的。得此消息，袁世凯果然喜出望外，以向盛康吊丧为名，到上海与盛宣怀密商对策，挤走张翼。原本盛宣怀是想让袁世凯掩护一下，继续由自己的心腹主管两局。却不料这袁世凯则是见利忘义之徒，他趁机提出要独吞完整的轮船、电报两局。你盛大人不是要守制吗？反正也要落入他人之手，为何不能归我老袁？袁世凯分明是趁火打劫挖老盛的心头肉。

这下盛宣怀头疼了：真是前门驱走狼，后门进了虎。自己当初力荐袁世凯当直隶总督，现请袁世凯来关照两局，本就是一笔互利互惠的交易。不想这家伙到头来，如此忘恩负义。

10月30日，皇帝朱批同意，汪凤藻正式成为南洋公学总办。可这时，盛宣怀已没心思去考虑南洋公学这种芝麻事了。他虚悬"守制尽孝"的旗号，在家中绞脑汁对付袁世凯。

这南洋公学总办其实就是以前的"总理"，朝廷改称之为总办，是按当年颁布的"寅卯学制"定名的。

可汪凤藻这"正式总办"交椅还没坐满五天，他惹麻烦了。他惹了历史性的大麻烦。麻烦来自一个小小的墨水瓶，这就是著名的"墨水瓶事件"。这小小的墨水瓶，它滚啊滚的，滚出了一系列事件。不仅在短短的半个月内弄翻了他南洋公学总办的交椅，也在一年不到的时间内把大清皇朝这辆破车颠得七摇八晃，差点颠覆。皇朝名声扫地，颜面尽失，面对革命党公开亮出反清革命大旗，无力应付。墨水瓶事件把大批孩子造就成埋葬大清皇朝的猛士。这是中国历史上第一次大规模的学潮，也是第一次把学潮转为一场革命，一场延续八年而最后终结了中国的封建制度革命。

二 蒋梦麟笔下的墨水瓶事件

社会和谐，中国已经多年不折腾。

90后的孩子从懂事开始，就很少听说有"学潮"那类事。但，提到"墨水瓶事件"是一起学潮，自然就会想到电视、电影的"学生游行示威"：举着小旗高喊口号，一些孩子兜里揣着红蓝黑的"墨水瓶"和臭鸡蛋，一路随手扔去，不论是官府衙门、兵营警局、使馆领馆、商社银行，也不认兵痞流氓还是良民善人，谁挨到谁倒霉。弄得污迹斑斑不说，交了厄运，脑袋开花，还得自己掏腰包上医院抢救。

但事实并非如此。当年的南洋公学没有发生过游行示威那类事。

我们来看看，这究竟是怎么回事。

从现在来看，这事件发生的第一时间，第一地点和第一批相关人物都没有任何不清楚。

有位人物大家一定听说过，他叫蒋梦麟。他长期任北大校长，也是西南联大校

长之一。他亲身经历过1902年的大学潮，也在南洋公学学习四年，然后考取公派留学生，进美国加利福尼亚大学。抗日战争，他在昆明西南联大的防空洞里躲空袭，不愿意白白地浪费时间，黑暗中他抓紧时间把自己年轻的经历写在纸上。防空洞漆黑一团，无灯、无桌，他无法盲写中文，但英文可以盲写。一截铅笔头子，一张纸就可以了。盲写英文唯一的麻烦是：字母 t 和 i 在书写时需要换手在上面加点或加划，但这只是小麻烦。1945年蒋梦麟的文稿在美国出版。定名为（Tides from The West）。1957年翻译为中文《新潮》出版（另有《西潮·新潮》或《东土西潮》的不同中文版）。这是一部影响几代中国年轻人的名著。

这里，他记述了1902—1903年全国接连不断的学潮。他称：

一年以前，上海南洋公学首先发生了学潮。一位学生放了一瓶墨水在教授的座椅上，教授不注意一坐了上去，弄得全身墨渍。教授盛怒之下报告了校长，接着几个嫌疑较大的学生被开除。这引起了学生会和学校当局之间的冲突，学生会方面还有许多教授支持。结果全体学生离开学校……

这就是蒋梦麟介绍的墨水瓶事件。事情也就是如此简单。

有人出来说，蒋梦麟不是当事人。蒋先生参加过与那事件有关的学潮，也是集体退学的。但不在南洋公学，而是浙江大学堂。为声援南洋公学墨水瓶事件，浙江大学堂等也集体退学。等到1904年蒋梦麟考进南洋公学时，事件已过。连会审公廨对邹容章太炎的判决已出来了。

墨水瓶事件也并非想象的那样："一位学生放了一瓶墨水在教授的座椅上，教授不注意一坐了上去，弄得全身墨渍。"

再说，蒋梦麟讲到的"这引起了学生会和学校当局之间的冲突"的提法也不恰当。因为，1902年的墨水瓶事件之前，大清国内没有校一级的"学生会"组织，更没有跨校的学生组织。而即使在南洋公学，也只出现学生按班级，按宿舍自发地成立的"宿舍会"或"团结会"。这些"宿舍会"或"团结会"是背着教师搞的，属于自娱自乐、联络感情、学习讨论、评说时事政治的。

当然，这自发的"宿舍会"很有创意，很有生命力。从中国第一代戏剧艺术大师朱双云回忆中知道，朱双云1900年在南洋公学当学生时期就参加过学生演剧活动，编写了中国最早的话剧《六君子》和《义和拳》，并以"宿舍会"的形式进行演出。演出在教室里进行，条件虽然简陋，但师生们仍为之吸引，带着蜡烛前来看戏，将教室照得通明。这就是中国第一场自编自演的"话剧"。

南洋公学和圣约翰大学都是中国第一个演出话剧的机构。圣约翰大学先是学生向家长演出英文版的洋话剧，南洋公学则是模仿教会的洋话剧编写适合当时国政形势的话剧剧本，以学生组织的形式内部演出。中国的话剧艺术，就这样通过自发的"宿舍会"的方式在中国开花生根。

南洋公学的学生自发搞的学生组织"团结会"或"宿舍会"，仅限于周末没有监督老师时，才开展活动。这"团结会"或"宿舍会"，是以班级（宿舍）为单位的，是纯自发的。看得出来，这些"团结会"或"宿舍会"的表现，是相当反时代的。它令当局惶惶不安。前面也提到，吴稚晖就因支持学生组织"卫学会"，提倡师生共同治理学校而与大学当局搞得很不愉快。"卫学会"胎死腹中。此前，南洋公学没有校一级的"学生会"。

至于在墨水瓶事件过程中，学生以"宿舍会"形式活动，并进而"宿舍会"之间实现联合，与校方斗争，那是一步步自发的过程。最终的确形成了全校性的联合会，统一了全校学生的意志。

这个学生联合会的确是中国第一个学生会。不过，她既没有宣称组织的成立，也没有宣布该组织的解散。纯粹是在斗争中产生，在斗争中自行消失。

真正名正言顺的"学生会"，是在爱国学社中正式出现。称"学联"，又称"学生评议会"。而分出爱国学社后的南洋公学，也因吸取教训，学校当局允许学生成立"学生自治会"。

也就是说，"学联"或"学生自治会"这些组织，是墨水瓶事件的产物。而不是墨水瓶事件之前就有的。

1904 年蒋梦麟考进南洋公学时，发现校内已有"学生自治会"，误以为南洋公学本来就有"学生会"。

三　贝寿同等人是怎么说的

关于墨水瓶事件，有比蒋梦麟更接近真相的说法，那就是在事件发生的同时，梁启超主办的《新民丛报》对事件的报道。《新民丛报》站在南洋公学造反学生一边，称"此中国学生社会一大劈头之大纪念也"。于《新民丛报》第廿一号（1902年）刊载了贝寿同、殷崇亮的《南洋公学学生出学始末汇记、退学详记》。

贝寿同、殷崇亮的文章讲到的情节概略如下：

1902年11月5日下午第一节国文课，值班学生已理好教室。郭镇瀛进来，看到椅子上有一个洗得干干净净的墨水瓶，就大怒，责令追查。随后竟然要开除无辜学生伍正钧。这引起公愤。总办汪凤藻不问情由，袒护郭镇瀛，坚持错误决定。更要扬言让全班退学。这激起全校共愤。终于酿成不可挽回的局面。

贝寿同、殷崇亮指出的事件更要简明：墨水瓶洗得干干净净，郭先生一进教室就能看见，不可能坐上去，也没坐上去，更没弄脏衣服的事。

但是贝、殷两同学说到该班中文教习郭镇瀛为人不善，禁止学生阅一切新书甚至于包括保守的《新民丛报》。他曾发现五班常在周末休闲时候，全班聚会演说，鼓吹西方自由平等。郭警告学生，那样将会酿出非常事件，必要时，他将全部开除五班。按贝、殷两同学的这说法，好像这墨水瓶的事，有那么点前因后果。

贝寿同、殷崇亮当时都是大学部上院"特班"的学生。因贝寿同侄儿就在出事的五班读书，而且也被冤枉开除，他们就出头为同学鸣不平，后来也成了整个事件的重要推动者。他留学德国，是同盟会第一批会员和中国第一位留学西方的学习现代建筑的，也是中国现代建筑教育的开山鼻祖。著名的建筑大师贝聿铭就是他的堂侄。林同炎与他也有师生关系。后来的梁思成先生在《中国建筑史》中称贝寿同是中国现代建筑的先驱。他留下的建筑珍品相当多，也相当广泛。原北京西交民巷的大陆银行、兵马司9号地质办公楼和欧美同学会就是他设计的。国家司法系统的首批法院和监狱大都出于他的设计。北京以国家重点文物保护了许多皇家经典建筑。现在有识之士已提出保护贝寿同在京设计和建造的西式风格（或中西结合风格）的建筑。大家也都知道苏州名园狮子林，而贝寿同正就是狮子林的园主。而殷崇亮后来是教育家和学者，他的同事和朋友曾朴，也很有名气。

贝寿同、殷崇亮两人叙述应是基本可靠的。因为他们在事发的同时通过报刊，作为对当事人叙述事件，是不大可能与真相有大出入。再说他们一生为人是可信可靠的。

四 郭镇瀛老师的故事

我们还有更直接的第一手的资料。1960年6月7日上海市政协文史资料工作组为挽救重大历史事件资料，邀集这事件的当事人平海澜、伍特公、张季源、张大椿和参加过"爱国学社"的任味知参加座谈，并进行现场记录。这平海澜、伍特公、张季源、张大椿就都是1902年发生事件的五班学生。任味知不同班，但参加了后来活动的全过程。特别这伍特公即伍正钧，就是因冤枉而被学校当局宣布开除的第一名学生。

张大椿后来是北大著名物理教授，北大物理学门研究主任（物理研究所所长）与陈独秀、胡适等人是北大第一届评议会（相当于校务委员会）的成员。

这平海澜、张季源还有曹梁厦同学是1909年开办清华的首批教授。那时，胡敦复出任北京游美学务处（即后来的清华）教务长。

平海澜、伍特公、张季源、张大椿和任味知在1960年的座谈会上回忆了当时的情形：

郭镇瀛老师进教室门。一声"肃立"口令，全班学生站起。大家略感奇怪的是郭老师既没有点头答礼，也没挥手示意大家坐下，而是眼睛盯着讲台边的一把椅子。那椅子是为他放好备用的。郭老师快步上前，从椅子上拿到一个墨水瓶，气呼呼地放到讲台上。那是一个洗得干干净净的墨水瓶，瓶里有半瓶清水。由于放得太重，瓶里的水震荡着，几滴水从瓶口溅出瓶外。

啥侫摆咯？（谁放的？）气极的郭镇瀛老师许久才发出第一声。

他双眼环视全班，学生们瞪大眼，鸦雀无声。孩子们知道：郭老师又发脾气了。郭老师常发脾气，常骂学生。不久前，郭老师就因值日生没把讲台边的椅子按要求的角度和朝向放好，就大发脾气。

百多年前，中国不讲究平等。父母对子女打打骂骂是家常便饭。而老师，被看成是学生的第二父母。被老师吆喝几声，根本就不该当回事。

"格竜对呐西桑，岂有此理！"郭老师又补充一句。

喔。大家听懂了。原来郭老师认为留在老师坐椅上的墨水瓶含有不敬师长的意思。但到底是哪个倒霉蛋随手把墨水瓶搁到哪了？

那时候的南洋公学，上午开的是英语、算学（数学）、格致（物理）、逻辑等西学课程，下午是国学、体育、艺术和书法等。书法课是写毛笔字，用得着墨水瓶。空的墨水瓶常用来灌清水，以便洗毛笔或向砚台充水磨墨。那个年代物资缺乏，再富有的人家，也是要讲节俭的。用空的墨水瓶留着，可以一物多用。

看来要在这里说明一下了：墨水瓶这东东，有成为历史文物的趋势了。我手头还有一个墨水瓶没当废品扔掉。不过，并非有留着当文物的意思。而是遗忘在窗台的角落。它不占地方，也不招惹人注意，而留到今日。不过我这墨水瓶是圆口扁方

的身体，与墨水瓶事件的那个圆口圆身子的瓶瓶，有着明显的差别。由于当今墨水笔、圆珠笔既方便又便宜，90后的孩子们估计基本不与钢笔打交道了。不用钢笔，那墨水瓶就必将退出历史舞台。

在这紧要关头，我却把话题扯开了。

话说这郭老师见全班都不做声，就一眼扫向前排离他最近的三位学生：伍正钧、贝均和陈承修。

纳讲，啥侪摆咯？郭老师盯住这仨人

西桑，阿拉真格勿晓得。伍正钧回答老师。

郭老师问话是：你们说，谁放的？伍正钧的回答是：先生，我真不知道。伍正钧还解释说，上课铃一响自己与老师一起从走廊到教室的。这之前教室的情况，自己与老师一样是不知情的。

看来，引用原话有点麻烦。原话是上海话，上海话跟全国各地方言一样，文字相同，语法相同，就是语音有差异。

应该说，南洋公学这时的课堂教育的母语，就是上海话。这里简单交代一下，全国何时开始推广统一的语言发音问题。

主张中国用统一语音的人是吴稚晖。而这吴稚晖就是前面讲的那位大闹东京公使馆的"吴疯子"，此时还是个愣头青。他正在上海与蔡元培一起搞中国教育会。

刚回上海，蔡元培建议他向张元济讨点编书出版的活儿干干。吴稚晖不肯：是张元济送自己去日本留学的，现在弄成这种局面，太没面子了。结果他找到廉泉，廉泉出钱，他跑腿，几人合伙办一个文明书局，也出版书籍，总算有了一份生计。廉泉是个文化名人，不用多提了。至于吴稚晖的豆芽注音符号，此时的确已出世。但据说，他是用来给老婆扫盲的。全国统一语音的事，是要等到民国时期，他两次出任中国国语读音统一会会长后才着手实施。他是无政府主义者，标榜不做官。而这个会长不拿薪金，他认为不是官。他当了两次。第一次因反袁世凯称帝，吴稚晖中途逃难，没办成。所以全国各地推广用"豆芽符号"注音的"国语"，大家讲国语，是三十年代吴稚晖再当中国国语读音统一会会长后的事。

后面我们将放弃上海方言，用普通话方式继续表达他们的对话。

你替我查！查出来告诉我。

这事怎么能查得出来？

无头案都要查出来的，何况一件小事情，限你三天！

三天以后，伍正钧回复郭镇瀛，查不出。

郭镇瀛宣布：反正是你们这班人摆的。查不出，你代替他们记大过一次！

那时南洋公学处分条例十分严格：几个小过拼成一个大过，三次大过就要开除。记一次大过，就跨出那"开除的大门"三分之一了。

大家都很不平。伍正钧倒也坦然：既然大家不受处分，个人记大过一次也就算了。今后小心些也没啥。况且，这也卖出了一份哥们义气。

其实，此时南洋公学这些学生，即使是看了些新书而对新潮思想有点向往，即使是部分同学崇尚自由、平等、博爱，那都还只限于心中深处的萌芽。孔孟儒学思想，依然支配着他们的基本言行。他们谈不上太激进，谈不上激烈排满。没有想过要革命，更没有想过要造反。就连对这性格近乎变态的郭镇瀛老师，他们也继续奉他为老师。哪怕这老师没啥值得敬佩和学习，也会继续以师生相处。

可是，老师啊，老师。你的学问有多深，那是隐藏在你内心的秘密。你也知道，那个墨水瓶是在写毛笔字时用来添水和洗笔用的。它装清水还是墨水，它装半瓶水还是一瓶水，与你的学问深浅，没有任何关系啊！

老师啊，老师。你的尊严很重要，这点大家都知道，并处处维护你。可是，你知道吗，大家也有各人同等重要的自尊和人格啊！

任何人的尊严只能建立在同等地尊重别人的基础上，而不能建立在以牺牲他人尊严为代价的基础上。否则，必将导致鱼死网破的最终结局。

知道血性男儿是什么概念吗？

你在课堂上也说，己所不欲，勿施于人。可你为何步步进逼？为了你莫名其妙的尊严而剥夺学生的自尊和人格？

晚上全班同学的周末"宿舍会"，没有心情了。原定的有关卢梭和意大利三杰加里波第、玛志尼和加富尔的演讲会不进行了。

原本，周末"宿舍会"的宗旨就是学习、交流，就是为了团结。

大家唱支歌吧。唱支校园歌，唱支团结的歌，唱沈庆鸿学长谱写的《四勉歌》：

和厚歌，歌和厚。

在家敬父兄，出外亲师友。

推肥让甘莫争先，服劳忍屈莫退后。

和厚之气气如春，春风触处出荣茂。

不和不厚如秋冬，秋冬满目成荒瘦。

国和一国强，家和一家阜。

立志要做好男儿，听我歌和厚。

……

勤奋歌，歌勤奋。

君子无所争，当仁有不逊。

愚柔非虑怠可虑，明强非胜勤者胜。

譬彼赴远道，驭骥同发不同轫。

又如徒高冈，勇怯异到不异径。

一奋无难事，一退落千仞。

立志要做好男儿，听我歌勤奋。

……

周末没有监寝老师。不管是郭镇瀛，还是胡诒谷，他们都不会来。

大家睡个好觉吧。

这监寝老师嘛，就是监督学生睡觉和晨起的值班老师。郭镇瀛和胡诒谷是五班班主任，他俩轮班当监寝老师。这郭镇瀛怎样，我们随后继续说。那胡诒谷嘛，别提了，后来当了汉奸，是汪伪的高级法院院长。他为人龌龊，欺负过学生。有天，被窝里不知道被谁放了一个痰盂罐，冷天睡进去，弄一身脏水。这胡诒谷是大奸，大奸城府深，他没敢吱声。而这郭镇瀛，就偏偏是自卑感加神经质，疑心重，专要冤枉老实学生。后来反复查实，没任何人想过要让他难堪。那偶然的墨水瓶根本没有任何含意或意图，他却步步进逼。

这事到此没完。

又过两天，郭老师深入基层了解班级的阶级斗争新动向，私下找一杨姓的同学谈心。据说这杨同学在班里较孤立，对老师能不耻下问，很是感动。大概是说了老师的好话，无非是说老师眼睛如何雪亮，就是伍正钧做了坏事，所以对伍正钧的处分就是正确等这一类话。

11月11日，郭老师指着伍正钧说：有人告诉我了，就是你干的好事！还有贝均和陈承修两人知情隐瞒，我一定请总办办你们，开除你们。

一听要开除，三人都傻了。贝均还忍不住哭了下来。这节课，全班同学也没心思听。只见郭老师十分得意，腮巴鼓鼓的，嘴尖尖的，兴奋之际，唾沫横飞，就像那震荡的半墨水瓶水从瓶口溅向空气。不知那天是讲《圣武记》还是讲什么，他说，那个"里名圣德"的"里"么，就譬如说那个"南方里"。

晚清上海有个地方叫打狗桥，打狗桥有个南方里，人人知道，是花烟间的弄堂。有如京师的八大胡同或上海后来的四马路。他会把"圣德里"与流莺野鸡的"南方里"连在一起，也真够有想象力了。其实上海有成千上万的里，哪怕是"余庆里"，"五福里"随便提一个，也不至于在课堂上拿野鸡去比喻"圣德"了。不会是南方里常客吧？耳熏目陶，顺口就溜出了南方里？要嘛，就真是个写不出文字的半墨水瓶白水了。

这节课，郭老师上得舒畅，以为终于维护了自己的师道尊严。

下课出来一看，告示已经贴出来了：三人不敬师长，开除！

五班全体同学觉得这郭老师太荒唐了，即使是有某同学疏忽，没把自己的水瓶拿回，但也绝不是伍正钧。同学们更觉得不该让郭老师知道是谁疏忽了，他们全体出面与郭镇瀛摆事实讲道理，希望郭尊重事实，放过无辜的三位同学。

郭镇瀛词穷，但变本加厉。

11 月 12 日郭镇瀛悍然宣布全班"学生匿不告，皆记大过"。

按南洋公学条例，教习有宣布记过的处分权。

这郭镇瀛一定是疯了。

可这郭镇瀛却以为，即使自己是疯了，也疯得有理。

五班群情激昂。晚上再次集会宿舍，宽慰伍正钧三同学。决定第二天全体向校长请愿。期待讲明事实后，能求得公道。校长是新学出身，又长期担任海外各国公使大臣，见多识广，一定会开明些。同学们经历过张元济这样的校长，他们想，即使这汪凤藻不及张元济，那也不至于与郭镇瀛一样。

看来郭镇瀛是神经病，但愿校长汪凤藻不是白痴。

墨水瓶事件的第一阶段，大致情形就是这样。

五 伍特公和他的同学们

我们可以整理一下：

墨水瓶事件开始的时间：发源于 1902 年 11 月 5 日，冒出火星则是 1902 年 11 月

11 日。

墨水瓶事件发生的地点：上海华山路 1953 号中院，即现在的上海交通大学徐汇校区中院教学楼。

墨水瓶事件的相关人物：

先讲一下这南洋公学中院五班。当时南洋公学只有上院的"特班"、铁道管理班、师范学院、东文学堂及译学院的英语班才是大学。

而中院五班是夏天刚从原六班升级的。也就是说，南洋公学中院是头班最高，六班最低，五班次低。相当于大学预科初二。学生年龄大都十三四岁。

五班前国文教师用过《明季稗史》《痛史》为教材，老师也总是讲《扬州十日记》一类故事，学生头脑里充满了那些民族冲突的印象。南洋公学相对来说思想还算活跃，维新派和激进派思潮都有影响。前面提到过梁启超办的《新民丛报》很成功。一则是因为戊戌事变的余痛犹留在中国人心头深处，人们不想忘记；二则《新民丛报》上也刊登有南洋公学学长杨廷栋、杨荫杭和雷奋鼓吹的新潮思想。所以在南洋公学的低年级学生中很有市场。《新民丛报》刚刚出刊，五班差不多是人人都看。特别是其中梁启超的《少年中国说》等洋溢着的那股救国悲情，深深打动这批孩子的心灵。他们把意大利三杰加里波第、加富尔和烧炭党的马志尼及法国卢梭奉为偶像。

南洋公学学生接触了西方新潮后，各班自发组织"宿舍会"。看来，南洋公学学生早有结社的传统（前面就提过师范院吴稚晖向两任总理建议，主张支持学生结社而遭否定的事）。每个星期六聚会搞"团结"，会让大家演讲。这聚会，搞"团结"很有意思：他们一起讲演，辩论，原来不会造成分化和分裂，而是促进团结，有利搞和谐。

但郭老师不许学生看这些新书刊。而此时学生也并没有形成革命的意识。可能有人偶有排满情绪，但有更多的人同情光绪皇帝。有人向往自由、平等、博爱，但更多的学生面对现实，要上好学，为将来的前程着想。高年级学长成批公派出国，他们很羡慕。许多学长在洋行、官府或本校谋得体面职业，他们很向往。他们并没有天然的革命倾向。

再讲一下这郭镇瀛老师。郭老师教五班国文（中文）。他的国文教材是《大清会典》和《圣武记》。学生普遍都很感头痛。张元济禁了《史记》《汉书》和《资治通鉴》这类书，而推行《原富》《天演论》等新学教材。可郭镇瀛就选这《大清会典》和《圣武记》。张元济后来不当总理了，也没人奈何郭镇瀛老师。其实当

时教材奇缺，当国文老师，总归要找点上国文课的课本，而西洋译书，他们又称
教不好。

　　然后讲到这伍特公、贝均和陈承修三位同学。这三位同学坐在前排，估计当时
发育迟，身材偏矮。伍特公、贝均和陈承修三位与郭镇瀛老师没有任何积怨。相反，
这郭镇瀛老师的儿子英文老学不好，而伍特公的英语特别突出，郭老师还求伍特公
课余帮忙补课。

　　贝均就是前面讲的那位贝寿同的侄儿。陈承修是福建籍学生，多年后毕业于日
本大阪高等工业学校造船科。回国任农工商部工商司司长，因抵制部长利用商标注
册收费，与部长意见不合，愤而辞职。后来当天津一家纱厂厂长，惨淡经营。结果
还是在官僚买办和外国资本的双重打击下陷于困境。

　　还是讲一下伍特公这名字怎么来的。伍特公正名是伍正钧。

　　那时候学生崇拜梁启超。梁启超笔名是"梁任公"，所以学生们都模仿起"XX
公"的笔名。于是写了许多字阄，各人抓一个，抓出一个什么字，就叫什么公。伍正
钧抓了一个"特"字，所以叫"特公"。全名"伍特公"。

　　既然讲到这里，就不妨把伍特公交代到底。

　　后来伍特公遂了想学"梁任公"的心愿。他一生大部分时间从事新闻事业。先
期在路透社和法新社工作，又先后在当年中国最大的新闻媒体《申报》当总编。
1939 年第二次世纪大战中，他就在《申报》总编位置上，猛烈揭露日军暴行和谴责
汉奸汪精卫的罪行。日本宪兵和 76 号特务用炸弹和刺刀威胁，并明令通缉他。朋友
劝他离开上海，但他不退缩。留在上海继续与日伪周旋。这里还要强调一下，伍特
公是回民家庭出身，却深受儒家思想和西方启蒙思想教育。在南洋公学求学期间
（那时不承认回汉学生有风俗的差异，不提供任何方式的照顾）能与同学和睦互助，
十分难得。1911 年辛亥革命，他在上海与沙善余组织回民商团，参加校友钮永建及
李平书、李燮和等策划的上海起义，光复上海，推翻清政权。了却他学生时代的心
愿。他后来是开明的回民领袖，任上海市政府的民委副主任。中国回民身上流的是
中华民族之血，喝的是中华大地之水，用的中华的语言文字，他认为必须有中文的
古兰经，他翻译并编撰了第一本中文的古兰经。

　　其实，后生可畏啊。如果我是郭老师，一定要从头认识自己和自己的学生。这
些青年才俊的前程无量，自己该处处为他们着想才对。岂能莫名其妙地为这么个小
小的墨水瓶，去扼杀人才，硬生生地剥夺青年人的前程？

　　从故事这开头部分的叙述，可以看出这"墨水瓶事件"完全与"有墨水"还是

"洗得干干净净"无关，也与是摆在台上还是椅子上无关。那仅仅是一次偶然，一个平凡不过的偶然。但这极平凡的偶然，却成了一根导火索，引爆了巨大的时代炸弹。其背后原因只能是专制制度毒化下病态的观念与学生中日益成长的自由意识之间必然发生的冲突。

值得注意的是，自"墨水瓶事件"之后，国内许多学校，在一年不到的时间内，也接连发生学潮。

每一次学潮，都造成了政治动荡。而每一次学潮的起源，均与政治无直接关联。这是当时学潮的特点。

六　谈汪凤藻

在深入叙述事态发展之前，讲一下总办汪凤藻。

汪凤藻从小进上海广方言学堂，是属于"英语从娃娃抓起"的典型。从小聪明伶俐，是小天才，1879年大考获英文第一名。就当京城激烈争论是否要开设"天文算学馆"的时候，汪凤藻等人已经在李善兰、华蘅芳等人培养下，掌握了"几何""微积分"等在当时中国视为最高深的学问。这小天才后来被调到新开办的"京师同文馆"任算学副教习。几经朝廷栽培，先后出任驻俄、德的外交官。1891年7月29日以翰林院编修赏二品顶戴署理驻日钦使，1892年7月9日正式为驻日钦使。大清国驻外大使，最重要的莫过于英、日两国。其他俄法美就次一等。由此可见汪凤藻被重视的地步。

甲午中日战争，中方战败，李经方代替汪凤藻为驻日本公使，汪凤藻闲置翰林院多年。最后才调到南洋公学。

除日本人外，很长一段时间，世人并不知道甲午中国战败也跟汪凤藻有关。这点甚至连汪本人也不知道，汪凤藻的失误致使中国电报密码全部泄露给日本人，而中国却懵然不知。

甲午战争中，中国海陆军处处中埋伏，受袭击，处处被动挨打，全因军事行动信息被日本截获破译。就如日舰击沉高升号事件，就是窃听中国的电报，再派特务监视目标高升号和济远舰的动向，然后中途截击。其他每次行动都是如法炮制，中国海陆军哪能不败？

事出 1894 年 6 月 22 日，日本政府在最后关头把"绝不撤军"（按：从朝鲜）的照会交给汪凤藻。这就是甲午战争史上著名的"第一次绝交书"。奇怪的是，日本人的绝交书不是日文写的，而是中文的。汪凤藻用密码将全文发回中国，而日本特务中田敬义全程监听，通过全文对照，获得全部中国密码。汪凤藻一时缺心眼：日本人的照会为何要主动写成中文？既然是中文，干脆发明码算了。根本就没必要对日本人保密日本文件嘛。此后，汪凤藻自 6 月 6 日至 8 月 4 日的全部 54 件往返密电均被破译。甚至，在马关谈判期间清廷与李鸿章的往来密电件也被全部破译。

讲这些，不是说该对汪凤藻新账老账一起算。只是说，只有适合的领域，天才才是天才。而用在不恰当的领域，就不是天才，甚至于会坏事。

这不，汪凤藻一到南洋公学，就又办坏了大事。按他办这事的智力来评判，那绝不是天才，而只是一时的白痴。

11 月 12 日，五班全体集合，向校长申诉：要求撤销对伍正钧三同学的处分。经过与校长申辩、力争，仍然没有丝毫松动。汪凤藻依然站在郭的一边，决心牺牲三同学的前程，牺牲全体同学所代表的正义，以维护郭镇瀛。同学们气愤至极，随即决定集体退学以示抗议。

当日下午，全班学生决定在临行前派代表分头去各个班级告别，说明原委，表示反对学校当局的这种专制压迫。这一行动得到了全校学生的同情。

那天下午，高班学生主动配合，全校各班的课程全部被打乱，全校沸沸扬扬，到处都在讨论五班三同学被开除及五班全体退学抗议的事。

其他班教习知道了，出而调停。沟通五班与校方，希望挽回局面。五班至此，也不再退缩，提出三个条件：

一、去教习郭镇瀛；（解聘郭镇瀛）

二、去学生杨某；（让诬告的杨同学退学）

三、留伍正钧。（撤销对伍正钧等同学的无理处分）

沟通结果还是总办汪凤藻不答应，反而责令五班全体向郭镇瀛道歉。学生更加愤愤不平。

当晚，组织全校同学集会，五班代表在会上发表告别演说。这时候，立意退学的学生再不用担心顽固教习的小报告，更不怕他们的记过处分了。同学终于可以畅谈了。终于可以大胆表达各人反对专制，反对束缚，提倡平等和自由的心愿，表达自己不惜牺牲前途，也不当奴隶和维护自身尊严的决心。至此，终于有人发出了革命的心声。

会还没开完，总办的告示又出来了：五班学生聚众开会，倡行革命，着全体一律开除！

五班是个大班，据伍特公等人记忆，有五十几人。那时分他们十分团结。看到这告示，大家含着热泪向全校宣布：

"定次日悉行，即以为别！"（按："决定明天全部离校，借此机会向全校同学们告别！"）

正当大家全部到宿舍（一班齐住在一个大卧室里），把行李整理停当以后，准备次日一早离校时，兄弟班有一位叫钱伯圭的同学跑到寝室来：

且慢，等明天，我们同总办再交涉一次。

于是，大家又留了下来。

这钱伯圭就是钱临照和钱令希兄弟两院士的父亲，也是钱穆的恩师和族叔。是辛亥革命的元老。

钱穆后来学有所成，念念不忘钱伯圭的教诲。

钱穆记得还小的时候：

一天，钱伯圭握着他的手问，

听说你能读三国演义了，是吗？

是啊。

这类书，可不要再读了。你看，这书一开头，就所谓天下合久必分，分久必合。这一治一乱，就让中国历史走上了错路。你看如今欧洲英法各国，合了便不再分，治了便不再乱。我们以后正应该学他们那样。

这些话给小小钱穆以极大的震动。

此后，钱穆读书，常记得钱伯圭老师的话。

他曾说：东西文化孰得孰失、孰优孰劣，此一问题围困住一百年来之全中国人，余之一生亦被困此一问题内。

而年方拾零，伯圭师即耳提面命，揭示此一问题。如巨雷轰顶，使余全心震撼。……余之毕生从事学问，实皆伯圭师此一番话有以启之。

钱伯圭是难得的智者。

第二天早晨，全校闹停课了。原来是特班大哥们出手了。

11月15日，学生代表于总办在签押房里谈判（按：签押房，即校长的办公室）。双方依然不妥协。全校各班学生代表认为，将五班生全部开除是没有任何依据的。

如若动辄以小事故开除人，全校必将为之寒心。这不符合国家开办建设学校的本意。

总办坚称：学生私自聚众搞革命演说，大干例禁，不可不以此示警。

学生反复与汪校长辩论，至数小时。最后各班代表都以本班全班去留争之。

总办怒甚，言五班已经开除，非诸生所得干预，愿去者听。（按：这汪先生对日外交卑躬屈节，而对自己的学生，还真拿得出狠劲。）

于是各学生代表愤然退出：

把我们学生看成什么啦？都说学生是国家栋梁，可教习却悍然把学生当奴隶看待，实行种种压迫。而这总办更是顽固愚钝，企图剥夺学生言论的自由。这种奴隶教育，作为国民，谁能容忍？大家还留在这学校干什么？

于是，学生宣布：如若学校当局不改弦更张，就全校一齐退学！

看来，希望破灭了。

前面的所有担心，不幸都成了事实。

总办汪凤藻显然是犯浑了。哪怕是一时的犯浑，也够他受用终身了。

这神经病的郭镇瀛和一时白痴的汪凤藻，意外地造就了一批时代的英雄。哪怕，一开头他们只是一批喧闹的时代愤青。

稍后，汪凤藻估计知道自己把事情搞砸了，难于向盛老板交代了。他向特班教习蔡元培求援了，蔡元培为人开明豁达，思想新潮，一直坚持民主思想，在学生中有威望。

受学生普遍欢迎的特班教习蔡元培来了。在与双方协调难以达到一致时，他选择了学生。他要与学生们共担风险，共走未来不测之路。

就是因蔡元培的这种品格和魄力，历史才把他推上伟人的历程。蔡元培的革命道路，从这一天起步。

大礼堂召集全体学生开会，决定全体学生在当天下午一班一班地排着长队到督办盛宣怀家里去请愿。大家派代表进去，老盛推说丁忧（注：为父守孝）不见客，就派了文案（相当于盛宣怀办公室主任吧）张美翊出来安慰大家一阵：你们好好回去，明天总有办法。

学生们说：明天十点钟等你们的回音，十点一过就不等了。

请愿队伍离开盛宣怀家时，汪凤藻辞职请求也送到盛宣怀手中。

学生们回校宿舍，打点行装。

当晚，汪凤藻急急忙忙便跑到学生宿舍，满脸堆笑，极力挽留大家。但为时已晚，学生不理他了。此时汪凤藻也不是总办了。

1902年1月16日，全体学生决定打好行装，集合在大操场，等候最后的答复。素有民主思想的蔡元培先生也愤而辞职，与学生站一起。

特班和高年级的黄炎培、邵力子、穆湘瑶、胡敦复、谢无量、胡仁源、项骧、沈步洲、贝寿同和殷崇亮等都参与这学潮最后阶段的组织。由于这些人的参与，这次学潮组织得有声有色，大大出于学校当局的意料之外。所以连老外交家汪凤藻都连连碰壁，步步被动。这与蔡元培一年多以来对特班学生施加的民主思想大有关联。特别是蔡元培亲身置于与同学同命运共存亡的境地，更增加学生的勇气。办特班的实际后果，与为朝廷培养曾国藩、李鸿章的初衷大相径庭。

黄炎培等人后来都成为时代风云人物。

上午十点整，盛宣怀的代表没有来，于是，全校学生决意离校。贝寿同宣布纪律：不得喧嚣闹事，要以班级为序，排队集体出发。随同一起离校的，还有特班和政治班的部分同学，共200余人，高呼"祖国万岁"的口号，唱着校歌，秩序井然地走出了南洋公学。

警、警、警，
黑种奴、红种烬，黄种酣眠鼾未竟。
毋侬冰作山，勿饮鸩如酲，
焚屋漏舟乐未央，八百兆人，瞥眼同一阱，
醒、醒、醒。

警、警、警，
胚羲轩、乳孔孟，神明摇落今何剩？
碧眼红髯，仿佛流风韵；
不耻为之奴，转耻相师证，漫漫万古如长暝。
醒、醒、醒。

警、警、警，
野吞声、朝饮恨，百年养士期何称。
毋谓藐藐躬，只手擎天臂一振；
毋谓藐藐童，桃李成荫眼一瞬，自觉觉人、不任将谁任？
醒、醒、醒。

警、警、警，

水东流、日西忉，朱颜弹指成霜鬓。

策驽马、追八骏，九逵之衢苦不迅。

矧乃缒藤凿迁径，玩物愒时，买椟珠谁问？

醒、醒、醒。

督办盛宣怀的代表张美翊赶来，事已迟了，队伍已出发了。张美翊再劝说已不起作用了，200人，只被劝回50几个。

这样实际退学者为145人，其中头班13人，二班24人，三班16人，四班20人，五班23人，六班34人，特班14人，政治班1人。根据蔡元培的建议，由贝寿同领头，大家排着队到张园拍了一个照。

贝寿同提议，大家留下来合计一下，是否自己来办一所"共和学校"，请蔡老师帮助，大家继续一起学习。他带头和穆湘瑶一起拿出全部积蓄200银元。其余学生也各摸出身上所有的钱，凑合起来，不过300银元。几百银元想办学，实在太少了。但这批学生，又着实令人同情。

蔡先生把学生带到"中国教育会"，请大家协助。终于，在11月26日，以中国教育会和这批学生为基础，到成立了"爱国学社"，退学学生又开始继续学习。

七 人去楼空

众人离校当天，学校的状况的细节记载已不多见。但有个人的去向是有明白记录的：

亲爱的郭老师也打起铺盖，回乡收租当地主去了。

刘树屏临危受命，接过乱摊子，重新整理局面，接替汪凤藻当南洋公学总办。张美翊助理刘树屏。

有份来自师范院1899级的张相文的回忆，谈到了那天校园的情景。张相文儿子张星烺是南洋公学外院学生。照理，南洋公学外院都是小孩，又不在一处上课，墨

水瓶事件与外院无关。但那天，本部的学生组织了纠察队特地到外院，宣布一律停课。外院学生也就回家了。

11月16日那天，张相文正从老家桃源奔母丧完事回到上海，还不知发生的事。见儿子张星烺在小南门自己家里，而不去学校，一副呆呆的模样。一问，才知此事。于是领着星烺回到外院校园。已是晚上了，校园里空空如也，只有张星烺同班的盛观颐一人。盛观颐是盛宣怀的侄儿，他见了张星烺和张相文父子后，露出一副哭笑不得的模样，满肚子的委屈：

原来，盛观颐回到督办府上，伯父大怒，说，他人毁我面子我管不了，你也敢毁我面子？说着拿起一把刀要杀了盛观颐。盛观颐被吓得连滚带爬地返回了校园。其实校园还是免费包吃包住的。

看样子，这盛宣怀也被弄得气急败坏了。

这时，张相文同学赵玉森也来了，就问星烺：

你们班的全体学生都是自愿离开的？

星烺说，是看了高级班的同学都走了自己才走的。而且，高级班的学生组织了纠察队，让小班的学生赶快走。

两位先生会意地笑了。第二天，赵玉森和张相文两人一起到督办盛宣怀那儿，讲了招回学生的打算。盛督办连声说，好啊好啊，你们多尽些责任，速速了结这事。

南洋学生大多不是上海本地人，他们这时都暂住在客栈，许多学生已经给家里写信说了这事，等待家中回信。这时，教员们上门安抚、劝导，还是有作用的。于是陆续有半数回校，课又重开了，但纪律已大不如从前。

这里说的"半数回校"看来是事实。对比前面的统计：

实际退学者145人，其中头班13人、二班24人、三班16人、四班20人、五班23人、六班34人、特班14人、政治班1人。

比如：特班原来有42人，退学14人。五班50余人，退学23人。

而外院虽然当天不上课，但事后来马上复课。师范生已属教师编制，不存在退学问题。

还有上院的铁道班、政治班基本没退学记录，虹口分部的英文班及东文学堂也没受影响。就是说，外院、师范院和虹口分部没受到墨水瓶事件的太大影响。

没退学的同学中，有位温应星同学，他是温宗尧的侄儿，后来成了第二次世界大战名将巴顿将军在西点军校同班同学。温应星回国后，逐步升至财政部税警中将总监，当过清华大学校长，是孙立人的恩师与顶头上司。还有夏元瑮，后来成了爱因斯坦的同学，夏元瑮海归后，为北大理科学长、物理系主任、同济校长、北平大学校长等。夏元瑮和前面提到的张大椿及后来的丁西林都是北大物理系的奠基人。

自墨水瓶事件后，大学当局检讨了办学方针，觉得南洋公学初期太注重政治法律和人文学科，而这些敏感学科容易"沾染"自由、民主之类对帝国政权不利的思潮，会酿成不可预测的后果。南洋公学逐渐向着经济和理工科方向发展。自夏元瑮开始，南洋公学就连着培养出张大椿、夏元瑮、胡刚复、饶毓泰、丁西林等物理学家，胡明复、胡敦复、秦汾、俞大维和凌鸿勋等数学家和工程专家。丁西林是后来中央研究院干事长，他开办中央研究院物理研究所并任所长。饶毓泰与凌鸿勋都是中国最早的自然科学院士，饶毓泰还是马大猷的老师。俞大维是海峡那边的"防长"。张大椿、夏元瑮、饶毓泰、秦汾、丁西林都是北大理学院院长或系主任。他们都比李复基运气好。

1905 年以后，盛宣怀让外院独立出去，成了当今的上海名校南洋模范中学。盛宣怀本人是商约大臣而他办的特班又分裂了，于是把余下的特班改为商务高等学堂，专攻商业金融经贸和工业管理。

张元济后来独立出来了，他把成立的出版社继续取名为"商务印书馆"。可能张元济有个饮水思源的办事原则，保留"商务"二字，以示自己不忘本，绝不意味着张元济的出版社是只出商务书籍，其实，张元济出版的书籍是以中外经典名著和教育书籍最多，而编辑出版各种工具书在全国更是独此一家。

到此，南洋公学本部的事，以后就不再作专门介绍了，而把重点转到介绍爱国学社。因为 20 世纪初，爱国学社才是中国愤青的大本营。

第六章

爱国学社

一　《苏报》崭露头角

墨水瓶事件爆发，令全上海市民震动。

原本中国社会的通行观念是：民不反官，生徒不违师长。

但此事不一样，暴露出来的是，学校当局太不把学生当回事了，不肖的教师没有丝毫对学生的爱心。儒家师道的本质要求师长像父母般爱护自己学生，代替父母把学生培养成才。师道尊严正是建立在"师长是第二父母"的基础上，而不是父母可以凭空把孩子交给教师或学校当局进行摧残的。

所以这事件真相一披露，学生的家长当然就表示对当局强烈的不满，市民也当然是普遍同情学生。当时的上海，市民意识正在逐步形成。而代表市民意识逐步觉醒的新闻传媒，第一反应也是支持南洋公学的学生。

《新民丛报》第一时间全文报道了事件的经过，抨击了当局的顽固与愚昧，高度赞扬这次学潮是"实中国国民前途关系第一重要事件也"。

《选报》的蒋智由汇集了各报对学潮的报导，并在第一时间就把刚从浙江乡下来报社的马叙伦派到学生中去采访。年轻的马叙伦很快就与这批学生连成一片，大量报道了学生的情况。《选报》有如当今上海的"报刊文摘"。不过，《选报》不只是简单的文摘汇编，而是有自己的材料，并集中对某事件发表独家看法，加以集中评论。

1902年11月20日出版的《选报》第三十五期，便是南洋公学学潮专号。《选报》现存的总共五十六期中，较完整地记录了 1902—1903 年间学潮的全过程。

《选报》在社评中指责学堂主办者腐败荒谬，荼毒暴虐，是世界之公敌：

摄照老大帝国小影，官场总办局、所之恶习，自尊如帝天，视人如犬马，妄立章程，驰逞臆说。以压制缚束为威力，以用人派事为市恩；以排斥新书匿己短，以艰深旧学炫己长；以苛责细故为讲求实际，以管束学生为门面排场。

呜呼，腐败至此，荒谬至此，荼毒暴虐至此，焉得不为世界之公敌也！

《选报》的总编辑正是蒋智由（字观云）是前述的中国教育会成员，后来中国教育会与爱国学社结合，蒋智由也是爱国学社的教师。蒋智由有个儿子叫蒋尊簋，我们后文会讲到。他是光复会和同盟会员，辛亥革命后成了浙江省军政府大都督，父子都是反清排满的革命家。这马叙伦也参与爱国学社的集会和活动，从此走上革命道路，后来也是辛亥的风云人物。他为后人提供了非常详细的一段墨水瓶事件和爱国学社的经历。马叙伦解放后，是新中国首任教育部长。

学生集体退学后，到《苏报》联名发表《南洋公学退学意见书》，公开控诉守旧教育制度。

《苏报》的社长陈范和主笔（即总编辑）陈撷芬，更抓住这个机会，深入采访，大量报道南洋公学学潮。

学潮的事，本就牵动着成千上万普通市民的心，于是争相购买。甚至是几天之后才能看到上海报刊的外地省市，也竞相订购。在短短的几十天内，《苏报》成了上海滩突然升起的明星，老牌大报《申报》与《新闻报》黯然失色。《苏报》发行量迅速飙升，发行量从原本 3000 份突然几十倍地增长，发行点就增加到几十处。《苏报》社论一出，远在香港或厦门的《中国日报》《鹭江报》等报刊争相转载。大有鼓动风潮之势。以至于后来，大清朝廷几乎把《苏报》视为地球上新冒出来的敌对国家。

陈撷芬，就是《苏报》的社长陈范的女公子。她热心爱国，颇有父风。自此，她转向支持学生运动，倾向革命，最后转向中国妇女的革命运动。

《苏报》高度评价南洋公学学生的一行动。当时爱国的俄罗斯民粹主义学生正与沙皇专制制度展开生死搏斗，赢得整个世界的钦佩。《苏报》赞扬墨水瓶事件是堪与俄罗斯的学生运动相媲美的大事：

举数十年陋儒浅士厄言曲说，一举而廓清之，以伸独立之权。吾国学界中当有渐被其影响，以固此学生社会，不使露西亚之学生专美于世界。

这"露西亚"就是俄罗斯的音译。

此时的《申报》，还不由史量才掌控，而是由黄协埙这样的守旧分子当主编，他观点保守，批评学生行动过激。

而此时《新闻报》是福开森办的。总经理和总编辑都是原南洋公学的学生，都是他的得意弟子。对这次学潮，《新闻报》貌似骑墙，表面不站在任何一方的立场上说话，但指责校方固执的同时也指责学生过激。这与福开森本身立场有关。批评校方，以表示学校少了自己不行；批评学生，则因为南洋公学的管理制度，他是就重要的制定者之一。

墨水瓶事件的发生，使《苏报》崭露头角，成为上海滩一颗闪亮的媒体之星。

二　办学之路艰难坎坷

舆论与民意的支持，南洋公学这批退学学生，心情好了许多。但舆论不能当钞票用，没钱就照样是寸步难行。面对一日三餐及想象中的"共和学校"，他们又不禁愁眉苦脸了。

前面讲到，这批退学学生在张园拍好照片后，就商议自己办学。但凑合起来的钱，不到300元，300元怎么够办学？

蔡元培十分为难。从头开办所学校，不说要一万两万大洋，少说也得数千。可现在自己连南洋公学的教习也辞了，一家生活费就靠为南洋公学译学院编书换稿费了。新成立的中国教育会，是个白手起家的穷组织，连办公地点，都是求爹爹告奶奶的，通过黄宗仰才好不容易才临时借得一间房，作为大家碰头见面之处。会内人才的确不少，教师倒不缺，但想办学，缺的也正是钞票。

想到办公地点，蔡元培不禁眼睛一亮：同学们不少是外地的，上海没家没亲人，眼下是11月，天马上就要冷了，何不先搬到中国教育会来，再作商议？蔡元培把大家带到泥城桥福源里。

进了福源里，蔡元培先斩后奏，开了二楼和三楼几间空房的门让学生搬进住下。那几间空屋连同底层中国教育会办公室，都是上海房地产犹太大亨哈同的空置房。教育会办公室内正是由黄宗仰出面向哈同夫人罗迦陵求借的。

哈同是当年上海滩上最大的房地产商之一。他是在印度长大的犹太人，19世纪后期来到上海，在沙逊洋行当伙计。后来，他结识了一位在上海卖花的罗莉莉，罗莉莉就是罗迦陵（信佛教，改的名）。罗迦陵是福建人，据她自述，她是有中法两国血统的混血儿。罗莉莉劝哈同炒地皮经营地产，购买了南京路虹庙一带地皮。没多久，南京路成为上海最繁华的黄金地段，哈同的地产在数年间地价涨了千倍。

哈同于是相信罗迦陵有旺夫运，对她百依百顺，十分体贴。罗迦陵信佛，而黄宗仰是新潮人物又精通佛学，于是罗迦陵拜黄宗仰为师。哈同购进南京路北京路和同仁路之间的地块后，就请黄宗仰规划设计，建造了中西结合的大型园林，取名爱俪园。社会上俗称"哈同花园"。还由于黄宗仰的设计吸取了《红楼梦》大观园的格调，故爱俪园又被称为"海上大观园"。

当时哈同富可敌国，这爱俪园也富丽堂皇，堪比京城颐和园。世人以慈禧太后形容罗迦陵的富有，而罗迦陵也总添置一些连慈禧太后也不可能有的东西来陈列。不过，罗迦陵没慈禧那样处处耍心眼算计别人，她倒是好善乐施的。她的一份功劳就是出大钱，支持罗振玉寻找甲骨文。后来罗振玉找到了甲骨文源头安阳，并收购了大批有文字的甲骨片。罗振玉与学生王国维一起研究，破解其中部分文字，确定安阳就是殷都，认定甲骨文记载的是殷商有关史实。王国维曾由罗振玉从东文学堂推荐给南洋公学总办，作为南洋公学本部生公费派遣留学日本。

哈同花园在第二次世界大战中被日本人破坏了。新中国成立后，在原址建造了中苏友好大厦。

讲到这里，我们弄清了，原来这教育会的黄宗仰，正是罗迦陵的老师和哈同花园的总设计师。

为办学的事，蔡元培操尽心思，东忙西找，寻求各种机会，争取各方支持，以解决学生上课的事。

这天，正轮到去马相伯的徐家汇天文台上拉丁语课，蔡元培顺便提到学潮后学生的困境。马相伯表示自己也正关注此事，反正上拉丁语课的学生，也正就是学潮学生的一部分，他愿继续义务把拉丁语课坚持下去。此前，马相伯也有过办学的想法，还把自己的大批地产交给了教会，可教会一直没有办学的行动。他表示愿意去催促。

蔡元培找张元济商量。张元济是蔡元培在上海最靠得住的朋友了。这当儿，张元济正处于两难之中：

念盛宣怀的知遇，他就不该公开支持蔡元培和退学学生。而念自己曾经是这批

学生校长，念蔡元培是知己，而眼下这批学生的处境艰难，他又不能无动于衷。

想象一下，张元济应该做了选择，但这件事他可能终身保密，蔡元培也终身为之保密。

总之，蔡元培知道了江宁蒯光典。而前说过，蒯光典是张元济的译学院出版物代销商，有经济往来。看到了这一丝希望，他与蒯光典通了书信后，于是，蔡元培坚定地表示支持学生办共和学校。

11月19日，教育会与退学生集议张园，决定成立"共和学校"，校务由"学生联合会"自治。贝寿同、何靡施（即何梅士）、穆湘瑶、胡敦复等被推为学生联合会领袖。

11月21日，教育会开特别会议。蔡元培把教育会的同仁吴稚晖、黄炎培、蒋智由、黄宗仰等二三十人召集到一起，讨论办学的事。黄炎培本身就是退学成员，原本也是教育会的成员。一提到钱，大家都面面相觑，穷文人，就怕提钱。不过大家表示愿意出力，无条件地当义务教员，为学生们上课。并遵守学校纪律。吴稚晖便盯着乌目山僧宗仰：

弥勒佛，这下全赖你普度众生了。

宗仰双手合十：

和尚化缘吃四方，飘然一身，自己饿不死倒是真的。但哪有办法弄银子？

穷和尚、富施主啊，此事断不可推卸了。

稚晖紧追不舍，他所谓的富施主不是指别人，正是罗迦陵。

好吧，原来女校的事，我曾求过她，她答应等我们弄出眉目来再说。也好，现在就把这两件事并在一起求她吧。

原来，这中国教育会的成员有个在杭州办过《杭州白话文报》的林獬。林獬妹妹林宗素是个不平常的女性。林宗素一到上海，就主张搞妇女解放，首先想到要办女校。这事，中国教育会里的吴葆初也特别赞成，教育会的其他成员也点头。正好就在前几天大家议论过。只是蔡元培忙于墨水瓶事件，没最后定下来。

于是决定黄宗仰去找罗迦陵，就想让她能捐助些钱办男女两校。

而蔡元培此时也接到蒯光典答复，决定赶赴江宁。

蔡元培刚到码头，家人奔至泣告，说其长子阿根已病死。原来自学潮以来，蔡元培忙得顾不了家。儿子病重，家人屡屡告急，蔡元培终没能脱身一顾。蔡元培挥泪嘱他人代办丧事，然后义无反顾，毅然登轮。

三天后，终于筹得6000银元。这钱，是爱国学社办校的第一笔基金。后来没人追讨，自然是另有其人处理了。其幕后英雄，就让它留在历史的迷雾中吧。

而这当中，蔡元培不屈不挠，舍己为人，最令人难忘。

说这乌目山僧黄宗仰见了罗迦陵，却欲言又止。

罗迦陵说，先生什么事，直说吧。

宗仰说，一批学生挺令人同情的，来不及跟夫人商量，就暂先住下了。

这事噢，我知道，报纸上也说了。次日缔尔也问过我，我说挺可怜的……

罗迦陵最后答应两万银元分给男女两校。泥城桥福源里的院落全给失学的学生们作校舍。而另择白克路（今凤阳路）登贤里作为女校校舍。

三　爱国女校

在此，顺便提及爱国女校。其实爱国女校性质与爱国学社并不相同。最早提议办女学的是经莲三，正好 1902 年年初，福州人林少泉（林獬）带妻子及妹林宗素从杭州来上海，蔡元培邀请他参与编译中小学白话文教材，并参加了中国教育会。林宗素从小由兄嫂带大，思想解放，特别热衷提倡女学。

林獬又名林白水，是个新潮人物。1897 年杭州求是书院初办，他是总教习（相当于教务长），求是书院就是浙江大学前身。林獬还是《杭州白话文报》的主编，在福州时，他与林纾都是当地"林氏私塾"的先生。他们的蒙生中，有林长民、林伊民这一对亲兄弟及堂房兄弟林觉民。这林长民、林觉民、林伊民三位是辛亥革命的杰出人物。林长民是后来民国司法总长，林觉民、林伊民同是黄花岗烈士。林觉民《与妻书》，百年来不知激励了多少慷慨激昂的青年。

罗迦陵答应出钱支持办学，于是皆大欢喜。蔡元培十分赞成。于是由蔡夫人黄仲玉出面，在白克路登贤里，邀请各位开会讨论。与会者除经莲三、林宗素外还有吴彦复（吴葆初）及两女儿吴亚男、吴弱男、吴彦复小妾夏小正、陈梦坡（陈范）及女儿陈撷芬、陈梦坡的二妾，还有韦增佩、韦增英两姊妹。

开会时蔡元培、林獬、陈范三位都发表了演说。

会后，大家留影纪念。

吴彦复大老婆，从自家门窗向下看到，女儿与吴彦复小妾夏小正出现这种地方，认为有伤风化，于是破口大骂。

看来，这清末四大公子之一的吴彦复，原来也是"妻管严"。在那么多人面前，

挨大老婆骂，一定很没面子。

这吴彦复之女吴弱男，后来成了章士钊的首任太太。

爱国女校总理（校长）是蒋观云。董宗仰、蔡元培、林獬、陈范、吴稚晖都算发起人。学生就是以上与会者及他们的家人。中国教育会的成员及经莲三、林宗素、陈撷芬都是女校教师。

1903年春，爱国女校开始招收外来学生。由吴稚晖提议，女校也把校舍搬到福源里，并动员学社社员，各劝其姊妹就学。学社的教员，也多兼女校的课程，蒋维乔也从此时开始兼任爱国女校的义务教员。女校学生逐亦渐增多。

后来，林宗素到日本留学。陈撷芬后因《苏报》案发，也去日本。在日本，秋瑾也遇到她俩，而一起活动。她们参加同盟会而后又参与光复会。林宗素、秋瑾和陈撷芬是那个时代最著名的三位女革命家。除林宗素和陈撷芬外，女校出来的学生不少是辛亥名人或民国政要的内当家，除章士钊太太吴弱男外，章宗祥太太陈彦安和著名的女无政府主义者何震也都是女校学生，何震是刘师培老婆。

爱国学社后来被清朝政府取缔，但爱国女校没受波折，继续办学到民国。

四　爱国学社的建立

罗迦陵虽是女流之辈，但却有见识：她赞成女校取名为"爱国女校"，认为出钱搞爱国，义不容辞。她希望"共和学校"也能以"爱国"为号召。其实她知道，在大清帝国里提"共和"，难免有"革命"的嫌疑。公开出钱支持革命，她也是要小心的。

这样，学校便很快就办起来了，一致同意定名为"爱国学社"。

1902年11月26日爱国学社就在南京路福源里正式开学。蔡元培被推为总理，吴稚晖任学监，蒋维乔开国文课，蔡元培亲自讲授伦理课，吴稚晖讲授《天演论》，吴丹初任史地课。理科教员则由"上海科学仪器馆"中的人员分任。如钟宪鬯教化学，王季同教数学与格致。英文教员，除聘请的西洋女教员作为高级教员要支付薪金外，普通班的英文从学生中挑选义务教员，何海樵与何山渔上军事体育课，汪允宗管总务。黄宗仰也管校务，但主要联络罗迦陵。其他教员还有叶瀚、林宗素，等等。爱国学社高年级学生有的兼当低年级的教师。中国教育会全部与爱国学社并成一体，对外统一以爱国学社称呼，这就是"社会"一家。

顺便提及，这上海科学仪器馆是海外理工科留学归来的钟宪鬯、王季同等人自费建立的，而不是官方机构。这些人还包括何海樵与何山渔等，在爱国学社被取缔后，为报复朝廷而出面组织暗杀团，并成为骨干。钟宪鬯等人还研究制造炸弹等暗杀装备。这是后话。

1903 年 11 月 21 日这天，蔡元培在学社发表了开学祝词，号召全体成员要把革命的理想播向全国，让其扎根于广大民众之中：

用吾理想普及全国，如神经系之遍布脑筋于全体是也。

爱国学社内分为普通、高等两等四年级，课程设置相当齐全。然在实际操作上，学社虽说课上得不少，但是社会活动更多，特别是对社会演讲多，宣传多，还办报。而且总是谈时事政治的。

由于爱国学社成立之前，就以"共和"为宗旨，要培养"共和"的国民。讲"共和"，就要有"平等"的思想，这就要强调精神的教育；讲"共和"，就要与专制对立。这就隐含着革命。爱国学社所授各科课程的目的，就为了锻炼精神、激发志气。学生们又特别注重自身的社会身份与社会角色，这就不可避免地把自身投向社会革命。

学社最富特色之处是"学生自治"制度。

学生在校内享有很大的民主权利和自由。住宿生实行自治制，设有"评议会"，监督学校行政和学生操行。高年级学生还充当低班的教师。爱国学社为培养学生的演讲能力，利用公共场所，面向大众发表演说。那样做，既锻炼了学生，又启发民众的政治热情。学生们经常同教师一起外出参加政治活动。爱国学社在教育上的创举和活跃的政治空气，吸引了许多青年前来就学。

但学生的行为并非不受约束，可以为所欲为。学社有章程，有严格的约束。只是在履行约束时，不能专制专横，而要民主评议，充分表达各自的意见。允许充分申辩自己的理由。

学生平海澜当时负责管理学生行为规范的职务，他后来回忆当时的情况：

当时一切学校行政都要由评议会讨论。

我们的管理办法在当时来说是很特别的，不许骂人，不许对学生疾言厉色，只可以用一种劝告的方式。譬如，有个学生在教室里抽烟，就要好好地走过去同他讲：

你不要抽烟。章程第几条规定，不得在教室里吸烟，你要记住。

讲过这几句就算了。

又如在饭厅吃饭，有学生迟到了，就同他讲：

你要准时到，迟到犯第几条规则。

议会分派好几个人同管一桩事。比如对某学生的不良行动，你也报告，我也报告，积到几次，就报告评议会。另一学生今天犯个规，明天犯个规，犯规累积一定次数，也就要报告评议会。评议会就进行评议。评议出来，轻的训育一番，重的就由评议会交给议长开大会决定。被评议的可以自己说明，然后议长在大会上听大家表决。表决下来，记大过一次，或者记大过两次，或者马上开除。事情就这样决定了。

1916年，蔡元培到北大，北大也一样成立学生自治会，北大校务领导也搞"评议会"，推选评议员，民主管理校务。

1928年，蔡元培主持中央研究院，中央研究院也建立"评议会"，推选学术成就昭著者为评议员，民主管理院务。中央研究院首批"评议员"就相当于院士。就是说，蔡元培一生处事，都坚持这些民主办事的原则。而这些原则，是在1903年的爱国学社实行过的。

贝季眉（寿同）、何靡施、穆湘瑶、胡敦复、沈步洲等在墨水瓶事件中得到大家拥护，就当选为"学生自治会"的议员，这些同学同时也被基层公推为代表。

全部学生自愿组成若干联，每联约二三十人，每个学生自由决定加入其中一个联。何靡施就是何梅士，我们可以推测：何梅士、吴忆琴、钱瑞香、陈君衍、翁筱印、薛锦江是同一个"联"的，因为这几个人后来组成"童子会"。这"童子"是指非成年人，或指青年，而不要按当代的理解把他们想象成"儿童团"。因为，科举时代，参加考秀才的，就是"童生"。二十多岁的"童生"并不少见。在江东一带，所谓"童子"，还指不曾与异性发生过关系的人。"童子鸡"就指不曾下过蛋的或还没要开啼的鸡。在1903年，他们就合办中国第一份青年杂志《童子世界》。虽然1902年，教会首先在上海使用了"青年"这词，也就是把基督教上海的"学塾幼徒会"改名为"基督教青年会"，把附属《学塾月刊》改名为《青年》（注意这"幼徒会"就是"青年会"）。但"青年"两字，当时在中国还没有成为习惯用语。1902年，秦毓鎏、秦力山等中国留日学生组织"少年中国"，后来因"少年中国"太容易被联想成"少年意大利"那样的革命党，容易招致满清政府勾结日本进行镇压。于是把"少年中国"改名为"青年会"，这"青年"两字使用在日本，而且仅仅是为了代替敏感的"少年中国"。

直到17年后陈独秀办《青年》杂志，因与上海基督教青年会发生品牌纠纷，改

《新青年》。那时，才在习惯上以"青年"取代"童子"。

说了半天，就只为说明一句话，"童子"在那个时代的意义，就如同当代的"青年"。

还可以想到，退学学生中那位称叶楚伧的，大抵是与邵力子在同一个联。同一个"联"的还有柳亚子。不过，叶楚伧没在爱国学社待多久就转学了。叶楚伧、邵力子、柳亚子等人是后来的民国大佬。有关的事情，以后会提到。

张季源、平海澜、曹梁厦、胡敦复等又是一联。他们志趣相同，终身从事教育救国。胡敦复是清华的第一任教务长和东南大学校长，他们四人同是清华的第一批华人教授，又一直合办大同大学，先后担任大同大学校长。胡敦复也是后来的交通大学校长黎照寰和清华大学校长梅贻琦的教师。

而沈步洲、项骧及后来从日本回到爱国学社的马君武、张轶欧是志同道合的，他们坚持了马相伯的拉丁语的课程，在爱国学社被取缔后，沈步洲、项骧、张轶欧等还在一起参与筹建震旦大学。

五　章太炎加入爱国学社

学社办起来不久，章太炎从日本乘船回来了。章太炎为人不拘小节，半长头发，长衫外披西式短大衣，土洋结合，却不土不洋。他由叶瀚陪着来拜访蔡元培。叶瀚当时是上海著名活动家，也是章太炎老朋友。

此时，章太炎正值丧妻，孤单一人，生活无着。

蔡元培见章太炎来，大喜。章太炎是其同乡，是国学名师的弟子，有学问也有风骨，在日本与秦力山、孙文一道闹过一阵革命，大造排满的舆论，是个有号召力的人物。

于是决定请章太炎教高级班国文。

章太炎连声答应：好极了，正要找个吃饭的地方。

学社太穷，只管食宿，薪水却没有。蔡元培相当为难。

穷惯了，有食有宿，足矣！

章太炎当下便到爱国学社，与蒋维乔住在一起。章太炎任三四年级的国文教员，蒋维乔任一二年级国文教员。

章太炎学识渊博，国学根基深厚，章太炎的课深受学生欢迎。

由于资金紧张，学社常常捉襟见肘。来往文人名士多，临时在公共餐厅留餐的客人也多，所以有时饭不够吃。章太炎也在课堂说饿肚子的话，学生们听他讲得有趣，哄堂大笑。章太炎讲到兴奋之处，常常是口没遮拦，手舞足蹈之际便要找烟抽，激动之下，往往将粉笔误当做了香烟，叼到嘴里抽不出烟气，才知道出了洋相。

章太炎讲国学讲历史，往往是多述明清兴废之事，宣传排满反清思想。他提倡的革命，也更偏重于爱国主义或民族主义方面的，或说是主张直接推翻清皇朝。他也讲些西方民主自由，但这些民主自由是特定用来否定满清帝制的。他表现出来的特性，是江南历史上复社或东林党人的自然延伸，表面带着民主的润滑剂，而本质上还是儒学的。在爱国学社内，学生敖嘉熊是章太炎的同乡和最密切的朋友。

1903年3月蔡元培先生函请金松岑到上海爱国学社工作。而金松岑同乡的柳亚子、蔡寅、陶亚魂三位早些时候已到爱国学社。前面提到，柳亚子也就从此结识邵力子、叶楚伧、李叔同和谢无量。邵力子、李叔同和谢无量同是特班的同学。此时，谢无量利用课余也与马一浮合办《翻译世界》。谢无量也是辛亥元老，是书法家与国学大师。

这蔡寅与前面用诸多笔墨描述过的那个蔡艮寅是两个人。但他两人干过一件同样的大事，那就是反对袁世凯。1913年，蔡寅参与调查宋教仁遇刺案。第二次革命时，蔡寅担任江苏省代理省长，与黄兴一同宣布江苏独立。并指挥军队与袁世凯的亲信在南京城外天堡寨展开激战。后不幸战败。而同时的蔡锷，后来正被历史学家和剧作家编入《蔡锷与小凤仙》的英雄美人戏中。蔡锷大本营在云南，而不是江苏。蔡锷没参与二次革命，而是在一年之后的护国战争中，再造了民国。

爱国学社原址在上海泥城桥。泥城桥如今是上海最热闹地区，中心地点就在第一百货、新世界和大光明影院一带。

1932年日军发起侵略上海的一二·八事变，福源里遭日本侵略军狂轰滥炸，化为灰烬。那儿已经历过多次重建，爱国学社的原址福源里，除了含含糊糊的文字记述外，再也没有象征性的历史遗留物了。

六　学界风潮

"学界风潮"是一个近代史学的特指名称，沿用了当年《苏报》开设的《学界风潮》专栏的名称，这个专栏是专门报道学生运动的。

以南洋公学学潮为起点，各地学生运动风起云涌。这场学潮就被称为"学界风潮"或"学界革命"。

近代史学家们认为：学界风潮的出现，标志中国新型知识分子在政治上的崛起，学生们反对专制，反对奴化，要求自由、平等，表现了中国民主主义的觉醒，同时也使斗争带上了鲜明的民主政治色彩。退学风潮与当时如火如荼的爱国运动交相辉映，并为将爱国运动推向反清革命。

爱国学社对各地学潮都给予积极支持，或打电报声援，或吸收退学学生进入爱国学社，这对国内声势浩大的学潮起了推波助澜的作用。

与墨水瓶事件几乎同时，吴兴浔溪公学举行声援南洋公学学生的集会，并决定登报祝贺。总教习杜亚泉对此进行干预，并解聘学生爱戴的教师，结果29名学生愤而集体退学。说起来难为情，这杜亚泉原本也被张元济聘去办《外交报》和参与教科书编写，也就是说，他也参加了蔡元培的中国教育会。这就容易解释，为什么杜亚泉后来没到爱国学社当义务教师。

四月初三日（折算公历，该是1903年5月发生"拒俄运动"后），南京江南陆师学堂因校方无理开除学生，引起学生公愤。校方借机以"聚众闹事，图谋不轨"为名，扬言禀报两江总督严加惩办以威胁学生，并企图消除学生的不满情绪。在这种情况下，多名学生义无反顾，集体退学，其中章士钊、章陶严、林砺来沪联系。不久这批学生40余人到上海集体加入爱国学社，章士钊还兼任学社军国民教育会的操练教练。这章士钊一到上海，就马上进入了他的人生第一高潮。

四月十三日，浙江大学堂学生反对总理劳乃宣无理开除学生，80余学生集体退学。这浙江大学堂就是原来的杭州"求是书院"，我们前面提过，林獬当过"求是书院"的总教习。蔡元培立刻发电报代表爱国学社支持，并提供援助。在爱国学社的帮助下，浙江大学堂退学学生也另行建立"励志学社"就读。这80余学生就包括前面提到的蒋梦麟先生。而这位劳乃宣，此时在浙江大学堂的总理位子上，屁股没坐热，就闹出大麻烦了，他刚把南洋公学的总理位子交给汪藻凤没多久。这对难兄难弟，先后把自己的学校弄翻了。劳乃宣后来还到北大当校长，不过也没当多久，就因响应张勋复辟，搞复古，没了市场。

汪藻凤在南洋公学"失火"惹出的"火苗"，"烧"到了他的母校上海广方言学堂。5月3日，广方言学堂地学生因反对总教习舒高第，倡议集体退学。总办赵滨彦竟欲调兵围校，后见学生不屈，为避免重蹈汪藻凤的覆辙，只得让步，学生方面取得胜利。上海广方言学堂设在江南制造局，后来改名为"上海兵工专门学堂"，其地

位相当于当今的国防科技大学。当时上海兵工专门学堂实力雄厚，中国首批自然科学家徐寿、李善兰、华蘅芳和华世芳都在校内（华世芳后来任南洋公学的高等商业学堂总教习）。1913年第二次革命中，北军驻上海镇守使郑汝成与民军首领陈英士、钮永建在江南制造局展开大战，使这个兵工专门学堂彻底毁于炮火，可惜了。汪凤藻、陆征祥、胡唯德、吴宗濂、刘镜人、唐在复就是这学校出来的高官名人，这些人都出任过大使。陆征祥、胡唯德还当过北洋政府总理和外交总长，汪凤藻当过南洋公学校长，吴宗濂是孙文伦敦蒙难的记述人。

5月9日，杭州教会学校蕙兰书院学生因反对书院教会代表甘惠德的歧视虐待，53人集体退学，并仿南洋公学退学学生设爱国学社之举，自行组成"改进学社"就读。

才女陈撷芬在《苏报》特设《学界风潮》专栏，对学运持续报道，有目的地把学生引向政治斗争的领域。这场斗争是中国近代新型知识分子开始作为一个社会阶层活跃于历史舞台的重要表现。

爱国学社为支持各地学生和壮大自己，又在江浙各地设了若干分支机构，开办学校与学社，例如常熟"塔后小学"、同里"明华女校"、上海华泾丽泽学堂、南汇川沙小学堂、苏州"吴中公学社"、杭州"两浙公学社"。这些学校与学社，也都成了当地鼓吹革命的中心，这使得苏浙一带原本倾向君主立宪的主流思想转向了反清革命。

必须指出，刘季平（刘三）在上海华泾办丽泽学堂是专门培训革命党人的新式学校。丽泽学堂宣传革命思想，与爱国学社相呼应。刘季平在1904年因牵涉万福华枪击广西巡抚王之春案，学堂被封。1905年邹容死于监狱后，刘季平特地去收尸捐地安葬。刘季平为人正直仗义，被称为"刘三大侠"。

穆湘瑶与李叔同则在沪南开办沪学会。到辛亥革命时，我们还会讲到沪学会的事。

在蔡元培的鼓励下，黄炎培也回乡独自开办川沙小学堂，结果，黄炎培在南汇新场遭遇一场惊险。我们随后再说。

七　张园演讲与《苏报》签约

爱国学社的学生首次在张园拍集体照之后，就被徐敬吾注意上了。前面说过，徐敬吾是广东人氏，在上海四马路青莲阁开一爿书摊，靠小本经营，父女二人，艰难谋生。徐敬吾好热闹，哪儿热闹，就往哪儿凑。张园这种地方，自然少不了他。园内掌柜管事等对他自然都十分熟悉。

爱国学社到张园活动，使张园更热闹了，人气更旺了，掌柜管事等人也内心欢喜。徐敬吾于是向爱国学社的蔡元培、吴稚晖进言，建议爱国学社多到张园活动，学生到那里开展演说，接近民众，影响更大。表示自己可以到"安恺第"或"海天胜处"等高档厅堂联系免费活动场所。徐敬吾的一片热心，爱国学社同意了。

1903 年 2 月 15 日，果然通过徐敬吾借到张园安恺第，爱国学社举行了第一次演说会。别开生面的自由演讲形式、活泼的辩论情境、针砭时弊的内容及新鲜激烈革命言词，使市民们大开眼界。果然，掌声不绝。讲者、听者感觉良好。附带而来张园内吃喝、游艺等等生意也兴盛，大家都十分满意。

随后，每星期总有一两个下午在此进行公开演讲。由于能带来生意，带来人气，张园上下也都笑脸相迎。

每次演讲除预定一两个或二三个主讲之外，其他人随时都可以上台讲，还可以辩论。所讲内容每次各不相同，但中心思想总离不开反清革命。国内报纸也普遍报道演讲内容，以飨大多数没到现场的读者。报纸齐称爱国学社在张园安恺第的演讲会，"倡言革命，震动全国"。蔡元培、吴稚晖、章太炎和蒋维乔是经常上台演说的，但风格各异。蔡元培和蒋维乔比较温文尔雅；吴稚晖则尖牙利齿，既粗俗却不乏幽默；章太炎厉言革命，演说中，常举手喊革命，演说结束，也是喊一阵革命口号。凡章太炎喊"必须革命、不可不革命"时，大家都给他鼓掌。

据吴稚晖日记，1903 年 3 月 15 日，爱国学社在张园安垲第举行第二次演说会。首先由吴稚晖声明这是中国的演说会，本社社员不过作一发起人而已，人人可听，人人可上台讲。继由蒋维乔、穆抒斋、徐宝姒、蒋增炜、敖梦姜、马叙伦、沈步洲、林森、金松岑、徐敬吾、马君武以及蔡先生相继演说。当陈春生演说工商主义时，吴稚晖起而反驳。蔡先生于是再度发言，认为演说是表达自己的意见，接受与否，取决于众人，有反对者的攻驳最为可贵。最后，吴稚晖报告说要设体育部，促进国民身体的锻炼。自下午 2 时半至 5 时半，听众陆续增至 700 余人，不因下雨路滑而却步。

徐宝姒、徐敬吾父女同台演讲，开了中国讲演的先例。这徐敬吾父女，居然都是革命的热衷拥护者，作为社会底层人物，他们天然地属于激进的。这老徐为博得听众喝彩，上台动作也常常是特别的：他上讲台不走楼梯，而是两指在讲台边一按，

双脚用力一蹦，乘势跃上去，常常因此博得掌声。

徐敬吾的女公子徐宝姒每遇张园讲演辩论，就停下生意到会。她是卖书的，喜欢看书；有见识，虽处贫困阶层；但学识修养，不逊于一般读书人。据记述，她一上台，就"议论风生，批评时政，淋漓痛快"。当上海女孩还在由父母决定能不能保留天足时，广东女孩早就可以叉开脚趾穿木拖板了。徐宝姒开放得比上海姑娘更早。

爱国学社的宗旨是要平等对待每一个人，包括被世俗轻视的徐敬吾。爱国学社聘他当庶务员，为爱国学社办理总务杂事，看守校舍。但，依然是义务的，仅仅是免费食宿而已。徐敬吾居然也全心全意地干了起来，把四马路上的清莲阁下的一片小书店全交给女儿徐宝姒处理。

爱国学社在张园演说中，爱国与革命的话题渐居主流。张园演说会开国内自由论坛之新风，大众公开议论国事、陈述是非得失。这就遭到了守旧派的反对，他们纷纷利用《申报》等一些报纸攻击中国教育会与爱国学社。但《苏报》完全不同，它总是毫不犹豫地站在中国教育会与爱国学社一边。正因为《申报》掌控在老顽固的手里，不洽舆情，以至没多久就走下坡路，后来被名不见经传的史量才控制，史量才励精图治，眼界开阔，《申报》才重新回归中文媒体老大地位。没人料到，他后来居然把另一家中文大报——福开森的《新闻报》也收购了。史量才终成中国传奇的媒体大亨。当然，这是后话，此时史量才还在王培荪的南洋中学里"学生意"。

爱国学社成立后，《苏报》与爱国学社形成了互利共赢的局面，关系越来越密切。爱国学社不断有新的活动，有新的内容。对于广大市民来说，那既新鲜又刺激。《苏报》也正需要这个。

吴稚晖发现这点，提议爱国学社把《苏报》作为机关报，宣传自己的主张。于是蔡元培、吴稚晖、章太炎等开始每天日轮流为《苏报》撰写论说，《苏报》的言论为之一新。宣传革命的文章与记载充盈丰富，《苏报》也从同情爱国学社转向宣传爱国学社的激进观点，俨然成为了革命派的喉舌。

《苏报》正式与学社签约：每日由学社成员轮流为《苏报》撰写社论一篇，《苏报》馆则每月提供100银圆给爱国学社以为酬。后来陈范直接宣布吴稚晖为《苏报》主笔之一，《苏报》作为爱国学社的机关报。而爱国学社每次在张园演说词，全部由《苏报》独家刊登发行。

从此，《苏报》的革命倾向日益鲜明。《苏报》又设立《每日论说》栏，刊登演说会的许多精彩内容。在当时国人的心目中，《苏报》是中国最激烈的革命报了。

《苏报》的老板陈范自然也成为爱国学社领导层的核心人物。前面提到，爱国学社的最高领导层是"评议会",陈范就是评议员之一。

《苏报》就这样与爱国学社捆绑在一起了。

八 《童子世界》及"童子会"的愤青们

公开鼓吹排满革命的报刊,除作为爱国学社机关报的《苏报》外,还有《童子世界》。前面说过,何梅士、吴忆琴、钱瑞香、陈君衍、翁筱印、薛锦江几个人在爱国学社内组成"童子会"。这"童子会"与日本留学组织"青年会"相对应。1903年4月6日(光绪二十九年三月初九)出版中国第一份青年革命杂志《童子世界》,何梅士是主编,童子会成员都参与办刊。它是一份综合刊物,一份通俗的百科教育刊物。它出版第33期后,因爱国学社被取缔而停办。

该刊辟有评论、时局、史地、理化、博物、小说、诗歌、译丛、笑话、游戏等栏目,稿件多以白话文形式,即使用文言文也要改写成极浅显易懂的。

但切不可"望名生义"以为《童子世界》是"儿童读物"。当今非中文历史专业的大二学生,不能保证在阅读时不出点困难。

学生们办刊物,是出于对社会强烈的参与欲望,出于自信,也出于经济利益,换点钱补贴爱国学社,爱国学社的经济状况太拮据了。出版的《童子世界》由徐敬吾分销,也搭《苏报》的渠道出售。由于挺受欢迎,《童子世界》从每期3页的日刊,改为每期6页的双日刊;到第31期起又改成旬刊,每期50页。

前面说过,当时上海类似的综合期刊还另有两份:一份是戢元丞等办的《大陆报》,另一份是由《学塾月刊》改名的《青年》。《青年》是面向基督徒的,与《童子世界》不交叉。而《大陆》是一份革命刊物,矛头主要是针对改良派的"忠君保皇"思潮。《大陆》是专业的革命刊物,《童子世界》则是综合的启蒙报刊。《大陆》的编辑是雷奋、杨廷栋、杨荫杭等,是比他们高几届的学长。

由于科学文化的普及,100多年前《童子世界》搞的科普,搞的自由、平等、博爱的思想启蒙,如今好像是连下里巴人都不及了。是啊,现在的高清电视、神舟7号比那时最时髦的电灯、电报不知道要高出多少。

倘若想到,那时要面对四亿五千万缠小脚的女人和梳辫子男人讲启蒙,那就不易了。

后来的历史学家或学者更看重的是这份期刊的思想性与相对的进步性。

《童子世界》提出的宗旨是"开通民智,疏导文明",强调"广输文明,萌养国魂",鼓动大家要外拒白种,内覆满洲,不受野蛮君主之压迫。旗帜十分鲜明。

开通民智,疏导文明,广输文明,萌养国魂,这是个永远不会过期的目标。提"外拒白种,内覆满洲""不受野蛮君主之压迫"的口号,这是个在当时很"愤青"的口号。在当时的社会上,俨然是"大逆不道"的死罪。而在爱国学社内部则是寻常事。

"童子会"这批人是一批20世纪初的愤青。其中有位很平常的成员叫钱瑞香,看看他都说些什么。

钱瑞香在文章《论童子为二十世纪中国之主人翁》中写道:

以爱国之思想曲述将来的凄苦,呕吾心血而养成夫童子之自爱爱国之精神,鼓励青少年仿效法国革命……努力向学,抱定宗旨,不得苟移。夫然后而革命,而流血,脱奴隶之厄,建自由之邦。

文中洋溢着一股强烈的悲情,由悲情而自强、而向上,最后"而流血,建自由之邦"。没有埋怨,没有邀宠,只强调自强自爱,从爱己到爱国。

举钱瑞香为例,是因为钱瑞香一生的闪光点就出在这刹那间。壮志难酬,历史上是千千万万国人的共同惆怅。其实,壮烈也罢,平庸也罢,只要自己尽力了,付出了,也就该可以自我安慰了。平平常常是过去年代大多数愤青的结局,平平常常也应该是当代愤青们未来的可选目标。综观这些编者们,他们都是那个时代的愤青,也一度是吟着"壁上龙泉夜夜鸣"的热血青年。但纵观他们一生,除何梅士较激烈外,其余各人后来都十分绅士。何梅士后面还有他的戏,暂不多说。

吴忆琴在《童子世界》上的述作也不比钱瑞香少。他后来攻读数学,是"南高"(后即中央大学)数学教授。

赵晋卿后来大富大贵。他一生很有成就。

他参加过辛亥革命的上海光复,后来毕身致力于收回租界主权和废除领事裁判权。"上海会审公廨"是所有中国人心头的痛,是中国每届政府的耻辱。终于在1927年1月1日,在他手里收回了"上海会审公廨"。赵晋卿著有《收回上海会审公廨》一书,就记录了全过程。

1928年,赵晋卿当选为首届上海公共租界工部局华董,比林康侯、虞洽卿更早。也兼过国民政府实业部常务次长,而主要身份是上海总商会执行委员会主席和中华总商会主席。他于 1965 年 84 岁时在上海去世。

虽然以上各人后来经历不同，但在这里，他们有共同的称呼：20 世纪初的愤青。

只是，相对于后面我们继续介绍的蔡元培、章太炎、吴稚晖或钮永建这批跨世纪的"老师级愤青"来说，他们延续的时间短些。

从《童子世界》中，后来的研究者居然发掘了那个时代学生的"批孔"大作。据说比号称打倒"孔家店"的五四猛士要早了"三个五年计划"！

曾经一度，批孔是中国大陆最令人佩服的壮举。

有人说，打倒孔家店的"老英雄"是吴虞，有人说是 1916 年《新青年》的易白沙。

其实，说谁第一个批评孔子都无所谓的。

最早批孔的人，应该是 2500 年前与孔圣人同时代的人。2500 年前，孔圣人的权威地位没有确立。孔子等人有如今日《百家讲坛》的各路精英，各有大群粉丝，更有大批反对者。老孔的反对者包括春秋战国多数国君大臣及那时鼓吹其他诸子百家的各路精英。

所以，本人以为，要在《童子世界》发掘第一个"批孔"先驱没有必要。《童子世界》的确有批孔的人物，他对孔子学说的见解恐怕比 17 年后"新文化斗士"更精辟。

1903 年 5 月 27 日，《童子世界》第 31 期刊发陈君衍著《法古》一文。该文批评了"独夫民贼"们利用孔子来推行愚民政策。其中一段话是：

孔子虽好，必不能合现在的时候了。我希望吾同胞做现在革命的"圣贤"，不要做那忠君法古的"圣贤"。孔子我并不骂他，我骂的是那些独夫民贼。若是因为那些独夫民贼称过"至圣"，我们必定要学他的言行，那种见解，我却不敢附和。那些独夫民贼尊敬孔子，是因为孔子专门教人忠君服从，所以那些独夫民贼喜欢他得了不得，叫百姓都尊敬他，使百姓不敢说他不好，自然变做习惯，都入了那些独夫民贼的圈套，一个个都拿"忠君"当自己的义务，拿"法古"当最大的事体。我但愿吾童子不要被那种放屁的话惑往。

年纪轻轻的陈君衍没有批评孔子思想的本身，而是批评后来的"独夫民贼"打着孔子思想的旗号，不让平民百姓有自己独立的思想。

经过墨水瓶事件，爱国学社的学子们通过对传统中国教育思想的反思，部分年轻人对孔教产生反感，这是当然的。

人有思想不可怕，可怕的是人没有思想，更可怕的是，不让人拥有自己的思想。

我们没必要去批判孔子思想本身，但我们强烈反对利用孔子或别的什么思想去钳制大众自己的思想。

2500年前的孔子有思想，这再正常不过。孔子有超越常人的思维，是人类的骄傲。孔子通过语言文字与别人交流自己的思想，想让更多的人了解，让更多的人接受，这也合乎情理。但是，人人都有自己独立的思想，同意孔子还是不同意孔子，正像同意或不同意别的任一种思想一样，完全取决于自己。人们需要在不断地沟通中，找到共同点，找到共性，取长补短，彼此学习，增加自己的见识。但这学习，对于成年人来说，应是一种自觉的行为，而不是被迫的。

任何思想的主张者，企图通过帝王的强势去强制推广，强迫别人接受，想当然地企图造就所谓的思想统一，造成思想的千篇一律，那就是不良后果。那不是开启民智，而是愚民。

所以，"批孔"不是批评孔子的思想本身，而应该是针对封建王朝制造迷信的本质。

强迫别人去接受某种特定的思想就意味着制造"迷信"。"迷信"活动不值得提倡。从个人角度来说，我的思想与孔子的思想或别的什么人的思想，都是在思想长河里并行驰驶的船，我愿意接受它还是不愿意接受它，就在于看它是否比我更优越或是否更适合于自己。那完全是自己的事，与他人无关。

千万别因为陈君衍在《童子世界》发表了若干革命文章，特别是反孔和坚持使用白话文，符合了17年后标榜的"五四精神"，就以为他是好人。

人是多样的、易变的。16岁陈君衍表现出色，不能保证60岁的陈君衍也是好人。陈君衍早期与同期忧国忧民的同学一样是"愤青"一员。后来也飞黄腾达过。但晚年却走向反面，行为不堪，成了民族的罪人。陈君衍最后也陷入汪精卫的泥坑。都快60岁了，还当大汉奸。

这些"愤青"们，其实各人的身世复杂得像一团麻。

九　拒法运动

王之春是1901年从安徽巡抚的职位上调任广西巡抚的。

1900年为配合自立军起义，湖南和广西有大批会党成员卷了进去，还预支了唐才常的革命白条"富有票"。在绝大多数会党还在等待行动命令时，唐才常等就被捕，大批头领被杀，自立军失败。但湖南和广西有会党实力依然存在，张之洞们也本着多一事不如少一事的处事原则，不继续追究。

庚子赔款是中国老百姓绕不过去的灾难。赔款的份银自然加在原本就十分繁重的苛捐杂税中，压到老百姓头上。

王之春是戊戌年投靠荣禄后，才得到提升，先当安徽巡抚，随后调任广西巡抚。恃荣禄为靠山，他敢作敢为。他每月都有书信致候荣禄，自然免不了随函的重礼。这种官场层层贪腐形成的巨大负担，也理所当然地压到老百姓头上。

王之春到任广西第一件事就是以庚款的名义压榨老百姓。

1902 年起，因不堪重负，广西爆发了会党起义。这些起义群众，游击战的战略战术执行得非常好。你看，官府对他们多无奈：

始蠢动于沿边，继蔓延于内地，零星小股，出没无常。

不镇压？你的顶戴花翎堪忧。

镇压？那又不顺当。

再说，原本就是为了捞钱才去摊派苛捐杂税的，现在，钱没到手，就要准备打仗，打仗的钱哪儿去弄？

对此，王之春绞尽脑汁，终于想出好办法：广西不是与越南相邻么？法国在越南的总督有枪有炮，军力强大，随时都想开进广西。何不让法国兵入境，剿灭叛乱，等"平乱"后，广西全省铁路矿山权全交给法国，不就行了？

没有本事杀自己的国民，就请外国人来杀。

该杀的杀光了，就把国土的财富资源作为礼物酬谢人家。

难道，这也不对？

在天朝大清国，这种观念是天经地义的。天朝大清国，一切是为了朝廷，朝廷才拥有主权。中华大地及其地面上的庸庸众生，只是朝廷的附庸。朝廷让你生则生，朝廷要你亡则亡。全部社稷江山、平民百姓存在的唯一目的，是为了朝廷。在那年代，就只为一个人：慈禧。

宁与友邦，不与家奴。

量中华之物力，结与国之欢心。

这些不正是大清皇太后的至理名言么？

王之春的好主意得到法国驻安南殖民当局的称赞。

法国驻安南总督喜出望外，立即命令驻谅山法军进入广西境内，拟与清军联合围剿会党游击队。

但这激起了国人的义愤。必须惩罚卖国者，必须罢掉胡作非为的王之春，绝不许法国入侵的阴谋得逞。

国家社稷是皇朝的禁脔，还是属于平民？

大清朝廷与民众的观点显然不同。

朝廷和王之春以为，卖不卖国，想卖多少，那是朝廷和大臣们的特权，主子的特权。关你们这些奴才们啥事？关你们这些平民啥事？他们以为，出卖国土资源，就像卖掉自己身上的皮袍或玉佩一样，犯不着旁人过问。

显然，爱国学社的那批叛逆的小娃娃们与皇朝的看法是不同的。爱国学社那些人相信洛克和卢梭的"异端邪说"，相信《民约论》。在朝廷看来，他们本末倒置，拿大清的国策论事，拿大清的大臣来声讨，大逆不道。这就是后来官员们必须置爱国学社于死地的原因。

1903年4月25日，爱国学社于张园在集会，举办民众"拒法大会"。参加会议的有上海各界人士300余人。

那天会议是由蔡元培主持。当时举办集会已经有一套程序，比如全场起立，向祖国致敬，唱爱国歌，然后是发言人讲演，再接着是自由发言之类。

会议唱的爱国歌就是原南洋公学校歌《警醒歌》。会议按顺序由马君武、吴稚晖、龙泽厚、蔡元培相继发言，揭露王之春卖国，反对法军入侵，并要求清政府废除王之春与法国私订的信约。蔡元培在演讲中指出，阻止王借兵，不许他出卖主权，"此是全国人的事，不是一二省之事"，因此建议设立"保国会"。

龙泽厚在会上提议联名电请清廷罢免广西巡抚王之春，获得一致通过。吴稚晖发起拒法签名活动，签名的人员就作为"保国会"的成员。龙泽厚表示愿意为建立"保国会"奔波。陈范参加"拒法惩王"大会，看到龙泽厚专心致志为"保国会"忙碌，就请龙泽厚到《苏报》馆任职。

这马君武、龙泽厚都是广西出生的。这有关广西的会议，自然把他们列为贵宾，优先发言。前面提过，马君武与南洋公学特班24名学生一起向马相伯学拉丁文，后去日本留学，不想半年后，他又回上海参加爱国学社。

1900年唐才常在张园宣布成立中国国会时，龙泽厚就当选"议员"，并参加了策划自立军起义的事，分发过"富有票"。他赞成蔡元培建立保国会的主张。龙泽厚不忘当年中国国会的事，他把保国会看成上海当年"中国国会"的延续。

同一天全体留日学生在日本东京锦辉馆集会，控诉王之春卖国，揭露法国人"袭俄人故智"侵华。大会致电清政府督办政务处，要求撤免王之春。他们还进而抨击王之春卖国是源于清朝卖国，是上行下效。

第二天，在沪的两广人士，又在广肇公所集会，通电全国，号召罢市、罢工，声援"拒法惩王"的爱国正义斗争，以达到驱逐王之春的目的。

爱国学社在各地的关系组织也继续发起拒法运动，如浙江的杭州府学堂、励志学社、安定学堂、钱塘学堂等校也联合通电力争；遥远的广州时敏学堂也通电响应。迫于压力，也由于王之春政敌的作用，王之春被罢免广西巡抚。

经此半年的努力，爱国学社在国人面前已不再是一群受人同情的弱势学生，而是一个令人振奋的革命党。

爱国学社在张园开会，演讲革命的事情，对在校学生很有吸引力。许多南洋公学留校学生也纷纷前去听讲。张相文儿子张星烺才去了两次，就被副校长盯上了。

张相文回忆说，他到安徽寿州任阜丰商业学校校长时，南洋公学提调张美翊就给他去函，说了他儿子张星烺参加张园的革命演讲云云，要相文严加约束。

罢免后的王之春混在上海，与会办商约大臣吕海寰、两江总督魏光焘、江苏巡抚恩寿混在一起，诉说自己的"冤屈"，表达自己对爱国学社无法无天行径的深恶痛绝。出于兔死狐悲的同感，也为了表达自己对满清皇朝的忠心，他们抱成一团，窥视着、策划着，要对爱国学社动手。

顺便提及，魏光焘本是王之春的铁哥们。他是由于王之春的关系，搭上了荣禄的这条线，另外又备了两万银子的门包。还靠王之春把魏想当两江总督的欲望告诉给荣禄。于是荣禄在慈禧耳边的三言两语决定了局面，公认的草包魏光焘硬生生地把张之洞从南洋大臣、两江总督的位子上挤开。

魏光焘当然会急王之春所急，想王之春所想。只是，一下不知如何下手。

而爱国学社和《苏报》此时对危机懵然不知。

十　拒俄运动

当年八国联军侵略中国时，给中国造成最大灾难的是俄国。这点，国人不该

忘记。

辛丑条约后，沙俄十几万军队继续赖在中国东北大地上。到了1903年，沙皇不但违背了从东北全境撤军的诺言，反而向辽南增兵，节外生枝地提出所谓的七条无理要求。这激起中国人的愤怒。

早在1903年3月15日，爱国学社及市民共二百人在张园集会，首先得知七条无理要求的上海士商汪康年、蒋智由等上台演说，宣传挽救东北，要求清政府拒绝七条无理要求，并发电报警告满清当局要"力拒俄约，以保危局"。

4月22日，沙皇七条无理要求见诸报端，全国激愤。

4月27日，上海爱国学社和十八省爱国人士数百人在张园召开"拒俄大会"。许多人在会上发表演讲，坚决拒绝沙俄无理要求。指责沙俄企图"吞并"我东北，以实现其制造"黄色俄罗斯"的狼子野心。也指斥推行亲俄外交的清政府。

4月29日，留日学生500余人在东京锦辉馆集会，成立了"拒俄义勇队"。表示要开赴东北前线，不惜牺牲生命，也要表示中国人收复东北的决心。会上，还通电上海的爱国学社与中国教育会，要求响应。

4月30日，爱国学社与上海各界1200人再次于张园集会，抗议沙俄。务本女塾、爱国女学的女学生也踊跃参加。事前策划人有：吴稚晖、冯镜如、陈范、黄宗仰和龙泽厚。冯镜如为会议主持人，会上高唱《爱国歌》后，进行大会发言。

首先是蔡元培宣布了会议宗旨，并宣读了东京留学生给上海的爱国学社与中国教育会的电文。

接着，大家发言。

大家一致谴责沙俄背信弃义妄图久据我东北的侵略罪行，抨击朝廷亲俄派，指出后党控制的政府"昏昧狂惑"。

穆湘瑶、敖梦姜、沈步洲、马君武等主张响应东京留学生，也在学生中成立"拒俄义勇队"。爱国学社成员纷纷报名。

大会再次致电清政府外务部，表示国人对沙俄的无理要求"万难承认"，还通电世界各国外交部，向全世界严正宣告：

即使清政府答应沙俄要求，中国大众也绝不同意。

为表达民意，大会决定支持蔡元培在拒法大上提出建立"保国会"作为民意代表。演讲人自动签名后就是成员。

在大会中，有人建议"保国会"改名"四民公会"。所谓四民，是指的"士农工商"，表示代表面广。其后，龙泽厚又提议改名为"国民公会"。

但由于"国民公会"中，有龙泽厚等一批维新势力，与爱国学社这班革命党，常常产生观点的冲突。

年轻的穆抒斋、敖梦姜、马叙伦、沈步洲、林子超、马君武等等是张园辩论会的经常发言人，观点都十分激进。除爱国学社的众人外还有市井九流等各行各业的人物。爱国学社在张园的公开讲演，从来的宗旨是人不分贵贱，言论不分顺逆，上台都可以发言，发言都该完全把自己意愿表达清楚。

这里两位小马，马叙伦和马君武在前面已讲过，此时马君武已参加爱国学社了。

林子超也是常客。林子超就是林森，是福州英华书院毕业的，在台湾学过电报，1902 年考入上海海关任职。当时他与林獬、林宗素兄妹及林述庆都是上海的福建同学会成员。由于林獬、林宗素是爱国学社教师，上海的福建同学会常参与爱国学社的活动。后来林森青年丧妻，发誓终身不娶。他这不经意的一句话，无意中导致暗恋他多年的表妹殉情，为此他更矢志不移。在大陆，林森出任国民政府主席的时间，比他的后任蒋介石长得多。他是著名清官，抗战中，他死在国民政府主席位上。他死后一无所有：没有妻子儿女，没有任何财产可供继承。

林述庆是辛亥革命中的镇江民军都督，攻克南京后他出任苏军北伐总司令。后为北洋陆军上将。据称，他和宋教仁之死，是二次革命的导火索。林述庆详情待后述。

按 4 月 30 拒俄大会的决定，爱国学社本就要组织"拒俄义勇队"，但缺乏军事教员。

恰好，南京江南陆师学堂闹学潮的退学学生 40 余人，由林砺、章士钊领到上海，加入爱国学社。章士钊等正适合当爱国学社的军体教员，遂按拒俄义勇队的改名后的名称，组织军国民教育会，增加军事训练课程。全体学员分成若干小队，穿着领、袖、裤管均饰有红镶边宽黑条的漂亮操衣，不论晴天雨天，分小队认真操练，并轮流担任小队长，练习喊口令。章士钊当了军训员，蔡元培、吴稚晖、蒋维乔等教员，也作为"普通一兵"，参与训练。

爱国学社定期到张园开展军训。

从学社所在地泥城桥福源里到张园，有相当一段距离，社员们统一操衣，排着双行队伍，迈着整齐的步伐，沿着静安寺路（南京西路）走来走去。一股勃勃的生机，融入了市民的生活。每当看到学生的这股朝气，人们心中顿时萌生了希望。

那个年代的中国，有如冰冷的寒冬，有如难眠的长夜，那"希望"就是人们心

头一盏不灭的灯，是黑夜的一丝光明。

人，可以没有一切，就不能没有光明，不能没有希望。

爱国学社，正闪烁一丝淡淡的光明，隐含着一缕模糊的希望。

这时期，也就是张园搞拒俄集会的前后，张继、邹容和陈由己从日本回到上海，张继、邹容参加爱国学社。而陈由己则回安庆，要自己单独搞出点名堂来。这陈由己就是中国历史名人陈独秀。

张继、邹容回沪那天是晚上，正好遇到章太炎。他们曾同在日本，只是接触不多。这次相逢，却显得亲热。交谈中，张继、邹容感到章太炎博学多闻，而章太炎认为二人年轻有为。十分相得。后来，当了《苏报》主笔的章士钊与他们也常来常往。一次酒会中，便结拜为异姓"兄弟"。

随后，作为日本留学生组织的义勇军特派员的钮永建和汤尔和也到沪。他俩本是要北上北洋大营找袁世凯的，看到爱国学社的热烈场面，禁不住参加了几次张园演讲会。钮永建与邹容在日本时本就十分融洽。他们同时产生了把全中国爱国学生联合起来的冲动，不约而同地在张园集会上提出建立"学生同盟会"的主张。只可惜，他们以后没机会谋面共同为这事继续努力，但"同盟会"则是革命党人两年后在更广泛的意义上实现的这个愿望。

钮永建和汤尔和并不住在爱国学社内，而是在老同学王培荪办的南洋中学内（当时称育才书院）。张继、邹容在日本也是拒俄运动的积极参与者，到上海后发现上海排满革命气势强烈，于是劝钮永建和汤尔和不要去天津找袁世凯。认为革命与满清政府是不可调和，找了不但无益，反而显得低声下气。

而钮永建和汤尔和认为既然受众托要找袁世凯，自己总不能半途而废，该把事情办到底，回去向众人有个交代。再说，也是真心希望清朝当局能应国民的愿望，在争回国土方面有所作为。于是仍然决计北上。老同学王荪培也陪着同行。

5月初，钮永建和汤尔和在张园的出现，引起了朝廷的注意。特别是商约大臣吕海寰。吕海寰开列逮捕名单，要上海道台执行。第一份名单是：蔡元培，吴稚晖，钮永建和汤尔和四人。

而清政权接端方的奏折，也下令各地官员，可以把过境的拒俄义勇军成员就地正法。

后来，误听说钮永建和汤尔和"遇难"，张继、陈去非就分别在《苏报》发文揭露清当局镇压爱国学生的丑恶面目，也批评旅日留学生不该放弃排满的立场，不该对清廷抱幻想：

> 向日之诸君，以中国未来之主人公自期，铸革命之脑，造民族建国之魂，诸君之志愿，非不广大也，何今忽出此矛盾之举，代满洲人而拒俄，乞怜于满洲政府，愿为前驱，甘为牛马？

此时，爱国学社代表的上海革命党人，已经认定，满汉不可共处，要革命，必须排满，要爱国，更要反满。清皇朝是爱国的绊脚石，是革命的目标。这点，爱国学社的青年，远比海外革命组织更激进。

事实上，钮永建和汤尔和到天津，马上去了北洋大营。大营卫队先是武装阻挡，门官以没通报预约，加以拒绝。次日，又先是受阻，后来被武装人员拥着进去，许久不见出来。加上朝廷镇压拒俄义勇队的传闻不绝，个别想采访的记者以为他俩是遇害了。于是上海《同文沪报》等忽传学生军北上特派员钮永建、汤尔和在天津被清吏杀害之说。

其实，钮永建和汤尔和进大营后，没有遇到袁世凯，而是副官拿到袁世凯给的"上喻"电文，那上面写明可以对他们"就地正法"！

兵营有人让钮汤二人从边门出去，要他俩直接回东京：上海也正要拿革命党开刀了。你们还不趁早到外国去？

等到钮永建汤尔和回到了东京，已是7月5日，日本留学生的军国民教育会召开大会欢迎他们。而与此同时，上海的大拘捕已经开始。两天后即7月7日，爱国学社被取缔，《苏报》被公共租界查封。

王苏培单独回上海，逢人便直斥袁世凯是国贼。

这次，拒俄运动声势浩大，全国几乎同时爆发。

北京、湖北、江西等地学生也纷纷集会抗议。

在北京，4月30日，京师大学堂学生举行集会，助教范源濂与学生多人在会上演说拒俄，大家情绪激动，演说者声泪俱下，泣不成声。会议也采用通电督抚的办法，要政府力争。有73人签名上书，要请管学大臣代奏拒俄。

学校当局出告示严禁学生"乱议"国事，告示随即被学生撕得粉碎。

部分学生奔赴东北，推动武装抗俄。

这范源濂当年与蔡锷一起考进南洋公学，后来留学日本。因参加1900年自立军起义失败，又由南洋公学老师王培苏掩护出境。1901年京师大学堂总教席吴汝纶在日本考察期间，范源濂当义务翻译。吴汝纶回京师大学堂后，聘范源濂为日语翻译。从此，范源濂在京师大学堂任教。1912年，蔡元培再次出任民国教育总长时，因范

源濂是来自南洋公学，又是北方知识界少数有革命倾向的人，就提名范源濂为教育部次长。从此，范源濂长期出任北洋政府教育总长，也当过北洋政府的司法总长和总理。

在武汉，5 月 13 日，湖北高校学生和各界人士 200 余人在吴禄贞等人组织下举行集会，敦促清政府拒俄。

在安庆，陈由己（独秀）等发起成立爱国学会，并计划与上海爱国学社联合，提出广结东南各省志士，成立"国民同盟会"。这与钮永建、邹容建立"同盟会"的建议遥相呼应。

此外，长沙、南昌、杭州、福州、开封等地都有响应，拒俄运动形成一股全国风潮。

在此形势下，清朝政府也发声明拒绝沙俄的七项无理要求。

十一　孙文为何又名孙中山？

5 月在上海又一次拒俄演讲大会当主持人的是冯镜如。冯镜如就是冯自由的父亲，香港商人，孙文的支持者。冯自由一段时间当过孙文的秘书，他为民国史留下不少重要资料。

前文说过，秦力山、杨荫杭在东京办的《国民报》就是以"经塞尔"的名义注册的，"经塞尔"就是冯镜如的英文名。因上海革命形势发展迅速，而孙文不敢轻易回国，冯镜如就到国内联络。他是以主持广智书局的名义来上海的，而广智书局是属于康有为和梁启超的。虽然，国内的激进革命党人普遍反对康党，而在东京，此时的孙文和兴中会同康有为和梁启超还是来往密切的。孙文当时认为维新派在国内有很大的影响，他需要借助他们的力量。就像孙文曾一度在李鸿章身上也寄托很大的希望一样，国内不论什么势力，只要与朝廷作对，就拉拢。同样，天地会与青红帮同样是孙文要利用的力量。

至于孙文的兴中会彻底划清革命党与改良保皇的界线，则是自《苏报》案后的事。

但此时，蔡元培、吴稚晖并不重视孙文。章太炎虽说在日本时与孙文有过往来，也熟悉冯镜如，但也没特别去撮合。

冯镜如后来通过张园演讲会结识了金松岑和章士钊。

上海思想活跃，革命舆论十分强烈。但是，当时的孙文在国内市场甚小，也没有什么系统革命道理做宣传。有听说孙文名字的，也往往联想成是海外客，是作些犯边冲关的义盗侠客。冯镜如想借助爱国学社向国内宣传孙文，于是把日本人宫崎寅藏著的《三十三年落花梦》送给金松岑和章士钊。

章士钊粗略阅读后，在5月26日的一次演讲会上大讲"孙中山"的事迹。因章太炎在日本时与孙文有交往，孙文还请章太炎喝过酒。听到发言，便过来纠正：

这人我熟悉，他不叫孙中山，而叫孙文，真正的大名是孙逸仙。孙文在日本取了日本名"中山樵"，日本的中山樵，如果讲到姓，那"中山"就是姓······

而《苏报》老板陈范则过来说：

无妨，无妨。叫什么并不要紧，我们要的是宣传他的革命精神。

不想，这里章士钊误称孙文为"孙中山"，这错误的起名，反而弄假成真。

通过张园的演讲，中国人从此知道了"孙中山"。知道了"孙中山"是地道的中国人，是一贯与大清唱对台戏的"革命党"。

后来，孙文也知道了，就将错就错，乐得被人叫做"孙中山"。

"孙中山"的大名后来盖过了孙文，盖过了孙逸仙。以至于孙文的老家广东香山县也最后因此改名为中山县。如今，这"香山"反而少为人知。

可见这张园演讲会对当时中国和以后中国所起的作用。

其实，陈范前些天就听说南京江南陆师学堂来了个才子。现在遇到，果然名不虚传。

陈范见章士钊一表人才，上台演讲时风度俨然，文辞华美，心中喜欢。便上前自我介绍：

兄弟不才，正在惨淡经营《苏报》。过去由吴稚晖先生和小女撷芬任主笔，如今撷芬另立门户办《女权报》，又忙于爱国女校。先生可肯屈驾，作《苏报》的主笔？当然，薪水虽薄，却一定按月奉上。

章士钊大喜：

正是我希望的，哪敢承当这个"请"字，不知何时可上任？

明天一早就可以来，我是望贤若渴，越早越好。

这时，台上一个叫钱保仁的神秘人物正在演讲。

他三十多岁，五短身材，表情坚毅沉稳。他说：

大清已衰朽将亡，唯有革命能挽救中华。民心不振，革命可以使人民振作起来，外侮不断，革命可以御侮强国，封建陈规，也只有革命可以将其粉碎荡除，当今一切急难不治之症，若立行革命之道，即可除顽去疾，使我中华之国健康而富强。

演讲完，陈范跟着众人鼓掌，迎上前去称赞：

讲得好，革命如摧枯拉朽，可涤荡一切旧东西，又如春风化雨，可催生一切新事物。

陈范经打听，得知此人名钱保仁。

演讲会完毕之后，学社的学生列队回校，余人四散。

陈范与钱保仁谈成一路。陈范见钱保仁谈吐不俗，顿起敬意，有心与他结交。

不料，这钱保仁却向陈范称自己就是孙文。说是交底，要陈范保密。陈范闻言大惊，但不免心存狐疑。探知这"孙文"钱保仁仅是有意在《苏报》谋个办事员职务，以掩护身份时，陈范答应了。管他这真孙文还是假孙文，江湖人士自有江湖人士的道理。留下他吧。

其实，钱保仁也向吴稚晖冒充过孙文。吴稚晖知有假，便不睬钱保仁。吴稚晖和章太炎见陈范留下钱保仁，也不去点穿。一段时间过后，没有异常，大家也就算了。

不想，后来《苏报》案发，这钱保仁居然不逃不避，被巡捕抓上法庭，扣押百余天，判无罪开释。释放后，不知踪迹。

"国民公会"却因龙泽厚的维新派立场无法与爱国学社的革命立场协调，受到吴稚晖和邹容的反对。冯镜如也曾积极倡导国民公会，邹容问他：

你是英国人，这个国民公会，算是中国人的？还是英国人的？

冯镜如答不出，也就不再参加活动。

"国民公会"再也没能开展活动，于无形中解体了。但龙泽厚照样在《苏报》社和爱国学社来来往往，龙泽厚也被王之春盯上了。后来苏报案发，也差点送了老命。

第七章

钮永建与拒俄义勇队

一 沙俄霸占我国东北

国内的拒俄运动与中国在东京的留学生的拒俄运动是同时进行，互相响应的。而成立拒俄义勇队（学生军）和军国民教育会的一系列事，东京留学生则是首先行动者。国内外的这些团体后来演化出暗杀团、华兴会、光复会，并最后与兴中会联合而成立同盟会，使中国革命急剧发展。

在讲东京留学生的爱国集会、组织拒俄义勇队的过程之前，先看看1903年的中国东北到底发生了什么事。而要看1903年的中国东北的事，又要回顾八国联军对中国的侵略，看沙皇俄国针对中华民族施行的罪恶。

八国联军从天津打到北京，烧杀掳掠，给中国人民造成极大的灾难。我们一直以为八国联军中，英法是元凶，日本是主力，德国瓦德西是总司令，他们最坏。

强盗们迫使中国赔款签约，捞足油水，走了。英、法、德、日、美、意、奥七国走了。

但我们北方邻居沙俄呢？它没有走。

为什么没有走？我们过去对那不得而知。我们为什么不得而知？是因为我们疏忽了那段历史。

但，人想忘记，历史却不让你忘记。

到1903年，这个问题又被提出来了：自1900年以来沙俄占领整个东北三省后，背信弃义，至今不肯撤军！

或许有人疑问：为什么要俄国老大哥撤军啊？

你说，白白地侵占了中国大片国土达四年之久，该撤，还是不该撤？

依据现在披露的数据，我们知道了，八国联军的元凶不是英法，不是日本，也不是德国瓦德西总司令，恰恰是被淡化了的沙皇俄国。

1900年，天津港外的渤海上，各国海军司令策划进攻中国的联席会议，就是在俄国巡洋舰"露西亚"号上举行，俄海军上将海尔德布兰特就在这"露西亚"号上。会议之所以要在俄国战舰上召开，据说是因为海尔德布兰特资格最老，各国海军司令要听他的调度。而实质上，是各国调集出来用于侵略中国的军事力量中数俄国最强最大，沙俄是所有外国军队中唯一做好侵略中国战争准备的。

于是列强发起进攻大沽炮台，俄军司令海尔德布兰特以联军的最高指挥官身份发出最后通牒，限令中国大沽炮台守将罗荣光投降。

此后，八国联军侵华的全部过程，都打上了沙俄发号施令的印记。

在大沽口登陆，进攻中国的八国联军的总兵力是13506人，其中俄国就有5817人，占45％。由于俄海军上将会议对一切行动有最高决定权，所以在进犯天津时，联军海军将领会议决定：公推俄国李尼维支中将为上级军官，一切行动归他指挥。进犯天津时的俄军也激增到两万多人，依然是八国联军最大的一支军队。俄军在天津四处进行控制，烧杀淫掠，无恶不作。抢夺大批战略物资并独吞。

1900年8月1日八国联军进犯北京的会议，还是在俄军李尼维支中将的营房里举行。俄中将李尼维支仍然是八国联军的实际最高指挥官。后来，日军虽增兵，人数超俄军（这是只对北京战事而言），但俄军继续充当先锋。

这说明，八国联军的全部侵略是俄国一手指挥的，也是俄军充当先锋和主力的。而瓦德西是北京沦陷之后，才从德国到中国出任联军总司令的。

八国联军侵略天津，给中国人民制造的灾难，不用中国人来说，就连赶来上任的八国联军总司令瓦德西，也感慨万分地写着（后来译为中文）：

从大沽到天津之间，以及天津重要部分，已成一种不可描写之荒凉破碎。据余在津沽路上所见，所有沿途村舍，皆成额垣废址——塘沽原来有五万居民，此时已无华人足迹。

你看，这就是从八国联军司令口里说出来的真相。

而在天津烧杀掳掠最厉害的，正是沙俄。

而攻进京师后，沙俄更是变本加厉，皇宫、颐和园、景山和京师大学堂，都被沙俄抢占。俄军实施抢劫掠夺，无有甚者。

但这些，并不是 1903 年中国人的拒俄运动的起因。

沙俄在主导八国联军对中国华北地区的战争的同时，对中国东北的全面入侵和占领，那才比八国联军对中国造成的危害更大。

1900 年，沙皇尼古拉二世亲自出任总司令，带 18 万精锐部队，对我国发动全面进攻，占领了东北全境。

沙皇尼古拉二世之所以赤膊上阵，是他发现中国的义和团给他提供了千载难逢的机会。他要利用那机会，要在中国制造新的"乌克兰"和"白俄罗斯"。那就是要在中国制造一个"黄俄罗斯"。

制造'黄俄罗斯'，是历代沙皇的理想，也是尼古拉二世的夙愿。

沙皇尼古拉二世要做的第一步是清除和屠杀被占领的西伯利亚大地上的原住民中国人，甚至连尼布楚、司特例律、伯力、庙街、双城子和海参崴等地的中国人也不例外。

特别是沙皇尼古拉二世拿海兰泡和江东六十四屯的华人开刀，作为进攻中国的前奏；一手制造了海兰泡和江东六十四屯的惨绝人寰的大屠杀。

海兰泡位于精奇里江（按：精奇里江现全属俄国，并改名为结雅河）与黑龙江交汇处，本为中国领土。《瑷珲条约》后被俄占领并被改名为"布拉戈维申斯克"。但《瑷珲条约》规定：俄当局必须保护中国原住居民安居乐业。此后，俄人虽大量殖民海兰泡，但到 1900 年，全城居民仍是土著华人为主。俄地方司令官按沙皇旨意，公开指示俄军要坚决迅速地消灭"俄境的中国人"。

1900 年 7 月 16 日，俄国军警欺骗中国人，说现在两国开战，要把你们送过江去。接着以刺刀逼迫土著居民集中于警察局等地，凡不愿出家门的华人，一律处死。随后各家财产被洗劫，土著居民所开的商店被抢光。第二日，所有被押的土著居民全被驱赶至黑龙江岸，途中百姓扶老携幼，状极悲惨。凡脱队、昏倒之老弱病残及妇女儿童，全被押送的军警杀死。沙俄军警骑兵将人们驱赶到江边后，便以刀枪逼众人过江。黑龙江水深、浪大、流急，手无寸铁的中国人惶恐万分，哭声震野。俄军绝不容情，他们将民众往江中驱赶，先入江者被江水冲走。后面见状不敢入江或迟疑的则惨遭刀砍枪杀。连续三天，沙俄又进行了三次同样的大屠杀。被杀者在六七千人以上。会游水过江幸免于难者不足百人。这就是震惊历史的"海兰泡惨案"。

与此同时，隔精奇里江相望的江东六十四屯发生另一场更大规模的屠杀。

江东六十四屯位于黑龙江和精奇里江东岸，与瑷珲隔黑龙江相对，是一片开阔

的沿江沃土，也是中国人世世代代休养生息的地方。人口聚集点共有64处，每处有村镇，故称江东六十四屯，数万土著居民全是中国人。《瑷珲条约》与《北京条约》规定，中国人在此有永久居留权，而清政府也继续对此地行使管辖权。1900年7月18日，沙俄军警冲入各屯，驱逐中国人离境，实施大屠杀，数万可怜的中国人淹没在黑龙江的血水中。

屠杀了黑龙江北的中国人后，沙俄两路大军发起对黑龙江省的全面侵略。其西路军于1900年7月30日，从阿巴该图侵入，攻占呼伦贝尔。随后越过小兴安岭东进，攻进嫩江平原。北路军于8月1日渡黑龙江，攻占黑河，杀尽未逃居民，并焚毁全城。5日，夺瑷珲城，全城军民遇难。侵略者放火焚城，火光冲天，数日不熄。具有二百多年历史的瑷珲城，变成了一片灰烬瓦砾。

10月12日俄军占领黑龙江全境。镇守黑龙江的寿山将军自杀殉国。沙俄给黑龙江人民制造的灾难，罄竹难书。后来的《洋事记册》中有粗略的记载，证明了俄国在哈尔滨的暴行：

据"六起四扎兰委参领"承铨报称：哈尔滨俄递所到村屯，悉行焚烧。凡遇华人，不论男妇大小，尽行屠戮，遭害者不下数千村，被杀者不下万户。

同时，俄军从另外的边界入侵吉林（当年黑吉省界与现在有差异）。从伯力侵入的第一路俄军，7月25日攻占巴彦通。28日占伊兰，伊兰的数千居民被杀，建筑物被焚毁。第二路侵略军在7月30日攻占珲春，洗劫全城。8月29日，宁安城军民坚守40馀天后陷落，守城军民全部壮烈牺牲。8月25日吉林将军长顺"议和"，9月22日，长顺降敌。

盛京（辽宁）也遭到其他两路沙俄军队进攻。盛京将军增祺企图投降，而沙皇不顾增祺的投降请求，继续调各路俄军继续扩大战果。并从攻下北京的八国联军中的俄军，调拨出一部分，从山海关向沈阳进攻。盛京将军增祺弃城逃命，沈阳遭受大肆抢掠，其文化资产损失尤为惨重。6日，铁岭被占领。

于是，东北全境沦陷于沙俄的铁蹄之下。

据统计，战争中及战后，俄军屠杀的东北人民，合计在二十万人以上。这数字，超过八国联军在北京、天津的杀人数量。

梦寐以求的中国东北，终于落入"熊掌"。沙皇俄国满心欢喜。

为了使占领东北合法化，真正实现制造"黄色俄罗斯"的美梦，俄军到处搜捕并迅速拿获弃城出逃的盛京将军增祺，逼他签订《奉天交地暂且章程》。

战俘增祺还有资格签订割地条约？

倘若可以的话，当年拿破仑占领莫斯科，也就可以被让俘虏的俄国贵族代替沙皇签订割让莫斯科的条约了。

显然，此时沙皇利令智昏了。

沙皇企图把俄国独占东三省合法化的阴谋，不但受到中国的抵抗，就连与它共同作恶多端的八国联军中其他七国成员也群起指责。

可见这坏蛋中还有更坏的坏蛋。八国联军中最坏的坏蛋不是别人，正就是沙俄。

这帝俄和汉奸分子增祺（按：有人说，旗人不属汉族，旗人卖国，不能称汉奸。但那该如何称呼才好？）炮制的《奉天交地暂且章程》，由于受国际的一致反对而作废。

到 1902 年 4 月，沙俄与清政府在北京签订《交收东三省条约》，在清政府保证俄国在华、特别是在东北的许多特权后，规定俄国在一年半之内分三期从东北撤军。

然而，沙俄象征性从东北撤出部分军队后，便不再撤军了。清政府于 1902 年 10 月照会俄国，敦促其按条约撤军，沙俄不予理会。同时，俄政府的四部大臣在雅尔塔开会，确定了"将来满洲（指我国东北）必须并入俄国，或隶属于俄国"的方针。12 月 15 日，沙皇下令暂停从东北撤军，公开撕毁已签订之条约。1903 年 3 月，沙俄政府向清政府提出继续撤军的七项新条件，实际是明确昭示要继续霸占东北，同时还变本加厉对我国的蒙古提出非分要求。至此，距八国联军入侵中国已经是第四个年头，灾难深重的东北仍在沙俄侵略军的铁蹄下备受蹂躏。

记住这点很重要：沙俄政府从来没有任何信用，在他们面前，任何国际条约，任何神圣的诺言，都可以随时撕毁和违背。而且别指望他们为自己的背信弃约负任何责任。

二 拒俄义勇队

这令人愤慨的国恨家仇，使中国人忍耐不住了。1903 年 3 月 15 日，上海张园首次举行了拒俄集会，一场全国性的抗议高潮随之爆发。

而国内拒俄运动在 4 月 30 日后再度高涨，是与留日学生在东京组织的"拒俄义勇队"的运动有关系。而组织"拒俄义勇队"之举，却出于钮永建在当时形势下的

一个突发奇想。

前面说过，钮永建1901年和1902年冬春之际到广东办武备学堂。由于广东官场内讧，吴稚晖灰心，拂袖而走。钮永建见状也谢绝挽留，辞去广东武备学堂总教习的职务，继续回日本士官学校留学。不过他因工作交割而晚走一步，等他到东京时，吴稚晖大闹公使馆的事件已结束。

钮永建是激进人物，是留日学生组织"青年会"的骨干分子，也是日本留学生总会机关的建立者之一，与章宗祥一起被推为"清国留学生会馆"干事。留学生会馆的干事一个激进一个稳健，也符合当时留学生的实际情况。1902年，他于横滨结识孙中山。他长期抱着从军救国的理想，所以，3月份他看到中外报刊披露沙俄企图永久霸占中国东北的野心，又听到上海张园举办集会，敦促清王朝拒绝沙俄无理的七项要求。他忍不住了，就找新旧同学及校友交换看法，提出国难当头，留学生应该团结起来，以实际行动参与回收国土的军事斗争，而不单停在口头上。他提出让留学生组成一支先头部队，走上收复国土的战场，以实际行动来唤醒国民的爱国热情，共同拯救自己的国家。即使是势单力薄，最后战死在战场，也比在一片死气沉沉的气氛中等着亡国强。而此时，留学生中正为沙俄的七项无理要求愤愤不平。

他既找激进的青年会领袖秦毓鎏、叶澜和张轶欧，也找励志会稳健派头领章宗祥和曹汝霖。钮永建还继续找其他如蒯寿枢、周宏业、李书城，甚至是苏曼殊等等新旧同学商量。

激进派与稳健派之间对此看法是不同的。秦毓鎏和叶澜意气相通，这几天也正对国事忧愁万分，忙着联络同学，商量对策，一听钮永建的建议，一致赞成。

秦毓鎏与叶澜等表示：青年会提倡民族主义，爱国主义，必须利用各种机会在留学界中宣传自己主张，扩大队伍。大家赞成钮永建组织拒俄义勇队的主张，借此把留学生组织起来，形成一个大团体，用民族主义爱国主义思想把大家团结起来。

而章宗祥和曹汝霖则表示不赞成。一是他们怕事，认为国家大事该由政府处理，学生既然出来留学，就要好好学点知识；二是他们不想去白白上战场送死，牺牲将来大好前程。

1903年4月28日，东京《时事新报》发号外，沿街叫卖。报纸刊登了俄国驻日代理公使与《时事新报》特派员的谈话。这公使公然叫嚣：

俄国现在政策，断然取东三省归入俄国版图云云……

《时事新报》还刊载美国公使表示反对的意见和英国公使的警告言论。也透露清政府有意拒绝沙俄七项条件的立场，各方剑拔弩张，一场大战似乎马上爆发。

这日本为何也如此关心中国的东三省？难道它也同情中国人？当然不是。甲午战争后，迫于西方的压力，它得到中国赔款和割让台湾后，被迫放弃并吞东北的要求。但它不死心。日本人的阴谋归日本阴谋，但每个有血性的中国人看到这消息，是断然不能忍受的。

而青年会员至此，则全部赞成钮永建的主张。于是青年会骨干秦毓鎏、叶澜和钮永建联名为发起人，定在 4 月 29 日下午于东京神田锦辉馆召开各省留学生大会。当晚就在秦毓鎏的寓所，准备会议材料，发放传单海报，并向各校寄发会议通知。

面对东北的父老和大片国土，谁也不愿意在爱国的问题上被人看不起，于是不论是激进派与稳健派，都普遍赞成集会商讨对策，表达留学生起码的爱国立场。

第二天早晨（即 4 月 29 日），留学生会馆干事章宗祥和曹汝霖及各评议员汤尔和、钮永建、叶澜、蒯寿枢等，先开会商议对策。会上汤尔和提议：通电南洋大臣和北洋大臣，请他们主战。钮永建提议：留学生带头组织义勇队以抗俄，并向全体国民倡议，发动全民参与。

到会的都同意下午全体留学生集会，组织义勇队的事交由全体留学生决定。

4 月 29 日下午，在东京的各省学生 500 余人空前规模地集合在锦辉馆，气氛热烈。

会议公推汤尔和为主持人，会上有汤尔和、钮永建、叶澜、林长民、张轶欧、王璟芳和蒯寿枢等当场发表演说，激昂慷慨，掌声如雷。

青年会的汤尔和第一个发言支持建立义勇队。他主张用战争手段收复国土：

我们自称是顶天立地的大丈夫，总是天天说自己报国无门，没有为国家献身的机会。现在东三省的局势就是我堂堂中国人流血报国的机会。

他还说：

今日的形势，那就是战亦亡，不战亦亡。既然都要亡国，宁可把开战的主动权，掌握在自己手中。即使是拼命到弹尽粮绝，一败涂地，犹不失为亡国之雄鬼。勇敢地卫国而死，总比当亡国奴被屠杀而死强！

发言激情洋溢，鼓舞力极强。

钮永建则具体提出建立拒俄义勇队的主张：

诸君，当今时局危机，人所共知，俄军侵吞东北，割我土地。环顾列强，思谋我邦国者大有人在。若任凭此局拖延下去，将祸患日深，几何不见帝国联军将复夺

我土地，奴役人民。朋友们，我等身上流的都是男儿的血，怎能让寇匪如此肆虐。我提议，我们青年会自今而后，不只做文字口头宣传工作，而要做一个疆场上的勇士、横刀立马的英雄。我建议组织一个"拒俄义勇队"，穿越祖国，带动大众，走上救国战场。大家看看行否？

大众热烈鼓掌赞成。

叶澜等上台表明成立拒俄义勇队的宗旨是为了民族，为了国家，而不是去效忠清政权。

这点很重要，青年会以往一贯主张排满革命，而当今为了救国，必须淡化反满的立场，要转弯。但转弯还要讲原则：

救国，不是救清王朝。

演说之际，叶澜大声问：

我们此时建军的行为是为国民呢？还是为满洲（政权）？

钮永建：为国民！

叶澜：是矣。

而到会的稳健派人物还是提出了不同看法。他们自然是章宗祥和曹汝霖。

章宗祥是留学会的总干事，他认为自己这时候必须表态：

诸位演讲很令人激动，我同样激动。国要爱，国土要回收，沙俄猖獗，我们当然要拒俄。我赞成拍电报向朝廷表示全体留学生的态度。

但话要说回来，我们毕竟是学生，国家的大事，有朝廷，有将帅兵马。只要他们还在，我们学生的本业是学习。中国积弱，首先就是观念和知识不如列强。待我们学成归国，有了本领，我们才能谈到爱国，那时我们可已再议办法。否则两手空空，回到国家，能起什么作用？那爱国二字又何从谈起？

叶澜、林长民、张轶欧等对此十分反感：

留学生遇重大问题，充类至尽，不过打个电报，发封空信，议论一大篇，谁肯担半点血海干系。还说是待我学成归国，再议办法。呸！待你学成归国时，中国已亡了十几年。支吾瞒混，想骗谁？

章宗祥还是摇头：

至于钮君所说的"拒俄义勇队"似乎更显得幼稚。成立组织，建立武装，政府能同意吗？既然政府不能同意，你上哪去弄枪，上哪去弄炮？难道我们还要办兵工厂不成？

幼稚，简直幼稚！

既无军粮，又无器械，徒手搏战，还不是送死？况且投奔北洋之说，哪知北洋大臣必能接受？又哪知政府必然主战？以我等学生之力，哪能担此重任？即使把全体学生都拿去当敢死队，也不经俄人铁骑的践踏。这叫轻举妄动，固宜切戒；孤注一掷，尤所不取。

章宗祥的话立即招来一阵猛烈的还击。

是啊，广大学生舍身为国的决心，怎能简单用幼稚来否定呢？连苏曼殊等都称：

如果每个中国人都能如此幼稚地将国家危急视为自己的危急，将民族灾难视为自己灾难，那中国，就不会如此受辱了！

说学生文弱无用，就算无用。但只要能为国家大义所激，发誓以身殉国。中国牺牲我们这少数几人，就如九牛一毛。但这一定唤起国民地铁血气节。中国就有救了。

愤怒中，学生要驱逐章宗祥出场。而曹汝霖却连连打圆场，说大家误解了章宗祥。于是会议一致通过成立"拒俄义勇队"的决议。当天约定：

除已经当场签名参加的外，别的人可以在各省的留学生分会继续报名，两天之内有效。

没有被安排立即上前线的，另设拒俄义勇队本部，暂留部署军队其他事体。

会议决定：

致电上海爱国学社等团体，要求声援。

推举特派员去天津，与袁世凯订定彼此关系。

派人至美洲及南洋各地，求援军需。

派人至中国内地各富裕的地方求援。

5月2日，汇集在东京的各省留学生分会数字，签名上前线的有130余人，愿留在本部办事的有50余人。

当日开会，把拒俄义勇队定名学生军。

会议选举钮永建、王嘉榘、张侠欧、林长民四人为学生军日常工作负责人。

设计黄帝像作为徽章，推举陆军士官学生蓝天蔚为大队长。选拔黄兴等为军事教练，日日操练，备赴疆场。

讲到此处该黄兴出场了。以后章节有大量对他的叙述，这里提一下王嘉榘和林长民。

王嘉榘、敖梦熊和蒋方震都是浙江早期著名革命党人。敖梦熊在前文提过，蒋方震是钱学森老泰山。当代人心目中，林长民没有他女儿林徽因名气大。

会议决定致电于北洋大臣袁世凯，请其拒绝俄人，否则与之决绝，且告以学生军之组织，请隶其麾下，求其援助。

制定学生军章程纲要如下：

第一　定名　学生军

第二　目的　拒俄

第三　性质　（甲）代表国民公愤（乙）担荷主战义务

第四　体制　在政府统治之下

第五　组织　（甲）本部职员（乙）队中职员

……

既然"拒俄义勇队"定名为"学生军"，以后，也就出现以"义勇军"或"学生军"来称呼"拒俄义勇队"了。

留日女生也同仇敌忾，林宗素等组织的女子"共爱会"召开特别会议，决定成立红十字社，要随同学生军北征。胡彬夏、林宗素、曹汝锦、王莲等等女生，纷纷发言。参加签名的有胡彬夏、林宗素、方君笄、曹汝锦等十几人。

会上胡彬夏发言，令人对中国这批女性刮目相看：

（男生们）已公议组织军队，其志可钦，其情可哀，这也就是四万万国民人人理所当然的义务，是不可推诿的。我们自问，这当中不正也有我们应尽的一份吗？能自以为女子非人，而自我放弃责任吗？我虽不才，欲以螳臂之力，共襄此举。一旦祖国被瓜分，同胞被奴隶，我们将有何面目在这里留学？

日本"帝国妇人协会长"下田歌子听到这些女生要上前线，急忙赶来劝阻。女全泪流满面：

吾辈且无国，安得有身？更安得有学？

全部女生决心从军北征，准备当随军护士，抢救看护死伤员。并电告上海爱国女校。

从前文已经知道，这林宗素就是原爱国女校的教员，年初刚从上海到东京留学。"共爱会"就是她参与发起的，胡彬夏是胡敦复大妹妹，胡明复、胡刚复的姐姐。曹汝锦后来是著名音乐家，不知与曹汝霖有无家族关系。

这方君筓是后来黄花岗 72 烈士之一方声洞的妹妹。方家众多兄弟姐妹，都是杰出的革命党人，比如其二姐，就是著名女革命家方君瑛。

5 月 8 日，再开大会，所有签名参军的留学生全部到场。大会讨论《拒俄义勇队章程》，并表决通过。全体高呼"义勇队万岁"散会。

学生军公推钮永建和汤尔和为特派员，专程向袁世凯联系装备和出兵的事，派王嘉榘等下南洋联络海外华侨支持，派张佚欧等到苏浙沪联络同志和爱国乡绅。

有湖北同学王璟芳，原是钮永建在湖北武备学堂的同学，本来是属于稳健派的，可 4 月 28 日那天，他也签名参加拒俄义勇队，别人信不过他，他甚至表示要咬指用血签名，这下赢得大众热烈的掌声。

他在会上，也没附和章宗祥的观点，而是慷慨发言，大家同样报以热烈的喝彩。为此，他陶醉了一阵。但散会后回想会议的情况，似乎从钮永建和叶澜一问一答中发现其中含有继续对抗朝廷的动机，他又感到后怕了。

回到居所，他夜不能寐：对抗朝廷，是要杀头灭九族的，我不能糊里糊涂去找死。

他想退出义勇队。

第二天见到同学，却又没勇气了。

夜里又睡不着。

是一时糊涂？还是要终身作奸？那天夜里他向驻日清公使蔡钧告密。

蔡钧布置过防止学生集会的安排，但真的"学生军"的事冒出来了，他又不以为然：

学生嘛，一时冲动，讲爱国，要上战场。等他们多想两天，知道枪炮不长眼，糊里糊涂死了，对不起父母，就自然又恢复平常。

但此时王璟芳失去理智了。他把青年会那班人的革命言行统统做了汇报，指出钮永建他们是名为拒俄，实则革命。还说拒俄义勇军还派人回国下南洋去发动支持。

这下，蔡钧不敢含糊了。

不知而不报，最多是失职而不是罪。但接举报而不报，那将来真出事，自己弄不好是吃不了兜着走。

于是毫不迟疑，他马上致电两湖总督端方：

东京留学生结义勇队，计有 200 余人，名为拒俄，实则革命，现已奔赴内地，务

饬各州县严密查拿。

蔡钧为何舍近求远，不向江宁的南洋大臣魏光焘通报而向武汉的端方通报，这不得而知，可能因为王璟芳原籍属湖北。

端方又向清廷军机大臣汇报。

由于蔡钧代表清政府进行干预，日本警方出面传讯钮永建等四位领导人，强令解散拒俄义勇队。更有甚者，朝廷接蔡钧、端方和袁世凯的一连串报告后，密谕各督抚：

前据御史参奏，东京留学生已尽化为革命党，不可不加防备。又日本蔡钧来奏，此间革命业已组成军队，将托拒俄一事分奔各地，前岁汉口唐才常一事，则托勤王以谋革命，此间则托拒俄以谋革命，其用意与唐才常相似……情形叵测，就使本为忠义，然距义和团之日未久，亦深虞其有碍邦交。朕以为该学生等既反叛朝廷，朝廷亦不得妄为姑息，蔡钧、汪大燮与在日本东京留学生，即可时侦动静。地方督抚于各学生回国者，遇有行踪诡秘，访闻有革命本心者，即可随时获到，就地正法……

拒俄义勇队没料到的是：没等到自己上战场流血以号召全国平民，就要在进入祖国大地的那一刻先命丧黄泉！

公使蔡钧和留学生监督汪大燮也出面限制学生活动。

此时特派员钮永建和汤尔和已回国内，准备要访北洋大营。

学生们痛感到报国无门，无不义愤填膺，于是青年会各同志乃分别向各省同乡会大倡革命排满之说。秦毓鎏起草"拒俄义勇队"意见书，提倡发扬民族主义，批判清廷之媚外虐民。义勇队员个个传阅，十分为感动。

秦毓鎏等人决定表面上解散义勇军，而实际保留内部组织。由叶澜、董鸿祎、程家柽、秦毓鎏等出面，联合队员当中最坚定的，比如黄兴、刘揆一、陈天华等，秘密将"拒俄义勇队"改组为"军国民教育会"。

军国民教育会属于秘密革命团体组织，为预防破坏，及考虑到破坏后的安排，所以取名本身就颇费斟酌。会员是秘密地招收的，人数不多，全部要宣誓恪守规章，严守机密。开会无定期，会场无定所，所以自1903年成立到1905年同盟会成立，都不曾受到破坏。

会员用圆形镍质徽章，大小与银圆相同，一面镌有黄帝轩辕像，另一面镌铭着秦毓鎏手写的四句十六字：

帝作五兵，挥斥百族，时维我祖，我膺是服。

等到夏历闰五月（折算公历为 6 月底），上海《同文沪报》等忽有小道新闻说学生军北上特派员钮永建、汤尔和在天津被清廷杀害。各会员听到，愈发激昂。秘密举行会议作出三种报复的决定：

一是鼓吹（制造革命舆论）；

二是起义（回国组织反清武装部）；

三是暗杀（刺杀满清官僚）。

等到 7 月 7 日上海爱国学社被取缔后，国内的军国民教育会和东京军国民教育会就联合起来，分派出暗杀团。在此基础上建立光复会和华兴会等革命党团体，后来与兴中会实现三会合一，建立同盟会。

前面提过，秦毓鎏是张元济从南洋公学派出的留日学生。秦毓鎏从军国民教育会领袖自动成为同盟会的首批成员，在辛亥革命中是无锡革命军都督，国会议员。而张轶欧在爱国学社取缔前回国，成了爱国学社的成员。

军国民教育会进而推举一批"运动员"回国到各省去组织起义。其中最著名的就是黄轸（按：即黄兴）。他和刘揆一作为派回湖南的运动员。他们非常有成就，组织了"华兴会"，着手领导湖南起义工作，成了重要的革命党领袖人物。

王璟芳同学因密报有功，端方特报朝廷，跳过考试破格给了他举人的名号。但世人一直不知道王璟芳当内奸的事，后来还因为他有"拒俄义勇队"的光荣历史，民国后还当选国会议员。那时的议员人数少，比当今常务委员还更有权。

奸贼的可疑帽子，长期留在章宗祥和曹汝霖头上。直到 50 多年后有人翻动端方的遗留文稿时，才发现了真相。

三　激情与理智的碰撞

上节不厌其烦地罗列会议发言，介绍了当年东京锦辉馆中国留学生总会就成立"拒俄义勇队"的大辩论过程。

拒俄义勇队的青年们表示的就是这样的一股决心：

我们要做主人去拼死在战场，

我们不愿做奴隶而青云直上，

是要筑起血肉长城来保家卫国。

这正是表达了"拒俄义勇队"的全部激情。

30年后，中国东北又出现了危难。东北大地上真的又出现了坚持抗日救国的"义勇军"。

这是希望、是豪情、是激情。这股自20世纪初就迸发出来的爱国激情影响了整个20世纪的中国人。中国人正怀着希望、豪情和激情走过了整个20世纪。

但如今我们回顾整个会议辩论过程时，不能简单地以正反、黑白、高尚邪恶那样对立的词汇去评判双方。

作为当事的双方，的确其中一方后来走的是"做主人去战场与敌人死拼"而成功；另一方则是"服服帖帖谋求青云直上"而中途陨落。但我们宁愿把20世纪初东京锦辉馆的辩论，看成是一次有代表性的思想交锋，是20世纪中国知识界第一场激情与理智的大辩论、大碰撞，而不简单地以"正""邪"分高低。

辩论的正方，是充满激情的，是誓以自己单薄之躯去构筑血肉长城。前面已作高度赞扬。但有一点，日本舆论过度的炒作，似乎中俄之战马上爆发，中国将立即被列强瓜分，这使留学生焦急万分，形成了恨不得马上去一拼以决胜败的心理。

辩论的反方，是讲实际、讲理智的。

诚然，如反方所言，清政府是不主战的，不但没有坚持要沙俄退出东三省，而是宁愿妥协，要与沙俄缔结卖国的《中俄密约》。这密约被沈荩在天津英文版的《新闻报》上提前发表，整个世界舆论哗然，清俄签约的阴谋才破产。甚至到1905年，日俄在我东北发动卑鄙的战争时，慈禧甚至宣布"中立"。袁世凯更是把学生视为叛逆，他早就上报朝廷，等候处置学生。能指望这样的政府支持民众收复失地？

但同时必须承认，"稳健派"的言论是理性的、有说服力的。

社会需要激情，激情能带来生气、带来希望、带来发明与创造。但过多的激情却又是一种浪费，过多的激情而无理智，容易给社会造成裂缝、带来创伤。

社会同样需要理智。理智能梳理社会、熨平创伤、弥合裂缝、调整社会下一个前进的步伐。同样，过分的'理智'而无激情，会使社会变得死气沉沉，失去活力。

我们不能因人废言。不能因章宗祥、曹汝霖是历史的争议人物而否定他们的其他言行。

事实上，对章宗祥、曹汝霖一生不能以"汉奸"去衡量他们。在第二次世界大战中，他们不是汉奸。战后他们没被逮捕审讯，当局也不许军统和军警干扰他们，而且他们长期受当局优待。

在辛亥前章宗祥任大清刑部主事时，作为汪精卫刺杀摄政王载沣案的主审官，救过汪精卫。而在抗日战争中，他拒绝了汪精卫的拉拢也没接受汪偿还的"人情债"。

章宗祥本就与"二十一条"无关，因为"二十一条"制定时，他是司法部总长。司法部仅是内政的一部分，无过问国际事务的权力。而且1919年的北洋徐世昌政府也是主张废除"二十一条"的。章宗祥的确与日本订过"借款条约""海军条约"和"陆军条约"，但那些不是"二十一条"卖国条约本身。

订那几个条约本身是为了实现中美日三国联合出兵干涉西伯利亚，遣散作乱的捷克军团，以结束第一次世界大战。

依据"海军条约"和"陆军条约"，北洋海军名将林建章等率先带领北洋舰队穿过日本海进驻远东重镇海参崴和黑龙江口的庙街，陆军深入西伯利亚。迫使北方邻国的领导人口头声明废除俄中不平等条约。

如果不是随后北洋政府发生内乱的话，那时中国当局也想乘机收回东北外大量失去的国土。

"借款条约"的大部分用于铁道建设，一部分钱款用于北洋军队购进军械和80辆军用汽车，组织远征军。在1918—1919年间，徐树铮等就用这80辆军用汽车载着陆军，回收了蒙古和唐奴乌梁海（按：唐奴乌梁素海现为俄国辖的"图瓦共和国"和"阿尔泰共和国"）。同时中国东北驻军收回被俄国占领的满洲里和呼伦贝尔草原，接管东北中长铁路和白俄的道胜银行。回收所有中国境内的白俄租界。

所以北洋政府时期章宗祥与日本的条约，是为了收回外蒙和外东北，与二十一条无关，与卖国无关。

而且，就在"五四"那天，章宗祥被打得很重，一度昏迷过去。住院醒来，他没有抱怨学生。听说闯祸的学生被捕，还对老婆说，你去把学生保出来吧。

相反，在1946年，第二次世界大战军事法庭判处死刑并执行枪决的第一个罪大恶极的汉奸是梅思平。而1919年，梅思平就是火烧赵家楼的带头大哥。

四　邹容、张继、陈由己与姚煜辩案

1903年春天，东京留学生组织拒法拒俄运动，抗议清政府的软弱无能。

公使蔡钧要阻止留学生，敦促监督留学生的汪大燮弹压分化学生。接蔡钧的指示，留学生湖北分会的监督姚煜和钱午则十分卖力，两人分头出入学生宿舍，威吓学生：

朝廷不赞成学生参与国是集会，谁参加了，那便是乱党分子，将来回国，朝廷要严加处置。

由于四川、河北、安徽的留日学生也受其监督。因此，重庆的邹容、安徽的陈由己（即后来的陈独秀）和河北的张继对这姚煜和钱午十分反感，就想找机会，出他们一次洋相。

这邹容是富商家庭出身的，自幼因痛感维新失败，萌发了革命思想。谭嗣同为变法壮烈牺牲，邹容敬慕不已，少年的他发誓要作谭的后来者。1901 年考入上海广方言学堂。因不喜欢学英语，要改学日语，1902 年到日本，就读于东京同文书院。一遇课余，他就到附近的成城学校去，与住在附近的钮永建、蔡锷、胡景伊、蒋百里、刘禺生（刘成禺）一起高谈阔论，谈中国前途、谈美国、法国革命、谈卢梭、孟德斯鸠的"天赋人权"和"自由平等"。这些人，有的是来自日本陆军士官学校，有的来自成城学校，他们饱读西方新潮学说，都是有志于疆场救国的慷慨之士。邹容进步很快。

1903 年 2 月初春，刘禺生借新年团拜会发表排满演说，众青年鼓掌叫好。邹容也深以为知遇，于是，每日必来成城学校谈天。

当时，刘禺生托人从国内带来好几斤新会腊肠，上完课，大家就围炉取暖并大谈排满革命的事。后来，大家共拟出革命排满、建立中华共和国的主题，然后分工，每人各谈一条。邹容就把各人谈话记录下来整理。每天记录整理结束，邹容就去烘腊肠，当做"生日点心"。一个多月过去，书稿叠成厚厚一堆，腊肠也吃光了。钮永建、胡景伊、蔡锷、蒋百里等都是当时围炉而立，侃侃而谈的常客。稿子完成前，钮永建为他润过笔。完成后，蔡锷就提笔在书稿的封面上题写《腊肠书》三字。

刘禺生记得，就在姚煜和钱午因制止留学生参加"国是"之际，他因鼓吹排满而得罪清廷，被赶出成城学校，搬到松本馆暂住。

一天夜里，邹容敲门而入，背着半只火腿而来。刘禺生忙招呼日本女佣生炉子，温酒烤火腿。前面也说过，当时中国学生使用日本女佣并不奇怪，而且很普遍。当年日本人日子艰难，女佣很便宜。

火腿从何来？主人问。

总监督汪大燮送的。

邹容得意洋洋，接着补充：

昨夜大快人心！朋友与我一起到姚昱的去处，剪了他的辫子。拿着辫子，大家又到总监督汪大燮家，告诉他发生的事。老子敢干，就要敢于承担责任嘛。

汪十分客气，说：

有人赠我东阳火腿，拿一肩送你们。

大家乃旧用姚昱的发辫作火腿绳，绑好扛回宿舍，吃了一半。今把这一半送到这儿与你共享。来，帮我煮煮。

那，辫子呢？

钉在留学生会馆的柱子上了。

坐下一边喝酒一边吃火腿，邹容拿出《腊肠书》全稿边读边说：

我要回国了，到上海设法把这书付印。反复考虑后，把书名取为《革命军》，我自己署名为"革命军马前卒邹容"。我作为马前卒，你们这些在书中写有文稿的，都要成为"马后卒"了。

以上是刘禺生写的邹容《腊肠着酒著新书》故事的梗概。

异国的春寒，几个同学围坐火炉前天南海北，激扬文字，炉火把一张张风华正茂的面孔映得通红通红。

姚昱被割辫的时间，大都被说成是1903年3月最后一天，正是留学生酝酿集会组织爱国活动的日子。留学生因姚煜和钱午阻碍破坏学生"国是"集会，而决定报复他们，完全符合情理。

原来，留学生中的马君武发现了姚昱与钱午的小妾之间有奸情，其他学生也有传闻。平时，这事倒也没人肯去多管闲事，只是近来这姚昱太令人厌恶了，不利用这事压压他的气焰，他会更嚣张。

据说，是马君武提议利用这事，出他一次洋相，让他俩收敛些。邹容、陈由己、张继等十分赞成。

于是翁浩、王孝缜和陈天华等人也参加进来，在弄清了钱午的住址的前后环境，及钱午和姚昱夜值班时间，于是选了一个晚上。

这王孝缜是福州人氏，高干子弟，祖父是当朝尚书。王孝缜又名王勇公，后是广西新军运动的活跃分子。以后另有章节介绍。

当晚，邹容、张继、陈由己等人闯入钱午的房间，果然抓奸成功。具体参加捉奸的人数，有的说5个，有的说4个，这看来不用去考证了。反正，邹容、张继、陈由己这三人没疑问。

面对如此窘状，姚煜开头居然恼羞成怒地斥责学生。但被学生骂为无耻禽兽，并挨了两记耳光后，蔫了下去。口口声声求饶：

别动粗，千万别动粗……

张继威胁要叫全体留学来现场围观，姚煜猜测是因为自己阻挠学生集会而招致今日如此不堪的局面。于是连声保证：今后不敢为难学生了。

邹容拿出刀，姚煜吓得哀求宽大。邹容说：

纵饶汝头，不饶汝发！

于是张继抱腰，陈由己扣头，邹容挥刀割去姚煜头上的辫子。

姚煜嚎哭：

你们毁了我呀。

原本，这姚煜的一件重要使命就是不许学生割辫子的。现在倒好，他"带头"割去了发辫。

好一个"留头不留发"的反攻倒算！

邹容等人终于利用与250年前同样的口号，逆转过来在满清官员头上实行报复，虽说只能算是一次心理上的胜利。

第二天清晨，湖北留学生会馆的柱子上高悬着一束发辫，旁边还特别标明是留学生公敌姚某某辫。

随后每天夜晚，留学生回宿舍路过姚煜府邸，不约而同地又唱又喊：

哎呀呀，我的发辫啊，我的发辫。你在哪里呀，在哪里……

姚煜与钱午两人羞得不敢出门。日本的报纸把这件事当做丑闻报道了一番。

汪大燮装聋作哑。姚煜与钱午两个本该受汪大燮约束，但从来没把自己这个领导看在眼里，老是背着自己往驻日公使蔡钧那边跑，找蔡钧当靠山。他也感到姚煜活该有此报，对钱午戴绿帽子还与姚煜狼狈为奸，认为十分滑稽。他也暗中取笑蔡钧。其实这汪大燮不像蔡钧那么死心眼。汪大燮颇受激进派学生的影响，对学生较为宽容，对朝廷有点敷衍马虎。民国时期，汪大燮是北洋政府大员，当过内阁总理和外交委员会主席。"五四"学生上街，就与他故意透露消息有关。

蔡钧本就因当年吴稚晖大闹公使馆，使自己受弹劾，失去直接控制留学生事务的权利，把留学生事务划归留学生总监督汪大燮。蔡钧对这事本就老大不高兴。本以为姚煜、钱午两人还算识相，好派作耳目，不想弄得如此丢人现眼。

蔡钧气得大拍台子，派人叫姚煜细问详情。姚煜当然知道，现场给自己难堪的是哪些人，第一个把事情捅出去的是谁。

看到姚煜的狼狈不堪的模样，蔡钧大怒：

不成器的东西，连我的脸也给你丢了。

蔡钧照会日本外务省，要求日方以扰乱治安罪处分邹容、张继等。

马君武最先回到上海，参加爱国学社。

几天后，邹容、张继和陈由己也得到消息，乘开往上海的轮船回了国。前面述爱国学社那一节，也正讲到张园几次拒俄集会时，邹容、张继回上海参加了爱国学社。

而陈由己回安庆组织安徽省的拒俄运动，安庆当年是安徽的省会。

第八章

自由的代价

一　传讯爱国学社

　　王之春从广西巡抚的位子上被撤下来后赋闲在上海。被罢官的他一肚子气，全撒到爱国学社的头上以及张园的集会上。接着，传来沙皇拒绝从东北退兵，提出七点要求的消息，王之春不甘寂寞，居然冒天下之大不韪，向朝廷提出"割地联俄"主张。朝廷居然有人支持他，表面拒绝七点要求，背后与沙俄制定"密约"，出卖主权。王之春看到爱国学社变本加厉，一次又一次地集会，宣传革命排满、拒法、拒俄，还公开组织学生军，搞军训。王之春内心燃起阵阵无名的怒火，难以压抑的愤懑涌上心头。他要官府出面镇压，替自己出气。他和两江总督魏光焘及上海道台袁树勋同出湖南，都是湘军帮出来的。为不想别人议论他们几个沆瀣一气，他不直接让魏、袁为难，于是他找介于魏、袁中间的巡抚恩寿，力主镇压爱国学社。同时找魏、袁之外的吕海寰，要吕海寰出面替他讲话。

　　不用王之春多说，这吕海寰早已看不惯发生在张园的活动。只是他这朝官不宜直接处理地方事务，他才一直忍着。到五月，他得到朝廷要禁止"拒俄"运动的上谕，允许各督抚对过境宣传"拒俄"的学生"就地正法"。所以当他发现钮永建、汤尔和过境上海并参加张园集会时，就直接要上海道袁树勋出面与租界交涉以捉拿要犯，还去信提议抚恩寿进行镇压。

　　他称：

上海租界有所谓热心少年者，在张园聚众议事，名为拒法、拒俄，实则希图作乱。请即将为首之人密拿严办。

他前后向恩寿开了两次名单，第一次名单上所列的逮捕人员是：蔡元培、吴敬恒、钮永建、汤櫄（尔和）。

江苏巡抚恩寿接受吕海寰的捕人建议，令饬上海道台袁树勋照办。

可是，就在当年 4 月 19 日工部局照会上海道衙，称颁布了租界内的新规程：

（1）所有租界内华人和外国人，无论何案，未经会审公廨核明，一律不准捕捉出界；

（2）界外差人不准入界擅自捕人；

（3）界外华官所出拘票，需送会审公廨定夺，派员协捕；

（4）界外厘金局巡丁不准在界内收捐、扣货等。

5 月 25 日，上海道台照会公共租界，要求捉拿张园演说者。工部局援引国事犯之例，予以拒绝。

袁树勋碰壁了。

这里"援引国事犯之例"是讲指工部局认定朝廷不能以"政治犯"名义在公共租界捕人。张园演说正是拿"国事"来说话的，是政治问题，而非刑事案件。政治犯不能引渡。

6 月 3 日，《苏报》得到以上消息，登出《查拿新党》一文，称：

后又得北京密电，上海道严拿蔡、吴、汤、钮新党四人，闻此亦吕海寰之所指名，即"聚众会议之首领是也"。

后来吕海寰探知钮永建、汤尔和已经过境去天津后，第二次名单上所列的是：蔡元培、陈范、冯镜如、吴敬恒、章炳麟、黄宗仰。

吴敬恒即吴稚晖，章炳麟即章太炎。第二次名单上所列全是历次张园集会的主要组织者。而且确定他们不是学生。吕海寰想避开学生，因为有教训：学生的事，太牵动人心，不好处理。还说不准有些学生正是同僚的子侄。

这里的上海道，其实是"苏松太道"。原本没有上海道，而只有上海县衙门。上海县属于松江府管辖。苏松道是江苏巡抚衙门派出机构，专管苏州松江两府及太仓巡防军备的，它原本只是巡抚衙门的派出机构而非一级地方机构。为不与苏州府及松江府的行政发生冲突，苏松道驻扎地在太仓。从而苏松道又称苏松太道。由于江南官府密集，而江宁是两江总督兼南洋大臣的帅府所在地，嫌身边摆个江苏巡抚衙门碍手碍脚，造成没必要的督抚纷争，就要江苏巡抚衙门设到苏州去。巡抚衙门又认为太仓离苏州太近，于是把苏松道搬到上海去，与上海知县同城办公。不过分工

不同：

上海知县照常维持日常事务，仍由松江府直管，而道台则是主管江海关及代表巡抚与驻沪的外国领事馆及租界进行交涉。比如，搞东南互保谈判时，上海道台就参加了。

碰了壁的上海道台袁树勋又"照会"各国领事，要求允许到租界捉人。各国领事是公共租界的当家人，袁树勋是事因不得已，这才"越级上访"的。但领事们态度暧昧，说要让租界工部局照章办。

人们把上海公共租界的"Shanghai Municipal council"翻译成"工部局"，其实是故意误译。按字面翻译过来应该是"上海市议会"。这充分表达了当时各国洋人的蛮横无理，表达了他们对中国主权的漠视。这里所谓的"上海"，是指的上海公共租界。这些洋人们就这样，把他们的"议会"设到中国来了。

请注意，这工部局是公共租界的机构。公共租界是英美轮流坐庄，别的国家如意大利、俄罗斯、德国就没那么大的发言权。法租界与公共租界是并行的，法租界设公董局。

当时，正轮到美国总领事古纳（John Goodnow）当"领袖领事"，领袖领事就是各国领事的公共发言人，也是公共租界值班总头目。袁树勋亲自找到租界工部局见古纳，要求古纳配合抓人并查禁租界内其他中国人的"不法行为"。但出面接待的却是工部局的秘书长濮蓝德（Bland）。濮蓝德连连摇头：

那不行，租界保障言论自由，人家讲讲话，写写文章，怎么就能随便抓呢？

袁树勋急了：

这伙人都是暴徒，要推翻朝廷，扰乱大清，哪是写写文章这么简单。

濮蓝德却不买大清政府的账。袁树勋每联系一次，工部局只是象征性地传讯一次革命党人，每次都问他们是否有军火之类。在保证只是教学课程而没有军火之后，濮蓝德总声称保护他们言论自由。多次受传讯的吴稚晖回忆当时情形：

故就余所知，捕房传讯，凡有六次，好像两次在五月前，四次在五月后。传去者，有蔡孑民、宗仰、徐敬吾、章太炎及我。

我则被传四次：第一次与宗仰、敬吾，第二次与子民，第三次与太炎，皆至四马路老巡捕房。第四次已在五月二十后，传余一人，至老巡捕房后面三间两厢房石库门内（今已翻为大石厦），见余者，即英国的中国通濮兰德。每次所问之话，大略相同。总是说"你们只是读书与批评，没有军火么？如其没有，官府要捕你们，我们保护你们。"我们回说没有军火，即点头而别。

这中国通濮兰德（John Otway Percy Bland）就是租界工部局总办（秘书长），他兼任伦敦《泰晤士报》驻沪通讯员。

吴稚晖、蔡子民等坚称自己是给学生上课，写写文章，练练演讲，给学生进行军体训练，是正常的。

濮蓝德问，你们就真的只是写写文章说要革命，而没有组织军队？

吴稚晖等答复是：我们都是些穷文人，自己养活自己都困难，哪儿来的钱养军队？

濮蓝德又问：那你们有没有枪械？是否准备着杀清国的官吏？

被传讯的都摇头：没有枪械。我们只会教书，不会杀人。

并说：

这样说来，怕是有人要陷害我们。

濮蓝德便说：那好，那你们就不是暴徒，租界可以保护你们。

连续传讯六次，被传讯的众人，都一个个安全回到爱国学社。大家松下一口气，猜想大概以后不会有什么大事了。这使得革命党人以为租界是安全岛，朝廷官员总是拿洋人没办法。于是大大放松警惕，胆子越来越大。

特别是章太炎，自1900年上海的"中国国会"案后，他已多次化险为夷。估量着，这事大概也就是如此而已。而对章太炎（与吴稚晖同去）的传讯则是夏历闰五月中下旬，大致公历6月中旬，离逮捕他们的日子很近了，章太炎没料到真正的危险。

二 自由的政治代价

不知何时，中国开始使用"社会"两字来表达现在的意思，但可以相信，应该是从中国的近代"启蒙"时期开始，而中国的近代"启蒙"，正就是20世纪的开头。

有记载表明，爱国学社使用过"社会"两字。不过这"社"是指"爱国学

社",而"会"是指"中国教育会会"。讲"社会合一",是指爱国学社成立时,"中国教育会会"和"爱国学社"并成一体,在一个地点同吃同住,同用爱国学社名义对外联系。而以后讲到"社会分家",则是"爱国学社"和"中国教育会会"各自独立。黄宗仰还代表"中国教育会会"在报刊上发贺词,祝贺"爱国学社"独立。

其实,这时的"社会"两字,已隐约呈现当今"社会"的含义,只是当初太具体而且太狭隘而已。

用现在的社会含义来议论一下"爱国学社"。

"爱国学社"是个小社会,是中国历史上难得一见的小社会。

她的诞生缘于一个墨水瓶。缘于那个墨水瓶让一个学生莫名其妙地受处分,被退学。一个处于极端弱势的学生的人格遭到侮辱,命运遭遇不公。这在几千年中国文明史中,这本是一桩微不足道的小事。

正当中华新文明第一缕曙光即将出现之际,一群年轻人捕捉了这一件"微不足道的小事"。他们愿意牺牲可能的一切,为之抗争,为之奋斗。

全校学生集体退学。引爆了中国有史以来第一次大学潮,这就是"墨水瓶事件"。

可以设想,当初考进这学校多不容易?全国每年的公派出国的留学生多数出自这里,朝廷的海关、银行、航运、电报及各洋务机构的职员多数出自这里。集体退学,就全部放弃了各人所有这些前程。就拿当时南洋公学学习、住宿、饭食是免费的这点来说,穷困家庭的学生,一退学,食宿马上就成问题了。这值得吗?

对个人来说,这是很大的代价。为一件"微不足道的小事"付出这种代价,这值吗?

从这往前溯,中国5000多年的历史,平民这从来是不曾有过人格的尊严这种东西。也不曾有过什么自由。其实何止是平民,就连所谓"一人之下,万人之上"的宰相又何曾看重自己的"人格尊严"和自由的?

千百年来,牺牲人格尊严和自由去换取"功名地位",被认为是正道。向高于自己的人出卖人格和自由,换得自己对其他更多人的控制和支配,剥夺更多人的人格和自由,那是千百年的行为规范。

"小不忍则乱大谋","忍",就是甘受屈辱,以牺牲人格与自由为代价。"大谋"

就是超越别人，达到自己也拥有权力去剥夺更多人的尊严与自由。剥夺别人的尊严与自由，那是一种享受、一种娱乐、更是特权。

最典型的莫过于李莲英和魏忠贤，他们甚至是以牺牲男人的起码人格和自由去换取凌驾于万众头上的目的。

所以，依传统习惯看来，爱国学社那帮人正是小不忍而乱大谋了，他们太不值了。

但这爱国学社成员却认为：

值！

为什么？

因为只有能捍卫每一个弱者的自由权、捍卫每一个弱者最基本的人格权力，才能捍卫自己同样的自由权和人格。

自由无价。

人格无价。

接下来，怀着建立自己理想社会的强烈愿望，他们和中国教育会的老师们要建立"共和学校"。这建立起来的学校，就是爱国学社。

由于学习、吃饭、住宿一切活动都在爱国学社内，爱国学社形成了一个小社会。

这个小社会里，他们实现了平等的原则，即：每个成员有属于自己的一份最起码的权利，每个成员尊重别人同等自由权的情况下，保证自己享有同等的权利。

他们保证了自己思想的自由。没有什么思想是被禁止的，没有什么刊物是不许看的，没有人再禁止他们看《新民丛刊》了。当然，此时的他们，大多数已不愿再看它了。

他们的言论自由得到保障。有人要排满革命，也有人内心同情满清光绪皇帝。有人批判孔子的观念，也有人继续学习国学古董。当然，爱国学社整体是坚持排满革命的，只是说，即使有人持相反立场，他也不至于被剥夺发言权。他们不但在内部这样，他们更把思想自由和言论自由通过《苏报》和《童子世界》这样的报刊传向大众，利用各种社会公共讲台向大众开放。让大众在张园讲台平等地辩论不同观点。

他们在学社内实现了结社自由和出版自由。他们自愿组成"学联"，建立自己的"童子会"。他们自办刊物，自由地向《苏报》或《童子世界》写稿。

奇怪的是，辛亥以后各时期政府宣称的"公民自由""平等权利"，在清朝的爱国学社都做到了。

　　而爱国学社保证这些自由平等权利的手段，完全基于他们自己的那套民主制度。

　　爱国学社主张学生与教师共同管理学校。爱国学社内部分成自治的"学联"和全社的评议会制度，学联的负责人和评议会的评议员，由学生选举产生，学联的负责人和评议会的评议员根据规程决定大事和对违规成员的处分。而所有基本规则，是基于确保大家平等的权利。当然这"平等"也考虑到不同的情况，比如批评学生在公共教室抽烟，但能容忍老师在教室抽烟而不加指责。这是因为学生习惯可以从头培养，而教师就不可能从头来。

　　爱国学社所主张的自由，是靠一套通过民主手段形成的秩序来保证的。而他们的这套民主秩序，不是凭空造出来的。他们没发生"墨水瓶事件"之前，就背着老师搞过周末"宿舍会"，宿舍会就实行过一些原始的民主做法。这些民主的做法在当初就很为他们自我欣赏。在墨水瓶事件中，学生就自发地组织学生会，与校方谈判讨说法。整个过程，没有任何个人是始终处于支配作用的，而全是基于集体的决策。那时，他们只基于一个原则：

　　校当局必须尊重每个学生最起码的人格尊严。

　　采取的对策，也是要争得一份学生应有的人格尊严。

　　最后采取退学，是迫不得已的手段，是公认不得不采用的手段，而不是任何个人的简单地拍板决定的。

　　爱国学社就这样地延续了它几乎长达八个月的自由与平等的小社会，延续了它的民主制度。不能不说是个历史奇迹。

　　特别是在没落黑暗的大清皇朝政治的笼罩下，爱国学社的出现和延续，更是个奇迹。

　　但，这奇迹必将遭遇夭折。

　　她必将因不堪重负而夭折。

　　这不堪的重负，就正是这自由平等所必需的代价。

　　这种代价，首先是政治的代价。

　　任何笼子里的宠物是不自由的。

　　而自由，就不是笼子里的宠物。自由必须冲出樊笼。就像他们的思想自由、言论自由、结社自由和出版自由不能局限在爱国学社内，而要通过《苏报》向大众传播，通过张园与社会交流。这，就使爱国学社与租界殖民主义政治，与清朝的封建政治发生碰撞和对抗。

这种碰撞和对抗带来的政治代价是极其沉重的。

清朝政府意识到，爱国学社标榜并实行的"自由平等"、实施的民主制度及他们鼓动平民去过问国家大事，是对朝廷严重的挑战。爱国学社鼓吹的"排满革命"，是公开的造反，朝廷必须及时予以扼杀和消灭。

前面已提到上海的吕海寰和王之春正磨刀霍霍。那远在武昌的端方，上海是他两湖总督管辖的范围吗？他还不是正式总督，却把手伸到上海这块人家的地盘里来了。什么目的？还不是想向西太后显示自己政治敏锐性强？

1903 年 5 月，署理两湖总督端方指责上海张园"拒法会议"的与会各人"议论狂悖"，密电拿办。同月，当拒俄运动再次掀起，端方再次指责爱国学生"名为拒俄，实则革命"。

到了 6 月，慈禧也对上海滩这帮无法无天的娃娃震怒不已，她要亲自总抓个案子，绝不轻饶。她责成大学士张之洞、商约大臣吕海寰、南洋大臣魏光焘、两湖总督端方为办案员，组成专案组，要镇压这批叛逆。

由于早期勾结租界当局镇压爱国学社的图谋一再失败，袁树勋企图引诱爱国学社领袖人物走出租界，然后实施逮捕。

1903 年 6 月 11 日，一个已被革除举人资格的童迥来到爱国学社，称自己崇尚革命而受道台迫害，还称上海城内（指现南市）的文化界是如何景仰革命党人，盼望听讲演，希望吴稚晖与蔡元培能抽空进上海县城与大家会面。

这事后来未成。原因是租界传讯吴稚晖与蔡元培，吴稚晖与蔡元培只好把讲演的事推迟。袁树勋一干人马空等了一场。

可惜，此时的爱国学社成员，不知道朝廷已经处心积虑要对他们下手，他们没有任何思想准备。他们还以为，即使朝廷有任何图谋，他们可以利用租界的庇护而化解。

他们从不曾想象这笔自由之债该如何支付。

事实并非爱国学社师生们想的那么乐观。租界是洋人用来保护他们自身利益的，而不是用来庇护中国人的。当利益与"道义"发生矛盾时，他们自然会抛弃"道义"而选择利益。四亿五千万两白银的庚子赔款，是需要清皇朝去向中国每一个平民去榨取，租界的洋人是不会为了"道义"而自断这条财路。他们需要腐败的清政府，而不需要爱国学社中的任何一个人。租界洋人与清政府的交易，是爱国学社必须面对的又一个政治代价。后来证明，租界的列强在对待爱国学社的态度，受各方在利益与"原则"的不同考量而反复无常。最终还是牺牲了爱国学社和《苏报》。

三　自由的经济账怎么算——"社"与"会"之间的危机

爱国学社还必须面对窘迫的经济困境。

爱国学社的经费，大部分是靠慈善捐款维持的。《苏报》的稿酬补贴及学生自己办《童子时界》等的收入是极有限的。老学生不收学费的，原来个人自愿交出的开办费根本就是微不足道，新生的学费也很低。

哈同是"门槛极精"的犹太商人，即使是对罗迦陵再百依百顺，他也有自己独立决断的时候。如果这爱国学社就是上课读书，不别出心裁地扩散"自由平等""推广民主"，他还是会支持部分日常费用。搞慈善，对发展生意有好处。但这爱国学社在倡导革命，出钱支持革命，那是风险极大的投资，就要冒与朝廷对抗的严重后果。他不需要花钱买风险。爱国学社声势越大，哈同和罗迦陵也越谨慎。

自由、民主、平等不能饿着肚皮搞，而自由、民主、平等自己又变不出钞票，没钞票就无法维持。

不搞革命，不宣传自由、民主、平等，或许能靠慈善支持着。而反之，就必然断炊。这是爱国学社的"自由"的经济代价。

爱国学社"差钱"了，是严重地'差钱'。差钱了，就会引发内部矛盾。

在大敌当前之际，爱国学社陷入了内部危机。

自江南陆师学堂的学生加入学社以来，爱国学社的学生越来越多。原来的校舍已不够使用。爱国学社评议会反复讨论后决定，要租下福源里相邻的院子为新校舍，并租下右边的空地为操场。徐敬吾热心为与爱国学社办事，他与该处地产业主和房客反复交涉，终于交易成功。添了左邻三幢房屋作为教室和宿舍；又将右邻空地辟为操场。动迁过程比当今容易多了。加了楼舍操场之后，爱国学社果然气象一新，一片喜气洋洋。可这不是一小笔钱，爱国学社从此就过上"差钱"的紧日子了。

众多老师中，别人犹可，他们都有一份社会工作。或有薪金，或有稿酬。而就是章太炎最拮据。《苏报》每天社论轮着写，轮到机会不多，拿到的稿酬也极有限。后来应他人要求，去翻译日文版的《妖怪学》一书，没有出版，他就拿自己过去编写的《訄书》，托徐敬吾代销。你看，初见此书，你肯花钱吗？这"訄"字，不知难住多少人。当然，凭着后来他的名气，这最早版本的《訄书》，就是开价 1000 元人民币一本，我也会去排队了。可是，当时就没识货人。章老师实在缺钱买烟时，徐敬吾也会把别的钱先灵活一下。但徐敬吾是很小心的，他兼职爱国学社庶务员和门房也是义务的。爱国学社还有管经济的老师汪允宗，本就与章太炎同是名儒俞曲园的学生，章太炎有时写一字条与汪允宗借钱：

今已不名一钱，乞借银元两枚，以购香烟。

同室的蒋维乔奇怪：

既已开口向人借钱，为何不多借几元？

章回答：

此君只有两元之交情。

其实，汪允宗办事认真，他也是中国教育会董事，监管爱国学社的钱粮房产。从不把"公款"借人，而只借私款。汪允宗后来也是首批同盟会员。

爱国学社内部经济状况，可见一斑。

爱国学社有了隐忧。原来爱国学社许多事情都是由学社评议会作决议后执行的。评议会的评议员有学生，也有教师，还包括《苏报》的社长陈范。随着学生越来越多学社的经费也越是紧张，学联议决的许多事情无法落实。而主管财务的先生却突然流露不满言行，不想管了。学生们于是有了猜疑，逐渐对学社的管理有了意见，特别是后来的成员（最早的成员不交学费，但兼职低班教员）怀疑自己交的学费被教育会挪用，私下里窃窃议论，只是没有表面化。

1903 年 6 月中旬，一次学社在张园召开演讲会，邹容一时兴起，也上台慷慨激昂，说了一通拒俄的话题后，却对学社的事情评论起来：

教育会的同仁遍尝艰难，创办了爱国学社，解决了大家的失学之苦，大家应该好好学习才对，不该妄议学社的事情。

这一讲，台下的许多学生乱嚷起来：

邹同学，你说得不对。学社是民主管理。学生参与管理学社的事，是学社章程规定的。再说，学社是社员与教育会共同办的，怎可以说是教育会独自办的？

学生们自称社员。

邹容来得晚，不明白学社成立时的情况，但他素来胆大，什么话也敢说，便与学生争论起来。

学生们的观点，认为学社是主体，教育会是附属。并举例说学社初创时，学生

们也集资 300 大洋作建社之资，并且明言是双方合办。

邹容至此这才知道学社初创时的情况。学生通过学联，要邹容为刚才的话道歉。

邹容嬉笑自若，绝不道歉。

学生们生气，指着他批评，说邹容不肯上课，不学英语与新学课程，所以顽固保守。

邹容却反讥：

你们弃国学而埋头学英语，将来自然个个是商人，是洋奴。

原来，1901 年年初，父亲是送邹容到上海广方言学校学英语的。无奈，上海广方言学校要求太严，邹容对英语本就没兴趣，一年不到，邹容自拿主意，退学去了同文书院，转到日本。所以提到英语，邹容就特别生气。

众学生与他辩起来，特别是来自南京陆师学堂的学生，本就个个勇武，一齐拥了过去。

邹容当心吃亏，忽然从口袋里掏出一支手枪来，对住众人。众学生大惊，忙向后退。

邹容发狠：

我邹容是什么人，会怕了你们这些洋奴，不怕死的便上来吧！

学监吴稚晖忙来解劝：

好了，好了，莫开玩笑，你把大家吓着了。

邹容嘿嘿一笑，把枪收了起来。

晚饭之后，邹容将白天的事讲给章太炎听。章太炎就说，这些学生肯定受了吴稚晖的指使，还认为吴稚晖要夺教育会的权，所以处处向学生示好。

这邹容和章太炎几天来相处得如鱼得水，二人常开玩笑，因章太炎是东部浙江人，而邹容来自四川，径以"东帝"和"西帝"互称。

吴稚晖是学监，相当于教务长。早在南洋公学师范生时，就主张学生参与学校治理。与首任总理和第二任总理闹得不开心，所以他总是支持学生，为学生说话。加上这爱国学社章程就是讲明学生参与管理学社的事。吴稚晖更觉得理直气壮。

有学生因此喊他是"及时雨"或"宋江"。又因他足智多谋，也有学生喊他"智多星"。章太炎为此大为反感，他毕竟是名儒俞曲园的学生，最讲究师道尊严。当年，他参加上海"国会"，讲排满，反大清皇帝，俞大师大怒，要将他逐出师门，号召众弟子击鼓而骂之。章太炎被迫写了谢师帖，同老师分手。但他在任何公开场合，一直敬重俞大师。在爱国学社过分"民主"的情况下，他常常抨击吴稚晖是疯子，宠坏了学生。

自邹容与众学生冲突之后，学生们认为一定有老师在背后挑邹容出头，亮出问题引发争论。他们中部分人的情绪明显焦躁起来，常常聚而相议，要求学社脱离教育会而独立。

蔡元培请黄宗仰和蒋智由等劝解学生，学生们反愈加愤愤不平，蔡元培十分为难，章太炎却很生气，指责斥学生胡闹，说的话也不好听。学生们也渐渐恼了章太炎，而章太炎却不把这些学生当回事。一次上完课又发议论斥责学生，这下惹恼了大家，学生便群起与他辩驳。而章太炎哪肯向学生示弱？学生们大怒。

章士钊（行严）的弟弟叫章陶严，此人体魄壮伟，性格暴躁，忍不住便冲上去打了章太炎一个耳光：

闭上你的臭嘴，再胡言，我还打！

章太炎端坐椅中不动，说：

耳光可打，但只要我舌还在，就要喋喋不休，你拿我怎么办？

打了人，犯了爱国学社的大规。评议会讨论下来，该先记大过，然后责令赔礼道歉，看过章太炎的反应后再作最后处分决定。

章士钊和章太炎关系极好，章士钊忙领弟弟来，令其向章太炎下跪赔礼。章太炎巍巍然高坐着，听任他赔礼，双眼望天：

章太炎若怕打便不敢说话，还能算是章太炎吗！

其实章太炎也不想与章陶严多计较。

学社的账房终于甩乌纱帽，扔下账本走了。不知道这账房是否就是汪允宗。不过，学社的资产庶务一开头是由汪允宗管。汪允宗管庶务是有记录的，春末夏初张继和邹容夜里投奔爱国学社，就是汪允宗取钥匙开门，为他俩安排住下。

学社一阵乱纷纷的，什么话都有。蔡元培看看实在难于维持，便建议学社召开评议会开会商讨对策。

教师方面和学生方面的所有评议员都到齐。章太炎也到会，他是理所当然该补选的评议员。各方便各持观点辩论起来。

教育会的人说教育会是主体，先有教育会后有学社，学社是教育会的下属。

学联方面说教育会过去无正式办公地方，学社成立后，教育会用学社的房子办公，因此学社是主体，教育会是附庸，议论良久，争持不下。

吴稚晖对双方言论不以为然：

学社的房子是借的，地皮主要是借的（指从哈同罗迦陵手里借的），部分是租

的。真能算做财产的，不过就值数百元的教具而已。双方为此争论不休，就像猫头鹰争那死老鼠一样，可叹而又可笑。

蔡元培不赞同：

话不能这么说，学社虽无财产，却有大家的无数心血，怎能简单地说成财产之争呢？

吴稚晖还是滑稽地嬉笑着：

也差没多少。

章太炎却拍案而起：

吴稚晖，你想篡位夺权，想当学社的宋江。有我章太炎在，你的阴谋得逞不了。

吴稚晖平日尖牙利嘴，但对这个疯头疯脑的章太炎还是退缩了，只正色而言：

师生应该平等，学生是未来的主人，凡学生有所要求，自然应该迁就。

吴稚晖接着补充：

皇帝和百姓打官司，我就助百姓；老子与儿子打官司，我就助儿子；先生和学生打官司，我就助学生。

而学生方面评议员的发言则坚持要求分清。

章太炎指着吴稚晖：

我就不怕你这宋江，也不怕学社变成梁山泊。你吴某人今天携众威逼教育会，你得先单挑过我这一关！

吴稚晖不示弱：该说的还得说，我死也不怕！

章太炎于是揭底：

你吴稚晖既称不怕死，为何当日在日本只跳阴沟不跳大海？还累得别人送你回来？你沽名钓誉，无耻！

蔡元培见状，这样议不出个名堂了。又怕大家伤和气，就一个劲招呼平静，但无人听他。于是说气话：

学社要独立就独立吧，今后这里的事我也不管了！

章太炎坚决不同意，蒋智由表示惋惜。

蔡元培还表示自己这个教育会的会长也不当了。众人这才忙停下争辩挽留，蔡元培却头也不回，朝门外走了。

第二天，蔡元培拿了去青岛的船票，走了。据说是有朋友资助他从青岛出发到德国留学。但事实上，这朋友只是听到风声，想让蔡元培离开上海这危险之地。蔡元培在青岛住了将近三个月，一边协助筹办山东大学堂。后来又听到清政府已经与德国公使商定要抓他，所以又有人电促他回上海。到上海后，他与林獬、刘师培、柳亚子等办《俄事警闻》，并主持中国教育会和爱国女校。只是此时，爱国学社已人去楼空，解体了。

蔡元培走后，吴稚晖建议由黄宗仰当爱国学社总理同时也是中国教育会的会长。吴稚晖显然觉得爱国学社的经济问题还是最大的问题，还得利用黄宗仰与哈同、罗迦陵的关系，共渡难关。而他自己除了写写稿子上上课，学社的事务也管得少了。

黄宗仰对"社"与"会"两方，始终从事调停，但最终无效果。

6月20日（阴历五月二十四日），爱国学社在报刊载《敬谢教育会》一文，宣告独立。宗仰也以教育会会长名义，发布"贺爱国学社之独立"一文以答复。

当时的评论，纷纷对"社""会"分家表示惋惜，无不叹息我国民族内部缺乏团结力。不承想，爱国学社独立后未满两周，《苏报》案发，爱国学社面临厄运。

不过，"社""会"宣布分家后，"社""会"两家的一切秩序依旧正常，先生和学生照样上课和演讲，照样吃饭、睡觉。唯一不同的是，爱国学社的评议会接管了账房，另聘了管账的。

除公开场合，吴稚晖表面回避章太炎，不与正面冲突外，其他同事关系也无异常。而章太炎也总在别人面前说，稚晖是疯子，大家不要理他。

吴、章两人从此开始了一场长达30年的马拉松式的冷战。

贫穷人家多磨难。因经济纷争而不团结，彼此翻脸，也在所难免。因生活难以自支而不和、分裂、丧失战斗力而最后瓦解，就是爱国学社必须支付的经济代价之一。

没有自己创造出来的独立的经济支持，自由是不可能的。没有独立的经济，也就没有真正的自由。

自由不能期盼富者的施舍，自由不能寄托于强者的宽容或保护。

爱国学社面临极大的危机。

可这"社""会"两方的人，谁也没有料到，正当他们内部闹矛盾之际，大清王朝正磨刀霍霍，与租界当局讨价还价，要镇压了。

第九章

《革命军》与《苏报》案

一　《驳康有为论革命书》

　　现在从发生"社会分家"的争论那段时间回溯半个月，看看《苏报》新上任的主笔章士钊，看看邹容和章太炎，他们做了些什么。

　　章士钊是5月27日出任主笔，接替了陈范女儿陈撷芬。陈撷芬专门从事爱国女校及办《女学报》，而另一主笔吴稚晖也乐得由章士钊出面主持"大改良"。

　　有一说，陈范选章士钊，是有意将来让章士钊来当自己的女婿，接替自己的家业。不想章士钊和陈撷芬之间竟没有擦出火花，尽管后来他们后来都到了日本，结果还是陈撷芬在爱国女校的学生吴弱男取代了老师，成了章太太。吴弱男和吴亚男两姐妹也就是吴葆初的女儿。不过章士钊后来坚决否认有此类传闻。

　　6月1日起《苏报》实行"大改良"，亮出彻底革命的旗帜，连续刊出一大批革命的文章。首先发表了章太炎的《康有为》一文，指出：

　　谓之康有为者，开中国维新之幕，其功不可没。而近年之顷，则康有为于中国之前途绝无影响。

　　还说康有为退出今日中国政治舞台已是必然："今日之新社会已少康有为立锥之地"。而革命必不可免。"而天下大势之所趋，其必经过一躺之革命，殆为中国前途万无可逃之例"。

　　6月2日（五月初六），他又登载了章太炎的《驳康有为论革命书》。

　　《驳康有为论革命书》当然是批驳康有为的。原来半年多以来，康有为发现上海革命党利用《苏报》等媒体及张园集会搞革命排满，闹得纷纷扬扬，人心大乱。革命已成为街谈巷议的话题，维新派人士纷纷转向革命。这不但使大清皇太后如坐针毡，就是康有为也因之大为不安，怕维新保皇团体倒戈瓦解。于是急忙写文章针对革命的话题发表看法，希望起到安定人心稳住保皇派的阵脚。

康有为的文章基本还是重复了1902年《与同学诸子梁启超等论印度亡国由于各省自立书》和《答南北美洲诸华侨论中国只可行立宪不可行革命书》的观点。批评梁启超在革命与保皇之间摇摆不定，奉劝各界青年不可步入"革命歧途"。

他的结论是：

立宪容易，革命困难；立宪有利，革命有害；只可行立宪，不可行革命。

他说革命绝不可行，是因为它必导致流血牺牲。他说法国就因革命而大乱了八十多年，死伤无数。他还说欧美各国富强的主要原因是定君民之权，行立宪政，和革命不革命没有关系。

他还说，如今中国满汉不分，君民一体，所以绝不可革命，不能反满，只可立宪，免致大乱。再说，中外国情不同，法国和美国主张的那一套自由平等、无君无国的局面绝对不适合于中国。自由平等、无君无国必定导致中国大乱。

《新民丛报》将康有为的文章登了出来，题目叫《南海先生辩革命书》，康有为是广东南海人，南海先生就指康有为。文章写得有理有据，很有些说服力。

此文一出，人们的思想不免又多了一层思考，这话也中听啊。不管革命还是改良，富国强民才是最终目的。当然流血越少越好，损失越少越好。感觉康有为说的也挺有道理。

章太炎见此大怒，要批驳康有为。

文章题目直接就叫"驳康有为论革命书"。一开始就指斥康有为鼓吹"只可立宪，不可革命"是心怀叵测，不是为国民计，而是为自己升官发财。批评他作秀，好听话是说给光绪皇帝听的，以期有朝一日复辟归政，谋高官厚禄。章太炎的这几句话一下子就为自己抢占道德的制高点：

你搞保皇是拍马屁求荣，而我主张革命则是准备舍身为民！

章太炎然后援引今古，洋洋万言，将康有为的观点逐一驳斥，将康有为文中的圣主光绪骂得一钱不值。直呼其名曰："载湉小丑，不辨菽麦。"不想这八个字，后来成了大清天朝取缔爱国学社，查封《苏报》，企图把含章太炎在内的"一干人犯"凌迟处死的罪证。

章太炎的《驳康有为论革命书》写好之后，由别人交由大同书局印刷成文，装

订成册，交由徐敬吾等书商代售。他还曾托人带一册到香港，要转交给康有为。

6月3日《苏报》的"特别要闻"登出《查拿新党》一文，称：

后又得北京密电，上海道严拿蔡、吴、汤、钮新党四人，闻此亦吕海寰之所指名，即聚众会议之首领是也。

指出清政府由吕海寰提名，要逮捕在张园组织"拒俄大会"的蔡元培、吴稚晖、汤尔和、钮永建四人。

6月7日章士钊以笔名"韩天民"来稿，语出惊人地发表《论中国当道皆革命党》。

这标题起得有趣：你吕海寰，你端方不是称革命党悖谬、叛逆，是败类吗？说革命党败坏国家，败坏朝廷么？可依我看，败坏国家，败坏朝廷的，不是别人，而正是你们这些当道者。悖谬、叛逆、当败类也正是你们这些官僚。你们正在败坏自己的王朝。你们也正在协助革命党实现革命的目标。按"悖谬""叛逆""败类"的标准来划革命党，那你们这批自以为是的当道者首先是"革命党"。估计，老百姓看了也乐。

《苏报》"大改良"后，反清排满的言辞十分激烈，社会各界反应强烈。对于报馆馆主陈范来说，也感到一丝的不安。他拿不定主意，要否与行严打个招呼？

他相信钱保仁，不管是否真孙文，他总愿意把大事小事拿出来与钱商量。钱保仁则高度赞扬章行严有魄力，有胆量。称赞陈范挑选到年轻有为的主编。他说，革命就该这样。现在应该做的是放手让年轻人好好干一场。

听了一番议论，陈范踏实了。打消了一切疑虑。

二　《革命军》

就在同时，邹容《革命军》书稿整理好，也付印了。

原来，邹容自发现不自觉地卷入爱国学社内部争论，虽然一时还没到"社会分家"的最后一步，但心里也很不是滋味。当他发现爱国学社内经济状况拮据后，就抓紧时间整理《革命军》书稿。

他盼望着出版。

一是可以抒发自己的一股成就感，究竟长大成人了，自己也学有所成。平生要学谭嗣同的愿望，也算迈出了第一步；二是可以收些书费弥补学社的开支，表明自己到爱国学社来，不是仅仅由于避风挡雨，而是要作贡献的。

邹容请章太炎和章士钊来阅稿，求订正修改。章太炎和章士钊读后很兴奋，决定利用《苏报》广为宣传广告。

与邹容同住的除张继外还有金松岑和柳亚子、蔡寅、陶亚魂等。他们和爱国学社的学生都纷纷传阅，也都异口同声称赞。当出版《革命军》遇到经费紧张时，金松岑主动承担了《革命军》捐赠筹款事宜，柳亚子、蔡寅、陶亚魂三位爱国学社学生也捐资。

通过黄宗仰的周旋，也从罗迦陵处弄到一小笔钱，作为出版用，只是罗迦陵并不知道出的书主张革命杀人。很快，《革命军》出版了。

第一版的《革命军》由上海租界上的大同书局秘密印行，不标出版机构。标出的出版日期是癸卯年（即 1903 年）阴历五月（按：该年有闰五月，此为前五月，大抵是 6 月 10 日左右）。书尾作者落款是"革命军马前卒邹容"。

这大同书局利用清朝法律漏洞，不标出版单位和印刷单位，现在看来是高招。后来，清朝无法追查书的来源，既免除了大同书局的牢狱之灾，又给会审公廨最终轻判邹容、章太炎提供了机会。当然，也有后来巨大的经济损失：大同书局不拥有版权。以后，山寨版的《革命军》到处都是，连黄兴都大量搞山寨的《革命军》了。

为了向大众宣传《革命军》，章士钊从 1903 年 6 月 9 日开始，在《苏报》上发表大批文章替它造势。章太炎的《序〈革命军〉》和《介绍邹容〈革命军〉》及邹容的《〈革命军〉自序》，都在 6 月 10 日后的《苏报》上陆续发表。

1903 年 6 月 9 日，章士钊以"爱读革命军者"的笔名发表《读〈革命军〉》文，以热情洋溢的语言赞赏邹容的《革命军》：

卓哉，邹氏之《革命军》也！以国民主义为干，以仇满为用，抨扯往事，根极公理，驱以犀利之笔，达以浅直之词，虽顽劣懦愚，目睹其字，耳闻其语，则罔不面赤耳热，心跳肺张，作拔剑砍地，奋身入海之状。呜呼！此诚今日国民教育之第一教科书也。李商隐于韩碑"愿书万本诵万遍"，吾于此书亦云。

章士钊在这里称为"今日国民教育之第一教科书"。

的确，这是一本国民觉醒和启蒙的"人之初"。

《革命军》充满了激情和理性，充满了勇敢和坚毅，既煽动悲情又洋溢着乐观，有如振聋发聩的霹雳，令人热血沸腾。即使是一百多年过去，时代发生了巨大变化，《革命军》读起来依然使人激情洋溢。

《革命军》以悲愤的心情，通俗的语言，抨击清政府的卖国罪行，认为只有革

命，才能"去腐败而存良善"，"由野蛮而进文明"，"除奴隶而为主人"。高声疾呼要以革命来推翻满清政府。

《革命军》称：

革命者，天演之公例也；

革命者，世界之公理也；

革命者，争存争亡过渡时代之要义也；

革命者，顺乎天而应乎人者也；

革命者，去腐败而存良善者也；

革命者，由野蛮而进文明者也；

革命者，除奴隶而为主人者也。

当时，章太炎首读后曾钦佩地说：

吾持排满主义数岁，世少和者，以文不谐俗故，欲谐俗者，正当如君书，因为之序而刻行之。

章太炎认定，《革命军》是一套最好的民众启蒙书。

6月10日《苏报》章太炎发表代序中称赞它是"雷霆之声"。并指出：

其宗旨专在驱除满族，光复中国。笔极犀利，文极沉痛，稍有种族思想者，读之当无不拔剑起舞，发冲眉竖。若能以此普及四万万人之脑海，中国当兴也勃焉。是所望于读《革命军》者。

《革命军》被后世称为中国的《独立宣言》或《人权宣言》。是当时中国革命的第一纲领。

其历史意义自不用说。

在随后20多天中，《革命军》和章太炎的《驳康有为论革命书》的装订本同时发行，以每册1/10银元销售。不及一月，数千册销行殆尽。

后来，《革命军》虽然成了禁书，但却因此名声大震，在上海租界里又印了二十余版。据章太炎说，离上海远的地方，因为不易得到此书，竟然卖到十两银子一部。当然，章太炎没有为这举出具体的事例。

我们这里表达了自己对《革命军》一文由衷的赞叹。就不得不提及一些人对《革命军》的质疑：

邹容在《革命军》表达了极度的排满立场，难道这也值得肯定？

你不认为《革命军》矛盾吗？既然《革命军》中大部分内容是以"自由、平等、博爱"为主线，那自由、平等、博爱怎能与排满相和谐？

《革命军》提倡建立"中华共和国"，主张"民主和共和"，主张"自由平等博爱"，这符合中华民族绝大多数人的愿望。这些主张本身，就是要民族平等的。

但要实现这点，在当时必须将建立在以种族统治为基础的满清政权推翻。当时的满清政权是绝不容许民族平等的愿望得以实现。因此，发动被奴役的全国人民去反对满清统治是必须的。《革命军》中提出的"排满"口号，按这样的理解是正确的。只有推翻和排除满清的种族主义政权，自由平等才有可能。

我们承认，《革命军》有强烈的排满言论。但本人认为在当时，那是正常的，是合理的革命舆论。270 年的清朝政权，是个种族主义政权，是一手制造种族屠杀的政权，是企图永久维持种族统治的政权。用洛克的话来说，那就是"暴政"。对待暴政的唯一正当手段，那就是消灭它。只有排除了种族屠杀的根源，才有民族平等可言。除此别无选择。

当然，在清朝已经被推翻一百多年的今天，我们不能继续照搬《革命军》中的排满言论去面对民族关系。现在实现了民族平等，已经不存在种族压迫了，中国不允许继续提"排"任何一个民族了。

不论是《独立宣言》还是《人权宣言》，也都是以自由平等博爱为基调的。但《独立宣言》和《人权宣言》，也更是以消灭"暴政"为第一步。不消灭暴政，自由平等博爱就没有得以实施的可能。北美不驱逐英国殖民主义的暴政，法国不推翻路易王室，就没有自由的北美合众国或法兰西共和国而言。《独立宣言》和《人权宣言》中所强调的消灭暴政与所宣告的自由平等是和谐的，《革命军》中强调要推翻满清政权，也是理所当然的。

所以，北美驱逐英国殖民主义，是必要的。如果说那是排英，那就是必要的排英。否则，暴政不会消失，殖民主义不会消失。辛亥革命，你说是排满，那也是必要的排满。否则，种族主义的清朝暴政不会消亡。

中国后来发生的辛亥革命，的确是以《革命军》为指导思想的。而辛亥革命却是中国历史上最少流血，民族矛盾和阶级矛盾最缓和的一次革命。即使是辛亥革命中，秋瑾、徐锡麟被害，甚至是到了 1912 年，还有滦州起义的白毓琨被屠杀，革命党人都以"博爱"为怀没有刻意去追捕凶手，不图报复。辛亥革命流的血，甚至比玄武门事变中李家兄弟相残死人还少。辛亥革命流血牺牲更多的一方，是革命党人，是双方的汉族士兵。

辛亥革命没有出现民族屠杀，没有出现阶级恶斗。不但皇族受优待，就连各地被捕获的清朝总督、巡抚都受宽大处理。胜利后，革命党马上就主张"五族共和"，把"汉满蒙回藏"平等相列。

上海光复那天，全副武装南洋公学的学生军参与江南制造局会战后胜利返回学校，遇保皇的教务长辜鸿铭拦着对骂。学生军是在哄笑中，把鞭炮挂在辜鸿铭马车的马尾巴上点燃，吓得马慌忙逃窜，辜鸿铭连人带车就被拉出校门。点鞭炮，礼送"政敌"出门，开了民国将"政敌""礼送出境"的先例。

题写《腊肠书》书稿封面的蔡锷，后来发动云南光复，也是将大清云贵总督李经羲护送出云南，并赠送大笔银两。

浙江义军活捉了旗人巡抚和杭州将军，念巡抚是个敬母的大孝子，于是对他们特别开恩优待。

辛亥民军攻下江宁后，组织北伐军进攻徐州，再次击溃张勋的顽军。在俘虏中找出张勋的姨太太小毛子，民军将人完好无损地交给了败军之将张勋。

辛亥民军对满族统治者，对满族平民十分优待的，更不用说有对清初扬州屠城和嘉定屠杀的任何报复。甚至，连屠杀秋瑾烈士的章介眉都优待了，以至袁世凯复辟时，秋瑾的朋友王金发再次因章介眉而遭难。

三　《苏报》案的发生

前面已经说过，6月20日这天，"社""会"分家了。当然所谓"分家"，是既不分教室宿舍，也没分锅灶碗碟，只是牌子分了。账务后勤由学联管而教育会不管。即使是这样，大家的内心深处受了重伤。蔡元培远走，黄宗仰出面发表了《祝贺爱国学社独立》的文章，大家的心都难免隐隐地发凉，阵阵地发痛。但不论是教育会、爱国学社，还是《苏报》都更加重了对大清皇朝的抨击。

两本新书出版了，《苏报》为之广告。

在《苏报》的"新书介绍"栏中，推荐章太炎的《驳康有为论革命书》：

康有为《最近政见书》力主立宪，议论荒谬，余杭章炳麟移书驳之，持矛刺盾，义正词严，非特康氏无可置辩，亦足以破满人之胆矣。凡我汉种，允宜家置一编，以作警钟棒喝。定价一角。

被《苏报》赞为国民教育之第一教科书的《革命军》一书，也以每册一角的价格售出。

端方看到《革命军》后，感到义愤填膺：

此书逆乱，从古所无，竟敢谤及列祖列宗，且敢直书庙讳，劝动天下造反，皆非臣子所忍闻。

得到吕海寰、端方等大员及其他地方官员的上报，1903 年 6 月 21 日清廷下旨指示惩处爱国学社和《苏报》：

似此猖狂悖谬，形同叛逆，将为风俗人心之害。著沿海沿江各省督抚，务将此等败类严密查拿，随时惩办。

6 月 22 日，《苏报》针锋相对，继续发表社论，直逼清王朝：

借君颈血，购我文明，不斩楼兰死不休，壮哉杀人！

1903 年 6 月 23 日，湖广总督端方再次致军机处：

查四月初间（按：公历 5 月），方闻上海有爱国会社诸生（按：指爱国学社各学生），借俄事为名，在张园演说，议论狂悖，即经密电江宁查禁拿办。

此处，江宁就是指南京，意指他端方早有警觉，已密电南洋大臣魏光焘，以显示自己比魏光焘高明。果然，《苏报》案后，魏光焘被指责无能，迁闽浙总督，而端方达到取代魏光焘的目的。

此时朝中荣禄已死，奕劻领了军机处，瞿鸿機、那同等进了军机处。慈禧气得大骂邹容、吴稚晖、章太炎是狂徒，又听说《苏报》为之摇旗呐喊，当即令奕劻行文给两江总督魏光焘，命其查封《苏报》、抓捕章太炎、邹容、吴稚晖等为逆之人。

这一切，都源于去年秋天南洋公学的那个墨水瓶。它滚啊滚的，滚到了今日。小小的墨水瓶滚得大清王朝这辆战车也颠簸不已了。慈禧心神难安。

她决定亲自督办此案。另指定大学士张之洞、商约大臣吕海寰、南洋大臣魏光焘、两湖总督端方为办案员，揭开了《苏报》案的序幕。

本来，上海是两江总督的管辖地，上海发生的案子应由魏光焘处理。但因慈禧也认为魏光焘有点愚钝，不堪重任。而端方则伶俐过人，此事也正是他紧扣阶级斗争之弦，主动汇报敌情，处处抢先机。于是授权端方为一线指挥。并将所有处理"苏报案"的电文全发给端方，再由端方电转两江、上海。端方、魏光焘各派了自己的一班人马去上海，又通过福开森与工部局联系，准备一举铲平公共租界内的叛逆之源。

从往来电文统计，参与办案的清廷官员有内阁大学士张之洞、两湖总督端方、两江总督魏光焘、江苏巡抚恩寿、武昌前后两知府梁鼎芬、金鼎、上海道袁树勋、

南京陆师学堂总办俞明震、江汉关道梁崧生、道员杜俞、两淮盐运使赵滨彦、探员志赞希和赵竹君等。

队伍之庞大，几乎囊括了清廷在长江中下游的所有朝廷的精英。

别小看最末两个"探员"：赵竹君就是赵凤昌。前面已经讲过，1901年经元善联名反慈禧企图立储废帝时，是他帮助经元善躲过朝廷追捕逃往澳门。而在辛亥革命发生时，赵竹君的神奇作用，将在相关章节作具体叙述。

也别以为探员志赞希是小人物。志赞希是当朝国舅，瑾妃和珍妃是其亲姐妹。

另外几个官员，那时不过是道台知府，到后来也都是高官。

比如梁崧生后来是清外务部尚书，袁树勋是两广总督，赵滨彦是湖南布政使（省长），杜俞是大清总兵及民国陆军中将。

可惜的是，这一大班精英，也是内战内行，外战外行。在马上发生的《苏报》案及会审公廨的中外较量中，在邹容和章太炎的两个辩护律师面前，一筹莫展，苍白无力，不堪一击。

这个朝廷不可救药了，它的气数该尽了。

四　徐敬吾佚事

两江总督魏光焘即向下属宣讲朝廷的旨意：

《苏报》馆刊布谬说；而四川邹容所作《革命军》一书，章炳麟为之序，尤肆无忌惮。饬一并查禁拿。

这就是说要捉拿要犯了，但真要采取行动，魏光焘却犯难了。

因为《苏报》及蔡元培、吴稚晖、章太炎、黄宗仰、邹容一干人犯全在租界里，那儿归洋人管。满清的官吏是不能随便入内抓人封报的。

慈禧却不管那么多，盛怒之下，去催军机处，军机处又去催两江总督。

魏光焘没法，把重担转移给上海道台袁树勋，让他速速和租界当局联系，务必请租界帮忙抓人封报，然后把一干人犯引渡出来。

一层压着一层。

但洋人傲慢，租界工部局的总办濮兰德根本不把清政府看在眼里。袁树勋反复联系，却总是不得要领，魏光焘却不断来电催促，急得袁树勋寝食难安。曾经他派童迥去配合诱捕过蔡元培和吴稚晖，结果没成。

无计可施，便派了许多密探、缉捕、兵丁等穿便衣到租界边缘一带巡查，盼着章太炎、吴稚晖、邹容等一时高兴，放松警惕而走到了租界之外，便可以抓个把人应付上司。

别说，这瞎猫果真碰到死耗子。

魏光焘他们还真的人赃俱获，抓到了一个。抓到的不是一般的，而是一个"王"字号的人物。他是徐敬吾。前面说过，他代销《苏报》《童子世界》和爱国学社各成员的著作，还义务当爱国学社的庶务员，晚上帮着看大门。说徐敬吾是"王"字号的人物，那因为他绰号是"野鸡大王"。

邹容的《革命军》与章太炎的《驳康有为论革命书》第一批数千册一扫而空，一下收入数百元。乌目山僧黄宗仰大喜，又筹钱将这一书一文合刊重印，加大批量，广为发行。心想，如果成功，爱国学社的经费问题，就找到一条新的来源。

哪知印出之后却卖不动了，原来此时清廷发了公告，宣称看《革命军》与著《革命军》、印售《革命军》同罪，一经查出便是杀无赦。

这道公告吓住了许多人。《革命军》于是销路不畅，宗仰心中忧虑不已。

徐敬吾知道了，笑着说：

山僧莫愁，我有办法将你的书全卖出去。

于是他进了一大批《革命军》，除在自家青莲阁的书店里摆放售卖外，还背出去到处摆摊。遇到四马路的那些小姐，他也不忘推销书，许多小姐会主动与徐敬吾打招呼，因为徐敬吾过去为她们排过花榜。

徐敬吾就与她们说笑话：

快看啊，快来看，我卖的书是讲慈禧太后的，她老人家是当小老婆的，还是荡妇、卖淫妇。你们与皇太后可算是同行姐妹呀。

小姐被说得哈哈笑，各要了几本，说可以推荐给自己的客人看。

徐敬吾就这样在各种场合笑呵呵叫卖，到处招徕顾客，兜售《革命军》。果然经他的手，《革命军》倒真售出了不少。徐敬吾一高兴，不小心将书摊摆到了租界之外。这下子完了，他立马被捉。魏光焘听到，命令先押了起来。

徐敬吾被抓，上海的报纸却群起为他鸣不平，写文章骂官员乱抓人。魏光焘反倒是理直气壮了：

这人销售禁书，正是逆贼，该当擒获。

《中外日报》《新闻报》等报纸不买账不说。连最保守的《申报》也"恭维"这

总督大人"果然高明":

不是说"擒贼先擒王"吗？果然一伸手就擒了个"野鸡大王"！

这样一来，魏光焘此举在江南一带传为笑柄。本来就是草包总督，又特别要面子，气得他叫苦不得。嫌骂声难听，而马上放掉又拉不下面子。他等到后来巡捕房拘捕《苏报》案有关人员时，让手下把徐敬吾移交给了巡捕房。会审公廨初审时，因徐没列入被告，而悄悄放了徐敬吾。

不过，徐敬吾出巡捕房后，依然经营书店，替革命党推销革命报刊。柳亚子、马君武、陈去病等在"爱国学社"取缔后继续办《复报》《民报》《洞庭波》《汉帜》《鹃声》等革命刊物，也通过徐敬吾设在青莲阁的书肆出售。1907年年初，徐敬吾不慎在老北门再次被清政府密探诱捕。

五 俞明震会客

由于主犯老是抓不到，而心急的慈禧频频令军机处来电催问，魏光焘更是团团乱转，恼恨租界的洋人不讲道理。忽想起总督府曾聘了个英国人赖特作顾问，便向赖特问策。

赖特主张，在租界办这事，要在西洋法律的范围以内打主意。他告诉魏总督：

依照西方法律，爱国学社的办报、集会、演讲等，一般都不被认为是犯法的。只要不触犯法律，巡捕房便不能轻易去捕人，更不存在引渡的问题。但是，大清官方可以起诉的方式，向设在租界的法院控告有关当事人，只要能提供足够的证据，证明是涉及刑事犯罪而且足够严重，就可以通过法律程序让巡捕房抓人。对于这种从上而下的拘捕令，巡捕房只能执行，而不能拒绝。

赖特告诉总督，办这类事应该请专门的法律专家来处理，也就是要律师来代理。否则，是弄不好的。他向魏光焘推荐了担文（Drummond）与古柏（White Cooper）两律师。说起担文律师，魏光焘也熟知其人，担文曾帮助两江总督府同洋商打过国际官司，十分敬业，魏光焘很满意。

担文和古柏两律师了解情形后也认为：单凭张园的集会演讲来定爱国学社成员有罪，那十分困难，因为无法举证。

后来他们翻遍《苏报》，终于在章太炎的《驳康有为论革命书》中，看到"载洘小丑"四个字。于是大为高兴。载洘是光绪皇帝的名字。按照英国法律,言论尽管可以自由,元首却不能侮辱。称载洘为小丑,依照英国法律,的确是犯了罪。除了这"载洘小丑"四个字以外,担文又在《苏报》和《革命军》上找到了八处足以被解释为侮辱元首或鼓动推翻政府的字眼。侮辱元首或鼓动推翻政府都属刑事罪。

6月26日(闰五月初二日),江苏候补道、南京陆师学堂总办俞明震奉命从南京到达上海,协助上海道袁树勋处理查禁爱国学社、《苏报》等事宜。

同日《苏报》的《论说界》载《论江南陆师学堂指退学生为革命党事》,直指俞明震。俞明震看过笑笑,不以为然。

6月27日起,爱国学社那班人依然我行我素,不曾当回事。

当天,《苏报》发表文章《论仇满生》连续两天悼念陈海鲲。陈海鲲是福建籍学生,他对甲午中国战败,割地赔款非常气愤,认为是满族王朝的入侵压迫,才造成中国如此落后。他自号"仇满生"正就表达自己对满族王朝的仇恨。

一个多月前他由闽浙总督陈宝琛公派留日。舟至马关,不堪面对辱国的《马关条约》签订处,蹈海自杀,死后留有"杀满之声,腾于黄口"这样激烈的词句。

俞明震本来以候补道身份兼任江南陆师学堂的总办及南京路矿学堂总办。江南陆师学堂发生学潮,章士钊等40人退学,反对的就是他。退学时,他挽留过章士钊等,但没留住。为此他气恼过,但不怀恨学生。

他到上海见过袁树勋后,第二天(即6月27日)就同袁树勋一起往租界。

前面说过,濮兰德一再地拒绝了官府捕人的要求。因此,本次他俩不找濮兰德,而直接去找当值的美国领事古纳,递上起诉书和公文。

由于袁、俞两人预先请上海商务所的文案福开森出面斡旋,福开森也早早向古纳打招呼。于是,古纳便收下起诉书,同意发签票捕人。袁树勋提出查封《苏报》的要求,古纳也同意了。

为什么清政府这几次与租界交涉要找美国领事古纳呢?

当时驻上海地列强为了攫取更多在华利益,在租界内成立了一个领事团机构。该机构的首脑由英法美三国领事轮值担任,称为"领袖领事"。凡涉租界大事,均由当届领袖领事最后裁定。

此时"值班领袖"正是美国人古纳。"领袖领事"当然可以向濮兰德发指示,古纳偏向自己同胞福开森的意见:

完全没有必要保护清国"莠民",而跟大清过不去。

可租界巡捕房去不去捕人,还得看有没有英国领事的签字。英国领事满思礼

（R. W. Mansfield）就找工部局总办濮兰德商议。濮兰德曾向吴稚晖、蔡元培保证过言论自由的话。他很牛气，决定坚守自己的承诺。满思礼当然偏向自己的同胞濮兰德的意见。因此英国领事迟迟不签。

清朝与租界谈判陷入了僵局。

为此，上海道袁树勋拍案而起：

既然贵方不予合作，我方从此即撤销会审公廨这一机构。今后但凡租界内发生的案子，由你们自己处理，我方不再过问！

袁树勋的确不算窝囊废，在上海从八品的县衙小吏做起，又辗转天津各地，现又回上海道台，与洋人交涉，终归有点主意。租界内没了法庭，会直接导致辖区社会秩序无法维持。工部局无奈之下只得让步，同意了清廷抓人和封报的两大要求。但坚持要俞、袁订立据同意"所拘之人，须在会审公堂内由中外官员会审，如判有罪，亦在租界内办理"，并要暂缓封报。这折中了英美与上海道台三方的意见。不过这一折腾，又过了三天。

袁树勋无奈，便与俞明震回道台衙门，等候消息。

而俞明震却没心思去想审判的事，他倒在动脑筋让涉案众人先行逃走。于是就微服出衙到《苏报》社访陈范，陈范却拒而不见，账房程吉甫谎称：

陈范刚出门。

俞明震想起吴稚晖是自己的儿子俞大纯在日本留学时交结的朋友，便派从人以俞大纯的名义送信给吴稚晖，约吴稚晖第二天到四马路大兴里七号相晤。

6月28日（闰五月初四），吴稚晖接信后纳闷，俞大纯不正在日本留学吗？怎么忽然到上海来？吴敬恒与一位朋友同去约定的地点。

沿四马路东行一段路，进了羽春茶馆背后的一个弄堂，看见一所标有"杨进士寓"的屋子，正是大兴里七号。吴稚晖便走了进去。却见满屋是十一二岁的小女孩子，正在学唱歌，一位三十多岁的女教师坐而弹琴。吴稚晖大是诧异，这是什么地方，能进去吗？正要退出。正因为这四马路大兴里正处于"花妖妖场所"的边沿地带，容易掩盖官场人士的行踪，就像后来的蔡锷混在京师的八大胡同的故事一样。不过，吴疯子显然有点不自然。

那女教师却停了琴声，起立问道：

先生是要找俞大纯吗？

吴稚晖忙点点头。女教师就指了指屋子尽头处的木楼梯：

他在上面，请上楼去。

吴稚晖心中忐忑着上了二楼，却见一五十多岁的汉子肃容独坐窗边，吴稚晖一怔：哪有大纯？

那人站了起来说：

是吴稚晖来了？

吴稚晖点点头。

那人自称是俞大纯之父俞明震。吴稚晖忙上前以晚辈身份请安。

大家坐好后，俞明震直奔话题：

《苏报》闹得太厉害了，梦坡是我熟人。昨往，彼适出门，见其会计程吉甫。先生等劝其温和些，太炎先生似乎闹得亦太凶。

吴稚晖回答：

二人脾气，恪士先生所知，但朝政如此，亦难怪出言愤激。

俞明震听到这里，皱了皱眉，又说：

话如此说，太厉害，也叫当道受不了。

并起身至窗前案上，抽出札文给吴看，札文是两江总督魏光焘所发，上面写着：

查得逆犯蔡元培、吴敬恒，倡言革命，煽乱谋逆，着俞道会同上海道密拿，即行审实正法。

吴敬恒看到此句，俞明震便把札文抽了回去，压入书堆，忙说：

笑话，笑话。我们吃面。

一位"着青布长衫之先生"把三碗面与两盘饺子端了上来。

俞明震自己先在每盘夹了一个饺子吃了，大概是想表示并未下毒。

吴二人也就不客气，从容动筷。一边吃，吴向俞说：

请先生公事公办吧。

俞摇摇头：

我想你最好都到外国去留学，将来可帮国家革新。

吴松下了神经，说：

法国留学很便宜。

吴稚晖是根据李石曾和张静江他们的来信说的，但俞明震更懂行：

法国不好，还是去美国。我也正要我的儿子去美国留学呢。

吃罢，吴辞谢。

俞说：

我住南京芝麻营六号。我们可以常通信。称我"俞燕",你叫"吴谨"好了。

最后还补充一句:

租界巡捕房此刻恐已接到拿人的签票了,你等好自为之。

六　饬查叛党

6月29日,也就是巡捕开始搜捕革命党人的当天,《申报》赫然载明朝廷要在上海租界捉人的密电,内称:

上月某日,端方钦奉廷寄外务部呈递魏光焘电称,查有上海创立爱国学社,召集不逞之徒,倡演革命诸邪说,已饬查密拿等语。朝廷锐意兴学,方期造就通才,储为国用,乃近来各省学生潜心肄业者固不乏人,而沾染习气、肆行无忌者正复不免。似此猖狂悖谬,形同叛逆,将为风俗人心之害。着沿海、沿江各省督抚务将此等败类严密查拿,随时惩办。所有学堂条规,并着督饬认真整顿,力挽浇风。

《申报》这口气,俨然自己是朝廷喉舌。但这也提前把朝廷镇压革命党人的消息公开了。被斥为老顽固的《申报》主笔,此举看似立场坚定,但也不能一概加以指责。

前面提过,墨水瓶事件发生后,许多报纸对学生和爱国学社持同情态度。但有两份中文报纸例外,那就是上海最大的两份中文报纸《申报》和《新闻报》。尽管《新闻报》的总经理和总编辑都是原南洋公学学生,但老板是福开森。福开森是站在清政府一边,决定了《新闻报》的基本立场:表面是不偏不倚,既批评政府,也批评学生。但它批评清政府,是为了市场,为了讨好读者。它批评学生,批评爱国学社,则是为了讨好清政府。特别是两天之前,两湖总督端方直接给《新闻报》金总编去信,事实上实现了清政府对《新闻报》的绑架。在会审公廨事件的一个阶段,《新闻报》沦为政府喉舌。

当时《申报》的老板是安纳斯脱·美查等三位英国人。美查等英国人聘的总编是黄协埙,他是当时报界有名的守旧人士,厌恶西学,厌恶新词汇。《申报》在他手里被办成守旧舆论的代表。它反对革命党出于维护清政府权威,也表明主编们是旧传统的忠实卫道士。因此《申报》总站在爱国学社与《苏报》的对立面。这决定了此后《申报》必定面临危机，而最终在辛亥革命后落入史量才之手。自从到了史量才之手，《申报》才有了半个世纪的辉煌。

6月29日上午，两个巡捕闯进三马路21号《苏报》馆，就是如今汉口路20号的《劳动报》社所在地。遇到了陈范。

巡捕明知故问道：

陈范在吗？

陈范说：

陈范出去了。

这两个巡捕就不再问，也不进里面房间去搜，仅仅把拘拿票给他看，他看见上面写着有七个人的名字，除了程吉甫与陈范，还有陈梦坡、章炳麟、邹容、钱允仁、龙积之。

当场捕走程吉甫。

当天夜里，爱国学社的学联领导人沈步洲与何靡施两个人，来到了吴稚晖的寓所，说了《苏报》社发生的事件。三人议论后，决定去找陈范，商量对策。

吴稚晖与沈、何二人，马上往《苏报》社走去。路过爱国学社，在《日升楼》前，遇见章炳麟和学生敖孟姜，便告诉他们《苏报》社有人被捕的消息。章、敖二人于是也一同去。在报社，大家见到了陈范。

陈范说，程吉甫被捕之时，他本人就在现场。来的两个巡捕，家就住在邻近，而且原本彼此认识。老上海都知道：这三马路与四马路（福州路）的本就是"贴隔壁"，《苏报》馆与巡捕房相距也很近。陈范一五一十地把当时情况告诉了吴、章等五人。

陈梦坡本就是陈范的字。拘票上把陈梦坡与陈范写成了不同的两个人，这很奇怪。

与陈范原本彼此认识的巡捕，把拘票交给陈范看，却装作彼此不认识。还故意问陈范："陈范在不在"，这更加奇怪。

何梅士认为，那背后有两种可能性：一是官场习气；二是租界巡捕房有意庇护。

梅士又说：

以吾揣之，得无最初捕人，止（按：此处"止"通"只"，下同）欲得一《苏报》账房，其余纵之使逃。如一切官中把戏，凡遇重大案件，每纵大官逃匿，止将

不相干之小官捕住，即可悬案塞责，化大为小，借以敷衍。或者巡捕房亦染官场习气，用此手段，以对付新党，表示好意，以与半年来屡向我辈送其秋波之旧，不至猝然出尔反尔乎？

吴稚晖则认为那是俞明震的苦心：

俞明震以官场老习惯，对付新党，欲化大为小也。

拘票上把陈范与陈梦坡写成两个人，是俞明震故意摆迷魂阵。至于先抓一个账房，这是警告一下，同时便敷衍上峰。

吴稚晖记得俞在吃面以前，告诉过他：

梦坡我熟人。昨往，彼适出门，见其会计程吉甫。先生等劝其温和乎？太炎先生似乎闹得亦太凶了。

俞明震当时就是要吴稚晖劝陈范要温和些，要章太炎多加小心。

陈范是湖南人，在铅山当过知县，确是俞的朋友。

听吴稚晖、何靡施和陈范如此议论，章炳麟和敖孟姜听了，就冷笑。

陈范的女儿陈撷芬以为：

既然他们巡捕认识爸爸。却又不抓，此中必有缘故。

吴对陈撷芬说：

他既认识而不拘，想要放我们逃走。既放我们逃走而不走，难道是要就先将脑袋送去，方鼓吹革命了？

章、敖二人不耐烦再听下去，便说：

我们走罢。

二人悻悻而出。

陈范却笑了笑。

于是，陈撷芬雇了黄包车，把父亲陈范送到爱国学社的宿舍。陈范的姨太太，收拾铺盖行李，准备跟着走。钱允生自告奋勇不躲，要求看守报社，陈范允了。

吴稚晖与沈步洲及何梅士，也去爱国学社，准备继续商量对策。到了爱国学社，章太炎已经睡在宿舍的床上，看到这几个人来，在被中不耐烦地骂：

小事扰扰。

爱国学社内，大家都知道了情形，劝章士钊等也暂先回避以避风头。

当晚，陈范就睡在爱国学社的宿舍里。

吴、沈、何与陈撷芬及陈范的姨太太各自回家。

　　6月30日，上海道台与俞明震带着各领事签押的文件，约见美总领事古纳。工部局立即答应协助缉拿。派出的巡捕分三路，分别到爱国学社、《苏报》馆和《女学报》报馆。由于手续费时，巡捕到达的时间已是下午过后。

　　而就在当日清晨，吴稚晖、沈步洲、叶瀚先后到爱国学社。叶一进门，便向吴拱手：

　　稚公留此身以有待，枚叔先生呢？

　　这枚叔先生就是太炎先生。

　　叶瀚这话明白：稚晖先生保重，不要待在此地作不必要的牺牲。只要人在身在，何愁没有"有朝一日"？

　　说着，叶瀚便先走进宿舍里去对着章太炎喊：

　　还不快走，巡捕抓人，名单上有你。

　　章太炎说：

　　我就是不走，都第七次了，我章太炎岂怕人来抓？

　　叶瀚不断敲着门喊叫。

　　章太炎却不耐烦了：

　　要抓随便他抓，逃走的不是英雄好汉！

　　叶瀚无法，苦笑了。

　　吴稚晖不无揶揄地说：

　　他以坐牢为荣，亦很好，可谓求仁得仁矣。

　　叶瀚转向学社中的其余各人简要招呼。

　　等到吴、沈二人进至宿舍之时。叶瀚已离开宿舍走了。他还要去通知别的人，特别是黄宗仰，逮捕的名单上也有他。

　　爱国学社内有人领章士钊出外到一个同学家里暂避。而邹容与张继在另一处躲风头。

　　张继和章士钊一样，在《苏报》上也发了不少言论。但他俩有一点相同：用笔名而不用真名。比如，张继用过"自然生"的笔名，章士钊用的化名更多。不像章太炎，《驳康有为论革命书》用真名实姓章炳麟。邹容则是《革命军》小册子落款留有真名。而这两书都在《苏报》上登广告。章太炎为《革命军》作的序，也以实名刊于《苏报》上，这些，都被坦文和古柏取为证据。所以巡捕拘票上没有张继和章士钊的名字。同样蔡元培、吴稚晖、黄宗仰的名字不只是因为报上的文章，而是因为他们是总理、学监的身份，又是张园演讲的主要组织者，被指定为乱党的魁首。

吴、沈二人到了楼上，帮助陈范收拾毕，雇了三部车子，拉到新闸吴彦复的住处。吴彦复就是吴葆初。前面说过，他是吴长庆的儿子，也是中国教育会成员。不巧，吴彦复本人已去天津，吴彦复的母亲死活不肯收留陈范。

吴稚晖想到有个常州人汤中就在附近，是自己的熟人。他与沈步洲只得又把陈范送到白克路（今凤阳路）修德里汤中所办的"演译社"中。汤中欣然容纳。

就在这天下午，一队巡捕再次到《苏报》社，看看没其他人在场，就抓走了钱保仁（允生）。另一队巡捕到凤阳路陈撷芬的《女学报》报馆，抓走了陈范的儿子陈仲彝。

吴稚晖与沈步洲安置好陈范后，已是下午过半，想到学社去打探消息。沈步洲坚持自己一个人去，劝吴稚晖回家等。

而此后不久，大约六点钟的光景，章太炎正在账房算账。一批巡捕拥进爱国学社，巡捕出示拘票，念着名单，大声吆喝。

章太炎迎将上去：

别人都不在，要抓的章炳麟就是我。

巡捕立即捆绑章太炎。章说要回宿舍取必需品，不许。

至此，两天之内，章太炎、程吉甫、陈仲彝、钱保仁（允生）四人被捕，加上前些天被捕的徐敬吾共五人。

七　假"孙文"钱保仁

钱保仁也被捕了。这点，他没想到。

但他被捕后能守口如瓶，没再次向官府冒充"孙文"。也没人检举他是埋名隐姓的"孙文"。

在爱国学社成员的记忆中，钱保仁还有一个名字是钱允生，而在吴稚晖保留的张园演讲者的签名中，钱保仁签名是刘保恒。

曾经，鬼使神差，陈范铁了心相信钱保仁就是'孙文'，听不进吴稚晖的劝说。甚至，假孙文谎称广西起兵，要借5000元，陈范也毫不犹豫地解囊相助。

陈范起用章士钊后，年轻的章士钊过分激烈的排满言论，《苏报》上连续几天是一片杀满之声，激烈鼓吹反清革命。这为陈范始料未及。于是一大早就去找章士钊，章睡在床上还没有起来。陈劝章不应如此激烈，现在这样做，是自取覆亡。他要求章改变态度，务必温和，不要激进。当天，陈范声容愁惨，隐忍而退。

章士钊听后十分矛盾，面壁无言。自思助人办事，覆人之产，那不应该。但是，违背自己思想，作违心之论，也不愿意。因此，他做好了辞职准备。

不想，傍晚时分，陈范态度突变，表示坚决支持章士钊。

章士钊后来回忆说：

> 正彷徨无计间，傍晚而梦坡至，出语壮烈，较前顿若两人。并毅然执余手曰：本报恣君为之，无所顾借。余大喜过望……

原来，就是钱保仁，力赞章士钊的勇气和才能。说革命就该这样。陈范被劝说得腰杆子一下子就硬了起来，从此，更放手章士钊了。《苏报》的革命大旗越举越高，最终捅破了天。

其实，钱保仁最早是向吴稚晖冒充孙文。吴稚晖在日本，虽不去见孙文，但听到钮永建说孙文是个十分儒雅的绅士，而且孙文看一个人多是先约朋友去联系，而不会空身一人不事先通报去看别人。吴知有假，便不睬钱保仁。章太炎更是在东京早与孙文来往。章太炎和秦力山大搞明朝亡国200年祭时，孙文就在横滨请过他们喝酒。哪能不知钱保仁是冒牌？吴稚晖见陈范留下钱保仁，只是提醒陈范小心，而没去点穿。一段时间过后，没有异常，大家也就算了。不想，后来《苏报》案发，这钱保仁居然不逃不避，被巡捕抓个正着。

钱保仁后来被扣押百余天，因无证据，又因革命党人不乱说难友一句话，所以判无罪开释，继续混迹江湖。其实即使是释放后，如果大清天朝的官员听到传言，说他是假冒的"孙文"，估计也可能被抓。大清对"孙文"，管他真假，那是宁可错杀一千，不肯放过一个的。

以往，由于张园集会，钱保仁上台讲演时，每次登记的名字是刘保恒，而吴稚晖总是去收留签名单，所以吴稚晖后来回忆中，总把钱宝仁记成刘保恒。吴稚晖在《上海苏报案纪事》中提到他：

> 刘保恒者，每当张园演说，亦必登台，惟语无伦次。人以其自说开过大矿，要款子，大亦不要紧，日往苏报。至五月，我与蔡子民（即蔡元培）发见其介来一人，欲去广西起兵，要借五千元。我一日告梦坡，想刘不可靠。梦坡曰：稚公勿疑，刘至圣至仁至义。我听了大骇，且亦不值反驳，反正我们既讲革命，听他好了，即笑笑而罢。至民国后，我与蔡子民谈及，子民说，当时梦坡曾告我，刘是孙某化名，我不信，然不驳，笑笑。

这样看来，钱保仁肯是个化名。"孙文"是他"假名"。而在张园登台演讲时，

他登记的"刘保恒"这名字，是否真名，也难说。他仍然没有必要用真名。那钱允生是真名还是假名？看来没有必要较真。

章士钊后来在《苏报案始末记叙》中也专门讲起过钱保仁：

（传言巡捕要到苏报馆捕人）钱宝仁（原文如此）曾手示一小瓶，谓是绿气（氯气？），足可抵御捕役，陈范亦深信不疑。

章士钊还对陈范受钱保仁的欺骗的事这样说：

梦坡之愚陋如此，驯至促成革命史中一轰轰烈烈之事迹，恍若神差鬼使而为之。又若钱宝仁（原文如此）不骗人，苏报未必有案者然。

章士钊自己认为，陈范要不是听了这个冒充孙文的话，便不会那么放手让他章士钊在《苏报》上那么高调革命，言语收敛一些，也许就不至于爆发《苏报》案。

章士钊认定，钱保仁冒充孙文这个极近滑稽的历史细节，促成了中国这一桩惊天动地的历史大案。

这就是历史。

八　邹容投案

章太炎在当天早晨对叶瀚称"这是第七次了。我章太炎岂怕人抓。"但前面几次"被抓"的危险即使存在，也远不及这次严重。

戊戌那年，他是《时务报》编辑。《时务报》总编辑梁启超受通缉要逃，但章太炎没逃，道理简单，没通缉章太炎，当然没必要逃。其实，《时务报》总经理汪康年都没逃呢。

同年，张之洞招章太炎去武汉办报。章太炎给《楚学报》第一期写了六万字的排满文章，主管的梁鼎芬看了大怒，说章太炎该杀。而张之洞最后意见是惩罚一下，赶走了事。章太炎是被梁鼎芬拿下打了一顿屁股，赶走。

后来章太炎到台湾给日本人办报。他又写了文章批评台湾的日本总督。日本总督大怒，让日本总编驱逐章太炎。

1900年，唐才常国会案，唐才常因自立军起义失败被抓去杀头。章太炎却早已与唐才常吵翻，并断发决裂，虽国会上有名字，但与自立军无关，那也只是虚惊一场。

同年，老朋友吴彦复让他到东吴大学去教国文。本来因为东吴大学是教会学校，官府不会多过问，可他又因让学生作文写反满内容，受江苏巡抚恩良的注意，要缉拿他。吴彦复匆忙报信，掩护他逃往日本。

所以，每次章太炎要么吃点苦头而没大祸，要么朋友掩护过关，关键时候逃脱。

这次，章太炎麻痹了。他没把雷霆万钧的慈禧当成一回事，还以为濮兰德的保证算数：

只要不私藏军火，仅仅是批评清政府，没有关系。

但是，他们没有估计到的是，即使是西方国家，国家的利益和维护殖民地的言论自由比起来，后者是不值一提的。西方国家考虑到四亿两白银的赔款要靠西太后搜刮，为了西太后的面子，牺牲租界里个别中国人的权利，没什么了不起。

其实，巡捕头蓝博森也是真有点不把清政府当回事，他们先放抓人风声，再派巡捕。即使派出巡捕，也是先抓无关的账房先生，故意放主要人物。拖到第二天下午六点，章太炎只要不主动上前自报家门，而信步走开的话，巡捕依然会推托说捕不到人而空手回报。

哪想到，不等巡捕去搜捕，倒是章太炎主动上前请捕。

章太炎被抓到巡捕房先暂押候审，看到了程吉甫、陈仲彝、钱保仁和前几天被捕的徐敬吾。巡捕房设有讯问室，要查验被捕人员身份，也会告以涉嫌的指控。但这次章太炎却以为清朝对自己要新账老账一起算，既要算唐才常的"国会案"，也要算邹容《革命军》案。见龙积之（即龙泽厚）不在，见邹容不在，章太炎突然感到心态不平。他向牢头讨笔和纸，说是要写信召龙积之和邹容来自首。

他声称一个人要敢作敢为，不能像吴稚晖那样龟头缩脑。他认为自己在唐才常国会案中的情况，龙积之最清楚，而《革命军》案也是邹容最清楚，需要龙积之和邹容来与自己一起作证辨清。

邹容是他拜把兄弟。他说：

我这个把弟写《革命军》，何其大义凛然，岂临事脱逃，太无英雄气魄了！那样还不被吴稚晖看笑话了？

此时，爱国学社有学生来探监。自徐敬吾被拘以来，他们天天轮流来探望。昨天添了程吉甫，今天又添了章先生和陈仲彝、钱保仁。学生们更觉得有义务。

他们来看望，同时也安慰章太炎。特别是金松岑、柳亚子等（还有说林獬也来了），更表示要请最好的律师，不论怎么，也要救章先生。章太炎却十分自信：

不用营救，洋人敢把我怎样，就是审判，难道我章太炎不会讲道理吗？

不过，他坚称：

我已弄清楚了，吴稚晖向狗官俞明震告密，巡捕房这才签票抓人的。

学社的学生们不信，但此时最好是不开口。

学社的学生把章写给龙积之（泽厚）和邹容的信带出，当晚找到龙积之。龙积之看信，马上到巡捕房自首。

仅从这点看，龙积之就是好汉一条。

以前，因为龙积之是维新派人物，邹容和吴稚晖往往因政见不同，而不愿与他同伍。但龙积之（泽厚）并不在意，凡《苏报》或爱国学社有活动，龙积之样样参加。龙积之的爱国与反满的立场还是与革命党人接近的。这次，龙积之义无反顾地到巡捕房投案，就只凭章太炎一封信。

其实，章太炎多虑了。事实上，法庭上章太炎并没涉及"上海国会"案的起诉。即使大清是想利用那罪名来整革命党的话，添个龙积之，不过是多来个陪杀的，也绝不会因龙积之到案而赦了章太炎。这点，在以后的庭审过程就看得清楚。

龙积之后来关了半年多，清王朝没有拿出证据起诉，只想另外找罪名引渡处理，最后还是被会审公廨无罪释放。当然，如若不是租界坚持不引渡，龙积之有可能莫名其妙地被当做唐才常和沈荩的同伙被"正法"。

愿以个人一生死，来尽一份义气，尽一份人情。这龙泽厚，无愧于"泽厚"二字。

第二天，爱国学社的学生带信给在邻近避风头的邹容，在门外喊他名字，邹容却没出门见这些同学，他们本来就互相不服气。于是这些同学就在门外说，全因他写了《革命军》，章太炎为《革命军》作序而受牵连被捕。此时，章太炎号召龙积之和邹容投案的公开信也在报上登了，邹容正在屋里看报。

就在这上午，张继、章士钊也确知捕票上没他们的名字而去巡捕房探望章太炎等被捕的六人。章士钊和张继在《苏报》上激烈的反清革命文章很多，章士钊更是主笔之一。但他们用的是笔名，官府聘请的律师担文与古柏难于取证控告，再加上俞明震偏心袒护，张继和章士钊自然可逍遥在外。张继看过章太炎也赶回到住处，正遇到爱国学社的同学，于是张继把信带进去。

这时，邹容已穿戴整齐，气哼哼说要去投案。问张继，章太炎还说了什么？

张继于是章太炎的信拿了出来。邹容看罢，遂下了决心，说：

如此，没什么可犹豫的了，我去去就是。

据张继回忆：

太炎被逮，余与威丹（即邹容）居新闸新马路某里。太炎以书招威丹，威丹慷

174

慨赴义，余亦不能留，且愿成兄弟之美。

而吴稚晖回忆中提到邹容在虹口一天主教牧师家中避难，也有别的说法是在虹桥一天主教牧师的家里。这虹口，虹桥一字之差，却是两个地方。而根据张继的说法，则是在新闸新马路某里。这各说各的，谁准确？

据我看，说吴稚晖回忆中提到邹容在虹口一天主教牧师家中避难，这"虹口"二字应为"虹桥"。吴稚晖可能是听学生说的，后来追忆这段历史时，把虹桥错记成虹口了。

虹桥那位天主教牧师，不是指别人，而是指马相伯或其兄弟马眉叔。兄弟俩都是教徒，上教会学校，考取教职，只是马相伯是个退职牧师。

1903 年夏初，马相伯恢复为部分爱国学社学生教拉丁语，教学点就在徐汇天文台。沈步洲、项骧、贝寿同和胡敦复等都是爱国学社的学生领袖，又是马相伯拉丁语班的学生。从巡捕房抓人的整个过程看，沈步洲是负责爱国学社安全的，他始终都在商议对策和参与转移"重点人物"，如陈范一家及吴稚晖一家。邹容是重庆人而张继是河北人，在上海举目无亲，替邹容和张继找避难所，是沈步洲的责任。正是凭沈步洲与马相伯这层师生关系，热心救人的教会神父马先生为张、邹两提供掩护是必然的。

徐家汇正是虹桥路的起点，天主教堂、天文台及马相伯退隐的土山湾就全在那一带。所以可称马相伯或马眉叔为"虹桥一天主教牧师"。

那张继怎么说成是"新闸新马路某里"呢？

由"新闸新马路某里"这地名，可以联想到上海苏州河边的老闸桥、新闸桥及桥南的黄河路。老闸桥、新闸桥两闸桥相距 300 米左右。桥南就是公共租界的泥城桥地带，黄河路贯穿泥城桥地区。过去的新闸新马路正就是黄河路，新闸新马路某里也就正是在泥城桥地区，与爱国学社的福源里就在同一地区。

让我们先认真研究一下"新闸新马路某里"是什么地方。

《苏报》查封后一个月，章士钊、何梅士、张继又办起《国民日日报》。其注册地址除了二马路外还有一个地址是"新闸新马路梅福里"。查出来这"新闸新马路梅福里"就在当今黄河路 125 弄，近凤阳路。的确与爱国学社很近。章士钊、何梅士、张继又是刚来上海不久的外省人，上海没有地产。可以认为，《国民日日报》注册地点新闸新马路梅福里就是张继提的新闸新马路某里。

我们再看《梁任公先生年谱长编初稿》中梁启勋所写的《曼殊室戊辰笔记》：

丙申（1896 年）七月，《时务报》出版，报馆在英租界四马路石路，任兄住宅

在跑马厅泥城桥西新马路梅福里,马相伯先生与其弟眉叔先生同居,住宅在新马路口,相隔甚近,晨夕相过从。麦孺博于是年之冬亦由广东到上海,与任兄及弟三人,每日晚间辄过马先生处习拉丁文……

真相大白。

这段叙述表明,马相伯和弟马眉叔同住的家,就在新马路梅福里。梁启超一度也在梅福里。

所以,张继讲的这"新闸新马路某里"就是"新闸新马路梅福里",也是马相伯的一个居住地点。

吴稚晖的"虹口一天主教牧师家中避难"之说,只要改一个字就成了"虹桥一天主教牧师家中避难",那也就对了。"新马路梅福里"正是"虹桥牧师"马相伯家住址之一。

说在"虹桥一天主教牧师家"中避难,这虹桥一天主教牧师的家并非一定只在虹桥,完全可以在泥城桥梅福里。所以张继和吴稚晖说法是同一回事,张继讲的是具体地址,吴稚晖讲的是房屋的归属。

讲到邹容的临时避难地点,还必须交代一下前面提到过的巡捕房。当然,这里是指公共租界的总巡捕房。讲总巡捕房,还得把公共租界的工部局一起交代。因为总巡捕房作为工部局下属机构,就在同一区域。

工部局设董事会机构为最高决策。董事会董事是不带薪的,但地位高。工部局董事会的董事由英人占绝对优势,《申报》老板安纳斯脱·美查就是英籍董事之一。后来为邹容、章太炎在会审公廨上作证的外侨李德立先生(Edward S. Little)更是连当了三届的公共租界工部局董事。1928年以后工部局董事会设华董,前面提到的爱国学社童子会的赵晋卿是最早的三名华董之一。因为1927年,赵晋卿收回了会审公廨,他在中外人士中声誉很高。后来林康侯和虞恰卿等也当过公共租解工部局的华董。讲到公共租解工部局的华董,我们还可比较一下与法租界董事局的华董的区别。

工部局进行市政建设、治安管理、征收赋税等行政管理活动,形成了自己的警察、法庭、监狱等一套类似于政权的体系,最臭名昭著的莫过于"万国商团"和"中央巡捕房"。"万国商团"就是一种殖民主义的军队,巡捕房就是武装警察局。

今天在福州路和江西路交叉分成四大块的地面上,有一批经典的老式英格兰风格的建筑,这批建筑向西延伸到河南路,向北到汉口路。这就是原来公共租界的工部局所在,也是1955年以前上海市政府的办公所在。现福州路17号就是原工部局礼堂,后来长期称为市政礼堂。在上海大剧院落成以前,工部局礼堂是上海最幽雅的礼堂之一。上海交响乐团就产生于这里，它是远东最早的交响乐团之一。中国举办的第一次相对论学术报告会，也就在工部局礼堂举行，报告人是爱因斯坦，时间是1923年1月1日下午3时。

原工部局礼堂隔着四马路的对面，就是"中央巡捕房"。近60年来一直在那大楼里办公的是上海市公安局。

这样，大家就清楚了：前些日子，濮兰德或蓝博森传唤蔡元培、吴稚晖、黄宗仰和章太炎的地点就在福州路的那幢高楼大厦。这邹容将要去自首的四马路巡捕房就这里。中央巡捕房归原工部局的警务处管，公共租界巡捕房共有4739名警员，其中华籍警员3466人，西捕（the Foreign Branch，主要是英国人）457人，印捕（Sikh Branch）558人，日捕（Japanese Branch）258人。

这558名印捕就是上海滩有名的"红头阿三"。公共租界巡捕房的"红头阿三"与法租界的"安南巡捕"是同类性质。都是两巡捕房从他们各自的殖民地印度或越南招来服役当马弁的，干点听差、巡街、站岗及配合捕人等粗活。而在探案、搜查捕人及接待这些需要熟悉本地人情风物的事情，以华捕为主。公共租界巡捕房的印度巡捕之所以被喊为"红头阿三"，可能源于民间的诙谐：

印度巡捕基本是挑选较高大魁梧的印度锡克族人，锡克族人的特点是头上包扎着红头布，所以是"红头"。这些锡克族警察讲英语，又受过"礼仪"训练。每当与长官相遇，或英人长官训话结束，都会两脚后跟并拢立正，举手额前敬礼，并且嘴里齐声发出"鸭…舌…"的声音。这"鸭…舌…"大概就是"Yeah，Sir"的发音，其声音，就与沪语的"阿三"同。

"红头阿三"成了口头语，反而疏远了"印度巡捕"这"真名实姓"。

邹容只身一人步行去四马路（福州路）老捕房。讲到现在清楚了，从新闸新马路梅福里的传教士家到老捕房不远，可以步行着去。而不论"虹桥"或"虹口"都离四马路老巡捕房甚远，不是半天步行可到达。

邹容到老捕房，就往里走。门卫的华警见来的是一个小青年，就拦住：

走开，走开，小赤佬！格不是纳白相格地方。

……

对于邹容"投案过程"，以下有两种略有差异的描述。

章太炎后来在《邹容传》中写到邹容投案的过程：

闻余被系，即徒步走赴狱自首。"我邹容。"巡捕皆惊曰："尔五尺竖子，未有知识，宁能作《革命军》，得无有狂疾？速去！"容曰："我著书未刻者，尚千百卷，非

独此小册也。尔不信者，取《革命军》来，吾为尔讲说之"。巡捕既不能得容，及容自至，亦欲因以为功，乃开铁槛引容入居巡捕狱。

另外，说法与章太炎所记相近。也是说邹容自己来自首。老捕房捕头蓝博森打量一阵，感到奇怪，莫非这小孩有毛病？没见到有上门找死的，要赶他走，邹容就不肯走，还咬定《革命军》就是自己所作。

于是，邹容被捕。

还有一说则是邹容自己在法庭说的。根据的是会审公廨的审问记录。邹容并不承认自己是"投案自首"。审讯英文记录稿这样说：

关于《苏报》案，我听说逮捕令中有我的名字，由于我认为自己与《苏报》无关，所以觉得很奇怪，于是前往巡捕房询问。

当我到了巡捕房时，碰到一名外国巡捕，就询问他我是否被通缉，我的名字是否与《苏报》有关。巡捕问我的名字，我告诉了他。他把逮捕令给我看，我在几个被通缉的名字当中看到了我的名字，我被指控写煽动性的文章。

说法略有差异。但邹容是自己步行到四马路巡捕房问答中不隐瞒自己就是邹容。这点无疑问。

这里提到的一名外国巡捕可能就指捕头蓝博森。

这样，因《苏报》案，章太炎、邹容、龙积之、陈仲彝、钱保仁、程吉甫、徐敬吾七人被捕。

章太炎主动迎上去报名就捕的，龙积之、邹容主动到巡捕房投案。他们都只能用"舍生取义"来解释。

投案自首的邹容，义无反顾地为了朋友的一份人情与义气，付出了年轻的生命，登临了舍生取义的最高境界。邹容无愧是忠诚的朋友，是当之无愧的英雄。

从6月29日和6月30日，巡捕房咋咋呼呼的抓人过程看，巡捕房根本没积极性，只是想把人吓跑算数。捕到人或捕不到人，他们并不在乎。慈禧太后打屁股的竹板子，既打不到蓝博森的屁股上，也打不到巡捕房众人的屁股上。租界巡捕们懒得为大清办事。

九　查封《苏报》

6月29日后《苏报》继续出版。章士钊、吴稚晖、何梅士和张继等人继续筹稿保持《苏报》发行，甚至发表《密拿新党连志》，以连载的方式刊登了章太炎等七人被捕的过程。大清朝廷同时对《新闻报》施压，迫使其转变立场。两湖总督端方专门为此致电《新闻报》总编金煦生，要他在《新闻报》发表文章为清政府造舆论。《新闻报》突然从一度站在批朝廷和鼓吹变法的立场转而攻击革命党。

7月1日，"苏报案"发，舆论震惊。与《苏报》在革命还是改良问题上有着尖锐分歧的《中外日报》也发表社论《近事概言》，抗议当局"与言者为难"。

7月2日，上海英文《字林西报》发表社论，反对当局查禁《苏报》。英文版《上海泰晤士报》也发表抗议言论。

7月3日，中国教育会常熟支部负责人殷次伊为此愤而投水自杀。被认为顽固不化，并与《苏报》唱对台戏的《申报》，也反对查封《苏报》，并回绝了端方要《申报》替朝廷造引渡嫌疑犯舆论的要求。后来《申报》虽然继续站在保守的立场上，但它及时地也相对客观地刊登了会审公廨审判的全过程，国人了解了一些真相，使革命党人对清王朝斗争得到大众的理解和同情。原本清王朝在百姓心目中的威严恐惧形象一下子荡然无存，朝廷被看成是人人唾弃的可怜虫。人们公开把受审判的革命党人视为英雄，作为崇拜对象。当时的上海，到了没人怕讲革命，而是当心被人指为不革命而没面子的地步。

朝廷制造了《苏报》案，结果败坏了自己。

面临被查封的《苏报》继续作最后的挣扎。

7月3日，前南洋公学校监福开森代表清朝与公共租界交涉移交被捕人员失败，于是致电两湖总督端方转达了驻沪领事团的意见：

凡在租界犯案者，应在会审公廨定罪，在租界受罚。

7月5日福开森的《新闻报》发表《论革命党》，挑衅革命党人。

7月6日，《苏报》登出章太炎在狱中写的《狱中答新闻报》一文，驳斥《新闻报》：

夫民族主义炽盛于二十世纪，逆胡膻虏，非我族类，不能变法当革，能变法亦当革；不能救民当革，能救民亦当革……

吾辈书生，未有寸刃尺匕足与抗衡，相延入狱，志在流血，性分所定，上可以质皇天后土，下可以对四万万人矣。

章太炎最后豪迈地宣称：

天命方新，来复不远，请看五十年后，铜像巍巍，立于云表者，为我为尔，坐以待之。

表明自己真理在身，身为革命党人，即使死了，也是铜像巍巍，立于云表。章士钊在五十九天后回忆说：

太炎此文送出监门时，是闰五月十一日（按：即7月6日），《苏报》犹做垂死挣扎，未被封禁。吾亲将该文揭之首栏，与《新闻报》对垒，恍惚为革命党消灾解毒，弥形得意。

自7月2日后，端方下面的一些道员、知府及探员，疑心有人故意走漏风声，以至吴稚晖漏网，被怀疑的核心人物自然是俞明震。为此，两湖总督端方一再致电两江总督魏光焘、江苏巡抚恩寿，称吴稚晖是乱党头目，案内巨魁，情罪重大，要求严饬上海道将其"一体严拿务获，不可轻纵"。

7月6日，端方致电袁树勋、俞明震要将吴稚晖缉捕归案，显然已指出签发的拘捕名单有遗漏。

同一天，湖广总督端方密电两江总督魏光焘通报俞明震的儿子俞大纯在日本留学期间，曾"剪辫入革命军"，要魏对俞"不可不防"，并转告袁树勋"随时留心"。

眼看俞明震也到了自身难保的地步。7月14日，"苏报案"第一次开庭当晚，俞明震就离开上海，不再参与此案。估计是得到魏光焘的暗示，毕竟俞明震是魏光焘亲自派出的，弄得不好，不仅俞明震难堪，魏光焘也难免面子不好看。离开是非之地，自然是皆大欢喜。此后俞明震就在江南路矿学堂混下去，没有升过官。

而吴稚晖那天安排好陈范后，仍不以为意，照旧留在家编书。他之所以没太当回事，就是以前租界工部局已经传讯过六次，他的下意识以为这第七次传讯可能严重些，但不至于太可怕。

何梅士、沈步洲不时来看他。因吴稚晖也是《苏报》主笔，在此关头，章士钊、何梅士为继续出《苏报》的事，也每天必来商量。在谈话中，听到章太炎怀疑是他老吴向俞明震告密，觉得不是味道。于是他决定去探监，看看章太炎、邹容等爱国学社和《苏报》馆被捕同人。怎么说，也是革命同志啊！是同生共死的兄弟一场。爱国学社成员都没反对他的决定。

7月6日，吴稚晖混在爱国学社学生中去探监，巡捕房也没认真查验他身份。吴稚晖与章太炎、邹容等七人见了面。

吴稚晖探监，与章太炎、邹容等相见情况，估计依然是话不投机。出来后，吴稚晖与爱国学社众学生都不讲话。只有事后章太炎与吴稚晖长达十几年的争吵中，章太炎旧事重提，他在争论中指出：

……首先，"足下"确曾于"仆"和邹容入狱数日后前来探视，并自述与明震见面事，然而当邹容问"（拘捕名单）何以有我与章先生"时，"足下即面色青黄，嗫嚅不语，须臾引去"……

章太炎根据这断定是吴稚晖向俞明震出卖了自己和邹容。不然，吴稚晖为何面色青黄，嗫嚅不语？

不然官府怎么会把自己和邹容名字写到拘捕票上，而身为爱国学社主要头目兼《苏报》主笔的吴稚晖反而不被捕？

引出这几句话，不是想在章太炎与吴稚晖的"世纪之争"中得出什么倾向的结论，或表明要在他两人后来争论中偏向谁，而是他们之间那种不即不离，既是同一战壕又彼此恶言相向的奇妙关系，着实令人费解。

史料证明，吴稚晖确实到巡捕房拘留所看过章太炎和邹容等被捕的六人。或许吴稚晖是化名探监的，但也说明，即使到了这天，只要吴稚晖不主动自首，巡捕房还不会刻意捕他。

端方以《苏报》"悍谬横肆，为患不小"为由，反复去电福开森，催他"切商各领等，务将该馆立即封闭"。此处端方电报的"切商各领"意思就是要福开森设法疏通各国驻沪领事的关节。

起初，美总领事古纳以先审判后定罪为由，表示暂时不能封《苏报》。但到7月7日，《苏报》出完最后一天的报纸，古纳放弃了以往高调宣称的原则与信义，应福开森的交涉，派出巡捕查封《苏报》，取缔爱国学社。次日《申报》以《发封苏报》为题报道租界当局查封的经过。

这时，探监学生带来消息：

7月6日探监后，有人向巡捕房审讯人员讲出吴稚晖是《苏报》主笔，吴稚晖与学生商议后，决定回避，学生们马上替他们一家人买了去香港的船票。

7月9日起，英文《上海泰晤士报》连续两天发表社论，反对"未断案而先封馆"，要求"设法阻止中国守旧官员在租界妄行其权"。

就在这天，何梅士、章士钊送吴稚晖一家到码头，悄悄乘船离开上海去香港。

而同时，黄宗仰及陈范一家也潜逃出上海，与一批爱国学社的学生一起到东京。

东风习习拂征衫，别绪离情百不关。

却怪舵楼回望处，眼中犹著旧河山。

孙文在东京接待了黄宗仰及陈范。后来陈范及其妾参加过孙文秘书冯自由等组

织的反清秘密组织三合会，陈范大女儿陈撷芬，取笔名楚南女子，在东京继续办《女学报》。她与林宗素、秋瑾等继续从事革命活动，中国著名的三大女革命家相聚一起。孙文留黄宗仰同住，每日抵足相谈，成了莫逆之交。

至此，上海还留下蒋维乔、叶瀚等一批中国教育会成员，继续留在福源里维持爱国女校。

第十章

会审公廨的审判（一）

一 会审公廨

就在爱国学社发生"社""会"纠纷之际，平海澜由原来的老师推荐去日本留学。由于平海澜精通英语，课余平海澜就在日本东京留学生馆给中日学生补习英语，收些辛苦费补贴留学开销。说平海澜英语好，这点一点不假，平海澜后来就是终生从事大学英语教学的。

清朝末年，京城设立庚款留学处（就是后来的清华学堂），此时南洋公学的同学胡敦复、张季源、曹梁厦就与平海澜正留学归来了。他们就一起当了清华学校第一任教务长和第一批教授。平海澜是英语教授，教第一、第二批留美学生的英语。他的学生中有茅以升、胡适之、梅贻琦、竺可桢、赵元任，等等。

平海澜这人本分踏实，不爱出人头地。一生大部分时间和胡敦复三兄弟及张季源、曹梁厦等同学是同事。后来他当了大同大学最后一任校长，新中国成立后大同大学撤销，他是华东师大外语教学的筹建人和组织者，也是华东师大第一号的英语教授。

他一生不逐名求利，只埋头事业。这里提到他，因为他长寿，因为他诚实，还因为他是那一段历史的重要见证人之一。

这天留学生会馆外熙熙攘攘，平海澜出去一看，来的是一批爱国学社的同学。

一见面，这些同学就大嚷：

出事了，出事了……

平海澜和东京留学生们知道了国内这一重大政治事变。

此时孙文正在东京，他怀着期许的心情，接待了这些爱国学社的成员。孙文也知道平海澜正就是墨水瓶事件所在班级，并特地前来探望。

几天内还有陈范一家及黄宗仰等相继到日本。

见了面，大家欷歔不已。

好在蔡元培老师远在青岛，吴稚晖老师去了英国，现在陈范、黄宗仰也都平安脱离险境，还有同学中贝寿同和胡仁源等正准备去欧洲留学，而穆湘瑶、李叔同等一批上海同学随后也到日本学习。对此大家也略微放了些心。这李叔同后来就是声名赫赫的艺术大师弘一法师。穆湘瑶与曹汝霖、陆定等是同学，曹汝霖是谁不用提了，陆定是陆小曼的父亲，民国财政部高官兼银行家。

但章太炎、邹容等七人被拘捕，不知结局如何。着实令人揪心。

莫道秀才空造反，头颅掷处血斑斑！

朝廷勾结洋人逮捕章太炎邹容等七人后，慈禧太后心花怒放。她马上传下口谕，要求一定要将"苏报案"犯押到南京，凌迟处死

端方、魏光焘不敢急慢，抓紧实施。

《申报》等透露出他们的如意算盘是"一日逮上海，二日发苏州，三日解南京，四日槛京师"，务使"逆徒授首"，以免"徒党众盛，不办首要，祸焰更炽"，并咬定章炳麟就是革命党"巨魁"，龙积之是戊戌潜伏下来的真"康党"，而认定"巴县邹容最为凶险"。还将报馆的伙计、司账一并拿办，意欲"株连同党"。

7月4日，端方、魏光焘责成袁树勋和俞明震等主办案件的官员一定要把一干人犯引渡出来，以完成太后"懿旨"，实现"杀一儆百"的目的。

前面提过，这以慈禧为组长的专案组，知府、道台级以上的官员当然不只是袁树勋、俞明震了。比他们官大的，除张之洞、吕海寰、魏光焘、端方外，就连龟缩家里的盛宣怀也出来为朝廷出主意物色律师了。与袁树勋、俞明震同级的还有武昌知府金鼎、梁鼎芬、江汉关道梁崧生、道员杜俞、两淮盐运使赵滨彦等。他们都齐齐活动起来，出主意的出主意，找门路的找门路，个个同仇敌忾、齐心协力要完成老佛爷布置的光荣任务，用鲜血和性命捍卫王朝和太后的荣誉。

他们找来二品顶戴的洋官福开森出面通路子，以巨大利益为诱饵，力求实现引渡。为达到目的，他们还派出探员志赞希和赵竹君拿钱开路，想收买公共租界工部局濮蓝德和巡捕房蓝博森等头目。收买公共租界工部局的白银甚至出价出到10—20

万之巨，后来，不断加重砝码，通过外交部出面，以沪杭铁路路权为交换条件。他们活动频繁。短短一段时间内，与端方的联络电报就达一百九十封以上。

洋人不是不想钱，更不是不想谋求更多的特权。可是列强政府就是不同意，他们坚称，当初之所以签票捕人，是政府间达成了约定：

嫌疑犯由租界捕，在租界审。

国际约定是不能轻易违背的。

尽管一时没有成功，但朝廷方面不气馁。

租界当局当然不是珍惜章、邹等人的生命，他们为的是自身的权益。他们也权衡着，辩论着，要确定底线到底在哪里。

前面提过，章太炎邹容等七人被捕，是因为大清朝听取了赖特的建议，请律师担文与古柏搜集证据，以起诉爱国学社有关人员及《苏报》，告到法庭，再提供证据。这样做符合法律程序，当值的"领袖领事"古纳才签署拘捕令抓人。因此，被抓的章太炎、邹容等七人必须经历堂审，而且要在受理诉状的法院进行。在公共租界，起法院作用的机构称为"会审公廨"，名义上，它是属于大清国最基层的一家"法院"。

但说公共租界"会审公廨"是大清国最基层的一家"法院"，又不确切。大清国最基层只有七品县太爷的衙门，县衙门集行政、立法、司法于一身。司法方面又是集公安侦察、逮捕、起诉、审判和执行于一身。而"会审公廨"却不是这样，它不同于县衙门，而且，不只由中国官太爷起作用，到后来，洋人的副领事有时起着决定性影响。

我们不妨先了解公共租界会审公廨是怎么一回事。

会审公廨最早设在洋泾浜北首。自 1903 年后，它正式设在浙江北路 191 号。英文名是：The Mixed Court，它自 1864 年到 1927 年 1 月 1 日，共存在了 63 年。

1840 年鸦片战争失败，订立了辱国的《南京条约》。《南京条约》的附约《中英五口通商章程》中规定，英人在中国境内犯罪，不受中国法律制裁。这就是所谓领事裁判权。

美、法、俄等国以机会均等为由，也取得这一特权。

各国行使这一权力而建立的法庭叫领事法庭。但后来租界内华人与洋人混居，纠纷与诉讼越来越多，英租界当局在 1865 年，不得已要求上海当局出面处理华人及与中国无缔约关系的外国侨民案件，于是在洋泾浜北面设立了理事衙门，由上海道

台派出理事,由外国领事派出陪审官,会同审理各种案件。这洋泾浜是地名,位于公共租界内。洋泾浜顾名思义是一条河名,被填没后,形成现在的延安东路。如今洋泾浜是以它的土特产"洋泾浜英语"扬名于世界。

1869 年 4 月 20 日,经上海道台与英国领事会商,《洋泾浜设官会审章程》正式颁布,正式成立会审公廨。

这个机构确立了英国副领事的观审会审制度,规定凡涉及洋人的案件,必须由领事派人会审。按照这个章程,纯属华人之间的案件,副领事只是"观审",也就是陪审官。观审往往是"观而不审",是可以不干涉判决结果的。但在自《苏报》案进入正式审判后,清洋双方同意设立"额外公堂"来审理。自此之后,"额外公堂"被引为案例,情况大变。作为英副领事的洋观审就不安于观而不审了,往往是尽兴干涉,控制审判的过程,而且洋观审的权力往往超过中国谳员。公共租界会审公廨设立以后,法租界也设立了同样的机构,法租界的陪审官权力之大更甚于公共租界。

这样一来,名义上会审公廨是清政权设在租界的审判机构,但事实上审判过程受到西方列强干预和控制。表面上清政权拥有司法权的一个司法机关,被外国列强掌握了。

章太炎和邹容就要在这耻辱的"会审公廨"为自己的命运而奋争。

可耻的是,清王朝捧着主权,乞求这被洋人操控的会审公廨,乞求洋人的法官和律师,在自己国土上,严惩自己的国民。

为达到杀自己国民的目的,不惜重金贿赂,不惜出让铁路大权,不惜撕破自己的一切伪装,"会审公廨"使大清天朝的腐败无能、无耻和卑劣暴露得更彻底。

"会审公廨"是中国人身上的一块伤疤,是中国人心头上的痛。无数人为消除这份耻辱,进行了不屈的斗争。

但,"会审公廨"的耻辱,是先前的不平等条约造成的,是清当局无耻造成的。而革命党人章太炎和邹容,被绑架到会审公廨后,他们利用会审公廨,为自身权利而斗争,高调宣传自己的革命立场与主张,唤醒了千百万民众,谱写了自己的辉煌。革命党人和正义力量在耻辱之地,树立了光辉的历史纪念碑。

二 初审和失败的劫持

初期的引渡没有成功,但大清官员不气馁,他们做好两手准备:一手是应付法律诉讼；第二手是不惜手段，将人犯章太炎与邹容弄到手。

应付法律诉讼这一部分，任命了松江知府孙建臣为谳员（即法官），任命上海知县汪瑶庭参与审判。按会审公廨的条例里华人案子华官审的规定，孙建臣就是本次章太炎与邹容案的主审官。

除了安排主审官，还聘请洋律师为朝廷的辩护律师。原本按《大清律》的规定，是严格禁止讼师出现在公堂之上的。1903 年 7 月 4 日（光绪二十九年闰五月初十日）端方致袁树勋电：

逆党既有律师代为曲辩，亟应由尊处速延律师如担文者与之抗辩。

看来，要么，端方和袁树勋是破除迷信，解放思想，要当大清国第一个吃"律师螃蟹"的先进分子了。要么，端方和袁树勋是黔驴技穷，要拉死马当活马骑。

不管怎么说，他们事实上是违背初衷而请了强大的律师阵容，要彻底压倒六个被告人。

端方和袁树勋想继续请担文（William Venn Drummond）为律师。但此时担文不能来，只能由担文律师事务所的古柏（Mr. A. S. P. White Cooper）代替。而大清官员对古柏的表现不太满意，称其"不甚展开"。于是，处理完《苏报》馆后，又由盛宣怀推荐当时上海规模最大的哈华托律师事务所的哈华托（Wm. Harwood）为律师。哈华托也是上海资格最老、最有名的律师。这事，办案道员俞明震和上海道袁树勋1903 年 7 月 4 日致两湖总督端方的电报得到验证。

电文称：

添请哈华托律师帮同古柏办理，较为得劲。

清政府聘请如此阵容强大的律师班子，费用恐怕是惊人的。据端方与袁树勋的往来电报中都提到律师费用问题，7 月 4 日，两湖总督端方致上海道袁树勋电称：

律师所费，统由鄂任。

端方表示愿挑重担。

而袁树勋则既客气又大度：

古柏代律法官办事本有公费，即别项经费，自应由沪自筹。事关重大，惟力是视，绝不惜费畏难，有负宪意。

从言语中可以看出，这绝非是一笔小的费用，否则端方与袁树勋不会讨论这个问题。

被控方是一贫如洗的章太炎与邹容，他们自己没钱请律师。陈范的儿子本身不是被告，照理没必要请律师。但初审时，被告方也有律师，他们是博易律师事务所

的博易律师（Harold Browett）和高易（Dowdall，Hanson&McNeill）律师事务所的雷满。被告方的初审律师，有说是工部局指定的，更有许多记载说是金松岑请的，也有说是吴葆初或林獬请的。金松岑和林獬都同是爱国学社的同志和朋友，当然应该。金松岑小有经济能力。而林獬是正直报人和杰出革命党人之一，到了这时该是会为同志而两肋插刀的。吴葆初是章太炎老朋友，也参加了中国教育会的活动。章太炎狱中投寄的《与吴君遂书》，谈到吴君遂（即吴葆初）资助其律师费用 300 元墨银（按：墨银指的是墨西哥银元）。同时，被告陈仲彝也可自己承担一些。但这人命官司的律师费恐怕不是小数字，他们三人加上陈仲彝及爱国学社其他同人同学集资聘请才对，而非独立聘请。

这点，我们可以从端方收集的探员来的密报中看出。端方在上海的探员总会把章太炎与邹容的状况进行汇报的。这探员大概就是珍妃的弟弟志赞希，志赞希与端方都是旗人。一份密报称：

闻无力延订律师，出钱恐乏巨款。

就是说，不论金松岑还是吴葆初或林獬，更不用提其他的同事同人，他们单独捐助的钱都没有达到巨款的地步。

而聘律师该花多少钱？

参看前面对朝廷方面的律师费阐述，我们可以粗测。

那被告方的初审律师究竟是私聘的，还是工部局指定的？

据光绪二十九年五月初八日《申报》载《会党成擒》：

有律师博易者投案声称陈等已延本律师声辩，请订讯期。

这是指 1903 年 7 月 2 日，邹容自首一天后，《申报》的《会党成擒》中指出，博易律师已到法庭查问开庭日期，声称是私人延请的。这里的"陈等"，该是指陈范儿子陈仲彝，就是被告方。

又据 1903 年 7 月 15 日（光绪二十九年五月二十二日）《申报》载出《初讯革命党》一文，讲到律师。文中称：

政府律师古柏及哈华托带同舌人到案，邹容等亦延博易及高易公馆律师琼司之伙雷满上堂声辩。

指明博易和雷满是邹容等"延"请的。

但同在初审的第二天，派到上海协助办案的金鼎向梁鼎芬通报信件《金鼎致梁鼎芬书》却称：

诸逆律师系工部局代请，该局自谓泰西律法，从不冤人，凡有穷迫不能雇律师者，国家代雇等语。

端方把看到金鼎汇报时的无奈心情电传给张之洞：

闻各犯律师系工部局代请，不知何心。

端方想不通啊！

对于被告律师是工部局代请还是自聘的叙述，存在矛盾。这也可以反过来推断：邹容、章太炎的律师是"公派自费"的。律师由工部局推荐并尽点义务，同时，也从被告那里得一部分"收费"。

但不管怎么说，不论是朝廷请的律师，还是被告的律师，他们后来在会审公廨的表演，给国人上了极其生动和难忘的一课。

原本许多人认为，这是一边倒的审判。

朝廷官员当主审官，用的也是朝廷的法律，聘请的是最强大的律师。

可预见的结局必是，这邹容、章太炎将败得惨不忍睹。

但令人奇怪的是，《苏报》案在会审公廨历7月14日和7月21日的两天初审，占绝对优势的大清朝廷一边却表现出一付匆匆过场的景象。

怎么回事？

让我们看看这过程。

7月14日，《苏报》案在租界会审公廨进行初审。

会审公廨谳员孙建臣、上海县知事汪瑶庭（懋琨）会同英国副领事迪比南（B. Giley）公开审问。前面提到过，在会审公廨内，如案件不牵涉到外国人，主审官为中国官员，适用的法律也是中国法律。上海县知事汪瑶庭作为所在地的县官及迪比南作为租界方的代表参加审问，他们的身份是"观审"。"观审"可以理解为陪审员。但这"观审"的身份在不同情况下会发生变化的。

原告是大清帝国，由古柏及哈华托为诉讼律师。

被告是章炳麟、邹容、龙积之、钱允生、程吉甫、陈仲彝六人，博易和雷满为辩护律师。这雷满是高易律师事务所琼司的合伙人。

这里请注意：前细提到，1903年7月1日止，总共有7个人被捕，可这里怎么只有6人受审？细心的读者一定会发现，少掉的那位是徐敬吾。

上海的各大报纸对章、邹、钱、徐四人的被抓大肆报道，为他们鸣冤叫屈，向租界当局施压。就连与朝廷步调一致的《申报》都拿徐敬吾的事挖苦朝廷，取笑魏光焘。

在预审前夕，朝廷不把徐敬吾列入被告名单，所以暗中释放。

　　徐敬吾出狱后，继续开书店。店门口挂上自己穿着囚衣的照片，向路人展览，招揽生意。柳亚子等爱国学社旧友来看望，徐敬吾又接手为他们售革命书刊。

　　7月15日的《申报》报道了7月14日法庭审判的情况。说章太炎长发披肩，"其衣不东不西，颇似僧人袈裟之状"。邹已剪掉了耻辱的辫子，穿西服，其他人都穿华装。《申报》记录了这些生动而且具体的细节，恰恰是这些细节构成历史的真实。章太炎自1900年断发明志，与唐才常分手后，就一直留披肩的半长头发。说他衣服"僧人袈裟之状"，那是指他穿着仿日本的和服。

　　主审官孙知府按程序逐个问明被告的姓名、年龄、籍贯、身份等，然后由原告律师古柏申述案由。

　　古柏指控《苏报》和章太炎、邹容"诋毁圣上，呼为小丑，立心犯上，罪无可逭"。为支持指控，古柏就读了几份《苏报》的摘录，来作证。

　　古柏念道：

　　盖自乙未以后，彼圣主所长虑却顾，坐席不暖者，独太后之废置吾耳。殷忧内结，智计外发，知非变法，无以交通外人得其欢心；非交通外人得其欢心，无以挟持重势，而排沮太后之权力。载湉小丑，未辨菽麦，铤而走险，固不为满洲全部计……

　　……载湉者，固长素之私友，而汉族之公仇也。况满洲全部之蠹如鹿豕者，而可以不革者哉？

　　证词中的这载湉就是光绪，长素就是康有为。

　　孙知府听到古柏念到以上证言时，如坐针毡，浑身冷汗。忍着哆嗦等古柏读完诉状后，孙建臣带着颤抖之声对章太炎说：

　　本官与尔等素无冤仇，切毋重复昔日逆乱之言！

　　其惶恐之状，引得旁听席一阵爆笑。

　　孙建臣脸色苍白，这孙知府为何如此反常？

　　原来，按照《大清律》，在公堂上，主审官不能允许"谋反言词"被当众重述，如果案犯谋逆的言论不被制止，那主官也要课以重罪。

　　原来，这是牵涉到"防扩散言论"的大问题。

　　"防扩散言论"导致章太炎敢说，而孙知府不敢听。会审公廨既不是知府衙门，也不是"联动"小将们设的牛棚，那里再野蛮，也还是不可以动不动来个"大刑伺候"的。毕竟，洋鬼子即使是要当婊子，还是要同时竖牌坊的。既然孙知府无法通过掌嘴打屁股的办法制止被告说出"防扩散言论"，那只好向被告求情，让被告不说。从而，章太炎在公堂上处于居高临下的地位，而孙知府处于被动局面。

到了讯问被告时，孙建臣以为章太炎也是"功名在身"，就问：

得自何科？

章太炎得意地大声嚷嚷：

我本满天飞，何窠之有？

将封建科举的功名说成鸟巢，又引发法庭旁听席哄堂大笑。

章太炎坦承，《驳康有为"论革命"书》的确是他所写，不过，那只是与他人相互讨论问题的信件。所指书中"载湉小丑"四字触犯清帝圣讳一语，他只知清帝乃满人，不知所谓圣讳。"小丑"两字本作"类"字或作"小孩子"解。至于《苏报》论说，与他无涉，是实。

并直言"不认野蛮政府"。

问讯轮到邹容。邹容只坦承《革命军》是他所写，除此而外，不置一词。

程吉甫是账房，供称在职务上只管告白（广告），不管言论。

钱允生供称本名宝仁，允生两个字是号，他称自己和《苏报》社毫无关系。平时钱允生再喜欢瞎吹牛皮，到此时也直到不拿自己生命开玩笑，也没坦白承认过去冒充孙文的事了。

龙积之供称，本名泽厚，是广西桂林人，贡生出身，以知县身份分发四川，到过成都，对于"自立军"散发"富有票"的事丝毫不知，坚称自己与《苏报》无关。

陈仲彝坚称无辜，而清廷谳员孙知府不管这些，想要让陈仲彝代父认罪，就问：

尔能代父受罪否？

陈仲彝答复说：

不能。

因被告人达六人，各人情况差异，问答时间各有长短，一圈下来，时间差不多了。当日没作判决，孙知府宣布七天后，即7月21日廷审继续进行。于是退庭。

章太炎蔑视这种审讯，事后他写信给朋友：

噫嘻！彼自称中国政府，以中国政府控告罪人，不在他国法院，而在己所管辖最小之新衙门，真千古笑柄矣！

退庭后，章太炎、邹容等被用马车送回巡捕房。持枪荷弹武装军警列队护送。

一路上，市民蜂拥观看。

章太炎见状突然心情大好，回顾左右，吟诗曰：

风吹枷锁满城香，满城争看员外郎。

但马车开得很快，武装军警又远远驱赶围观的群众，市民们还没看清章、邹两人的模样，车就已经过去了。

百姓们啧啧遗憾，说这两人是天大的英雄，敢骂皇帝朝廷，巡捕来抓也不怕，真是豪杰之士。

情绪不错的章太炎和邹容不知道，看热闹和表达钦佩心情围观的市民也不知道，就在巡捕房与法庭之间送审和退庭的途中，在热烈的市民人群中，潜伏着五百名便衣士兵。他们正准备一拥而出，要将"一干人犯"抢夺下来，塞进备好的马车，将他们押到江宁，凌迟处死。

不过，这端方、魏光焘和袁树勋算计得再周密，行动再诡秘，他们还是功亏一篑。租界方面做了严密防范：传讯时，每一被告身边陪坐一名英捕，每辆马车都有英捕跨辕而立警戒着，大批英捕驰车带剑，夹在前后，每个街巷隘口拐弯处，都有巡捕站岗戒备着。

见租界当局如此警戒森严、如临大敌，袁树勋只好作罢，带着他的人马悄然退出租界。

事实上，租界工部局早就做好准备。租界工部局对《苏报》案被捕人员的安全，曾做了周密的布置。开庭前一周，工部局捕房接到口头指示：

如果发生对这些羁押嫌犯中任何人被撤回起诉，或宣判无罪释放，要求采取步骤防止他们重遭正常逮捕或非正常逮捕。

工部局董事会为此作出指示是：

在此种情况下，将护送羁押犯登上驶往香港或日本的轮船，随他们意愿。

看来，朝廷的重大机密，只是有效地封住平民的耳朵眼睛，而瞒不住强大的外敌。甚至，强大的外敌早就有潜伏的心腹参与了重大机密的决策。防不胜防啊！

也有人说，袁树勋搞的武装劫持，是表演给朝廷看的，做给端方及端方派到上海的密探们看的。他可能事先就故意泄露给租界当局，在上海当道台，那是不能得罪洋大人的。和洋人可以磨嘴皮子，也可以玩刀弄枪，不过都只能限于表演，而不能来真的。

朝廷看到了，这袁树勋还真不赖：带大队便衣武装潜入租界，埋伏好要抢"人犯"，差只差"临门一脚"了。大清"国脚"能到临门起脚的地步，就算是明星了。

当然，袁树勋确是个人物。他早在上海县衙门当八品小吏时，就认识了市井小混混的朱葆三和虞洽钦，从他们身上学到不少东西，他们后来都是上海滩风云人物。当上海道台后，又结交了著名乡绅李平书等人。他支持李平书的市民自治活动，李平书也利用机会，聚集了力量，甚至合法地组织了一支后来用于推翻清政权的武装力量。

《苏报》案后，租界洋人利用"苏报"案中"特别公堂"的案例，扩大洋人对会审公廨的控制，形成司法特权。袁树勋倒也据理力争，与洋人争夺过司法权。1905 年，广东妇女黎黄氏涉嫌拐卖人口罪一案，袁树勋在乡绅和百姓的声援下，挫败会审公廨的判决，使得外国领事的嚣张气焰有所收敛。

袁树勋凭他的手腕，一度成了大清的官场明星。他平步青云，事后没几年，官至两广总督，达到李鸿章末年的位置了。

7 月 21 日午后，《苏报》案进行第二次庭审。

庭审原告律师仍是古柏和哈华托。

被告律师是博易和琼司。琼司本次亲自出庭，他要为被告作无罪辩护。按程序该轮到被告律师出庭辩护了。

可是，孙建成却让古柏律师当庭提出请求：

朝廷正与租界当局交涉，在此项事宜尚未达成之前，不方便继续审理。

被告律师博易马上反对，并针对《苏报》案诉讼主体问题，当堂诘问：

古律师所请改期会讯，堂上不能允从。若云交涉事机，究与何人交涉，不妨指明。况《公共租界章程》，界内之事，应归公堂审理。现在原告究系何人？其为政府耶？抑江苏巡抚耶？上海道台耶？

并指向古柏追问：

你古柏律师声称代表原告，那你到底代表谁？是上海道台，还是江苏巡抚？

古柏说：

我代表清政府！

博易要求法官出示原告委托书。

谳员孙建臣抢先发言：

系奉旨着江苏巡抚饬拘，本分府惟有尊奉宪札行事尔。

遂将札文出示。

博易律师乃冷笑曰：

以堂堂中国政府乃讼私人于属下之低级法庭，而受裁判乎？

孙谳员不能答。

博易立即乘机反驳：

原告律师如不能指出章、邹等人所犯何罪，又不能指明交涉之事，应请将此案立即注销。

是啊，原告没有明指控被告犯什么罪，没罪弄到法庭来干什么？

法庭既然受理，审判中途又突然提出停审而讲不出交涉什么名堂。原告无故要求中止审判，可以认为原告理屈。博易律师提出"将此案立即注销"是有道理的。

原告哈华托律师对此表示反对：

仍俟政府将交涉事机议妥，然后订期会讯。

哈华托律师的这一句反对也是及时的。虽不是理由，但却是一种权利。

对哈华托律师的"然后订期会讯"意见，孙建臣及英总领事署迪翻译"皆曰诺。"

这英总领事署迪翻译就是副领事迪比南。注意，两次庭审到现在，对迪比南的记录只有一个"诺"字。迪比南说的应是华语的"同意"，这老《申报》记者写成文言文通讯稿时，变成一个"诺"字。迪比南作为中国通，是绝不会用"诺"来代替"同意"的，英国人念汉字"诺"会被以为是念英语的"NO！"。不过，迪比南当"观审"当到此时，他没越轨：洋"观审"对华人案件，不多说话。

但这洋"观审"在以后来《苏报》案审判中，却一反常态，非常活跃，牢牢地控制了审判的全过程。其中原因，在介绍"特别公堂"时就清楚了。

上文中许多文言词句，引自《申报》光绪二十九年闰五月二十八日的《二讯革命党》。

于是章、邹等人又被押回了巡捕房，二次庭审草草收场。

7 月 21 日这天，上海道台袁树勋应邀参加驻沪领事团会议。按例，驻沪领事团的会议，常邀请上海道台参加。至于袁树勋利用会议进行交涉点什么，那是道台的事，与法庭审判毫无关系。法庭审判借故停审是没有理由的。

这因为：

其一，被告犯罪是否成立，与道台领事开不开会毫无关系。道台领事彼此交涉也好，不交涉也好，都不能改变审判程序。别说是道台领事，就是国家最高立法当局要修改法律，也一样不能改变原定的审判程序，原定的审判必须以未修改的法律为准。

其二，法庭独立于行政，不受任何行政态度的影响。当然，主审法官宣布停审，那就无话可说。就如足球裁判提前宣布比赛停止一样。

袁树勋在参加的驻沪领事团会议上，要求废除原订租界会审和租界定罪的协议，将《苏报》案案犯引渡给清政府。

注意，《苏报》案闹到这地步之前，已无俞明震的身影了。通过探员的汇报，端方已觉察俞明震"行为不轨"。

三 引渡之争

为达到严惩章、邹等人的目的，无奈的清廷只好求通过外务部与各国政府及驻京大使交涉。

其实，朝廷也早就开动外交机器。7月9日，清政府外务部侍郎联芳以庆亲王奕劻的名义拜访英国代理驻华公使焘讷里（R. G. Townley），请求他从中调停。当日，焘讷里致电英国代理驻沪总领事满思礼（R. W. Mansfield），要求他提供关于《苏报》案问题的报告。7月10日，满思礼奉命向焘讷里提供了调查报告，明确表示不应交出《苏报》案被关押者。

大清也知道，政治犯不属于引渡范围。当时，国家政治这术语不普及，国家政治通称为"国事"。于是天朝首先声明，章邹二犯不属于"国事犯"，应该引渡。

大清军机处出面代表大会清廷与列强展开外交论战。他们认为：

此系中国著名痞匪，竟敢造言诬谤皇室，妨害国家安宁，与国事犯绝不相同，按西律亦应解归中国办理。

端方派出谈判的知府金鼎认为：

《苏报》倡言革命是预谋在租界外犯叛逆之罪，租界内无命可革，则此案与租界何涉？

此时这金鼎代表端方，取代了俞明震，尽力要达到引渡的目的。

由于各帝国在华利益各不相同，从而对于"引渡"，态度也不一致。公使团中意大利与中国利害关系最小，也不担心与清朝结怨，他们明确表示：

此系公罪，而报章之言论自由久已准行于租界，无俟上海道之干预也。

意国的态度强硬，不让上海道台插手《苏报》案。

而同在7月9日这天，美国大使康格（Edwin H. Conger）接受了清政府外务部的要求，致电美国驻沪总领事古纳，转告了清政府关于引渡章、邹等人的要求。

美国原本与英国是同胞一家。只是，福开森是美国人，又是大清顾问。福开森私下许诺，如果帮上忙，有许多利益。由于福开森的底下活动，美国驻沪总领事古纳已偏向大清。

但在公开表态时，康格大使亮出的主张是：

最好还是把《苏报》案交由上海领事团办理。他不公开支持或反对别国大使的意见。

美国大使在苏报案中的表现似乎令人费解。他一开头就听任美国驻沪领事古纳在上海的行为。但公开表态时又含糊其事。而古纳当时正是上海领事团轮值的"领袖领事"，就是他同意拘捕苏报案当事人，逮捕令和封闭苏报馆的命令就是古纳签署的。

但古纳显然也顾及"同胞"英国人的意见，他声称尊重已达成的协议，坚持《苏报》案嫌疑犯必须在公共租界审讯，在公共租界执行。因为这是当初上海道台、工部局和巡捕房及英美领事达成一致的协定，是作为公共租界工部局巡捕房同意执行捕人和封报的条件，他没有必要违背自己参与的协定。

坚决主张支持大清朝，把"罪犯"引渡给大清惩处的是法国和俄国，他们也是最早表态支持交出《苏报》案被关押者。在列强内部争论《苏报》案问题时，法国驻华公使吕班（M. Dubail）首先表态，交出"案犯"，理由是这些人被控"谋反"和"煽动造反"，已被证实犯有被指控的罪名。如果拒绝清政府的要求，租界会变成煽动谋反的中心，也会损害各国的商业利益。

俄国公使坚决支持法国的意见，因此在《苏报》案交涉初期，法、俄结成联盟，与英国的立场针锋相对。

俄国人在上海公共租界管不了什么事，说不上多少话，他发狠话干什么？还有法国，他可以在法租界横行霸道。但爱国学社及《苏报》案又不发生在法租界上，要它说什么狠话？

当今若干专家评论这事时，以为法国和俄国是"比较尊重中国主权"，或出于对中国"较为温和友好"，那就太曲解了那段历史。他们显然讲不清楚，为什么法国和俄国要坚决支持清朝严厉惩办《苏报》和爱国学社。

这点，法俄两国心里比谁都明白，他们显然比当代中国专家们更精明。

爱国学社举行的巨大抗议声讨活动是针对什么国家？爱国学社及其机关报《苏报》公开点名批判的外国是什么国家？又是哪些国家几乎到嘴的肥肉，因学生们的抗议而几乎变成美梦一场？不弄通这些问题，对这段历史就毫无发言权。

1903 年，爱国学社组织上海各界在张园的"拒法反王"运动波及全国，勾结法国殖民军的内奸王之春声名狼藉，官位被夺。同时，法国军队被迫从广西退回越南的谅山，霸占中国广西及窃取矿山和铁路权的美梦落空，法国为此损失惨重。单就这件事，法国能不恨爱国学社？能不想惩罚章太炎和邹容？虽说，邹容没参加上海的"拒法反王"运动，但逮捕章太炎和邹容，就是清朝镇压爱国学社镇压爱国学社也是法俄内奸王之春一再挑动的结果啊。凭直感，爱国学社是法国的冤家对头。法国外交官再笨，也不至于要去庇护自己的冤家对头。

沙皇俄国能不赞成清朝镇压爱国学社？是谁在中国发起声势浩大且旷日持久的"拒俄运动"？是谁搞"拒俄义勇队"要发动中国军民回收东三省，使几乎要实现的"建立黄色俄罗斯"美梦落空？那还不是爱国学社这批人？同样，王之春不仅亲法，更是倒向俄国的奸人。还是那位王之春，他建议向占领东北的沙俄割地。

沙俄没有理由反对朝廷杀光这批"逆历史潮流而动的无知中国人"。

中国人阻碍了俄罗斯建立黄色俄罗斯的伟大历史进程，阻碍了沙皇统一东方黄色人种的历史进程。在沙俄心目中，区区章太炎和邹容等六个人怎不该杀？1900 年，他们占领东三省时，就屠杀不少于 30 万关东中国人，谁说过一声"不该"？

说法国和俄国是"比较尊重中国主权"，或出于对中国"较为温和友好"的中国专家们显然头脑发昏了。"比较尊重中国主权和较为温和友好"的荣誉是靠占领东北三省或广西来表达的？是靠屠杀几十万中国人来显示的？专家们总是错把仇家看成亲人了。

其实，就是不让引渡的英国，或态度动摇的美国，又何尝是为了珍惜中国人的生命？他们也不过是为了自身利益，为了标榜自己文明而已。

尽管列强表面态度不一，但对维护清朝统治，利用清政权来搜刮 4 亿五千万两白银的庚子赔款的目的是共通的。据中国报纸的记载，美国驻沪领事古纳就批过邹容的《革命军》：

逆书笔端犀利，鼓吹武装革命，杀戮满人，痛诋皇上，西人何故保护此辈莠民，使其谋为不轨，安然造反耶？

是啊，支持了革命党，将来推翻了大清天朝政权，谁去完成庚子赔款？

由于大清与列强的国际交涉在秘密进行，国内媒体处于被蒙蔽状态。到1903年8月18日《中外日报》才刊出第一则消息：

> 近在北京地方各公使因上海《苏报》馆一案，英国参赞之意，以为诸人不应交与华官，日本公使以为未尝拘人。以前上海道既与各国领事立有约章，现在即应照约办理。惟俄、法两国则欲助中国政府，将诸人交于华官，故其中彼等之意见各不相同。美公使之意以为莫妙于仍交上海领事办理此事也。

也就是说，英国参赞竭力支持上海总领事及工部局濮蓝德，日本公使似乎支持英国。此时的日本唯英国马首是瞻，唯英国马屁才拍。日本人要跟英国走的态度，大家是看得清楚，谁让人家大英帝国是海上霸王？

看到了列强的矛盾，清廷办案者看到一丝希望。他们提出的宗旨是：

交涉全贵审机，能无失国体，即可定议。

那就是要快，只要有可能，就不惜代价。

其实对于朝廷而言，还有多少国体顾忌可谈？为了整六个莠民，还不是早就捧着主权到租界去拜洋人，求洋人家的巡捕、监狱来收拾了吗？

清廷办案者也知道，既然动用引渡条例，那就要符合条件：

一是"政治犯可以拒绝引渡"，按当时用语是说，"国事"不属于引渡范围；

二是"有证据表明被引渡者在引渡国无法受到公正的审判的话，可以拒绝引渡"。

这两条，都被列强在口头上拿出来对付大清王朝。

对此，清廷办案者的宗旨是，"交涉全贵审机，能无失国体，即可定议"。在交犯与定罪方面，张之洞主张与各国婉商，"此六犯若复出，皆只以监禁了事，绝不办死罪"。

端方拟补救主权办法两条：

一，拟由地方官审讯，仍照律定罪，请旨办理，俾知朝廷法外施仁；

二，由外务部照会各公使，申明和约及照会交犯章程，嗣后不得援以为例。

这说明清廷曾以不办死罪，并准备把章、邹罪名定为"造妖书妖言"，说得好像是"造谣诽谤"，像是皇帝与平民之间的民事纠纷案，不像是"国事"罪，这样一来就较容易应对列强。同时，还声明这仅是唯一的例外，下不为例。但这些谈判措词，被他们自己后来的行为戳穿。

7月24日至30日，焘讷里几次打电报与英国外交大臣蓝斯唐侯爵沟通，通报《苏报》案的情况。为寻求法律依据，英国外交部于7月29日致函皇家法官，请求法官就《苏报》案问题提供司法意见。

而此时中外舆论强烈谴责清王朝，反对引渡和迫害六名被拘留者。

7月24日，《江苏》杂志发表短评《祝苏报馆之封禁》，指出思想、言论、出版，"此三大自由为神圣不可侵犯之物"。香港《中国日报》和《上海泰晤士报》等纷纷发表评论表示，如外交团决定引渡，"应予以反抗"。这《江苏》杂志，就是秦毓鎏等办的，柳亚子，张继和陈去病等都是主要写手。

8月4日，英皇家法官提出报告，主旨是不予移交《苏报》案。8月5日，英国首相在下院宣布内阁关于《苏报》案问题的决定。同日，蓝斯唐侯爵通知焘讷里，拒绝交出《苏报》案被关押者。

英国蓝斯唐侯爵在上议院谈到《苏报》案时说：

此次诸人因刊登激烈之词于报纸，以致逮捕，余尝一读其译文，亦不能不称为最激烈最勇猛之议论。

称他们被租界拘捕是"受上海道之促迫，不得已而出此"，同时表示坚决不能移交给清廷。美国国务院电令驻华使节，强调不得将章、邹等交给清廷处置。并提出要将主张引渡的上海领事古纳调任。

与此同时，英国又与法国协商，争取法国的支持。8月18日，法国外交大臣口头表示愿意与英国联合行动，此后两国驻华公使在如何联合行动的问题上达成一致。由于英国的坚决反对，《苏报》案问题最终还是由公使团讨论决定。在10月3日、14日的公使团会议上，除了俄国和德国反对，葡萄牙等国未出席，荷兰未表态外，其余各国均与英国保持一致，最终达成共识，核心意思是《苏报》案被关押者不能交给清政府，应在会审公廨审讯，如果需要依据中国法律审理，中国可以派更高级的官员参与。

《苏报》案如此引起世界的重视，实在出乎大清天朝的意料之外，也超出革命党人自己的想象。

清国官僚们向租界当局提出引渡一干人犯的要求彻底失败了。

其实，到了8月份，清政府已准备接受引渡失败的事实。

造成清政府外交失败的一个重要原因是慈禧制造了骇人听闻的沈荩案。同时黄炎培的新场遇险事件也在报上公开，传得纷纷扬扬。世界舆论一致指责清朝的残忍与恐怖，舆论一致反对向清朝引渡《苏报》被拘人员。各国政府基本上采取了相同的立场。

那这沈荩案和黄炎培的新场遇险事件又是怎么回事呢？

四 黄炎培新场历险记

前面说到在蔡元培的倡议下，黄炎培回到川沙县办学普及新学并宣传革命。1903年他与同乡张访梅、陆逸如一起将川沙"观澜书院"改办为川沙小学堂，黄炎培被聘为总理，但他这总理是义务的，不拿薪水。黄炎培从此开始了他终生不渝的教育事业。

因为当时学堂规定不能招收女生，黄炎培又和堂兄黄洪培创办了"开群女学"。这有点像蔡元培他们再开办一个"爱国女校"。

黄炎培不仅办学，而且开展群众性的活动，每个星期举办开放的演讲会，向大众警示中国被列强瓜分的危险。演讲会场所遍及浦东各地。

不料，一场演说使他几乎成了刀下之鬼。1903年6月18日，他和两位青年知识分子应邀到南汇县新场镇演说。演说现场十分热烈，"百里之内，舟车云集"。此时正值吕海寰、端方主张镇压爱国学社，地方痞棍借机诬告他们毁谤皇太后、皇上。南汇知县戴运寅于6月23日将黄炎培等四名青年当做革命党捕获。

知县衙门的张贴告示称：

照得革命一党，本县已有拿获。起获军火无数……

戴运寅请功，火速报两江总督魏光焘和江苏巡抚恩寿。26日中午，督、抚会衔电令南汇知县实施"就地正法"。

就在就地正法的电令到达之前一刻，上海总教堂美国总牧师步惠廉和上海建筑业巨子杨斯盛将他们保释出来。杨斯盛先在6月23日当天急筹五百两银子，用这银子聘了洋律师。步惠廉和杨斯盛出面愿以身家担保求放人，通过洋律师操作，抢先一步救了黄炎培等四名青年。

杨斯盛连夜给足川资，让黄炎培离开上海，仓促亡命日本。

船出吴淞口，茫茫黄海，回望大陆，只见一片黑夜。

值得一提的是，步惠廉救黄炎培等四个青年脱险后，有中国牧师建议，乘机劝他们入基督教。这位来自美国的总牧师正色说：

我救人为的是爱人，宗教信仰完全自由，哪有乘机要挟之理？

半年以后，知县被撤职，于是黄炎培和在日本结识的刘三等人一同回国。回国后，黄炎培在杨斯盛支持下，办起了著名的浦东中学，浦东中学培养了蒋经国、蒋纬国、张闻天、王淦昌、陈芳允、范文澜、罗尔纲、钱昌照、潘序伦、董纯才、叶君健、马识途、殷夫、胡也频、谢晋等名人。黄炎培创办了"江苏教育会"，因"中国教育会"是蔡元培老师办的，按老师的宗旨，他办一个"江苏教育会"以响应是理所当然的。不想这"江苏教育会"反而更长寿，后来成为上海辛亥革命的一个重要活动据点。当然，黄炎培还是后来中央大学的创办人。中央大学的前身南京高等师范（"南高"），黄炎培是两位校董之一。

1905 年，黄炎培在上海加入同盟会，后来代替出国的蔡元培，担任上海同盟会的总干事，正式成了革命党领袖人物。后来的新舞台也把黄炎培的这段经历搬上舞台，编排成有声有色的新戏《新场镇》向市民演出。

黄炎培故乡川沙，现成为浦东新区的核心组成部分。而与之相邻的南汇，也就是黄炎培遇险的地方，也在 2009 年，与浦东新区合并成更大的浦东新区。巧的是，宋庆龄的母亲就是川沙人，宋庆龄父母结婚后，就一直住黄炎培家。所以黄炎培家祖屋，既是黄炎培故居，也是宋庆龄、宋美龄、宋子文及宋耀如故居。

杨斯盛是泥水匠出身，13 岁从浦东进大上海学生意。1890 年，上海建海关大楼。海关大楼先由意大利建筑商中标而杨斯盛落榜。但意大利人在地基打桩时，遇到大难题而失败。这难题后来被形容成：如何在豆腐里立钢针，如何在稀泥深潭上造摩天楼。杨斯盛临危受命，挑起重担。终于靠实践经验克服了难题，渡过难关，建成了上海外滩第一名楼——海关大楼。120 年过去了，这海关大楼依然风采照人。中外专家称赞她既有法国凡尔赛宫的雄伟，也有英国白金汉宫的秀丽，更有意大利圣马克教堂迷人，她是中国建筑业一座丰碑。杨斯盛待人诚信，受人敬重，从此成了当时中国最大的建筑总承包商。

当然，上海建设中最关键的理论问题后来由孙钧院士和刘建航院士彻底解决了，如今上海稀泥地上，到处是高楼大厦，雄伟桥梁，五六十米深处，隧道地铁交错纵横。但120 年前的小泥水匠杨斯盛，能历尽艰辛，解决这难题，并开了在上海建高层大厦的先例，不愧是中国建筑业的精英。上海浦东中学有杨斯盛的铜像，他与盛宣怀、孙中山和李平书一样，成了上海文明进化的代表人。上海平民为这四人立了铜像。

对杨斯盛，这是即兴而论，因为担心大家忘记这位好人。杨斯盛发财，全用于修路造桥，办学搞公益事业。如今辉煌的浦东小陆家嘴最早就是杨斯盛在那儿改造

烂泥渡渡口及建烂泥渡路。

折回来说说别的人。

这时陈由已即陈独秀也遭遇与黄炎培相似的经历，刚从安庆逃到上海。前面说过陈由已在故乡安庆发动拒俄运动，在安徽组织"爱国学会"，要与上海"爱国学社"联合革命。5月17日，陈由已在安庆藏书楼发表"拒俄救国"演说。安徽大学堂、武备学堂和桐城、怀宁等县公学的学生等约300多人前来听讲。清廷安徽巡抚聂缉规下令"县首访扑陈某"。陈由已被通缉，当年8月逃亡上海，找到张继、谢晓石。于是到了新创的《国民日日报》，结识爱国学社的章士钊、何梅士、陈去病、金天翮等。

1903年8月，《国民日日报》发表了《南汇之风云》。魏光焘、恩寿、戴运寅企图凭几句逸言，不加审讯就要杀害黄炎培等四名青年。他们的卑鄙行为被章士钊写出来详细披露，清政权的凶恶残忍被揭露无遗。中外报刊纷纷转载宣传，引起舆论轰动。此时，英、美、法、俄这些国家正在为是否将章太炎和邹容引渡给朝廷的事辩论不休。看到此报道，从黄炎培历险，联想到朝廷一定也会残忍地对待章太炎和邹容。再加上上海的美国传教士把黄炎培的事件传回国内，要美国的教会通过国务院施加影响，外交部门对上海领事古纳表示了不满，致使美国国务院要求驻华大使纠正引渡的态度，并提出调动古纳的建议。

同时中外报刊又揭露清皇朝制造了另一起令人发指的恐怖事件。慈禧下令，残酷地把披露"清俄密约"的新闻记者沈荩折磨至死。

上海公共租界终于拒绝了清朝引渡章太炎和邹容的要求。

五　杖毙沈荩

我们注意到天津的《大公报》在1903年7月下旬，接连几天刊登一小段让人摸不着头脑的新闻。第一则新闻是在7月21日（光绪二十九年五月二十七日）登出：

肃亲王于二十三日奉旨交拿人犯三名，于虎坊桥地方拿获。其被拿之故及所拿者何人，俟访明再布。

这里的二十三日就是指公元1903年7月17日。

这肃亲王名善耆，是刑部尚书王大臣，也就是后来川岛芳子的老爸。报纸说他抓到三个钦犯。因为是奉旨抓的，什么人，什么罪，有待记者明天继续采访或打听。看来是一则重大新闻，就是没能讲清，好像是故意让读者去当"丈二和尚"。这记者是真不知情，还是故意吊读者的胃口？不得而知。

《大公报》7月23日继续报道：

前日，本报记肃亲王奉旨交拿人犯一节，兹探悉，被拿者为沈某，系经某大员面奏，并牵涉戊戌之事云。

终于透了点底：钦犯姓沈，牵涉到康党。

7月24日报道：

沈某在北京被拿，已纪本报。兹得悉北京来函云，沈荩系江苏太湖洞庭山人。此次被拿之故，因无赖倪某向沈借银三百两，沈未诺，倪遂衔恨。故被诬告被拿云。

有点头绪了：被捕的"主犯"是江苏太湖洞庭山人沈荩。前面讲过，沈荩参加过唐才常搞的上海"中国国会"，参与策划自立军起义，沈荩为自立军七军之一的右军统领。起义地点是湖北新堤，自立军右军共有六个营。1900年7月24日，沈荩携带花银2000余元赴新堤，研究部署在新堤举行武装起义的具体事宜，并决定在8月15日举行起义。三天后，沈荩得知汉口起义失败，唐才常等主要领导人殉难的消息后，立即召开紧急会议，表示了"继续已死者之生命，完成已死者之志愿"的决心，决定提前举行起义。

28日，右军起事。当天晚上，新堤卫队营偷袭清军水师营，各地自立军2000多人纷纷响应，自立军的黄绫旗插遍新堤全镇。

但马上被镇压。

起义失败后，沈荩辗转来到上海、北京，当了记者。

难道，沈荩因小人出卖，就仅仅是因为自立军的往事才被捕？

8月2日《大公报》刊发沈荩之绝命词。

前北京拘拿之沈荩，已于初八日被刑。今得其绝命诗四章，照录如左：

狱中铁锁出郎当，宣武门前感北堂。菜市故人流血地，五忠六士共翱翔。

今年三十有一岁，赢得浮名不值钱。从此兴亡都不管，灵魂归去乐诸天。

（按：这里选录两首）。

8月4日《大公报》继续报道：

拿来刑部之沈荩，于初八日被刑，已志本报。

兹闻是日入奏，请斩立决。因本月系万寿月，向不杀人。奉皇太后懿旨，改为立毙杖下。惟刑部因不行杖，此次特造一大木板。而行杖之法，又素不谙习。故打

至 200 余下，血肉飞裂，犹未至死。后不得已，始用绳紧系其颈，勒之而死。

9 月 14 日《大公报》称：

探闻政府自杖毙沈荩后，各国公使夫人觐见皇太后时，谈及沈之冤抑，皇太后亦颇有悔意。已面谕廷臣，会党要严拿，万不可株连良善，致离人心，等语。近日政府十分和平，绝无不合公理之举。盖恐驻京各国公使喷有烦言也。

9 月 16 日《大公报》又说：

……当杖毙时……骨已如粉，未出一声。及至打毕，堂司以为毙矣。不意沈于阶下发声曰："以还不死，速用绳绞我……"

又闻发旨之先，有政务处某君面奏于皇太后云："万寿在迩，行刑似不吉祥，宜轻其罪。皇太后遂改旨速杖毙。政务处某君原为保全沈荩，见皇太后改旨，亦不敢抗奏……"

哎，这沈荩死得悲惨，惨绝人寰！

难道，就为自立军起义的事？不都过去 3 年了？如此"菩萨心肠"的老佛爷怎么还如此恨得刻骨铭心？

再说，四亿中国人都不知道的国内事，怎么外国公使夫人都知道，还来找皇太后说沈之冤抑？

事情已经过去 2 个月了，这《大公报》还是欲吐又吞，说得不明不白。这究竟怎么回事？

原来，这事还牵涉到更深一层的阴谋，一个见不得人的卖国罪行被揭露。沈荩正是为了唤醒大众，揭穿了朝廷一个巨大的卖国阴谋：

那就是朝廷与沙皇俄国炮制《中俄密约》，出卖蒙古与东北的主权。沙皇俄国所提出的七点要求，通过《中俄密约》得到保证。

正因为沈荩通过报刊公布《中俄密约》草稿，使得《中俄密约》尚未签署，其详细内容即暴露在光天化日之下。这加剧了从上海到全国以至日本东京留学生的拒俄爱国运动，掀起世界舆论的强烈反应及各国政府对俄国愤怒和对清政权的鄙视。

《中俄密约》从而彻底破产。恼羞成怒的慈禧太后，终于极其残忍地杖毙了沈荩。

最卑鄙的人不只因为它做了最卑鄙的事，而是因为他要消灭一切敢于批评卑鄙的人。

原来，1903 年，沈荩从旗人庆宽和前翰林吴士钊口中得知中俄两国要签订密约的消息。为阻止清政府的卖国行为，决心在签约之前把密约内容昭示天下，让全国人民认清清政府的丑恶嘴脸。

经过多方努力，沈荩最终通过政务处大臣王文韶之子搞到了《中俄密约》草稿的原文。沈荩迅速将《中俄密约》草稿寄给了天津英文版的《新闻西报》，《新闻西报》收到后当即原文刊登。随后，国内外各大新闻媒体纷纷转载，日本新闻界还专门为此出了一期号外。

而庆宽和吴士钊却因慑于"坦白从宽，抗拒从严"的威力，出卖了沈荩。所谓肃亲王于二十三日奉旨交拿人犯三名，其实就是庆宽和吴士钊骗住沈荩，使他毫无防备地被捕。

夏历六月是光绪出生月，也称"万寿月"。同时慈禧太后也正在操办自己生日。按例"万寿月"不执行死刑，恼羞成怒的慈禧太后还是极其残忍地下令要将沈荩"斩立决"。政务处一官员想救沈荩一命，就提出建议："万寿月"行刑不吉祥，应从轻发落。慈禧太后又改发谕旨："着即日立杖毙。"

政务处官员原本想好心救人，结果反而使沈荩死得更惨。

7 月 31 日（阴历六月初八），刑部大堂 8 个狱卒手拿特制的大木棍，准备行刑。沈荩面对狱卒，大声说道：

快些了事！

于是，8 名狱卒轮流捶打沈荩的四肢和背部，时间长达 4 个小时之久。沈荩被打得血肉横飞，"骨已如粉"，其状惨不忍睹，但沈荩自始至终"未出一声"。这时，堂司以为沈荩已死，下令停止捶打。不想这时沈荩用微弱的声音说道：

速……用绳绞我……

见沈荩还没有死，堂司又下令以绳勒其颈，而始气绝。

中国人自己不知详情，但外文报刊已详细报道了。这使整个世界震惊不已。

狱中章太炎知道此事，想起 1900 年自己与沈荩一起在张园参与"中国国会"的经历。感慨不已，写了一首诗。正好这天，柳亚子等探监来了。看到柳亚子等人，章太炎很高兴。在狱中，章太炎仔细看了柳亚子前次带来的《江苏》杂志。《江苏》杂志就是军国民教育会的首领秦毓鎏等创办，章太炎赞扬《江苏》杂志上柳亚子所编的《郑成功传》。还说：

（《江苏》）杂志草创时，辞颇喧塞，数期以来，挥斥慷慨，神气无双，进步之速，斯为极矣。而弟所纂《郑传》，亦于斯时发现，可谓智勇参会，飙起云合者也。

谈及教育会领袖各散东西及爱国学社遭取缔，社员无处安生，不胜感慨而又寄托希望。他说，教育会虽"分散"，"爱国诸君，亦既飘摇失所"，仍有柳亚子等"尽力维护"，"亦令奴性诸黄，不以爱国分散之故，遂谓天下之莫予毒也。"

临走，他让柳亚子把写好的纪念沈荩的诗带出，发表在1903年9月《浙江潮》上：

狱中沈禹希见杀

不见沈生久，江湖知隐沦。萧萧悲壮士，今在易京门。

魑魅羞争焰，文章总断魂。中阴当待我，南北几新坟。

8月23日，林獬、蒋智由、连梦青、刘鹗等在上海愚园开沈荩追悼会。章太炎在狱中为沈荩写好祭文，由主祭人会上宣读。

这里提到的连梦青、刘鹗是何许人？

前面提到罗振玉在南洋公学主持东文学堂的事。这刘鹗原是罗振玉当家教时的东家，也是罗振玉的好友。罗振玉研究甲骨文，就是受刘鹗的影响，是由于刘鹗提供了甲骨片和自己的研究著作后，引起罗振玉的极大兴趣，于是带自己在东文学堂的学生王国维进一步研究。

连梦青是沈荩在天津的朋友。清俄密约被揭，沈荩被害，连梦青受牵连，被迫逃亡上海。因衣食无着，谋生艰难，只能卖稿为生。刘鹗知道连梦青卖稿不够开销，但为人耿介，不肯受人银两，于是创作《老残游记》，写成稿子交给连梦青，让他卖给文学期刊《绣像小说》以弥补。据说，当时的稿酬是每千字五元。刘鹗先是将《老残游记》的前几回交给连梦青，然后是伴随着小说的连载，陆续编下去。后来因出版方擅自更改书稿惹怒了连梦青，于是连梦青拒绝售稿，刘鹗因此中断了创作。

六 《国民日日报》

前面提到，6月下旬，就是发生大逮捕事件前，蔡元培去了青岛。

7月初《苏报》和爱国学社查封后，陈范一家和黄宗仰及一批爱国学社成员如李叔同、平海澜等到了日本。胡仁源、贝寿同等分别到英国、德国等西方国家留学。

敖嘉熊则回浙江闹革命去了。在爱国学社成员的回忆中。敖嘉熊状貌壮实，有威仪，性豪迈，慷慨任侠，愤世嫉俗，与章太炎同是浙江人。在爱国学社里，他最崇拜章太炎老师。他编写《新山歌》一书，宣传革命。第二年加入光复会，是光复会在浙江省的领袖之一。敖嘉熊的家一度成为浙江革命党的联络处和据点，徐锡麟、秋瑾、陶成章常在此聚会。后来敖嘉熊家财耗光，聚会处才转到大通学校。徐锡麟、秋瑾遇难后不久，1908 年敖嘉熊也在一个夜晚于野外意外去世。他的朋友陶成章在《浙案纪略》，为之叹息不已，认为敖嘉熊之死，使浙江的革命蒙受重大挫折。

敖嘉熊是爱国学社第三位离开人间的愤青，他一直保持着激烈的抗争精神，在激烈的抗争中死去。在敖嘉熊之前，爱国学社已有两位去世。其第一位的是何梅士，第二位是邹容。

而吴稚晖于 7 月 9 日乘船离开上海去香港后，又拖家带口去了伦敦。在伦敦吴稚晖过起了半工半读的留学生活，他一面当排字工人，一面学习英语，再正式上课。每天十五六个小时不止。他的生活也十分艰苦，因囊中羞涩，每天都要费尽心思和时间去市场搜买低廉的死鱼烂肉，应付一家生活。但他却甘之如饴。

此时，南洋公学首批留英学生曾宗鉴、李复基、胡振平、赵兴昌都经过两年学习，陆续拿到硕士学位离开剑桥或帝国理工（伦敦大学）。于是，吴稚晖又劝已在日本留学的丁文江等三人到英国留学。加上随后来的胡仁源、沈步洲和张轶欧，到德国留学的贝寿同和夏元瑮，终于又"热闹"起来。1905 年，孙中山到伦敦拉吴稚晖入了同盟会，从此孙、吴成了莫逆之交。同盟会伦敦总部的事务也全归吴稚晖处理。吴稚晖、李石曾办《新世纪》周刊宣传无政府主义，两人成了中国无政府主义的鼻祖。后来，蔡元培和钮永建先后到德国，于是吴稚晖、李石曾、蔡元培、钮永建和张静江等联合成为欧洲同盟会。

除了去海外留学的，在上海最后还余下两批人马：其中一部分以项骧、邵力子、沈步洲、张轶欧及胡敦复为首共四十几个，在马相伯帮助下，筹备成立了震旦大学（学院）。谢无量、马君武当了《中外日报》的记者。谢无量还与马一浮办翻译社。除此之外，章士钊及章行陶两兄弟、何梅士、张继、柳亚子、陈去病、蔡寅、金天翮、林獬等人对《苏报》被封愤愤不平，他们要继续办报。

1903 年 8 月 7 日，就是《苏报》查封一个月后，章士钊、何梅士、张继、谢晓石、卢和生等创办《国民日日报》，陈去病、金天翮、柳亚子、高旭、林獬、陈由己、刘师培等为主要撰稿人。《国民日日报》在公共租界登记注册，社址设在上海英租界二马路中市街，实际出资人为江西人晓石（也说是浙江人），另推一位广东东莞人卢和生为发行人。

谢晓石是留日学生，也是留学生青年会的核心成员。前面讲过，日本留学生组

织的军国民教育会派遣人员回国当"运动员""宣传员"或策划武装斗争的暗杀团。谢晓石是回来与爱国学社联络的，还碰上《苏报》遭遇劫难，许多成员想东山再起，于是谢晓石出资，与他们一起办报。

《国民日日报》又为什么要找东莞人卢和生当发行人？

卢和生是从英国海军工程学校毕业的老留学生，自幼生长在香港，算英国籍人士，英文名为 A. Gomoll。他曾在上海任《上海西报》记者。《国民日日报》用他的名字在英领署注册，并登记在公共租界内，以避免重蹈《苏报》被清王朝暗算的覆辙。

前些年，秦力山和杨荫杭在日本东京办《国民报》时就借用英商经塞尔（Kingsell）为名义上发行人。

手法如出一辙。

至于这二马路是什么地方呢？二马路就是九江路。前面讲过，四马路是福州路，三马路是汉口路，那一马路可猜出就是南京路，南京路当时称大马路。英国伦敦有个舰队街是发行报刊的，上海的"舰队街"就是"三马路"和"二马路"。

办报的这些人主要来自两方面：一个方面是前中国教育会和爱国学社的成员，如章士钊、何梅士、张继、陈去病、金天翮、柳亚子、高旭、林獬。其中章、何、张都参加《苏报》编辑出版和撰稿。另一方面是刚刚回国不久的日本留学生，如谢晓石、苏曼殊、陈由己，他们都是留日学生的革命团体青年会、拒俄义勇军和军国民教育会的参加者。

陈由己逃亡上海，正遇大逮捕，好不容易找到张继、谢晓石。经介绍，认识了章士钊、何梅士，参加《国民日日报》工作，负责文稿的校对，帮办总理编辑。陈由己与章士钊、何梅士、张继四人朝夕相处，经常工作到深夜，每每到次日清晨才离案休息。这是陈由己（陈独秀）从事媒传、办报刊的发轫开端。

《国民日日报》还在新闻新马路梅福里租了一楼一底，楼下置印刷厂，楼上编辑室。章士钊、张继、何靡施、陈由己等几个负责编辑校对的外地人就住在楼上。苏曼殊后来从日本到上海，也参加了《国民日日报》的工作。苏曼殊负责将《悲惨世界》译成小说连载，发表在副刊《黑暗世界》上。

当时办报工作条件十分艰苦，薪金待遇极差，陈由己在小楼上，足不出户，终日埋头文字，"兴居无节，头面不洗，衣敝无以易，并也不浣。"

一天清晨章士钊见他袒衣露肩，居然看到星点白物，密不可计，惊讶了：

仲甫，何物耶？

陈由己漫不在意：

虱耳。

章士钊为此大为感慨。

"新闸新马路梅福里"这个地方，就是邹容自首前避难的地址。

《国民日日报》宣告其办报目的是："图国民之事业"。因为"当今狼豕纵横，主人失其故居，窃愿作彼公仆，为警木铎，日聒于我主人之侧，敢以附诸无忘越人之杀而父之义，更发狂呓，以此报出世之期，为国民重生之日。"

《国民日日报》坚持革命主张，批判改良保皇。特别是在《苏报》案的审讯过程中，对章太炎、邹容大力声援，对"黄炎培事件"及"沈荩案"翔实报道，曾风行一时。

值得一提的是：

它发表了作者"无畏"的《黄帝纪年论》，公然摒弃清朝皇帝的帝号，改用公元和黄帝纪元并列的办法纪年，"以发汉种民族之观念"。《国民日日报》是中国第一个用黄帝纪元来纪年的革命派报纸。这"无畏"就是刘师培的笔名。

《国民日日报》的政治主张与《苏报》相同，但它吸取了《苏报》的教训，注意了斗争的策略，宣传上不求"爆炸性之一击"，不作孤注一掷，确保报纸尽可能站住脚跟，锲而不舍地"造国民之舆论"。而篇幅及取材则较《苏报》为新颖。发刊未久，风行一时，时人普遍称它是《苏报》第二。

《国民日日报》的出版使两江总督魏光焘坐立不安。年底，他指使地方黑势力投诉，指责《国民日日报》"扰害大局"，于是发布禁阅命令，并令人满街张贴。结果成了反宣传，反而使报纸销量大增。最后魏光焘下令禁止大清邮政系统发行《国民日日报》，京师的大清外务部也行文给大英帝国把持的总税务司，要它转知邮政局，毋得代寄，以"杜其销路，绝其来源。"

不久，《国民日日报》的销售部经理李少东以报纸卖不出去为由，停发了大家薪水。编辑部没有办法维持，只好决定停刊。

1903 年 12 月 3 日这天，就是会审公廨的额外公堂重新开审《苏报》案的那天，《国民日日报》出了一期。没想到，那竟成了最后一期。

报社中的经理部和编辑部，此时发生争执，最后还通过租界法庭打官司。在上海的同人同志如冯镜如、叶澜、连梦青、王慕陶等等为避免重新爆发爱国学社那种"社""会"分家的往事，都积极奔走调处。香港《中国日报》社长陈少白听到这事，认为同志内讧，有碍大局。特亲自来上海设法和解，并设宴邀集沪上诸同志联

络感情，最后双方同意息事而止。

这叶澜、王慕陶原来就是中国教育会和爱国学社成员。王慕陶后来出任驻比利时参赞，创办远东通信社。远东通信社是中国最早创办的通讯社之一。

但《国民日日报》经诉讼风潮，人心浮动，和解后虽都想重整旗鼓，但已元气大伤，编辑散去大半，最后没能复刊。

《国民日日报》停刊后，何梅士也去日本留学。但三个月后，何梅士病逝。何梅士的死因，是得了脚气病。前面提过，王国维在1901年12月，以南洋公学译学院东文学堂优秀学生的名义，由老师罗振玉推荐公费留学日本，也是刚过三个月就得了脚气病。经公学当局同意，王国维中止留学回国。

日本那个年代，因民生艰难，饮食单调，加工过度的大米因米糠尽失而缺乏维生素，得脚气病的比率很高。得病之后，又不知病因更不知如何医治，于是这脚气病是高得病率加上高死亡率。据日本军队内部统计，1894年甲午战争，日军死亡最多的竟是脚气病，而战场死于清军枪炮的竟只是第二位。

上海最早得到何梅士死讯的是刘师培与章士钊，闻讯后最悲痛的是陈由己。何梅士没活过24岁，他是中国第一份青年杂志《童子世界》的主编，是墨水瓶事件后的那批愤青中还保留"童子会"愤青本色者，离开这个世界的第一人。陈独秀或许从这时起，就萌发再办一份青年杂志的愿望。

后来人们知道了，这脚气病，只要及时补充维生素，就会没事的。但一切太晚了，已经救不了那些先走的人了。

此时，蔡元培也已由青岛回上海，继续与蒋维乔、叶瀚、蒋观云等中国教育会的同事办爱国女校，同时另开办一个爱国学校招收男生。这爱国学校已不是原先的意义的"共和"学校了。爱国学校招来了一位名叫陈英士的学生，据蒋维乔回忆，陈英士对数学挺感兴趣。

1904年冬，俄兵再次攻进奉天，中外震动。蔡元培办《俄事警闻》，社址为新马路昌寿里，专门刊载沙俄侵东三省消息，以唤起民众警觉。后来改为《警钟日报》，利用国土沦丧，抨击满清朝廷。《警钟日报》主笔是林獬、林宗素兄妹及刘师培、陈去病等，它继承了《苏报》与《国民日日报》的传统立场，发行量相当大。到1905年2月20日，再次被朝廷封禁。陈去病和柳亚子不气馁，开办《二十世纪大舞台》杂志。林獬更再次办白话文报，定名为《中国白话报》。徐敬吾又与柳亚子等联系上了，接受期刊销售。

说起林獬，应该承认他的白话报文报纸办得很成功。他先是《杭州白话报》的总编辑，1903 年年底又办新的白话报。前面还说到，孙揆均在无锡就办过《无锡白话报》。还因《国民日日报》复刊无望，陈由己回安庆也办起《安徽白话报》。反正这时，白话文报在江南十分普遍，也十分流行。它们有一个共同特点：白话文报都鼓吹革命。因为革命党都知道，通过白话文更能唤起广大的普通民众，革命需要广大的民众来参与。

1903 年 12 月，林獬和林宗素兄妹的《中国白话报》在上海新闸新马路昌寿里 71 号创刊。注意，这新闸新马路昌寿里 71 号与新马路梅福里很近，也就是说与《国民日日报》《俄事警闻》和《警钟日报》等原本就在一起。而办报的大都是原来参与爱国学社的那批人，办报地点也都在泥城桥一带。

《中国白话报》首日刊称，该报是办给那些"种田的、做手艺的、做买卖的、当兵的以及那十几岁的小孩子阿哥姑娘们看的"。声称"巴不得我这本白话报变成一枚炸弹，把全国的种种腐败社会炸裂了才好"。接着，该报发表了《郑成功传》《扬州十日记》等反清作品，用多种形式向读者介绍沙俄侵华的野心和列强瓜分中国的危机，与同战壕的友报如《中国日报》《警钟日报》互相配合，成为辛亥革命时期影响最大的白话报刊。

前面说过林宗素在日本留学时，发起"共爱会"，参与中国留学生的爱国拒俄排满活动。返沪后，与蔡元培等一起办《俄事警闻》。林獬任《警钟日报》主编时，著文赞扬孙中山及其领导的运动。孙中山曾书"博爱"二字回赠。之后兄妹俩在《中国白话报》，公开鼓吹以暴力推翻帝制。林獬后来加入光复会，辛亥出任国会议员，继续办报。因揭露曹锟贿选总统，林獬再次入狱。出狱后，于 1926 年 8 月 5 日又因揭露军阀张宗昌，被张宗昌骗入鸿门宴，不肯屈服被杀害。北伐成功后，由林森等扶柩回乡安葬。1986 年，国家民政部追认林獬为烈士。林宗素在辛亥革命成功后，从女革命党转为海外女实业家，最终是南洋富婆，原先她挣钱的目的是用于支持兄长办革命报刊的。林氏兄妹的结局，在墨水瓶事件出来的那批愤青中，又是一种形式。

当然，《苏报》事件多年后，办得十分成功的报纸是叶楚伧、邵力子办的那个《民国日报》。不过，这没啥讲头了。

七 震旦大学与复旦大学的开办

1903 年 7 月 7 日，爱国学社连同其机关报《苏报》被大清朝和租界当局联手取

缔后，爱国学社成员以项骧、邵力子、沈步洲、张轶欧及胡敦复为首共40几个，在马相伯帮助下，成立了震旦大学（学院）。

由此，历史把震旦大学（学院）成立的时间，定格在1903年7月7日以后，也就是1903年夏天。

由于震旦大学在1952年全国院校调整中解休，而震旦大学（学院）成立时没有正式登记或在报刊发表公告及公布章程条例，成立后没有人系统整理出大事记一类的文件，所以后人回忆震旦大学成立时间有多种说法：

把震旦大学与中国历史人物或事件最早挂上钩的年月是1901年。不知百度百科或维基百科有关马君武的条目是谁写的，也不知为什么那样写。百度百科或维基百科都写道：

（马君武）……1900年入广州法国教会所办丕崇书院学法文。1901年入上海震旦学院……

你看，这里的马君武是"1901年入上海震旦学院"的，而马相伯也一再声称马君武和于右任是自己最得意的震旦学生，并以他们为荣。同样，马相伯也把贝寿同看成是自己的学生。

马君武和贝寿同是马相伯的学生，这没疑问。但马君武和贝寿同能否因而算震旦的学生？

我们前面提到，1901年南洋公学特班成立时，校当局想开法语与拉丁文课，但缺教师；于是想到"退隐沪西土山湾"的马相伯兄弟两。但马相伯虽说愿意兼课，但坚持义务教授。南洋公学特班方面也觉得，既然是义务，就不能劳动马相伯来校。同时，让"退隐"（面壁）的教士在公学进出，对谁都不适合。于是，马相伯提议，由校方推荐学生，定期上门求教。经自动报名及特班教习蔡元培的推荐，有24名学生要参加学习。

这24名学生就是黄炎培、项骧、贝寿同、邵力子、沈步洲，等等。而马君武正好从广东丕崇书院来，参加其中。照现在说法，这就是办了一个业余法语拉丁语补习班。

没多久，马君武留学日本。又因涉姚煜辩案，1903年春夏间与邹容张继先后参加爱国学社。是否因此，后人把马君武1901年参与的'法语拉丁语补习班'当做"震旦学院"了？

不论马君武学法语时震旦学院算不算已成立，马相伯把马君武看成自己的学生，这点是不会错的。后来，马君武在爱国学社取缔后，与谢无量一起当了《中外日报》

的记者，而到 1904 年，他又回日本留学去了。因为辩案后，姚煜、钱午在日本也干不下去了，而留学生监督汪大燮，对革命党人并不太坏，马君武回日本留学已无顾忌。但没有人证明，马君武是否到 1903 年 7 月 7 日后还参与"震旦学院"了。同样，马相伯把贝寿同看成自己的学生，这点也是不会错的。尽管没有证据表明，贝寿同在爱国学社取缔后，还参与震旦大学的筹建。

带着少许疑问，我们来看看震旦大学如何形成。

查《震旦学院杂志》第一年第一期《绪言》中称：

自庚子拳乱后，海内志士有鉴于欧美之强盛，我国之孱弱，遂幡然省悟，非灌输泰西各国新知识，为我国补救之方针，维新之基础，不足与列强颉颃于世界。时丹徒马公相伯，以通达著儒，热心教育，方旅居于沪西土山湾，瑞安项君伟人，因于癸卯春，纠合同志，负笈造庐，愿为门下士。马公遂为之擘画经营，商之天主教会，权借徐家汇老天文台为校舍，定名为震旦学院。

这里有时间，有地点，也有人物。

这癸卯春就是 1903 年春天。

"徐家汇老天文台"这地点，就是如今中科院上海天文台所在地。而土山湾是一个历史名称，原先那里有个人工堆土积成的"小山"，故取名"土山"。后城市建设，被削平了。土山湾在如今的徐汇蒲汇塘路一带，著名的上海电影制片厂（海燕）就在那里。

这人物是马相伯及"瑞安项君伟人"。项伟人就是指项骧，他字伟人，原是"特班"学生。说'纠合同志，负笈造庐，愿为门下士'，就是说项骧等一批爱国学社成员愿意继续拜马相伯为师，学拉丁语。

这样，马相伯为了恢复拉丁语班，就正式开始计划经营，并与教会商量，借徐家汇老天文台作校舍，定名震旦学院。法国教会派了数名洋司铎（神甫）担任义务讲座。据称，这"震旦"二字，乃梵文"中国"之谓，内含"东方日出，前途无量"之意。

雄鸡一鸣东方亮。法国人也喜欢吉利词汇，不是用"高卢雄鸡"代称法国人吗？

既然《震旦学院杂志》指明取名震旦学院是癸卯（1903 年）春后的事，那 1901 年马君武进的"震旦学院"，其实是早期拉丁语讲座，属于业余的补习班。

前文也提到，1902 年蔡元培在万般无奈之际，求过马相伯帮忙。到 1903 年，马相伯终于以实际行动来兑现。1903 年春天后恢复了拉丁语班，项骧、邵力子、沈联（步洲）、张轶欧、胡敦复等一批老学员，在 1903 年春夏间，又恢复去听马相伯的

课。这就是《震旦学院杂志》第一期《绪言》中称的成立的"震旦学院"。此时，震旦学院有教室、有教师、也有了学生。虽然一开头还是业余的。马君武和贝寿同这时参加听课也是可能的。

不知道，爱国学社这批 45 名学生具体是哪一天搬出福源里到天文台，反正，1903 年 7 月 7 日后，除出国者外，爱国学社学生都陆续搬离泥城桥福源里。

爱国学社剩余学生迁居徐家汇天文台，震旦学院正式开学。沈步洲是震旦学院和后来复旦公学成立的关键人物。前面说过，在 1903 年 7 月，沈步洲一直在处理爱国学社危机。包括护送和转移《苏报》馆主陈范一家人，7 月 9 日送吴稚晖乘船去香港等。可见 1903 年 7 月上旬，沈步洲等还在泥城桥，而没去徐家汇天文台。沈步洲是爱国学社的评议员，算是领袖人物之一，他可能是负责安全保卫的，有保护爱国学社成员安全的职责，安置转移好全部成员后，他才最后离场。

所以说爱国学社余下的 45 名学生搬到天文台去的时间在 1903 年 7 月 7 日之后，是有根据的。1903 年 7 月 7 日可以认为是爱国学社的终结的日子，同时也是震旦学院正式开办的日子。

马相伯在创立震旦学院后，自任总教习（校长兼教务长），而由项骧出任专职的总干事（相当于常务副校长，主管校务行政），还有一位专职的账房。震旦学院初创，只有这三人是专职的，其余是兼课的教师及学生，其中部分高年级学生兼低年级教员。

在马相伯主持下，震旦学院保留了原爱国学社的管理和教学方法。

一是实行"学生自治制"，校务由学生推选干事自行管理。这就是爱国学社的一套，这里是用"干事"代替"评议员"。

二是提倡"学生自由研究之风"。也就是学术民主，思想自由，并采用"挈举纲领，开示门径"的启发式教学方法。这学术民主、思想自由就完全保留了爱国学社的风格。

马相伯在办学方针中强调了三点：一是注重文艺；二是崇尚科学；三是不谈教理。不谈教理，就是不但不设神学课程，甚至课外也不涉及宗教内容。这表明震旦学院开头不是教会学校。把部分爱国学社造反成性的学生放在教会学校里，他们能接受神学那一套？但反过来，教会肯培养反对神学教理的造反学生吗？

所以以上这些条例决定了，这个"震旦学院"一定是短命的。这批学生与教会是水火不相容的。

显然马上出问题了。学校刚开办，校内又出现了排满演讲和反清的革命宣传。

法籍神甫强烈反对学生的活动，迫使学生们到校外去宣传。马相伯开头暗中默许学生，但权衡再三，最终在教会压力下，不许学生在校内议论国是。要排满，请到校外去排。

在震旦学院里，原来学社的学生实行全免费。邵力子、沈步洲、胡敦复等均是兼任教员，胡刚复因胡敦复的关系也到了震旦。但几天后，也就是1903年秋天，胡敦复南下广东当教师，其在广东的学生中有广东南海的黎照寰。后来孙科与黎照寰同在铁道部任正副部长，也先后为交大校长。胡敦复、胡刚复还有胡明复后来考取了官费留美，胡氏兄弟与后来的1905年震旦再次发生的学潮无关了。

这里，还要提到一个学生，名叫于右任。于右任是陕西三原的一名"知青"，1903年刊印《半哭半笑楼诗草》讥讽时政，这事迎合了"学界风潮"。此时清朝正在策划镇压学生运动，他与陈由己一样，遭受当地满清官僚通缉，威胁要就地正法。他被迫与上海爱国学社联系，要逃奔上海。那时，三原到上海不通火车，于右任千辛万苦到河南开封，不想《苏报》案发，爱国学社被取缔，于右任陷入绝境。马相伯从学生手里看到于右任的来信，决定支持他继续来上海。于右任一到上海吴淞，马相伯就接他到震旦，让他化名为刘学裕入校就读，并免去了他的学费和生活费。

在马相伯支持下，震旦学院保留的爱国学社的一系列制度。震旦学生继续在社会上发布排满言论，这当然受到教会的反对。1904年，教会为加强对震旦的控制，从安徽调法籍传教司铎南从周（Perrin）来震旦当教务长。南乘马生病休养的时候，着手想把震旦变成教会学校。要改成教会学校，那就要引进神学；要引进神学，就要改变原来的校政。于是南从周"尽废旧章，别定规则"。

对震旦学院可以划出一条界线，在南从周出任震旦当教务长之前，算是私立大学。虽然一开头借用了天文台的楼房舍，也有教士来兼课，但震旦学院没有神学课程，也没有专职的神学管理人员，更没有神学院的制度。初期的震旦学院延续了爱国学社的民主制度。

南从周推行他的校规，用教规限制学生的言论行动，甚至取消学生原来的英语课程，强制用法语取代英语。这些闹过学潮的学生，哪能容忍？项骧不当总干事了，脱离震旦，去美国哥伦比亚大学留学。

而沈步洲、邵力子、于右任、张轶欧、王侃叔、叶仲裕等人发起集会，要恢复马相伯当校长，恢复原来的民主制度，还特别强调要恢复英语教学而反对推行法语，因为认为法语教学无法在毕业后找到工作。

教会拒绝学生的要求，致使"学生大哗，相率离校"，当时全体学生摘下震旦校

牌，取走教具和可移动的所有资产，集体离校。

有关"学生大哗，相率离校"，实际上是一个很慎重的民主决策，当年参与墨水瓶事件的沈步洲领导这场行动。一位复旦学生在 1980 年复旦大学校刊发表的《马相伯：浇铸复旦精神第一》文中是这样地叙述的：

震旦学生毅然决定与马相伯共进退。在沈步洲的主持下，全体学生举行了一次讨论大会，大会是以极其民主的方式进行的，并没有因事情紧迫而改变其作风。

会议结束时，沈步洲取出信笺两卷，放在讲坛两端，一为签"留"，一为签"去"，听凭大家自由决定。结果，除一人签"留"外，其余学生全都决定退出震旦，追随马相伯。退学学生带走了学校的器具、书籍、标本，并将校牌摘去。

1905 年 9 月 13 日，经过马相伯、严复和学生领袖叶景莱、于右任等人的筹措，复旦公学建立。学校定名为"复旦"，既深含"光复震旦"之意，又寄托了创建者对国家未来的愿望。

据记载，全体会议推举沈步洲、邵力子、于右任、张轶欧、王侃叔、叶仲裕等七人为筹备委员，商议建立复旦公学，拥戴马相伯为复旦公学首任校长。复旦公学设立于吴淞。就仲裕是叶景莱的表字。

不久，沈步洲、张轶欧就分别应吴稚晖、胡仁源之邀，去英国留学。

顺便提及，可以确认墨水瓶事件的当事人伍特公参与了震旦筹建，但不久就考取"路透社"驻上海记者站的记者，因还想兼职"法新社"，于是想回震旦补法文。但此时震旦解体，伍特公便到复旦向马相伯补习法文，果然立竿见影，他又考取了"法新社"，从此走上新闻工作者之路。实现了幼年立下的学梁任公的志愿。

从此，上海有了一所属于教会的震旦大学和一所私立的复旦大学。

后来，坚持在上海的革命党人柳亚子、陈去病、黄炎培、高旭、刘三和叶楚伧等组织的革命的文学团体南社，邵力子和于右任也参与其中。他们都是早期同盟会员，邵力子和于右任参与办《民呼报》《民吁报》《民立报》等革命报纸直至辛亥革命。

到此，基本交代清楚了全部爱国学社成员的下落。

八　革命党云集广西

由于《苏报》案的正式审判一再拖延，《苏报》案外的革命党人与朝廷对立的形势又不断发生变化，所以在继续讲会审公廨审判的过程之前，我们继续岔开讲点同时发生的事。

到此，我们已经交代了爱国学社解体后绝大部分人的下落，但还有一批人没提到：那就是搞"拒俄义勇队"和军国民教育会的那批日本留学生。这批留学生，有的本就是爱国学社学生的学长，而且在1903年的反清王朝斗争中，他们是彼此配合，互相呼应的。特别是其中的军校士官生参与了策反新军运动，在辛亥革命史上，新军的历史作用是无法回避的。

这里，我们最先提及的是1903年年底首先回来搞新军的钮永建。也特别提到到广西边防搞新军的一批原义勇队成员。

钮永建在1902年辞去广东武备学堂总教习，回到日本留学，1903年又搞了"拒俄义勇队"。他回国想运动袁世凯抗俄时，被朝廷列入逮捕名单，降旨要镇压他们。

但通缉归通缉，想把他拉为自己属下的官僚，却大有人在。1903年年底，就是清洋达成协议，把《苏报》案交由"额外公堂"重新审判时，又有人催钮永建回国南下。

又是广东武备学堂？的确，这事开头与广东武备学堂有点关系。出面的不是陆尔奎及方子仁，也不是原两广总督陶模，而是庄蕴宽。庄蕴宽身后是两广新任总督岑春煊及总督身边的红人张鸣岐。张鸣岐是两广总督的总文案，还兼管两广学务处和练兵处，襄助岑春煊推行"新政"。这总文案有点像两广总督衙门的"秘书长"。

因陶模年老病重，不能视事，广东发生督抚纠纷。于是1903年4月，岑春煊被委任两广总督。岑春煊原是甘肃布政使。当年，慈禧太后从京城向西安逃难。甘肃布政使岑春煊听从幕僚张鸣岐的大胆主张："出兵勤王！"

于是岑春煊带兵二千去"勤王"，在河北怀来县遇到逃难中的慈禧太后。于是被"召对车旁，伏泣，誓死报君国。太后感动之，令其护卫自己。自是，太后驻宿，春煊带刀宿卫外寝，随之西安。"

这样，岑春煊成为率部勤王的"拿摩温"。西北各督抚每日通过岑春煊孝顺300两银子解决老佛爷一行的吃喝。你看这陕甘总督、陕甘两省的巡抚，送上门的好生意，居然被底下的小和尚岑春煊抢先了。搭上了老佛爷，还用愁升官无门？不是吗，你看这魏光焘先腾出陕西巡抚给岑春煊。岑春煊接着又升了四川总督，两年不到陶模空出两广总督，由岑春煊接任。

岑春煊得到慈禧太后宠信，张鸣岐亦巧遇天赐机缘，获得青睐。在西安，慈禧就住在岑春煊的府第。究竟是远离京华，又只是一个二品官员的府邸，与皇宫、中南海、颐和园比，简直是天壤之别。但太后也是实在的人，为消除寂寞困苦，她老

人家夜间私巡书房。不想正遇鸣岐正在夜读。见张鸣岐聪明伶俐，心中喜欢。于是慈禧出上联：

唯女子与小人最难养也。

张鸣岐连忙跪拜呈对：

有鳏夫遇寡妇宜其家矣。

陪同慈禧巡访的，大惊失色：

这还了得！

可慈禧闻之，不但未怒，反而含笑称善，谓其才识过人。

是啊，慈禧说了真心话。张鸣岐那话，用别人的耳朵来听，是大逆不道。但在老太婆耳朵里并不难听。不就是老寡妇巧遇小帅哥吗？彼此说说笑话，有什么值得一本正经？

这幕僚小帅哥自然不会被掌嘴，后来岑春煊当四川总督，张鸣岐被保举至侯补道，继续当总督秘书。最后，张鸣岐也官升巡抚总督，与岑春煊平起平坐，不用再买岑春煊的账了。

话说回来，在两广地面岑春煊及张鸣岐要搞新政，就得要有得力的助手才行。他们看上了梧州知府庄蕴宽。庄蕴宽办新学，除弊兴利，推广新政，十分有成效。于是调庄蕴宽协助张鸣岐搞兵备，搞兵备第一件事就是从办军校抓起。而要抓军校，就要办好广东武备学堂。于是决定广东武备学堂首任总教习，聘请那位被朝廷命令可以就地正法的钮永建担任。

岑春煊与张鸣岐并不怕这些不知天高地厚的学生革命党，他们相信只要恩威并加，就完全可以用革命党来给自己壮大力量。再说，除开革命党人，哪儿去找新军的核心骨干？

1903年12月，钮永建应庄蕴宽邀请，回国并南下两广。

当时法军因中国全面爆发的"拒法反王（之春）"运动，被迫撤兵回越南，但并不善罢甘休，继续长期集结在中越边境谅山，对广西虎视眈眈，动机暧昧。而广西各地会党也不断滋事。广西军情危急。

1904年，岑春煊入桂督促，钮永建也直接跟随张鸣岐、庄蕴宽一起去广西。到广西后不久，岑春煊和广西巡抚李经羲一致同意，提升张鸣岐为太平思顺兵备道。庄蕴宽接手龙州边防总办，钮永建改任龙州边防大营总文案兼边防教导团总理。龙州边防大营相当于大清对越南法军的前线部队。这龙州边防总办按现在称呼是前线部队司令，而教导团就是军官团。中国军队教导团的名称第一次出现在这里。

后来庄蕴宽接替张鸣岐为太平思顺兵备道兼为广西兵备处总办，钮永建为帮办，共同拟定建立广西边防新军的计划。如果兵备处总办算司令的话，帮办是副司令。后来钮永建去日本考察，约请士官生李书城、王孝缜、孙孟戟学成回国后来广西。王孝缜还应约多召日本士官学校留学生去广西。王孝缜又称王勇公，原籍福州，是"高干世家"。祖父是大清工部尚书，父亲做过四川粮道，叔父是状元出身。这里，王孝缜的名字已不是首次提到，前面就说过他在东京与邹容等一起策划过对姚煜进行抓奸割辫的事。

从 1904 年以后的几年间，钮永建先后招来了 20 多名日本士官学校的中国留学生和国内保定军校生，他们都集中于广西省会桂林及南宁、龙州。这些军校出身的革命党人，是辛亥那年把大清王朝撕得支离破碎的"豺狼虎豹"。

第十一章

会审公廨的审判（二）

一　额外公堂的设立

《苏报》案因引渡交涉而被拖延着。

7月14日《苏报》案初审，主审官孙建成最害怕的问题是控方和被告重复提到"防扩散言论"以及法庭旁观席上众人对罪犯的"防扩散言论"呼应。

按《大清律》，倘若公堂无法禁止"防扩散言论"，主审官要连带问罪的。这是孙建成在初审时，要匆匆走过场，草草停审的重要原因。

从朝廷专案组的角度来看，在会审公廨审判这类案子的确难于控制局面，最妥当的办法是把案子移到自己的地面来审。那就再次牵涉引渡的问题，于是又动用国家外交手段。可是，又是几个月过去，外交引渡的前景却越来越渺茫。

这期间，被告辩护律师不是吃干饭的：要告，是你天朝的主意。既然告了，而且已经开庭审理了。可你天朝到关键时候，却又提出延期审判。不审，那就撤诉啊？你又不撤。

反正，有律师参与的审判程序，是很难容许原告方耍这种手段的。

被告辩护律师自然是有机会就找法庭，要求撤案，要求释放被告。理由很简单：审判无法进行，完全是原告自己理亏。不然，怎么要不断拖延？

巡捕房自然也会不耐烦，也声言：超过半年不审判，就要依照法律程序释放被告。

在要求引渡无果的情况下，朝廷官方只好主动出面妥协，继续在会审公廨审判，同时放弃对被告死罪的量刑。但提出额外要求：

要禁"防扩散言论"的散布。

这是大清的国法，不只是孙建成必须服从，就是魏光焘和端方也要照办。

既然要"防扩散"，那就不能在原会审公廨的普通公堂里进行，而要另设公堂。与列强谈判下来，双方同意另设"额外公堂"来审判。既然文字和言论是原告方作为控告的罪证，当然不能对控辩双方加以禁止。禁止控方，被告就无法定罪。禁止辩方，审判就失去公正性，失去公正性的审判就无效。这样，"额外公堂"为满足天朝"防扩散"要求而采取的措施是：不让平头百姓旁听审判，而只让贵宾，如领事、大清官员和少数高素质的记者旁听。由于防扩散主要是针对华人耳朵，天朝同意控辩双方由律师用英语辩论。这样，即使有中文大报记者混入旁听，也不怕了，这类报纸记者精通英语的甚少。但附带的问题朝廷没料到：朝廷官员的英语成问题，难于把握审判进程了。还有，既然额外公堂满足了大清"防扩散"的要求，那么，也要相应满足洋人提出的要求：要参照西洋的审判程序裁决。

一旦要参照西洋的审判程序，就又出现新问题了：西洋的审判程序要求主审官不能是被告或原告的任何一方。

7月21日《苏报》案继续进行时，被告律师博易提出原告是谁及质疑古柏代表谁的问题是要害。这问题迫使主审官孙建成出面为古柏作证，承认自己"系奉旨着江苏巡抚饬拘，本分府惟有尊奉宪札行事耳"，并当堂"将札文出示"。

博易的提问是颠覆性的。

在法庭上，你是法官？还是原告？二者只能其一。

知府大人既然"惟有尊奉宪札行事"，那你就是原告，原告不能兼法官。即使坐在法官的位子上，你也没资格去评判原被告之间的谁是谁非。主持评判的，只能是审判席上的其他与原被告无直接恩怨的审判人员。

对于西方司法的这些常识，大清天朝审判官们不以为意。大清律与欧美法没有可"通约"之处，大清律没有公平的概念。依天朝《大清律》处理官民矛盾时，官府就恰恰把自己既当法官又当原告。

可洋人不这样认为，法官不论与原告或与被告是同一人被看成是荒唐不公平的，他们认为大清天朝审判官们不可能公正。同时，另一大清官员江知县作为观审，也同样缺乏中立性与公正性。而最可能持中立立场的是洋人迪比南，因为迪比南不论与原告清廷还是与被告章太炎等人都是无利益相关的。"额外公

堂"中的"额外"之处，是洋人观审迪比南"额外"地得到了与主审官同等的权力。

9月10日清廷与英、美驻华公使商定，正式同意在租界内设立"额外公堂"审理《苏报》案。这天，孙建成辞去会审公廨谳员，"额外公堂"即审判机构由谳员邓鸣谦、上海知县汪瑶庭、英副总领事兼翻译官迪比南三人组成，继续宣称审判依据中国法律进行。

一审中，孙建成发现自己无法阻挡原告律师引用"防扩散言论"，又没能制止章太炎的无法无天，感到自己当这个主审官尴尬难堪，巴不得脱离苦海。到二审，他自然乐得辞去这个主审官（谳员），改由江苏按察使邓鸣谦充当谳员。

二　释放证据不足的其他四人

据1903年11月26日上海道袁树勋致两湖总督端方的电文可知，开庭前，上海道袁树勋拟定的四点应变方案：

一、章、邹两犯已经供认，照中律应科斩决，恭逢万寿，拟改监禁；龙积之系湖北富有票内之犯，或解鄂审，或由鄂派员会讯。

二、钱、陈两犯乃报馆所雇之伙，即非主笔，又非馆主，已押四月，似可从宽保释；陈仲彝到案时，自认为陈范之子，仍暂管押，俟陈范到案，再行保释。

三、讯结后，详禀到院，请一面申斥沪道，一面照会领袖，此案在沪讯结，本属不合，以后不能援例；租界不准容留不法之徒，共保和平大局，咨请外部转照各国公使，存此公文，为将来办事参照。

四、公廨虽在租界，本国家所设，即此监禁，虽与内地有别，亦足示租界滋事之徵。

照大清朝廷的看法，12月3日之后的所谓"额外公堂"的正式开庭及庭审中双方律师的辩护只不过是走过场，没多少意思。因为，7月14日的初审中，章太炎和邹容都"录有口供"，都承认反动文章是他们所写，按《大清律》，这口供就足够"应科斩决"了，现朝廷法外开恩，已足以表达老佛爷及皇上的仁慈与宽宏大量了。

大清方已作庭外裁决，只等在庭上照本宣科。所以认定是铁案如山，信心十足。他们以为"额外公堂"辩论仅是场儿戏，是形式上走过场，不影响最终结果。但他们大错特错了。

12月3日，"额外公堂"正式开庭了。

是日，在公共租界浙江北路191号的会审公廨，重新开始审理《苏报》案。上午十点一刻正式开始，十二点半休庭。

额外公堂由南洋大臣特派代表上海县知县汪瑶庭、会审公廨谳员邓鸣谦、英国副领事迪比南组成。

原告是大清天朝，古柏和哈华德作为原告方律师出庭，代表清政府向法庭提出指控。

被告是章炳麟、邹容、龙积之、钱允生、程吉甫、陈仲彝六人。

被告方律师是琼司先生（Mr. L. E. P. Jones）和爱立司先生（Mr. F. Ellis）。被告换了律师，原来初审时出庭律师是博易和高易律师事务所的雷满。

这里要指出，原本英副领事在会审公廨审理华人或"非缔约国成员"的国民案件的法庭上身份是"Assessor"，原意是陪审员，中文称为"观审"。在以往会审公廨审理的案件中，洋观审的职权是：

在中国谳员审理的以外国人为原告、华人为被告的案件中，如果对谳员的判决不满，有抗议的权利，但无权直接作判决。而对于纯华人案件，那就不必参加，即使是到庭，也只能采取"观棋不语"的君子原则。7月14日和7月21日两天本案初审时，完全是采取大清的程序，完全由谳员孙知府按清衙门方式直接以原告兼法官身份去审问被告而不让被告律师干预。迪比南也完全以事外人身份进行"观审"，不插一句话，更不指手画脚。只有到第二次庭审，孙知府最后征求是否暂停审理时，迪比南才说"同意"两字。这表明，迪比南是守信的人，他严格遵守约定。

但在12月3日"额外公堂"开始的本案审理中，迪比南一反常态，他的权力远远超出观审。

英国副领事迪比南不但全程参加，而且成了法庭的实际主持人。在12月3日这天的审理中，原告律师古柏因无法举证《驳康有为论革命书》及《革命军》的出版与被告有关，就用推理的办法说被告"不能不知情"，意思就是用不着原告举证，就可断定两书的出版，被告"负有不可推卸的责任"。并企图让知县、会审公廨谳员和法官来裁决定他的推论合理，并把举证无罪的责任推给被告。

为此，法庭发生辩论。原本这是原告律师古柏递给主审的大清谳员和知县的"翎子"，汪瑶庭、邓鸣谦本该挺身而出，作有利于朝廷的裁决，也就是要邓鸣谦利用主审官身份裁定：

根据大清律，被告必须证明自己与出版发行无关系，否则出版"反书"的罪责就归于被告。

没想到汪瑶庭、邓鸣谦毫无反应。就在官员们反应不过来之际，观审迪比南抢先明确当庭宣布：

本案不是由知县单独作判决！

并宣称：

我现在的权力很不同！

并表示支持被告律师对古柏企图转移"举证义务"表示的抗议，坚持原告必须拿出章、邹参与出版"反书"的证据。

汪瑶庭、邓鸣谦对于迪比南的结论没有表示反对。

法庭上，法官的结论没有被反对就被默认是正当的，迪比南等于宣布自己对本案拥有否决权。

是汪瑶庭、邓鸣谦怯于场面？无知？还是大清在主动要求成立"额外公堂"时已经达成默契？这不得而知。

更可能是汪瑶庭、邓鸣谦觉得手中握有领导的四点指示，到时候照章办事就行了。他们不知道，一旦主审法官在法庭上默认了另一同审法官具备否决权，那任何庭外的最高指示都毫无意义。

反正，这样一来，"控方举证"等等的西洋司法程序首次搬进大清的法庭，这使大清官员们难堪了。

从报刊披露的庭审记录，可看到洋观审争权的情况。中文大报《申报》对此做了报道，整体上是客观的。但由于《申报》是文言，英语辩论转译成白话，再写成报上的文言，就出现语言转换的误差，加上申报主笔带有一定的成见，用词用语又带有一定的感情色彩，我们以下采用《字林西报》的报道资料。

《字林西报》的案审材料更明了清晰，我们参看王敏先生译的《字林西报》的有关以上过程的记录：

……

古柏先生：如果是作者不知道或者不同意，他应该表示反对或者采取措施，阻止这个危险的有煽动性的出版物的流通。我只好承认，法官先生，他这样做使您满意，即印刷未经过他的同意，他采取措施阻止其流通，并向您证明他的主要罪行是写了这些有煽动性的东西，他并不是出版的同谋者或者从犯。现在请知县、会审公廨谳员和法官来决定。

观审：当然，不需要我说，本案不是由知县单独作判决。

古柏先生：你的意思是没有哪个判决能由他单独通过？

观审：我的意思是在审讯阶段，没有我的合作，没有哪个判决或决定可以形成。

古柏先生：你的权力是根据《烟台条约》吗？

观审：不是。我现在的权力很不同。

在被告律师支持观审的主张，并继续发挥时，迪比南认为不必多谈。

观审：不必再深入讨论这个问题。《烟台条约》与我在此会审无关。我已经阐明了我的地位。正如中国官员所说，我们不必再提及本法庭设立的条约依据，还是继续审理案件。

以上记录中的观审就是迪比南。

显然，迪比南有意将观审的权力做了扩大的解释，根据这一解释，中国官员无权独立对案件作出判决，而且在案件的实际审理过程中，迪比南的权力与直接判决权已经很难划清界限。

由于额外公堂的设立已是一个既成事实，法庭上迪比南的权力主张没遭到汪瑶庭和邓鸣谦的否认，因此迪比南不愿在这个问题上多纠缠。

这里要指明：汪瑶庭和邓鸣谦都是大清指定的，而汪瑶庭有南洋大臣魏光焘特派代表的身份，大家按习惯会以为他是主审官。但事实上谳员邓鸣谦才是主审官。正因为汪瑶庭的南洋大臣魏光焘特派代表身份，他只能是代表当局的陪审员，而不是主审，甚至于只能算是代表原告意见的特殊陪审员。主审法官邓鸣谦在法庭上偏偏不知所措，他既没有当仁不让地行使审判权，也没有控制审判的进程。他可能以为拿着魏光焘"令箭"的汪瑶庭才是"第一发言人"。也或者是对"审判结论"已胸有成竹，无须多言。为此邓鸣谦最后付出了被朝廷罢官的代价。

12月3日的额外公堂一开庭，迪比南就变成另一个人，充分表达"Yes"和"No"，控制了审判过程，把握了局面，让控辩双方方律师频频交锋，自己往往只表明态度。这不难看出，额外公堂的设立本身，大清政府是有一定的退缩。只是没预料到，这一退缩，就意味着被动。

而其实，当时国际上并没有任何条约可以限制《大清律》在其国内的地位，尽

管《大清律》十分野蛮和令人厌恶，但邓鸣谦和汪瑶庭没能把握住。

这像一场奇怪的足球比赛。

"主裁判"邓鸣谦因后台"不够硬"，或以为是踢一场事先定好胜负的"假球"，他的哨音一直没吹响。

比主裁判后台更硬的一个"边裁"汪瑶庭却因站在己方球队一边时而干扰对方球队屡屡遭抗议。

另一个"中立"的"边裁"迪比南乘机喧宾夺主，取代了主裁判，控制了全场比赛。

虽然这样，审讯的前期很顺利达成相近的处理结论：

朝廷律师古柏提出钱允生、程吉甫和陈仲彝在拘留所里已经关押了四个月（实是到了第六个月），朝廷认为对他们的处罚够了，同意释放钱允生和程吉甫。而对同样可以释放陈仲彝的要求是：在陈范未到案期间，要保证在法庭传讯时应随时到庭。

对这三被告，辩护律师当然是主张无罪释放。但还是抓住这件事，指出被告在拘留所里关押，不能假定被告是犯了罪，因而拘留关押本身不能看做是对被告的惩罚，提出要原告讲清是因为自己缺乏证据而必须对这三人"撤诉"，从而达到释放这三被告的目的。

原告"撤诉"，意味着是被告的一种胜利。这问题上，迪比南表态赞同被告律师。

结果是原告不肯"撤诉"，被告律师在权衡利害关系后提出要法庭宣布无罪释放这三人，迪比南以同意被告律师要求的方式宣布释放，但暂时留作法庭证人。

相关庭审记录如下：

在开庭时，古柏声明法庭要依据中国法律等前提后提出：

这三个犯人已经在监狱里关押了四个月，我得到的指示是控方认为这已足够抵消其在本案中所负的责任。也就是说控方不打算要求对钱允生和程吉甫有进一步的惩罚，他们可以立即释放。至于陈仲彝，他是苏报馆主陈范的儿子。法庭已经知晓陈范离开上海；陈范似乎没有勇气为《苏报》所登言论承担责任，所以他的儿子受他牵连被带到法庭。不过对于陈仲彝，控告方不打算让他受到更进一步的惩罚，但是法庭要求在陈范未到案期间，陈仲彝应保证在法庭传讯时应随时到庭。

观审：他是以什么身份来做这个保证？是被告还是证人？还是别的什么身份？

古柏先生：可能的话，如果他父亲回上海，他是作为证人。建议法庭要求他负这样的责任，即假如他父亲最终能到庭，他的儿子可以被传讯出庭。

观审：我想弄明白，他是作为被告被勒令出庭吗？

古柏先生：我想明确的是他不应该离开上海，因为法庭会随时要他到庭，他应提供随时到庭的保证金。我们不想要他再受到惩罚，但法庭在需要他时必须能够找得到他。

观审：是否要他提供可以随叫随到的证据？

古柏先生：是的。

爱立司先生（被告律师）：我想打断一下。我提请诸位注意这个事实，即这几个人尚未受到惩罚，我不主张他们应受惩罚，我希望的是我能从中国政府辩护律师的主张中得出他们已被免予起诉的结论。

观审：正是这样。正如你所说，他们已在巡捕房被拘押，但这在任何意义上都不构成对他们的惩罚。

爱立司先生：是的。但是我们希望这一点更明确。

古柏先生：我想更明确一下我的观点。在以前的庭审中，他们已经提供了口供，控方无意提供更多的指控他有罪的证据。程吉甫已经承认他是报馆的账房，并且他现在的状况是被关押还是被拘留，目前还未定。

观审：这个主张是站不住脚的；要么起诉，要么撤诉。没有中间的路线。

古柏先生：考虑到账房在报馆中的地位，他一定知晓报纸上登载文章的性质和在报纸上保留他的位置的危险。除此以外，我们没有更多的指控。

观审：如果你不提出控告，实际上你是说你不希望坚持指控被关押者，你必须撤诉。

琼司先生（被告律师）：如果古柏先生不承认他撤诉，我能提供的唯一建议是由我来请求释放他们。

观审：这是目前唯一可能的选择。

古柏先生：我把这留给法庭决定。

观审：你已经结束本案的这个部分吗？

古柏先生：是的。

观审：这几个人现在可以释放了，但他们将暂时留一下，万一与本案有关的地方需要他们时，他们可以作证。陈仲彝也要暂时留一下。

迪比南这里特别提到"陈仲彝也要暂时留一下"，其实是对上海道台袁树勋做了

一定的让步。判决前,迪比南与上海道袁树勋通过气。原先,对于陈仲彝如何处置,中外意见分歧很大。陈仲彝是陈范的儿子;《苏报》案中"第一号要犯"陈范事先逃走,巡捕将陈仲彝捉去抵账。审理过程,清廷谳员提出过要让陈仲彝代父服刑。上海道按照中国司法习惯也提出观点:子代父罪是理所当然的。这在迪比南看来简直是岂有此理,决意不允,坚持无罪释放。后来袁树勋表示,虽然陈仲彝无罪可议,但因为他是儿子,所以暂行关押,待陈范到案后再说。英国领事这才在宣判无罪后,暂时留陈仲彝到结案。

法庭辩论过程中,不甘寂寞的汪知县,曾几次向被告问话,遭到被告律师的抗议,汪知县为此摸不着头脑。以至于当天到要宣布对几个无罪被告处理意见时,没站出来说话,也没对迪比南的结论插嘴。

现代人看这段庭审记录,会觉得十分有趣。

一是:汪知县和邓主审官完全忘记了自己法官的地位,只知道自己是立场坚定的对敌斗争勇士,是原告,是被告的对立面。本该由他们归纳的判决结论,却由迪比南去做。

他们也以为政府花钱请古柏当律师,就是在代表自己讲话。不知道古柏是在代表原告讲话,而不代表法官讲话。汪知县和邓主审官在法庭上,老犯弄错角色的毛病。

二是:被告律师对原告找借口释放部分被告的事不依不饶,定要坚持原告撤诉。原告律师支吾时,果断以被告律师身份要求法院释放。被告律师是在争取气势上盖住对方。

三是:观审在这一点上,没给原告律师保留面子,强调原告律师只能在"要么起诉,要么撤诉"中作选择。原告律师则以"我把这留给法庭决定"推脱,不愿在口头上退让。

四是:原告"株连无辜"的荒唐观念。陈仲彝、钱允生和程吉甫都是无辜株连的;朝廷方居然坚持株连受罚有理,子代父罪有理的荒谬主张。

这段小小的过招,可见双方律师和观审迪比南均非泛泛之辈。

大清朝对龙积之提出的指控是参与自立军造反的罪名,企图将他转移到湖北去判处极刑。但额外公堂认为,检举龙积之的证人只有一个,那就是孤证,孤证不能采信。既然找不到第二证人,又不牵涉《苏报》案,就不是本案的被告,该立即释放。但朝廷方坚持称:

龙积之在案内虽无证据，惟前奉鄂督饬拿之人，仍押候鄂督示谕，再行办馗理。

由于额外公堂没有达成共同看法，所以龙积之是拖到 1904 年 5 月，才作释放的最后判决。最后判词是：

龙积之系鄂督访拿馗之人，惟案无证据，且与苏报馆事无干，亦应省释。

依然是洋观审迪比南的意见起决定作用。

把龙积之与钱允生、程吉甫、陈仲彝一气讲完，是为了以下集中介绍章太炎与邹容的审判全过程。例外说一句话：这检举龙积之的证人十分不上台面，我们暂且不提他吧。

三　"造妖书妖言"是什么罪名？

此前曾介绍过，1903 年 7 月《苏报》案初审第二次开庭时，主审孙建成没有让被告律师发言就宣布暂停审理，引起被告律师抗议。

被告律师博易还指出：

原告律师如不能指出章、邹等人所犯何罪，又不能指明交涉之事，应请将此案立即注销。

的确该如此。

7 月 14 日，原告律师古柏只是从《苏报》和章、邹的书中列举出"不良"的言论，并没有控告章、邹等六人的到底是犯什么罪。按现代的司法程序，既然控方（原告）没有控告被告犯有罪名，被告律师自然会要求法庭取消审判，恢复被告的自由。连罪名都没有，上什么刑事法庭？凭什么拘留被告？

这与朝廷衙门不一样。朝廷衙门里，是知县、知府或刑部大员当堂根据原被捕告双方口供和证人证物，从刑律中找出适当的罪名去套庭审对象的。而跪在公堂上的原告、被告和证人只有录口供的义务，原告用不着去指控对方犯什么罪。特别是这章太炎、邹容，连慈禧都说过要凌迟处死了，就更不用别人来定罪名了。

既然"额外公堂"要原告指控被告犯什么罪，那好办。《大清律》中罪名无数，随手可捞出一大把。要给章太炎、邹容定个罪名还不容易？

1903 年 12 月 4 日，原告大清政府控告章太炎、邹容的罪名是"造妖书妖言"。

这点，朝廷方面信心十足。上海知县汪瑶庭在法庭辩论中指明：

只要写今上一字，罪名足矣！

这"今上"是指当今皇上。

章太炎《驳康有为论革命书》中的'戴湉小丑，不辨菽粟'就写了当今皇上的名讳，知县看来，死定了。再说7月14日的初审已录有口供，章太炎、邹容承认写了那两本书，不愁判不下来。

这"造妖书妖言"是一种什么罪名？

原来这"造妖书妖言"不是大清朝的发明创造，而在2300年前中国就有，而且是代代相传的"宝贝疙瘩"。

第一个想出"造妖书妖言"罪名来的不是别人，是秦始皇。秦始皇利用这罪名搞"焚书坑儒"，终结了中国一个百家争鸣的时代。

什么是"造妖书"，造妖书就是写与秦律不一样的"百家书"，什么是"妖言"，妖言就是"百家言"。焚书坑儒就是烧百家书，禁百家言，灭那大批多嘴多舌的书生。谁让他们胡说八道的？谁让他们多议论朝廷国家大事的？

秦始皇为了统一思想，钳制舆论，以"为言而乱黔首"之名坑杀儒生，用暴力堵住众人之口，首创"造妖书妖言"罪。后来历代王朝也都要以"君权神授"来巩固皇权，都要打击那些怀疑天命的"妖言"。中国朝廷刑律中的这一"重罪"，贯穿王朝的始终。刑罚极残酷，如坑杀、腰斩、凌迟、夷族等等。

以后的各朝廷，对"造妖书妖言"罪也各有修改或发明创造。

每个王朝是不惜用最恐怖的手段去消灭那些对专制制度的神圣性表示怀疑的人。定章太炎、邹容以"造妖书妖言罪"，就不仅是对皇上不敬的问题，而是要颠覆大清神圣地位的问题。是触犯天条，是必须用恐怖手段予以消灭的问题。

孟德斯鸠指出：恐怖，是专制制度的特征。

定妖书妖言罪，比定诽谤君王罪，其实更重。

原告方指控被告的"造妖书妖言"这一罪名，倒令原告律师费了一番思索。证据中是有"书"也有"言"。但怎么证明这"书"和这"言"是"妖书妖言"呢？

什么是"妖"，而什么才不是"妖"呢？大清律没告诉法官和律师们。判案时，总不至于要法官去翻遍《西游记》，如何分出猴精孙悟空和猪精猪八戒不是妖，而白骨精一类才是妖之后，才来定案吧？

同时，还要应付被告的反驳。比如，被告章太炎可以反驳：

我的书上的确有皇上的名字，原告也正是拿书中皇上的名字来指控我。难道，这妖就是与大清皇上有关吗？

反观，不论是邹容的《革命军》还是章太炎的《驳康有为"论革命"书》都比大清的传统观念更具有文明和理性，而更不迷信鬼神妖怪。

任何"证明"邹容和章太炎言论是"妖书妖言"的企图，都逃不过被告律师的反驳。

原告律师明白：

无论如何，要在法庭中避开这"妖"的辩论。

于是，古柏把"造妖书妖言"的罪名，表述为"以写作、印刷和出版或者导致印刷和出版的形式发布煽动性的诽谤言论，煽动叛乱。"

四 由谁来证明被告有罪？

以"写作、印刷和出版或者导致印刷和出版的形式发布煽动性的诽谤言论，煽动叛乱"来取代"造妖书妖言"，有一定的好处。那就是不要去考虑如何把被告"写的书"及书中和报刊中的言论证明为"妖"。而且还有一点好处，那就是原告从市面弄到了物证，两本书。其中一本为《驳康有为论革命书》，署名作者章炳麟，章炳麟就是章太炎。另一本为《革命军》，署名作者是"革命军前马前卒邹容"。初审时，章太炎和邹容都已承认写书这一事实。但是也有问题，前面说过，这两本书有个特点：既没有标出版单位，也没有标印刷单位。是地地道道的"山寨版"。

所以，这两本书还不能作为充分的物证。

一是因为"山寨货"。

二是因为：写归写，出版归出版，草稿归草稿，书归书。要是无法证明作者授权出版或直接参与出版，就不能直接说这书是有力的罪证。事实上，后来章太炎和邹容都说不知道印刷成书的事。原告拿出来作证的书，不知是谁印出来的，与他两无关。

因此，原告要为这一罪名举证就相当困难。

依据西方的法律理念，书写本身不构成犯罪。

书写而不故意公开，就比如写日记，他只表达个人思想，那怎么有罪？还比如宗教忏悔，宗教忏悔讲的思想，讲心里话，能定罪吗？圣徒奥古斯汀还不因他的《忏悔录》而变成圣人的？奥古斯汀的《忏悔录》正是表达他的种种罪恶的邪念，因邪恶而忏悔。敢于公开别人不知道的内心世界，那是圣人啊，不是囚犯。凭"反动日记"给人定罪，那只是极个别地方极其罕见的特例，是极其野蛮和落后的象征。

所以想要定罪，控方必须举证被告有将所写的东西进行公开宣传的意图，也就是要指证被告同意或者以其他方式导致印刷和出版。而额外公堂不允许通过逼供的手段直接从被告身上录口供取证，不仅不能逼供讯，而且被告在宣判前是无罪的，他们没有义务为自己作无罪证明，而必须由控方提供证据来证明其有罪，而控方要提出章太炎和邹容有出版成书或故意向大众扩散的行为，就难了。

提不出证据，这不是因为控方律师不敬业或能力有问题，也不能全怪两湖两江的端方、魏光焘派出的探员不卖力。当时，清政府没有关于印刷和出版方面的监控制度，租界也无相关的管理法规，因此要查匿名的印刷者或出版者极其困难。前面提过，被告又坚称不知两本书是谁印刷和出版的，原告举证控告被告授意印刷出版就无法实现。

端方派出协助办案的金鼎和梁鼎芬在庭外取证时，就困难重重。《金鼎致梁鼎芬书》中称：

《革命军》自拿获邹逆后亦觅不得。鼎于福君处阅过，现正托人寻觅也。

金鼎这里表明自己连书都没弄到。

金鼎说的"福君"大概是指福开森。

除外国人外，其他人不敢表明自己收藏此类"大逆不道"的书籍。而金鼎、梁鼎芬正是不断通过福开森与使团及租界当局沟通的。此次，福开森除了一开头打通古纳的关节，发拘票捕人外，引渡一节没有成果。

关于禁书突然消失这事的确不假。与章太炎同在爱国学社教国文的蒋维乔，后来在《章太炎先生轶事》书中，提到"不及一月，数千册（按指《革命军》）销行殆尽"。即使是没有销尽，听到大清天朝要立"造妖书妖言"罪杀人时，还不把书全部隐藏起来？

连书都称难弄，谁还会去查印刷厂？

当然，官员们也私下议论过，说到禁书是乌目山僧黄宗仰从罗迦陵处弄钱去印刷出版的，但没有任何人肯出来当那无头案的证人。黄宗仰早就漂洋过海，逃之夭夭。至于那位上海滩的第一富婆罗迦陵，还是少说为妙，何人敢碰她半根毫毛？慈禧死后，垂帘听政的隆裕皇太后还不惜自降身份，与罗迦陵结拜"金兰"呢。这等人物，谁人敢碰？官场，能混过去就混吧，多一事不如少一事。

控方律师古柏想就从被告"写书"导致被告必须为"出书"负责的推论是不成立的。推论不能代替事实。

在法庭辩论中，被告方律师琼司指出：

很清楚的是有人出版，谁出版，谁负责；问题是要由控方证明是由谁出版的。

事后，控告方律师古柏很沮丧地表示：

我找不到印刷者，因为从书上没办法知道他的名字。

又说：

我无法提供充分的证据，因为他们使我无法获得印刷和出版的证据。

在被告不承认的情况下，《革命军》和《驳康有为论革命书》在当代法律意义下就是盗版书。除盗版者本身外，没人必须对盗版书负法律责任。而追查盗版者，是官府自己的责任，与作为平民的被告无关。

古柏在控告过程，多次以"推理"的方式把责任推给被控方，并要主审官裁决要由被告来反驳自己的推理，以转移举证义务，达到给被告定罪的目的。由于汪知县和邓主审官没能反应过来，反而是招致被告律师的反驳，被告律师驳斥古柏是企图颠倒举证义务。

同时，针对原告指控，被告律师牢牢地把握着必须把"写作、印刷和出版"作为一个整体性罪名，即不仅要具有写作，同时还有印刷、出版这样的行为或意图，才构成犯罪。这是逻辑"与"的关系，而不是逻辑"或"的关系。

辩论中，原告能举证指控的就仅仅是"写作"一项。仅一项，那不行，被告律师紧紧抓住这一点，以文明国家的基本原则——思想、言论自由为被告进行无罪辩护。

朝廷方面原来认定爱国学社和《苏报》结成核心，就是造反的革命党。古柏也想让法庭接受被告有阴谋推翻政府的意图和行为。

但这更困难。控告当事人"阴谋推翻政府"这就要举证被告有宗旨、有组织、有武器等。但举证这些，谈何容易？邹容与《苏报》的确无直接关系。《革命军》在《苏报》上的广告介绍，控方无法证明与邹容有关。章太炎也否认与《苏报》有什么关系。《苏报》馆主和两个主笔都不在被告席上，凭什么拿章太炎顶罪？控方不仅存

在举证困难，甚至连指控的章、邹的书面言论，依据西方的法律是谈不上是"阴谋推翻政府"。

指控章、邹在书中的那些言论，在皇权至高无上的中国，不要说煽动造反的言论，即使是直呼皇帝其名，都会被官府杀头的。何况章太炎"载湉小丑"和邹容"杀尽满人方罢手"这样激烈鼓吹排满的言论。但这审判在租界的会审公廨的额外公堂进行，辩护律师依据西方的观念认为：国民骂政府，直呼皇帝的名字，并不构成犯罪，相反这是思想自由、言论自由的体现。再者，即使这些言论有煽动性，如果没有公开发表，或者引起严重的后果，都不构成犯罪，更不构成重罪。被告辩护律师的辩护，控方虽然也针锋相对进行辩论，但反驳起来总归底气不足。

12月3日花了大半天，辩论在迪比南的全面控制下进行。迪比南在坚持原告举证的态度上，始终给辩护律师开绿灯。被告律师琼司的辩护发言，控方难以反驳。

请看一段法庭相关记录，发言中的琼司先生是被告人的辩护律师。

琼司先生：

我的朋友是想证实，没有规定出版物上要有印刷者的名字，这是中国政府的失策。如果政府担心国民出版与政府有关的内容，它可以要求或强制规定写好的文献要有印刷者的痕迹，并规定印刷场所要登记，这是很容易的事情。

但是古柏先生所代表的中国政府到本法庭上说，因为中国没有好的法律，所以只好假设有问题的书籍的作者就是印刷者，而且不仅是印刷者，还是出版者，我认为这是非常不公平的。

我的朋友想要您来决定的这个问题的重要性是不能被低估的。这涉及本法庭的一般程序的根本和证明被告有罪的举证的方式，古柏先生主张在像本案这样重要的审讯中，法庭可以推论和假设，举证的责任也由控方转移到辩护方，法庭不会要求控方说明整个案件，证明自己无罪的责任在辩护方。

现在我的朋友几次提到中国和文明国家的法律。文明国家法律的原则之一是在被证明有罪之前，每一个人都是无辜的。这一点是非常重要的。当租界里的居民，中国居民，来到这个法庭时应该知道他们的身份是罪犯还是被指控的人……

被告方辩护律师琼斯与爱立司为被告辩护过程比较成功地坚持了两条基本原则：

一是坚持被告的无罪推定原则。

被告的无罪推定原则，意味着原告必须通过举证来证明自己对被告的指控是正当的，这与中国的传统法律制度根本不同。在古代中国，被告就是被假定为有罪，他必须由自己提供无罪证据，否则就被认定有罪。比如县太爷怀疑你是杀人犯，你必须找出足够的证人来证明你不在杀人现场。不然你就要受严刑拷打，直到你留下犯罪口供。这对被告是非常不利的。

在整个《苏报》案的审讯过程，被告律师紧紧把握要求原告举证的立场。

二是思想自由的原则。

依据西方思想自由、言论自由的观念，仅仅是想法，仅仅是日记写作，仅仅是私人信件或私人讨论，而没有付诸出版或印刷以达到公开的目的，就不构成诽谤罪。

原告无法就出版、印刷举证的情况下只好指控被告有意公开其作品，但同样缺乏有说服力的证据。此案的审理过程由迪比南主持，迪比南正是基于西方的法律程序和理念，认同思想自由的原则，因此被告律师始终处于有利地位。

而清方的汪知县和邓主审官在法庭中不得要领，显得僵硬木讷，不知所措。

后来，当汪知县发觉审判主动权被迪比南控制时，企图主动按衙门断案方式讯问被告时，又遭遇被告律师的抗议。他弄不懂，为何被告律师不让自己直接审问被告。

与这相关的一段堂审记录如下：

知县对被告提问题。

观审：知县想知道印刷者会不会被惩罚。

爱立司先生抗议对被告提任何问题。

古柏先生：知县有权对被告提问。

爱立司先生：不，不。

古柏先生：这是中国法庭。

观审：这是混合法庭。

爱立司先生：是中国的混合法庭。

古柏先生：我的朋友是对知县审问被告的权利有疑问。

爱立司先生：是的。

古柏先生：我认为中国官员有这个权利。我这里要说的是这样一个情况，即小册子上应该有印刷者和出版者的名字，但事实上没有，这也是所有的文明国家……

请注意，原告律师古柏在这里主动换了话题。换话题之前，他把"知县"说成"中国官员"。其实，邓鸣谦是主审，而知县和迪比南是一样的观审，他们可以通过表达自己的观点，引导审判进程，而直接向被告提问，应该到被告方进行无罪辩护后进行。向被告提问的目的，是法官用来调查双方所提供的证言和证据，而不是为了增加对单方面有利的口供。汪知县显然想直接从被告身上套取口供，并想借此打断被告律师的发言。

被告律师爱立司对这问题做了很好的解答。

爱立司说：

我希望都能明白这点。我的当事人已经从我这里得到明确的指点，他知道应该怎样做。直到同我交谈之后他才能回答法庭问题，他已做无罪辩护，这当然也是我和琼司先生的责任。我知道，在我开始辩护之后，法庭可以在任何适当的时候提问题。

整整一个大半天的辩论到此告一个段落。

五　章太炎和邹容在法庭上的辩词

半天辩论下来，已过中午。鉴于当日庭审，风云多变，法庭辩论的趋势与朝廷要达到的目的越来越远。散庭后，汪瑶庭、邓鸣谦与迪比南进行沟通，探知迪比南对此案的看法是最高量刑不能超过三年，这达不到朝廷严惩的目的。于是袁树勋与汪瑶庭、邓鸣谦商议，准备在第二天庭审一开庭，就由知县抢先单方面宣判，处"犯人"以"永久监禁"——即无期徒刑，并宣布结束庭审。但，天朝的单方面意图却没能得逞。

1903年12月4日，庭审继续。法庭没有让汪瑶庭进行宣判。因为按程序，第一天控方提出了指控，虽由双方对证据进行了辩论。但法庭调查远没有结束，还要提讯被告，还要听取被告方律师对指控的辩护。

这天，章太炎与邹容分别受传唤，回答双方律师的问题。

章太炎刚被传至法庭问话时，因情绪亢奋，一上来就大声嚷叫，拒绝出来回答问题，从而遭法庭警告。上海知县甚至愤愤地表示要施以鞭笞，以示惩戒。后来章太炎发现首先向自己问话的是自己辩护律师琼司时，马上平静下来。这天辩论过程，是用中文提问，用中文回答的，同时律师在遇到关键词时，也主动选择恰当的英文单词进行翻译。

讯问内容包括被告姓名、籍贯、"苏报案"案发前几年间的经历，重点是章太炎在何种情况下写《驳康有为论革命书》、为何直呼皇帝的名字、何时见到《驳康有为论革命书》的印刷本，等等。章太炎在律师琼司提问的引导下，将"有罪的嫌疑"逐一化解。甚至是章太炎对"小丑"两字笑而不答时，琼司补充回答为"小孩"。控方所指控"戴湉小丑"是大逆不道，那"小丑"用"小孩"来解释的话，就无所谓了。当然，陪审和法官，是不会轻易认同这种回答的，不过，琼司这样做是够尽职了。

以下是堂审记录。被告律师琼司提问，被告章太炎回答。

问：你是在此期间读了康有为的信吗？

答：康有为的信很久以前就发表了，但我是在这个学校时第一次读到。

问：那是什么信？是什么性质的信？

答：有两封信：一封是写给他的同仁和学生的；另一封是写给被占领之地方的中国人。

问：你在这个时候读到这两封信吗？

答：是的。

问：信的目的是什么？鼓吹什么？

答：康有为认为中国应实行英国那样的立宪制，不应该是独立的政府或共和政体。

问：为回应信中的观点，你写了这些信？

答：是的。

问：你曾经发表或传播过这些信吗？

答：我没有促成其印刷出版，因为那是私人信件，没有机会印刷出版。

陪审：我明白了，他说的是那是为答复康有为而写的信。

问：你曾经看到过你写的信的印刷本吗？

答：我确实看到过，但我说不出是怎样被印刷的。

问：你曾经授权任何人印刷吗？

答：没有。

问：你在信中提到两个皇帝的私人名字，现在被作为罪名指控，你怎样看此事？

答：根据外国观念，通常称呼统治者私人名字。在中国有三个满族皇帝常被称呼私人名字。我不明白为什么我不可以这样做。至于以"载湉"二字称呼现在的皇帝，他当了皇帝后名字没有改变，现在也不需要再改名字。

问：那么那些言辞，最终被翻译成"小丑"的，如何解释？

…

（被关押者仅报之以笑声。）

问：依据我的翻译，应该是"小孩子"。

…

问：当你写这些东西的时候，是否有以此在这一领域煽动叛逆和不满或动乱的意图？

答：没有，我的信仅仅是写给康有为的。

问：是否有引起人们对皇上和朝廷不满与蔑视的企图？

答：不，那时无此意。

问：你这封信寄给康有为了吗？

答：是的。

被告律师对被告章太炎主要的讯问至此结束。很明显，章太炎不再简单化地要视"法庭为战场"了，他变明智了。

古柏则问了"给康有为的信"中的前后过程、是否知道被出版及是否采取措施制止其流通等，也问到了《訄书》的写作和出版情况。想从章太炎问答中发现漏洞，以图打破辩方的防守。

章太炎也改变态度，坚持为自己作无罪辩解。

他向控方律师坚持说，《驳康有为论革命书》是给康有为的私人信件，纯属个人不同见解之间的讨论。信写好后，托人带到香港，再邮寄给在新加坡的康有为，寄信人已不在国内。至于为什么不从上海寄，主要是因国内有安全问题。信的草稿丢进废纸篓。至于这封信为何被出版，自己一无所知。

至于写的"载湉小丑，不辨菽麦"等言论，他一再辩解说"小丑"两字是"小孩子"，不含侮辱意思。

他否认自己煽动对朝廷不满的指控。

接着，轮到对邹容进行问话。

邹容在法庭中似乎较平和。他承认写了《革命军》，但不承认自己与书的印刷、出版有关。

他称，之所以写《革命军》，是自己在日本读书时学校安排的作业。从东京回国时，作业稿与行李一起寄存在东京留学生俱乐部里。被印刷出版的《革命军》是自己回上海才在书摊上看到。

邹容并不相信"坦白从宽，抗拒从严"，他坚称自己是被捕而不是自首。他解释自己很无辜，自己平常与《苏报》无瓜葛，为什么传说中的逮捕令会有自己的名字？他觉得很奇怪，所以要到巡捕房问个究竟。在巡捕房讲明自己身份后，说是被指控写煽动性的文章而要被拘留。他认为自己无罪，所以不必自首，也因为自信无罪，所以没有想到逃跑的事。

他说，《革命军》中的观点，都是从外国书籍和他的日本老师学来的。如果没有读那些书，没有从老师那里学到这些思想，就不会写《革命军》。

他明确表示现在自己已经放弃了这些观点。他在审讯中说：

我写好小册子之后，我看了其他书，我认为小册子中的观点是不好的，现在有了新的想法。

他还表示说：

现在我心中意思总要作《均贫富》耳。（按这句话是《申报》1903 年 12 月 5 日《续讯革命党案》中所录，而在《字林西报》'均贫富'用的是英文"社会主义"的词汇。）

他说自己想当第二个卢梭。

可以看得出来，章太炎与邹容都接受了律师的建议，愿意配合作无罪辩护。章太炎变化更明显，不再像初审时不时流露自己不承认清廷之类的对抗语言，转而针对指控作无罪的解释。章太炎与邹容除了初审承认两书是各自写的外，再也没有主动承认其余指控。

这天的审问从上午 9 点开始一直进行到下午 4 点。

一休庭，上海道袁树勋马上给两湖总督端方汇报。电文称：

苏报案，今日县、委会英副领自九点钟讯至四点钟止，其中周折甚多，律法官述彼族意，以监禁不出三年，职道饬先力持，倘过宽纵，当硬断。

看出，庭后已有争议，洋人意见从宽，而大清要力争从严，甚至再次做好准备单方面宣判。

六　严惩还是无罪或轻判

章太炎和邹容分别承认《驳康有为论革命书》和《革命军》是他们所写，大清天朝依"文字狱"思路，认为仅此一点，就足以判其死刑。道台袁树勋与租界交涉中就称：

若辈意在造反，岂可惜两三人性命，害千万人性命？

杀几个人，对大清天朝来说，本就是小菜一碟。

但既然大清天朝同意与领事团设立额外公堂，按法律程序，双方通过律师指控和辩论来澄清证据，那大清天朝指控的罪名和所能提供的证据，就难以通过法庭辩论彻底取胜。原告律师是以"恶意写作、印刷、出版煽动性的诽谤言论"指控被告犯的是诽谤罪，诽谤的是皇上。

法庭上，县令汪瑶庭指明，"只要写今上一字，罪名足矣"。古柏接着说："章等扰乱人心之处，请阅之，其意欲将满人驱逐。此种重大之事，如华人尽听其语，天下岂不大乱。"主张严惩。汪瑶庭提出"应照华例究办"，古柏也予附和。原告方律师及身兼原告和法官双重身份汪瑶庭咄咄逼人。

他们表明，不死，也得无期徒刑。

可是，被告律师琼司驳完控方的证据后，为章太炎、邹容做了无罪辩护。他指出：

章、邹二人，系年轻学生，出于爱国之忧，并无谋叛之意。

控辩双方针锋相对，水火不容。

原告律师古柏为指控做了精心准备。

在法庭辩论中，他将两被告的言论描述得极具煽动性和危险性。

古柏的控词如下：

我认为被翻译成"小丑"的言辞易于引起人们对皇上陛下的仇恨和蔑视，以下引用一段话：

夫戴此失地之天囚以为汉族之元首，是何异取罪人以图圄而奉之为大君也！

我认为如果这些话用在俄国沙皇或德国皇帝身上，这些国家的政府能片刻容忍这种侮辱性言辞吗？他们能允许这些在其主权管辖范围内的人逍遥法外吗？如果这不是叛国罪，那又是什么？

我想任何一个读过他们的书的普通中国人都会同意我的观点，认为他们的言论富有煽动性，法庭也一定会是这种解释。邹容使用的言辞非常叛逆和有煽动性。他主张排满，不仅推翻满族统治，还要杀尽满人，"扫除数千年种种之专制政体，脱去数千年种种之奴隶性质"。他接下去又说："中国最不平伤心惨目之事，莫过于戴狼子野心游牧贱种贼满洲人而为君！"

竟然使用这样的恶毒的语言来对待皇族。我认为这可能是最直接煽动起义，在任何一个欧洲国家，对君主不敬的言辞都应受惩罚，特别是在德国和俄国这样的国家，在把皇帝当成父亲的中国更是如此。我不说法庭也能明白小册子中的言辞的煽动性意义和意图，特别是其中直接鼓动杀满，"贼满人比我们多吗？"他指出只有五百万满人，杀尽满人是一件轻松的事情。我认为，阁下，这些话反映他们的意图，要由法庭估量他们的真实意思和他们的言论对普通中国人的影响。不管这些言辞的意图和目标是什么，都应该按照我们所发现的去理解，我想法庭不难判定这些言论的叛逆性有煽动性。如果有什么影响，那一定是使皇上、清政府以及满族被仇视，这些言辞最清楚的不过地表明要改变现状、推翻满族统治，不是建议改革，而是要除满；不是改造满族法律，而是要结束满族的统治。中国以前曾经有过这种尝试，当叛乱遍布各地的时候，中外人士都知道这意味着什么。

这些想当然的改革者是想把中国带到太平天国时期的战乱状态，法庭要阻止这种灾难的重复发生，不管怎样改革一定不是这些人所支持的那种。我想法庭也会认为，任何一种做法都比全国遍布屠杀和大规模的破坏好。而且法庭也不要忘记，即使是由满族来推行改革，也无法让这些鼓吹叛乱的人满意。主张中国的统治者必须滚开；他们在中国统治已经216年，这对那些鼓吹暴乱的人就足够了。无疑他们想成为这场改革的领导者，我想本法庭应阻止其发生。

古柏又强调：

明显不过的是，在一个充满不安定因素的国家散布造反和对政府不满的言论，比在一个和平的国家更加危险。不能否认的是目前的中国存在煽动性的因素和人。如果这一切发生在英国，影响可能是很小的。如果类似的出版物出现在印度，引起动乱的可能也不会很大，在不安定的国家引起动乱的可能要比和平的国家大。所有的政府都会阻止煽动性的出版物和类似的东西的传播，以免破坏社会稳定。

古柏特别指出：

我引用的这些文字尤其会引起人们对皇帝的仇恨和蔑视，而且我特别请诸位注意在后面的一段他这样写道："载湉小丑，未辨菽麦，铤而走险，固不为满洲全部计"，还有一段提及满族，"今者满洲故土既攘夺于俄人，失地当诛，并不认为满洲君主"，又说"夫戴此失地之天囚以为汉族之元首，是何异取罪人以图圄而奉之为大君也！"

古柏有意把章太炎、邹容的言论的宗旨与太平军起义联系起来。意图十分明确：那就是可以参考太平军起义的案例来衡量章太炎、邹容的罪名。

古柏最后指出：

他是一个受过教育的人，能写很好的中文，他应该知道写这样的文章后果是什么。我想，阁下，我已经反复思考过对他控告的罪名的性质，小册子上有他的名字，庭审的记录中他也对此承认。

但被告律师针锋相对。

琼司律师指出，原告方控告章太炎、邹容的罪名是"恶意写作、印刷、出版煽动性的诽谤言论"，但原告方没有拿出指控辩护当事人章太炎、邹容"印刷、出版"的任何证据。既然指控的罪名是一体的，缺了"印刷、出版"的证据，指控本身就是不成立的。

琼司律师的辩护发言还指责原告在不能提供证据的情况下，搞转移举证义务的把戏。被告律师除了坚持原告举证外，他在法庭的辩词也非常有策略。他将邹容描述成一个年仅十九岁、思想多变的青年；章太炎是一个热烈地关心国家命运的伟大的爱国者。

被告律师琼司称：

但不幸的是，他们被中国的专制政府拖到法庭上来起诉。这被指控为犯有极力煽动造反起义的重罪的人是个什么样的人呢？我们在他们的不矛盾的陈述中可以得知，他们是一个穷学生和学者，当然他们也是一个伟大的爱国者，热切地为国家寻找出路。作为一名作者，他们为了这个意图写作。他们不是官员，不是有权有势的人，也不是有任何影响的人。我认为在缺乏任何足够证据证明被告恶意为出版或煽动造反而写作的情况下，由政府出面控告被告私人信件中的内容是不公平的。

琼司律师接着指出《革命军》一文是邹容在日本读书时的一篇普通的学校作业，

这绝对不矛盾，是无懈可击的。在学校读书时，他参加各种有关政治、历史和国际问题的演讲。

他说：

可以想象一下这个年轻人的身份，只有十九岁，在国外读书，把所有的精力都投入到研究中。他眼界渐开，被各种他还无法把握的新思想所困扰，他不时地把这些思想记录下来，是在这种环境下，他写成了现在被起诉的文件手稿。广泛的涉猎使其沉溺于新思想中，其政治思想也经历一些变化，这也是非常自然的——年轻人的思想像他的身体一样处于不断的变化之中。这样的背景足以支持被告所陈述的他没有印刷或打算出版所写的东西，他也没有打算使其进入流通，进而煽动起人们对皇帝的仇恨、蔑视和反叛。

我提供一点意见供您考虑——到目前为止，控方并没有提供这些文件是在何处印刷的证据，事实也正是这样。您已经听过这个学生自己作的解释——他写的东西与他的其他行李一起留在东京，这就不能支持这个假设，即因为是他写的，所以也是他出版的。至此可以说，在这样的背景下，加上被告本人的坚决否认，可以得出结论：他没有将其出版，也没有导致它被出版。应该是向这个年轻人灌输排满思想的人，可能是出版或流通者。如果法庭认为这个文件是诽谤性的，事实上，法庭也是这样认为的，那么法庭必须绝对确信是由被告出版或导致出版。当然，邹容像章炳麟和其他被关押者一样，是穷学生，没有任何影响，也不是那种有能力煽动或组织起叛乱和革命的人。而且不要忘记他非常年轻。我认为考虑到写作的环境和被告的陈述，就不能昧着良心说，这些作品具有我的博学的朋友古柏解释的意思，他的解释是骇人听闻的。我认为如果这些被关押者从未被指控或被带到法庭，他们的作品会被淹没而无人知晓。他们被拖出来，由中国政府聘请律师恶意指控，并借助于北京的外交途径和引人注目的仲裁行为，进而使该案扩大成为公众关注的焦点。

法庭应该做的是清除外来影响，根据所能提供的证据作判决。即那些只言片语的假设：首先是出版，然后是关于意图的假设，像其他的假设一样，出版或导致出版的假设已经被截然相反的证据所反驳。

我也希望他能提供这些作品有大量流通的证据，但是没有一个人到法庭证明他买过一本。我也想如果我的朋友发觉他无法证明以上几点，他会证明被关押者从写作中获得收入，很显然他也确实这样做了。当然，由于他没能证明这一点，他的失败反而有力地支持了这个事实——小册子和文章的作者从来就无意出版，也与它的

出版无关。法庭没有任何证据证明，这些手稿大量发行，并因此皇帝的权威受损，或者因书中的事实煽动起对皇帝的诽谤。并且也没有任何证据说明，被告除了是为帝国利益考虑的模范臣民以外还是别的什么。

琼司律师还谈到本案能否公正审理，关系到废除治外法权问题。他说：

本案已经名声远扬，不仅在上海和中国引起人们的注意，而且英国、美国和其他国家对此也感兴趣，这对中国来说，牵涉比惩罚被关押者更重要的方面，这就是中国能否公正公平地审判被关押者。我们知道在世界上大多数国家，法庭对本国国民适用本国法律；而且我们知道在极少国家存在治外法权，即使是在存在过治外法权的日本，最近也获得了审理有关外国人和日本人案件的完整权力。自从治外法权确立之后，中国一直极力想废除它，将自己置身于可以对本国港口范围内的国民实施司法权的独立国家的行列。我们知道根据最近协商的条约，中国将来有可能废除治外法权，但这能否实现，还要看各国对它的满意程度，即它的法庭是否公正，是否能够和愿意根据证据给予每个前来法庭的人以公正。正如我所说的，现在本案吸引了各国的注意力，这是幸运，也是不幸。因此本案能否公正审理，关系到中国的国际形象，也直接关系到能否像日本一样，废除治外法权。

这是一次极其冗长的指控和同样冗长的无罪辩护。本书没有全文收录，但收录的部分代表了双方的基本立场。

这天的审理，法庭还请来外侨李德立先生（Edward S. Little）和西蒙先生（W. N. Symond）。他们作为辩护方和控方的证人先后出庭作证，他们出庭的目的主要是解释章太炎、邹容书中的言论是否具有煽动性，是否构成诽谤罪。

李德立显得态度审慎，但倾向于章太炎、邹容书中的言论不会被社会接受，不可能造成实际的影响。而西蒙则言辞激烈，认为被告有非常明显的煽动叛乱的意图，法庭应该予以严惩。当然，证人的证词对案件最后的判决没有决定性影响，但是外侨的出庭可以看出西方人士对此案的关注程度。

西蒙此人，不知背景如何。而李德立则是上海内门公司（Brunner, Mondand Co. Ld.）的创办人，三次当选工部局的董事。

12月7日是庭审的最后一天，陈仲彝、程吉甫、钱允生和执行逮捕令的巡捕出庭接受法庭调查，程吉甫、钱允生被当场释放。而汪瑶庭单方面拟定判决结果遭到观审当庭否决，没能宣布。按惯例，会审公廨审理的案件多数是合同纠纷、生意欺诈及鸡鸣狗盗之类，刑期不会超过三年监禁。朝廷控告章、邹的罪名，也就是牵涉到言语上冒犯皇室成员，属于名誉侵权之类，完全符合会审公廨审案的量刑范围。观审英国副领事认为判刑不该超过三年监禁。

料知英方不会同意重判，清当局为避免再次在商议判决结论时遭英国副领事的否决，遂决定审讯最后一天，不再征求英国副领事的意见，单方面强行作判决。

12 月 9 日，参与审讯的上海知县汪瑶庭抢先宣判，判决如下：

本县奉南洋大臣委派，会同公廨委员暨英副领事审讯苏报馆一案，今审得钱宝仁、陈吉甫（按：应为程吉甫）一为报馆伙友，一为司账，即非馆主，又非主笔，已管押四月，应乃开释。陈仲彝系馆主陈范之子，姑准交保寻父到案。龙积之于苏报案内虽无证据，惟前奉鄂督饬拿之人，仍押候鄂督示谕，再行办尪理。至章太炎作《尪书》并《革命军》序，又有驳康有为一书，诬蔑朝廷，形同悖逆。邹容作《革命军》一书，谋为不轨，更为大逆不道。彼二人者同恶相济，厥罪惟均。实为本国法律所不能容，亦为各国公法所不能恕。查例载不利于国，谋危社稷为反，不利于君，谋危宗庙为大逆，共谋者不分首从皆凌迟处死。又例载谋背本国，潜从他国为叛，共谋者不分首从皆斩。又例载妄布邪言，书写张贴煽惑人心，为首者斩立决，为从者绞监候。邹容、章炳麟照例科罪，皆当处决。今时逢万寿开科，广布皇仁，照拟减定为永远监禁，以杜乱萌而靖人心。俾租界不肖之徒知所警惕，而不敢为匪，中外幸甚。

汪瑶庭这样做，显然是按原定计划，争夺判决权。而且，这个判决的精神与正式开庭前上海道袁树勋拟定的四条办法完全一致。

令清政府官员尴尬的是，观审迪比南当庭抗议，表示此判决结果清方未与他商议，不承认朝廷官员单方面判决的效力。迪比南留下一句话：

除非将章太炎、邹容的刑期减为三年以下，否则此判决不能通过。

迪比南随即退出，返回领馆，不再与汪瑶庭等清廷官员见面。

迪比南将量刑期限为三年，是信口开河，还是真有什么依据呢？

这倒不是信口开河。

那有何依据？

依据是，被告最终能成立的罪名是诽谤罪。诽谤罪量刑上限就是三年，而决不可以是无期徒刑。

控方也以颠覆国家罪起诉被告，但不能采信。颠覆国家必须要有"武力颠覆"

的证据。那就是有纲领、组织、武器装备。言论批评不能以颠覆罪来认定。既然颠覆国家罪不成立，就只能按诽谤罪来衡量。

汪瑶庭与袁道台商量后，仍将"堂谕"（按：判决书）发给英国副领事及原被告律师，意欲强行结案。而英国副领事退回堂谕，并致函会审公廨谳员，表示不同意判决结果，认为此堂谕事先没有商议，是清廷官员自行决定，因此无效。且又致函上海县令，表达此意。

于是庭审难产。

为这事，上海道袁树勋于12月19日（即光绪二十九年十月二十一日）向两湖总督端方汇报，电文称：

项据谳员禀称，据翟副领函（按：沪语中，"翟"和"迪"同音。故"翟副领"就是指迪比南副领事）：所判永远监禁，未能应允，应行会商，不合专主，堂谕作废，初函上海县外，堂谕送还，等因。

为此上海知县汪懋琨根据端方指示，12月24日，跳过迪比南单方面宣布对苏报案判决。

判决书内容与12月9日判决书无异。

汪懋琨的宣判引起驻沪领事团的异议，双方相持不下。工部局继续将章、邹囚于巡捕房。

由于章、邹囚于公共租界总巡捕房，判决的执行权也在公共租界，没有英国副领事迪比南签署的判决书，不论是巡捕房还是提篮桥监狱，都不会执行。因此中国官员的单方面判决没有多大意义。

《苏报》案又陷入僵局。

七　再次引发对外交涉

朝廷方面只好又再次求助于外交手段。大清外务部重新为此事与英国驻华公使交涉，英国公使表示永远监禁的判决太重，应酌减刑期。

1904年春节后，英国驻华公使电示上海公共租界。

接英国驻华公使的电文后，代理上海领事团"领袖领事"的比利时领事照会上海道台，表示可以考虑再会审一次。如再拖延，一旦超过拘留期限，被关押者将依法释放。

会晤毕，袁树勋马上请示端方：

代理领袖比总领事薛照会：各领以苏报馆案未断定，拟再会审一次，如再不断，将犯开放，以照驻京公使之意云。

袁树勋很清楚，如果再审，根本达不到重判的目的。因此他还是寄托外交途径，由各国驻华公使出面向相应的驻沪领事施压。他刚按魏光焘指示回复了"代理领事领袖"后，又向端方请示：

昨奉南洋复电：按照约章应由中国定断，既断何能复翻。各领明知我不能再允会审，彼得籍词释放。其意不过如此。然违约在彼。我若允其复审，亦必不能听我核办。况前次所断极其公允，与各驻使训条相合。现已电部请告各使饬各领勿再翻异。

而外务部深知对外交涉的艰难。由朝廷官员强行判决，本就是端方和袁树勋等人的一厢情愿，外务部对此本就不甚满意。1904 年 2 月 23 日（正月初八），外务部电告南洋大臣魏光焘：

电悉苏报馆一案，前据英使面称永远监禁太重，应酌减年限，断结以后，可商订检查报章妥善办法等语。查此案虽已断定，惟上次堂判，并未会同该领公断，彼自不肯允认，现该领既愿复讯，可再派员会审，酌照英使所谓公同定断，以期结束。希饬遵。外务部唐。

外务部明确表示让步：你老魏省点事吧，咱们都折腾不起。还是接受"领袖领事"提议，再审一次。但此时领事团却改变了，不再坚持会审，只由双方派员共同协商判决。领事团方面改变主张的原因，领袖领事的说法是以往的约定有笔误，这也许是托词，真正的原因是英国驻华公使不愿意此事陷入马拉松式的交涉。

这里落款"外务部唐"只是表示发电报的官员姓唐，估计与外务部来往的官员都知道他，但绝不是外务部的首官。当时外务部的首官是庆亲王奕劻，外务部尚书是那桐，这唐姓官员估计是员外郎等级的，最可能是唐文治。唐文治一直在总理衙门当官，两年后他官升农工商部署理尚书。电报中"唐"的意见自然是得到庆亲王奕劻和那桐的同意的。

其实此时清当局为挽回局面，也愿意妥协，不坚持无期徒刑，转而争取洋人同意改判较长年数的徒刑。2 月 27 日魏光焘答复外务部时表示：

今中国重以各使之意，一再迁就，应请钧处转商英使饬领事，纵不永远监

禁，亦当将监禁年限从最多者商定，以示儆戒。此实为保全地方商务，请勿误会。

即使是大清让步，双方共同作出判决也不是一件容易的事情，其关键是双方对此案判决的分歧太大，无期徒刑或十年以上和仅仅判三年以下徒刑也悬殊。尽管领事团内部后来有点松动，但上海英国领事仍坚持不超过三年，而清当局对此表示难以接受。

判决久拖不决，对清朝政府十分不利。因为按照领事团审判的司法程序，超过期限作不出判决，应释放被关押者。清朝当局要求宽限一段时间，领袖领事同意了，但设定以5月21日为限，逾期还达不成一致，被关押者将被释放。

清朝当局又请求外务部出面，与英国公使商议具体年限。如果公使提出的意见能比英国领事的主张长一些，再与领事交涉也许会有利。

反反复复的交涉使此案一拖再拖，甚至期限已至，交涉仍然没有结果。袁树勋只好再次恳请领事团宽展期限。这次仅仅同意宽延十天。

1904年5月初，英国公使表示可以考虑监禁期限在十年以内酌减，这样双方可以达成一致意见的最长监禁期限是十年。不料，英国公使这一意见，没有及时通知到英国驻沪领事。英国驻沪领事仍然坚决反对清政府重判章、邹，提出"一犯禁二年，一犯即释放"的主张。领事团方面警告，如果到期不能结案，就要将在押嫌犯释放。

此时的魏光焘，担心竹篮打水一场空，只能退而求其次。忙急电外务部，争取减至五六年。外务部接到魏光焘电报的第二日就回电：

《苏报》案犯监禁年限，并未与英使商定，现在为期已迫，如再与商，转费周折，即饬沪道与各领商定，将一犯监禁三四年，一犯监禁一年，以期结束。

大清当局终于放弃了严惩章太炎与邹容的要求。他们知道，只要能判章太炎与邹容有罪，也比无罪释放强。

5月18日，领袖领事将领事团最终商议的结果函告袁树勋：年幼之犯拟监禁二年，年老之犯拟监禁三年，自捉获之日起算，刑满驱逐出租界。

这个判决结果与外务部的预期相差不多，清政府方面没有再提出异议。

5月21日，会审公廨为这件案件最后又开了一次庭。由上海县知事汪懋琨（瑶庭）、谳员黄煊英、英国副领事德为门（Twymen）会同审问。注意到，原谳员邓铭谦换成黄煊英，英国观审迪比南换为德为门。

南洋特派委员汪瑶庭和英国副领事德为门宣布判决结果：

本县奉南洋大臣委派，会同英副领事审讯苏报馆一案。今审得钱宝仁、陈吉甫一为馆友，一为司账，已管押四月，应行开释。陈仲彝系馆主陈范之子，姑准交保，寻父到案。龙积之系鄂督访拿煽之人。惟案无证据，且与苏报馆事无干，亦应省释。至邹容作《革命军》一书，章炳麟作《煽书》，并作《革命军》序，又有驳康有为一书，言语纯缪，形同悖逆。彼二人者同恶相继，罪不容恕，议定邹容监禁二年，章炳麟监禁三年，罚做苦工，以示炯戒。限满释放，驱逐出境。

此判。

与前一个判决书相比，这个判决书相当简略，语气也不及前一次严厉。

《苏报》案至此结案。

当日，章太炎、邹容被移送提篮桥监狱。

请记住，从这天开始，继承迪比南的德为门把"额外公堂"在《苏报》案的特例，当做普遍案例。把"额外公堂"推广来处理华人的案件。会审公廨这原本是清朝的一个基层审判机构，就变成被洋人控制的法庭。会审公廨发展到后来的地步，就是《苏报》案开的先例，是德为门滥用职权的结果。

《苏报》案终于落幕了。这案，留给中国人心中的感受，值得慢慢体会。

反正，被判入狱的章太炎、邹容是满怀怨恨的。被取缔的革命党人是愤愤不平的，他们下定了变天的决心，要与朝廷继续抗争下去。

慈禧太后也一样是恨得痒痒，不解气。但又能怎样？拿洋人没法子，但可以拿奴才出气。

1904 年《苏报》案后，慈禧派户部侍郎铁良南下查账并阅兵，挑剔指责南洋大臣魏光焘，把他所用的原湘军将领一个个地提出弹劾，降的降，贬的贬。俞明震自然不例外。魏光焘被调福州任闽浙总督，铁良还不尽意，还京后，慈禧以魏光焘昏昧无能，遂开缺。

1905 年魏光焘彻底罢官，回到湖南邵阳老家。

汪懋琨虽在会审公廨中表现不尽如人意，但总算阶级立场坚定，凑合继续当知县。其实汪懋琨与张相文是同乡挚友，而爱国学社的成员又都是张相文在南洋公学的同学，汪懋琨能不知情吗？要做官，只能板着面孔狠心做下去。

邓鸣谦是广东人，称他邓司马是因为做过江苏按察使。他这次当会审公廨的谳员，朝廷对他不满，没等到宣布审判结果，就因办案不力被撤职。后来他在上海下

海了，成了盐业批发商。盐业批发商是官商垄断行业，表明官场还是为邓司马保留了优待。邓鸣谦的孙女婿就是曹聚仁，算是个大名人。

端方、袁树勋、金鼎和梁鼎芬等一批办案的或从湖北来协助办案的人员被朝廷视为可用之才，以后量力提拔。端方终于如愿以偿地调在江苏巡抚位置上，等待着新的机会。

下 编

辛亥风云

第十二章

哑火的手枪

一　哑火的手枪

上海有句俗话，叫做"开洋荤"。这话大概开始于 19 世纪末。初期开洋荤的意思就是进"番菜馆"（现称西餐厅），胸前挂块白餐巾，手握刀叉吃西餐。

西餐西菜花样变化不大，如今有几样，当年也有这几样：牛排、色拉、奶油蛋糕、冰淇淋等，加果汁饮料和洋酒。

而如今的"开洋荤"的说法虽不再限于吃西餐，但也还是含初次体验西洋生活方式的意思。

当时上海的西餐馆有洋人开的，也有中国人自己开的。中国人的番菜馆，如果是要点套餐，则价目有分成上等、中等和小食三个价位。上等每客价目银元 4 元，菜 12 道；中等 3 元，菜 10 道；小食 1 元 2 角，菜 8 道。如果是自己随便点，则每单菜价银元一角，也有一角五分的、二三角的。外国番菜馆是每客银元一元，共有九肴，吃与不吃，各随各便。一银元按购买力，相当于如今 150 元人民币。其实不算贵。

那时，上海最著名的西餐馆是大马路（南京路）的"宝德"餐馆。西人习惯称"宝德"为 27' Restaurant。还有泥城桥西塊的"金隆"、五马路的"益田"、法界有"密采里"等。这些是西洋人开的货真价实的西餐馆，西洋人多集中在这些地方吃喝，也偶有华人上门尝鲜。

由于西餐生意不错，"中式"西餐馆也比比皆是。只是上海人开的西餐馆挂的招牌是"番菜馆"。仅仅在四马路（福州路）一带，就有一品香、金谷香、海天春、吉祥春、四海春、江南村、万年春、锦谷春、一家春九家"番菜馆"。一品香和金谷香最负盛名，生意奇好，每天人来人往，好不热闹。

这"金谷香番菜馆"，有人说在大新街上，当年可能有一条与四马路相交的大新街，如今没有了。也有资料称大新街就是如今的湖北路。查地图可知，湖北路的确与福州路相交。这样，金谷香番菜馆主门有可能是面向湖北路。而陶成章在回忆中又说金谷香番菜馆就在如今西藏路上，估计其中有误，陶成章没参加刺杀王之春，即使常到上海，也没去注意一家西菜馆的具体位置。不过，不论怎么说，这"金谷香番菜馆"反正在公共租界的中心地带。正因为如此，到"金谷香番菜馆"开开洋荤的自然不少。

1904 年一个秋天的傍晚，华灯初上，金谷香楼前像往常一样熙熙攘攘，热闹非常。

不经意间，食客看到一个白胖魁梧的官员模样的人从金谷香二楼餐厅外的楼梯匆忙往下奔，身后有一名戴瓜皮帽、着青布衫的侍从拥着。急霍霍，像是遇到什么意外。

"别想逃！"一声大喝，金谷香楼前的人群中冲出一个人，左手抓住官人身上的马甲，右手一支手枪直指那官人太阳穴。逃跑者似乎腿一软要栽下，发不出求救声，随从也慌了手脚，不知如何是好。

"卖国贼，我今天代表四万万中国人枪决你。受死吧！"

持枪人厉声宣告后，扣发扳机。

楼前的人群略吃一惊，有认得的，喊叫着：

不就是王之春吗？该杀！

旁观的兴奋起来：

好哇！杀他，杀了这卖国贼……

没有听到枪响，是被众人欢呼声盖住了？

哑火。开枪的好汉第一个意识到。

那好汉，抽回左手，拉枪栓，再击发。还是没响。

那个被人群喊为王之春的也终于知道自己没死，就挣着向马车方向跑，并向自己的马车后钻，嘴里不断地喊着救命。他的随从和车夫也醒悟过来，围住枪手要抢枪。枪手对着王之春再扣发扳机，还是没有射出子弹。

王之春声嘶力竭救命声、群众嘈杂的叫好声和枪手愤怒的骂声，吸引巡街的红

头阿三快步赶来。我们已经讲过,公共租界总巡捕房正就在四马路。

红头阿三奔来,围住枪手搏斗。巡捕吁吁唧唧口哨声响成一片。枪手历数王之春卖国罪行,不停地骂着汉奸、卖国蟊。围观大众高声称赞,顺便向钻在马车后的王之春吐着唾沫。

好汉被巡捕房的阿三们带走了。这天是1904年11月19日。

原本,这次暗杀王之春,是经过认真的策划和安排的。革命党人原先要消灭的目标是慈禧,是铁良,是满清的顽固势力。但几次行动均因故没成功,他们不气馁。挑上王之春,则是因为王之春是当时头号卖国贼,他为镇压广西民众,不惜引狼入室让法军进入广西,还要把路权矿权出卖给法国人。王之春因国人的全面抗议而被罢去广西巡抚,但还不甘心。

王之春曾任驻俄大臣,与沙俄皇储有来往。当沙俄不顾道义,违约拒不从中国东北撤军时,王之春继续出主意,要向占领我国东北的沙俄进一步出卖国家主权。朝廷听从他的主意,背后搞了对俄密约。

对俄密约被沈荩披露后,全国发生了大规模的拒俄运动,使清俄双方的梦想落空。尽管如此,王之春还继续出主意对俄妥协,同时力主镇压爱国学社和《苏报》。他就是《苏报》案的始作俑者。

爱国学社的"拒法反王"运动的目标就是他,他因而被摘了顶戴花翎。爱国学社的"拒俄运动"又破坏了他对俄屈辱妥协的阴谋。他无法面对耻辱,怎么也吞不下那股恶气。他要朝廷镇压爱国学社,全是出于报复的目的。经他不断地串联挑动,朝廷终于说动公共租界当局,取缔了爱国学社,查封了《苏报》。造成章、邹等7人被捕。

上海革命党人也就对他恨之入骨。特别蔡元培、张继、章士钊、林獬、俞子夷这批留在上海的原爱国学社成员。拿王之春作为革命党的第一个试枪对象,绝非偶然。

为策划此次行动,革命党人开过几次会。开会地点是泥城桥新闸路余庆里(现北京西路1221弄,黄河路北京西路口)。

余庆里是中国教育会的一个的秘密联络地点。爱国学社被取缔后,中国教育会把这地点用来接待来往的日本留学生及国内出国留学的人,这些人大都是来串联革命的。凡日本留学生路过或借此处活动,中国教育会一律以爱国女校的教师名义进行接待,所以余庆里也是革命党人的主要聚会活动点,许多学生革命组织都在这里酝酿组成。前面提过,中国教育会原本是应南洋公学译书院张元济提议而建立的编译所，专事新式学校教材编译。

编译所改名中国教育会后，中国教育会的成员从事革命、从事教育，但编译的工作仍继续进行。他们从事革命、从事教育是义务的，而从事编译工作，则是谋生的主业。

中国教育会的成员除了卖稿给张元济外，各人也相应与别人合办出版机构。如启明译书局，还有东大陆书局等就是中国教育会和原爱国学社成员如章士钊等与他人合作的。由于这层关系，启明译书局也就利用这余庆里作书库，东大陆书局利用梅福里作书库。余庆里是爱国学社被取缔、《苏报》馆被封后，零星余下的编外房产。梅福里曾有《时务报》馆、东文学社和马相伯的寓所。《苏报》案发时张继、邹容就在那里避难，后来的《国民日日报》编辑部和印刷厂也设在那里。梅福里、余庆里和福源里都同在泥城桥地段。

参与此次刺杀王之春行动的策划者，有杨笃生、章士钊、林獬、张继、俞子夷、万福华、刘光汉、吴春阳（旸谷）、陈自新等。另外蔡元培、黄兴等也都知道这计划。刘光汉就是刘师培，他与章士钊、林獬、张继上年就在一起办《国民日日报》。杨笃生、万福华、吴春阳（旸谷）、陈自新、易本羲是从日本和国内其他城市聚集到上海的。杨笃生是暗杀行动的实际负责人。万福华是合肥人，原是朝廷候补知县，先后在滦州铁路筹备局和盐局谋事，戊戌变法失败后，他从维新立场转向反清革命，1904 年到上海参加革命党。吴春阳与万福华同乡。中国教育会的蒋维乔、汪允宗、叶翰等，也都是反清排满的，汪允宗还是同盟会首期成员，他们并没有介入暗杀活动，但都积极接待路过上海的革命党人，以教师的名义，安排吃、住、行。

在商议刺杀的具体行动计划时，他们注意到王之春喜欢吃喝应酬，特别喜欢上名菜馆。还知道了吴葆初是王之春的朋友，彼此之间颇有酒肉交情。而吴葆初也参与中国教育会活动，他与爱国学社也很有交情。《苏报》案中吴葆初积极参与营救，捐重金帮章、邹聘律师。

于是与会众人决定模仿吴葆初笔迹，借用吴的名义开请柬约王之春赴宴。宴请地点就是当时上海滩开张不久、且最繁华的金谷香番菜馆。对此王之春是熟门熟路的，他自然毫不怀疑。

曾在日本学军事的陈自新自告奋勇，要当第一枪手。陈自新的确枪法好，也有胆略。大家同意了。张继配合陈自新，两人在金谷香番菜馆二楼，等待王之春，约好一见面就开枪。

而章士钊、万福华、刘光汉和易本羲等人，混在餐馆楼下的游人之间，望风

接应。

开会前，章士钊从杨笃生那里拿来一把手枪。既然陈自新要当第一枪手，这枪就交给他。张继也从自己腰间摸出一把手枪，说为保险其见，可以与陈自新同时开枪。

刘师培看着眼红，就向张继讨枪。刘师培说自己在楼下策应，一旦上之春不死逃跑，自己可以在楼下补枪。大家见说得有理，同意楼上楼下各一支枪。但这枪交给易本羲。原本前次在南京准备伏杀铁良时，易本羲就被选为杀手。大家都认为刘师培是文弱书生，不适合开枪杀人。

这边安排就绪。

那边王之春也按时赴约。他把马车和车夫留在金谷香店面前的小广场上，自己由侍者迎至二楼。一到二楼，王之春不见吴葆初，正内心诧异。张继上前招呼，王又不认识他。

正犹疑间，忽有一人近身，讲日语，要求笔谈。此人正是陈自新。从后来看，陈自新的这一行动是画蛇添足了。原来他想要接近王之春，哄王之春写出书面文字，将来好拿来作死者的身份证明，然后再杀他。

然而王之春疑心大起，突然转身说要去解手后再来，就抢步疾走下楼。陈自新拔枪，却发现王之春身后侍从挡住了目标，加上楼梯人上人下的，担心胡乱开枪伤及无辜，一时不知所措。

万福华与章士钊在楼下没听到枪声，正在疑惑中。忽然看到王之春下楼，要奔向他的马车。刻不容缓，而此时手枪被易本羲揣着，万福华于是腾身跃起，抢过手枪，发生了开头的一幕。

巡捕制服万福华后，还想让王之春及随从指认捉人。于是章士钊、刘师培、易本羲乘乱混入人群散了，张继、陈自新也弃枪逃走。刺杀就这样失败了。

想在金谷香拿王之春"开洋荤"，结果不但是荤味没尝到，惹了一身臊气，赔了老本，革命党人自己被捕。

万福华那把枪，其实谁也没有事先试过。是好枪，还是坏枪？

再说，有谁知道那枪的来历吗？

其实那枪，1903年7月2日以来，一直是张继带在身上。而7月2日以前，是邹容带在身上。

1903 年 7 月 2 日那天，邹容应章太炎之约，去总巡捕房自首，自然不能带枪去。而与邹容一起在新闸路梅福里避难的张继后来就把枪带在身边。

我们在前面章节里，提到邹容与同学争辩，因怕吃亏，就拿枪对着爱国学社的同学而遭吴稚晖的呵斥，也说过，那枪是从日本地摊淘来的。

说王之春逃命成功，所以刺杀失败，这话也不尽然。一个王之春是活是死，对中国前途影响其实不大。但王之春遭伏击，平民声声叫好，这就给大清天朝的大小官员一个警告：

汉奸贼子，那是人人可以得而诛之！

事后，蔡元培在自己办的《警钟日报》上发表了《万福华传》，赞扬万福华爱国除奸的大无畏精神。

陈去病以此次刺杀为素材，写了《金谷香》的剧本，发表在自己主编的戏剧刊物《二十世纪大舞台》上。

柳亚子等人则赋诗讴歌万福华。

柳亚子、陈去病、蔡寅和金松岑一批也是对王之春咬牙切齿的。但这些人太诗人气质，不适合当枪手。蔡元培是领袖和老大哥，不适合出头露面当枪手。林獬此时的《中国白话报》正风行大江南北，他参与策划伏杀王之春的密会，但众人也没让他参加行动。此时在沪的革命党人都赞成用暴力对抗朝廷。

事后，舆论普遍认为，刺杀王之春案，是"苏报案"之后又一起振聋发聩的壮举，影响了随后的一批革命党人，激扬着他们杀身成仁的豪气。

万福华后的吴越、徐锡麟等一批革命党人，不能不说是受到了万福华的鼓舞。其中吴越就在保定加入北方暗杀团。后来吴越与杨笃生、赵声等一起实施截杀出国考察的五大臣，正是出于对万福华的崇拜。

注意：不要把"吴越"写成"吴樾"。朝廷是故意将"吴越"写成"吴樾"，以表示吴越"死有余辜"，在"越"字左边加个"木"边旁，永生永世给吴越套上枷锁。

原来这朝廷也喜好"意淫"。

二 光复会与华兴会的成立

回过头来，说一些"刺王"事件之前的事。

光复会与华兴会都是同在1904年成立的。两会都是拒俄运动的延续，军国民教育会也同是它们的根系之一。

如果说华兴会是早在九个月前利用除夕年夜饭的集会成立的，那多少是有点喜庆的气氛的。那光复会则是在悲壮气氛中成立，成立那天，正是刺杀王之春失败的日子。成立后第二天，上海巡捕房大搜捕，几乎把革命党一网打尽，光复会与华兴会两会领袖和骨干大部陷入囹圄。

但光复会与华兴会的成立，标志着扎根于中国大地的国民武装革命战争开始了。不同于爱国学社，爱国学社只是秀才造反，打的是舆论战，刀枪在别人手里。也不同于孙文的兴中会，兴中会是国界之外的革命，通过边境向内渗透，往往水土不服，成功几无可能。

前面讲到，1903年秦毓鎏、叶澜、董鸿祎等秘密将200人的"拒俄义勇队"改组为"军国民教育会"。其宗旨是"养成尚武精神，实行民族主义"。行动方针有三：曰鼓吹，曰起义，曰暗杀。

这批人分成多支回国当"运动员"。这"运动员"就是为落实三项行动方针，回国发动众人一起干。

其中一支如张轶欧、谢晓石、马君武、苏曼殊等到上海后与爱国学社余下人员结合，继续反清。谢晓石、陈独秀、苏曼殊等参与《国民日日报》。这批人属于搞"鼓吹"的。

另外一支是钮永建、李书城、蔡锷、吴禄贞、蓝天蔚、阎锡山、王孝缜、胡景伊、孙孟戟、尹昌衡、吕公望、蒋尊簋、孔庚、赵恒锡等，他们陆陆续续回国，潜入大清新军，后来搞兵变。算是"密交"。

真正回国策划民众搞武装起义的则是黄兴、刘揆一、陈天华。刘揆一曾结交于湖南哥老会大龙头马福益。马福益手下的哥老会拥有15万的会众，实力不容小觑。这支人马对革命党来说，是巨大的人力资源。所以黄兴、刘揆一看准这点，首先作为运动员回国发动湖南会党起义。他们回国前，见到过陈范等湖南老乡，到上海，就找到张继、章士钊等人。通过张继、章士钊，中国教育会接待了黄兴一行。以爱国女校和新开办的"爱国学校"教师的名义，留住新闸路余庆里。以后，日本留学生路过上海，也按此例，大都在余庆里过渡。余庆里就这样成为革命党的一个秘密联络处。此时，正值《苏报》案过完初审，进入朝廷引渡程序，一些没销售的《革命军》就匿于此处。黄兴见了大喜，秘密联系加印，带到湖南去宣传发动民众。

前面提到，1900 年，唐才常搞自立军起义时，就依赖两湖的会党势力。当初，革命党人毕永年就扎根于湘鄂的会党之中。黄兴这些人就是利用这一层关系，全权委托刘揆一为联络员，沟通湖南哥老会。

黄兴名义是明德学堂教员，以教师名义留湖南开展活动。1903 年 11 月 4 日，他以 30 岁生日为名，约全国分布于各地的秦毓鎏、宋教仁、刘揆一、章士钊、周震鳞、胡瑛、徐佛苏等，在长沙保甲巷彭渊洵家举行秘密会议，商定建立反清革命团体，对外假托兴办矿业，称华兴公司。

秦毓鎏是江苏无锡人，本是军国民教育会的首脑。他也回上海以办学为名从事排满革命，这次他就是从上海华泾的丽泽学堂出发去湖南的。而章士钊此时正忙着《中国日日报》的事，脱身来湖南，可见大家对这事的重视程度。

这是一批说干就干的人物。

1904 年 2 月 15 日，是除夕夜。以除夕聚宴为掩护，举行华兴会成立大会，大家推举黄兴举为会长，秦毓鎏、刘揆一、宋教仁为副会长。

华兴会延续军国民教育会的行动纲领。喊出"驱逐鞑虏，恢复中华"和"同心扑满，当面算清"的口号。黄兴亲赴湘潭，会见洪江会首领马福益，商洽起义计划。相约于当年 11 月 16 日慈禧太后七十岁生日"万寿"之际，对来行礼的湘省大吏进行爆炸袭击，趁机起事。

到这里讲了华兴会的成立，而转讲光复会的成立却要回头从暗杀团讲起。

与此同步，上海革命党的暗杀机构也正在形成和发展。

搞"暗杀"那支是杨笃生、苏鹏、何海樵、周来苏、胡晴厓、汤重希六人，开头还有黄兴在内。1903 年夏秋之交，这些人在日本横滨发起成立了暗杀团，作为军国民会的从属机构。后人把他们称为"横滨暗杀团"。何海樵原是上海科学仪器社的，也是爱国学社成员，是 1903 年刚去日本留学的。暗杀团是专门从事暗杀满清军政要员的。但不是说，只有暗杀团成员才有刺杀的义务，1903 年参加过拒俄运动的日本留学生，都安排过暗杀的任务。举两例极端的是：

其一，文弱的苏曼殊挑选了康有为当暗杀目标，但如何着手，使他犯难。

其二，鲁迅加入了东京的"浙学会"。他也受动员，要回国刺杀清朝大员。鲁迅说：我可以立即动身的。现在只是想了解一下，如果我死了，剩下老母，那时候，该如何替我照料呢？于是浙学会回复鲁迅，不用他去了。

1904 年春，杨笃生、苏鹏、何海樵等人的横滨暗杀团移师上海，在泥城桥余庆里开展活动。由于何海樵去日本留学前是爱国学社的，杨笃生、何海樵就与张继、

蔡元培、王小徐、孙毓筠、刘师培、章士钊、钟宪鬯、俞子夷等革命党人进行联络，要联合行动，成立规模更大的上海暗杀团。龚宝铨和陶成章也参加余庆里的秘密会议。新组建的上海暗杀团有个正式的称呼是"爱国协社"。沪语"爱国协社"与"爱国学社"谐音，虽然如此，爱国协社究竟是与爱国学社不是一回事了。暗杀团是个吓人的名称，说成爱国协社，即使是公开场合说漏了口，也不至于引起第三方侧目。许多网络文章，把"爱国协社"习惯性地写成"爱国协会"。暗杀团是杨笃生为首，但公开的"爱国协社"是蔡元培为领导的。王小徐、钟宪鬯、俞子夷是受蔡元培动员而参加爱国协社。其道理很简单，因为这几个人与杨笃生一样：

又红又专。

红，那是因为他们革命立场坚定，属于爱国学社级的老革命。

专，那是因为他们是属于高科技的上海科学仪器社的成员。王小徐、钟宪鬯都是海归理工科学者，俞子夷是南洋公学深受蔡元培器重的学生。王小徐是专修电学和物理学的，钟宪鬯、俞子夷精通化学。他们就正好专业搭配，与杨笃生、何海樵一起凑成一个班子，制造炸弹。

对于暗杀团来说，炸弹才是最有力的武器，而基地是非常重要的。有制造炸药、炸弹的秘密场所，才算是暗杀团的基地。

暗杀团成员个个敬业。不用说杨笃生、何海樵、钟宪鬯、王小徐夜深人静之际加班加点，就连年长的蔡元培也常常到现场。

暗杀团的第一号对象就是慈禧太后，其他满清朝廷大员都属目标。汉族官员凡牵涉到卖国叛变等罪行的，也属清除之列。

1904年春夏间，杨笃生、张继、何海樵、周来苏等即赴北京，准备实施第一号计划：

杀掉慈禧太后。

他们在京师草头胡同赁屋而居，想从皇宫、颐和园外向内抛弃自制的炸弹，或半路拦击，以击毙慈禧。但皇宫、颐和园警戒森严，即使知道慈禧出行，也因随从众多，不容易靠近而无从下手。于是计划在西直外门到颐和园的途中埋地雷，通电线，人埋伏在芦苇丛中，等待慈禧銮舆的到来，届时电线发火引爆地雷。埋伏等待超过六个月，始终不能得逞。结果川资告罄，只好失意南下返回上海。这次谋炸慈禧的事，就此夭折。

谁知六年之后的汪精卫和黄复生，又重复一次杨笃生、张继、何海樵、周来苏等人不成功经历。不同的是汪精卫他的目标是载沣，黄复生在载沣路过的小桥埋设的炸药被巡警发现，最终侦破被捕。凑巧，案件主审官是内城巡警总厅丞章宗祥。而章宗祥正是汪精卫留日时的学长，彼此小有交情。此时章宗祥还是载沣宗室内阁的法制办公室主任，是内阁中少有的几个汉族成员。经他与肃亲王善耆通融，内阁民政部大臣善耆以"开明"的姿态给汪精卫无期徒刑的宽大处理。这事不多啰唆了。

就在这时，万福华来到上海，与章士钊等革命党人结交，并加入爱国协社。他对满清政治极端失望，认为必须用暗杀来结束之。他发誓：

欧美革新，无不自暗杀始，今中国无其人也，有之，请自福华始。

参加暗杀团，他实践自己的诺言。

章士钊也想到陈由己（独秀），决定推荐他来上海参加爱国协社。陈由己应约而来。正因为这次陈由己来上海参加爱国协社，与蔡元培成了朋友，才有1916年，蔡元培出任北京大学校长之后，马上想到调陈独秀到北大当文学科学长的故事。

陈由己来到上海，也去英租界新闸路余庆里。这里已俨然是暗杀团的秘密机关，陈由己一到，杨笃生等人便和他进行了密谈，决定发展他为暗杀团成员。

暗杀团的规则极为严密，继承了军国民教育会的一套程序：

入会须拜祭黄帝，饮鸡血酒发誓。

陈由己后来回忆当年杨笃生主持他参加爱国协社的情景：

在一长帘高挂的房间，正面墙上临时挂着一纸黄帝神位字样，神位下面是一张八仙桌，一束香余烟缭绕，弥漫着神秘的气氛。桌下摆着两个草垫子，盛着酒的白瓷器皿已滴入刚杀的鸡血，陈由己随杨笃生跪在草垫上，宣读誓词。读毕，又随杨君将血酒一饮而尽。

随后几日，陈由己和杨笃生一起向钟宪鬯学制造炸弹。

1904年夏，暗杀团瞄住了旗人铁良。探知铁良正要从京师下南京。

前面说过，《苏报》案使大清丢脸了，为此西太后恼了。加上端方不停地要让魏光焘的难看，魏光焘成了《苏报》案失败的替罪羊。

太后让贴身奴才铁良南下看看。第一个被"看看"的，就是魏光焘。说是检查检查度支、巡察巡察练兵。铁良此人，当时是户部侍郎，是晚清满臣少壮派的中坚。他主张要强力维持"满汉之分"，以确保满家江山不被汉人侵蚀。他极力主张排挤打击朝廷的汉员，而确保旗人的支配地位。比如，他破格举荐并重用了留日的旗人子弟良弼。良弼就是后来被革命党人彭家珍刺杀的那位，是极端的保皇宗社党首脑。铁良是铁了心，要把魏光焘查它个底朝天。

这魏光焘活该倒霉，谁让他落到这铁爷手里？

照理，户部侍郎下地方，查查度支，倒是分内事，而去查封疆大帅南洋大臣魏光焘的军事练兵问题，就有点过分了。但，这是双保险。当时的两江，特别是上海，是大清最富有、银子最多的地方。一旦查出财务有问题，是可以要人命的。但查不出怎么办？

考虑到光焘同志到两江任上才两年不到，估计他想贪的话也一下子贪不了多少。所以，加个巡察练兵。即使查不出致命的，也可把蛋壳当骨头挑，还是多少能挑出点硬的东西来。

果然，魏光焘经不起有备而来的铁爷的挑剔，受训斥了。铁特派员回京奏了一本，马上扳了魏爷南洋大臣两江总督的座位，弄到福州去，与闽浙总督李兴锐对调。没多久，魏爷闽浙总督也被捋了，开缺回乡。端方却趁机换成江苏巡抚，瞄准年迈的李兴锐，双眼盯住了两江总督的交椅。顺便说，俞明震的江南陆师学堂总办也一并被撤了。

这同时，革命党人得到消息，铁良回京师汇报过江宁的大事之后又要从南下了。这次，铁良名声显赫，他跨进了军机处的大门。

上海这暗杀团成立许久，至今未建一功，知道铁良又要到南京，觉得是机会，于是决意杀之祭旗。看来这革命党人不是简单地从个人恩怨出发：

铁良整垮了魏光焘，而魏光焘则是参与镇压爱国学社和《苏报》的元凶之一。敌人的敌人是朋友的命题，革命党人并没有把它视为"真理"。

魏光焘是革命党的敌人，铁良是魏光焘的敌人，铁良是更坏的敌人而不是朋友。革命党人竟就是这样来看问题的。这可能要被如今的辩证法大师们取笑了。估计，那年代的人没有先进思想，不懂得辩证法这些大真理。

返回主题。

铁良从北京乘火车南下，那时没有长江大桥，乘客要先到浦口下车，再渡江到南京下关。杨笃生、章士钊等人商议，决定在下关设埋伏，趁渡船靠岸铁良下船之际进行狙击毙杀。

负责此次行动的有章士钊、俞大纯、万福华、易本羲。易本羲是湖南湘乡人，这次由他担任枪手。这俞大纯就是俞明震之子，他留学日本时，与吴稚晖结交为朋友。前面已在俞明震会客一节讲过，俞明震就是约出吴稚晖，暗中通报了朝廷要通过巡捕房逮捕革命党的消息，劝爱国学社和《苏报》一干人逃避。俞明震又曾是江南陆师学堂总办，他也庇护自己的学生章士钊没有因《苏报》案而受连累。

如今，同是革命党人的章士钊、俞大纯，关系更近一层。

俞大纯后来再出国留学，回国后是济南铁路局局长，本人地位不算太高。但他的儿孙两代，后来均是重要政治人物。这点，当时没人可以预见。

此时章士钊年轻气盛，是一个激进的无政府主义者与暗杀主义者，也是暗杀团的核心骨干。这次谋刺铁良，就是他总负责。

计议已定，他们提前二天在下关潜伏，守株待兔。

不料，这人命关天的绝密行动不知怎么又泄漏出去了。得到消息的人不是别人，而是新任两江总督李兴锐的长孙李茂桢。好在李茂桢倾向革命，没去告密。章士钊在南京江南陆师学堂时，彼此就是朋友。李茂桢深恐截杀铁良会累及其祖父，就力劝章士钊住手。理由是一旦铁良被杀，李兴锐就会获罪。而一旦这温和的李兴锐革职，南京革命环境将更加恶劣，革党人得不偿失。暗杀行动小组经一夜辩论，终于放弃计划。章、万等人返回上海，第二次行动又无功而返。

不过，这李兴锐在两江总督位置上没坐两个月就得大病，端方就如愿以偿地以江苏巡抚的身份署理了两江总督，并随后转正为南洋大臣兼两江总督。

为湖南起义的事，黄兴、刘揆一又回到上海，与上海的革命党人联络，以图得到响应。

此时蔡锷已从日本士官学校毕业，到了上海。他也成了"爱国协社"的成员。

在上海的新闸路余庆里，蔡元培、杨笃生、章士钊、张继、蔡锷与黄兴、刘揆一聚会交流。黄兴通报计划利用慈禧太后万寿节之际在长沙发动起义的事。爱国协社通报了"以暴力为主，而暗杀也在讨论之列"的行动方针。陶成章也常来此处，与蔡元培、黄兴等密谋响应华兴会起义的事，准备联络浙江各地会党响应起义。

万福华和张继等也匆匆赶赴湖南，实际参与华兴会策划的长沙起义的预备工作。他们具体察看起事地点的地形地物，考虑届时如何埋设炸药或如何抛掷炸弹以达到突然袭击的效果。目标就是来行礼的湖南高官，以尽量引起混乱而实施暴动。

1904 年 9 月初，三千会党人士云集长沙。

意料不到的是华兴会员朱某，原是湖南武备学堂的学生，他与乡绅王先谦一次来往时，无意中把起义的大事泄露了，巡抚陆元鼎得到告密。于是长沙城内外衙役兵丁遍布，缇骑四出，到处搜查起义据点，缉捕起义首领。黄兴、张继、陈天华、杨笃生、苏曼殊、刘揆一利用熟人掩护，化装逃离长沙回上海余庆里。马福益逃外

省以图东山再起。1905 年他在江西萍乡被捕，解到长沙被杀。秦毓鎏不是本地人，孤立无援，幸好没被现场抓去，历千辛万苦才逃出湖南，但因随后上海发生的刺王案件，上海华泾的丽泽学堂暴露被封，只好退到安徽以教书为掩护。1905 年应广西庄蕴宽之邀到广西，秦毓鎏任广西法政学堂总办。秦毓鎏本是东京留学生最主要首领，1905 年由于他和蔡元培、钮永建、秦力山、吴禄贞均因国内需要而缺席东京的同盟会，所以东京同盟会就形成孙、黄主导的格局。

因这次事件暴露，马福益被杀，哥老会遭破坏，湖南革命就此陷于低潮。

相反，此时上海余庆里正革命党云集，天南地北的异常热闹，连坚持保皇立场的杨度也挤进来凑合。

在余庆里，黄兴继续同杨笃生、陈天华、张继等人策划，图谋东山再起。而万福华、章士钊、林獬、张继、刘师培则策划行刺王之春。

就在这前后，陶成章、俞子夷探监看望章太炎和邹容。谈起在爱国协社基础上建立革命组织的光复会的事，狱中章太炎、邹容都同意，提议选蔡元培为会长。这俞子夷是南洋公学自墨水瓶事件以来一直紧跟蔡元培的学生，与钟宪鬯一起在爱国女校教化学。1904 年春，万福华在上海初创"新民学堂"，新民学堂其实也是革命机构，蔡元培介绍俞子夷到新民学堂任教。俞子夷开的化学课，主要是讲炸药和炸弹制作。同时俞子夷与钟宪鬯等人一起，在爱国女学秘密试制炸药、炸弹。

俞子夷记得，万福华枪杀未遂、新民学堂解散之际，蔡元培嘱他起草光复会章程。光复会机关就是新闸路余庆里启明译书局的暗杀团部，也就是爱国协社总部。革命党人龚宝铨、陶成章和敖梦熊等都表示支持，光复会就这样酝酿成立。11 月 21 日，受万福华案牵连，新闸路余庆里机构遭破坏，章士钊两兄弟、张继、刘师培、黄兴、陈天华、徐佛苏、苏鹏和郭人漳等 11 人，同在启明书局被捕。形势紧张，光复会就没有正式开成立大会，也没有对会议章程进行表决。推选会长的事也没正式进行。至于后来都说蔡元培是首任会长，章太炎、陶成章是副会长，那只能说是彼此私下的约定，而不是通过正式选举产生的。

由于新闸路余庆里暴露，光复会机关迁至新闸路仁和里，就是光复会成员王廉（清天）开设的"人和煤号"。这地址即如今新闸路和江宁路交叉口的 1243 弄。光复会还有另一地址是三马路（九江路）保安里。

光复会成立的日子，是光复会的领袖们事后确认的。陶成章认为：

光复会成立之时，正万福华枪击王之春不中之时也。

根据这说法，可以把 1904 年 11 月 19 日作为光复会正式成立之日。最直接的当事人俞子夷对这事回忆更确切。俞子夷称：

蔡师与我谈起组织问题，他提示几点纲要。嘱我起草一个章程，会名定'光复'，以示光复我汉族祖国之意。

俞子夷文章也引用陶成章观点，确认光复会成立的具体时间应该定在 1904 年 11 月 19 日。

对于俞子夷的观点，也可参考陈独秀的回忆。陈独秀（当时称陈由己）就是在万福华刺杀案发前参加爱国协社，也在革命党遭大逮捕之后回安徽的，他或许住在梅福里而不是余庆里，从而省去一场牢狱之灾。1905 年他回忆说：

去年 11 月万福华案后，章炳麟、龚宝铨、蔡元培、陶成章把暗杀团改为光复会，我也赞同。我一向主张用武力推翻清朝，只是行动要小心。

顺便提及就在同年 11 月，秋瑾在东京认识了陈撷芬和林宗素，参加了女生革命组织"共爱会"。还宣誓加入"三合会"。这三合会是孙中山在东京的秘书冯自由组织的，秋瑾、陈撷芬和林宗素这三女侠也是同是光复会和同盟会成员。1904 在上海参加光复会的还有白雅雨等人，白雅雨和张相文后来又是同盟会员。

中国近代史著名的革命团体光复会，就在这紧张与恐怖中成立。

不久，就发生吴越刺杀五大臣的事件及徐锡麟、秋瑾策划大通起义的事件。中国进入了生死较量的最后时刻。

俞子夷在辛亥革命后，当过南京高师与东南大学的教授并主持附属小学，南京高师与东南大学就是中央大学的前身。后来他主管过浙江省的教育，他是民国元老，更是中国著名的教育家。

三　逮捕革命党

《清史编年》第十二卷，有如下一则记载：

十四日戊午（1904 年 11 月 20 日）

黄兴等因万福华刺王之春事牵连被捕。黄兴等至上海后，居英租界之余庆里，继续革命活动。是日，华兴会员章士钊自往捕房探望万福华，西捕以为系同案，遂拘之，又至余庆里，将黄兴、刘揆一等十余人捕去。适江西新军军官郭人漳亦因居余庆里而同被拘禁，黄兴乃伪称系郭人漳之随员，又有湘籍江苏泰兴县令龙璋设法

营救，黄兴乃于十七日获释，章士钊、刘揆一等亦于四十余日后获释。黄兴获释后乃走日本。

寥寥数言，讲述了万福华刺王之春第二天发生在上海的一件大事。

亲历整个事件的苏鹏，在回忆录《柳溪忆语》中，具体地记载这事的详细过程。

1904年11月19日，万福华被捕，中国第一起行刺事件就这样因手枪哑火而告终。

这晚，脱离现场的每个革命党人都辗转反侧、夜不能寐，为计划不周而叹息，也更为万福华的命运而担心，章士钊更是如此。他想到的第一件事是去探狱，他必须出现在受难的同志面前。

一年前，当章太炎、邹容等七位爱国学社同学、老师及《苏报》同人被捕时，他和张继及许多办同学同志，都到巡捕房去探望。这次，章士钊认为自己更应该去。

第二天一早，章士钊没约其他人，也没有通知任何人，独自一个人去探监。对于四马路总巡捕房，他熟门熟路。但他不知道，这次和前次爱国学社事件及《苏报》案大不一样。前次，公共租界包括英总巡捕房的总捕头蓝博森在内，认定爱国学社的反政府演说宣传，是正常的合法行动，是行使自由权利。只要没有武器，没有制造刑事案件，蓝博森等宣称会保护他们。后来之所以签发捕票抓人，是不得已的行为。当时的主要案犯，只要不是主动投案自首，或故意撞枪口，则是能跑尽量放你跑。那时，作为《苏报》的主笔章士钊和吴稚晖都亲身上四马路总巡捕房探监，那些英捕、华捕和红头阿三不说是睁个眼闭个眼的问题，而是简直是双眼紧闭，随你来往。

但这次不一样，在公共租界巡捕房看来，万福华是手拿凶器，威胁人的性命，那是牵涉刑事罪。巡捕房不是用来支持革命或镇压反革命的，而只是标榜成保障社会安定，制止刑事犯罪的。既然如此，别说拿枪要别人的命，就是带枪本身，在公共租界也算是违法的。

万福华是血性汉子，他认定一人做事一人当，绝不连累同志，相反，他决心掩护同志。被逮入英租界巡捕房后，他自己承认行刺全出于个人义愤，其余话不多说一句。而英巡捕房却接受了王之春的诉求：

认为既然设宴成局，必多同谋，要求巡捕房作进一步的追究。

你看，巡捕房正因万福华不开口，追查无门。可不想，还果真是天上丢下了个林妹妹，一大早送来了这个章士钊。

巡捕房扣留了他，立即问话。书生气十足的章士钊哪是这批老奸巨猾的捕头们的对手？不经意的几句东拉西扯，章士钊就失口了。捕头们询问他的住址，他竟随口说出余庆里8号的门牌。这余庆里不就是革命党人的秘密联络处吗？而且还是暗杀团或光复会的总部。何至糊涂如此？

其实章士钊并不住在新闸路余庆里，而是住在新闸新马路梅福里，楼下就是东大陆图书印刷公司。《国民日日报》停办，他利用原报社印刷机与人合办了这图书印刷公司。章士钊在那里还藏有革命党禁书没有发货，如章、邹的反书及陈天华的《猛回头》《警世钟》等数千册，他担心被发现。

章士钊更不想对捕头们说真话。他到巡捕房用的也是假名字：张杏年。《苏报》案就因他的文章是用笔名发表而免灾。所以，他要继续用假名字。

他的弟弟章陶严（章士钊字行严）住在新闸路余庆里8号的启明译书局书库。章士钊在章陶严处也设有一个行铺，有时也去住住，兼与同志们联系。他这假名字，余庆里的人都知道。那里每个革命党人都用假名字。启明译书局那地方，人来人往，临时居住的多，假名字好蒙混。

于是，章士钊就随口说自己住在余庆里八号。

捕头根据章士钊的回答，派华捕和红头阿三共五人，到余庆里八号核查。

正巧，苏鹏就在寓所内，听到动静出门看看。

巡捕看到苏鹏出门就问：

这里是否住着一个叫张杏年的？

苏见是捕房的人，心知有异，但全然没想到会是章士钊在巡捕房闯的祸，以为是巡捕在追寻章士钊的行踪。于是断然回答：

勿晓得伊是啥人，屋里厢没此人。

一口上海话，但巡捕还是听得出他不是本地居民。

巡捕见双方所谈内容不一致，就将苏鹏带往捕房与章士钊对质。

一到巡捕房，苏鹏见到章士钊，大吃一惊。

厉声质问：

你不是住在东大陆吗，为什么说住在我那里？

章士钊情急，说道：

唉，老兄，我有张床位在那里，这样说有何妨？

言词间露出极为委屈之意。

至此苏鹏方才领会章士钊的处境，随即顺口不着边地应答着。

但为时已晚，破绽尽露。巡捕们觉察这事蹊跷，估计后面必有大名堂。于是带着苏鹏再次转身回余庆里进行搜查。

当巡捕们走上余庆里八号二楼，拥至章陶严住房，查问并要检查他的箱子行囊时，杨笃生正在自己的房中小睡。苏鹏见情急，立即悄然入房将杨笃生暗暗捏醒，示意逃命，杨醒悟。此时，章陶严正与巡捕争辩，杨笃生乘机下楼逃出门去。

其实章陶严房中并无要紧之物。但当时的革命党人较幼稚且无应急经验。加上章陶俨还是个不满二十岁的青年人，少年气盛，坚拒检查。

已不是第一次提到章陶俨的火爆脾气了。他在爱国学社时，因为与章太炎辩论，竟上前扇了章太炎的耳光，结果受处分，还被迫向章太炎赔礼道歉，章士钊甚至逼他下跪才了事。

这次他又把事弄砸了。章陶严的倔犟，巡捕们认为不正常，立即把守大门，严禁出入，在全寓大肆搜查。当即在杨笃生房内床下箱中，查出名册和制造炸药的小册子，另搜子弹、手枪、倭刀等武器，还查出一批假币（假毫洋）和为制造假币用来熔化铜的小鼓风炉。

这假毫洋和制造假币的小鼓风炉从何而来？

原来杨笃生当时正为革命筹款犯难，日夜为此殚精竭虑。他曾往泰兴县向县令龙璋求助。龙璋是湖南人，倾向革命，也一直支持革命党人的活动。前次华兴会策划长沙起义暴露，龙璋正好在湖南省亲，龙璋得知官府紧急出动逮捕，就预先通知黄兴等逃过搜捕跑。

杨笃生来得仓促，龙璋一时没有多少现款。恰巧前几天泰兴县内破获一起假造毫洋案，查获两千个假毫洋，龙乃将这批假毫洋交给杨笃生。杨又在日本出版的书中看到有人造黄金的内容，他也想一试，就买来小鼓风炉。还没动手，就被巡捕房搜个正着。巡捕房搜得这些证据，就认为案情重大。于是将寓所中全部人员逮捕入狱。革命党人除上海有家的，几乎一网打尽，只有手脚利索的杨笃生一人例外。

说碰巧，居然还有更巧的。正当巡捕们人赃俱获，出余庆里八号门准备凯旋时，与党人有交往的江西巡防统领郭人漳到沪采办军火服装，正好带了两个随员来余庆里访友。郭人漳等大踏步进得门来，捕房认为是来了同党，把他们一起拘留送入租界巡捕房。郭人漳访友，访的不是别人而正是杨笃生和黄兴。

原来，郭人漳、龙璋与杨笃生都是湖南老乡。少年时期，郭人漳与杨笃生、陈家鼎还被并称为"湖南三杰"。郭人漳日本留学期间也参加过钮永建和秦毓鎏的拒俄义勇队和军国民教育会。只是后来中途回国，靠祖上的荫福，花钱捐了个山西候补道台。但马上因涉嫌贪腐，就被革除，只混个江西巡防统领的基层军官，不甚得志。

于是郭人漳又与黄兴、杨笃生往来。这天正想会会杨笃生和黄兴，官兵三人一踏进余庆里，就被巡捕逮个正着。这租界巡捕可不比朝廷衙役，不认你有否官府背景，说抓就抓，郭人漳也只好自认倒霉。

这下可好，在启明译书局一下子捕到了革命党人十一名。他们是：

黄兴、苏鹏、张继、周来苏、章陶严、徐佛苏、薛大可、赵世暄、郭人漳加上原已被拘的万福华、章士钊。这可算是当时英租界内最大的一桩革命党案了。好在，其中十一个真革命党人全部用化名。郭人漳本就与黄兴、苏鹏、张继、周来苏等熟悉，知道这些革命党人遇到麻烦，也小心谨慎，不敢打招呼，更不会呼喊真名。加上租界当局不与朝廷通气，十一个真革命党人真实身份没有暴露。

革命党人真实身份没有暴露另一个重要原因是，总巡捕房中有位华人书记员，他十分同情革命党人。那天巡捕们在杨笃生寓中搜出了一本册子，交到他手里。这书记员翻开一看，大吃一惊，原来是一份花名册。连忙向壁炉的火中一扔，烧掉了。旁边的警察惊问，这书记员说，那是人家的日用小菜账单，有什么用？这书记员就这样不动声色地毁弃革命党名册，掩护了大批暗杀团——爱国协社的成员，包括被捕的和没被捕的。

巡捕房拘留所的日子真不是享福，生活极为艰苦。

苏鹏回忆说：

日既睡，各发灰色线毯一条为盖，又每人以冰铁盂给粥一飨。其盂不知经几何岁月，外作灰黧色，若在狱外见之，当作三日呕。

苏鹏特别记叙了黄兴在艰难境地中表现出的豪爽豁达：

（狱中）一日长如年，各皆攒眉蹙额，惟瑾午（按：黄兴，又作黄珍）谈笑自若，时向（年最稚之）陶严调侃……同人闻之，又皆相笑成欢。狱饭粗稀，惟瑾午视若寻常，捧之大喝大嚼。其食量本宏，罄一盂，问曰：'君等不食乎?'又罄一盂，如是者连举三盂。同人见之，皆破颜为笑，曰：'瑾午真可人也！'

岁月流逝，那些人那些物，早已灰飞烟灭。只有这些文字叙述，读起来又仿佛看到当年人物风貌。

这些革命党人刚抓捕时，朝廷又竭力向英人交涉引渡，企图从中抓到想要消灭的革命党人。好在，这些党人已吸取了《苏报》案的经验，为保持机密，用的都是假名。如黄兴用的是李寿芝，苏鹏化名周寅珊，章士钊则称张杏年。这样，他们的"前科"，公共租界当局没有任何发觉。大清朝廷也一无所知。

大家最担心的是黄兴，因为长沙事件暴露，湖南巡抚正悬赏缉捕他。好在有郭人漳跑来凑数，郭人漳是现职官员，也是上海道台袁树勋的同乡和亲戚，又是泰兴县令龙璋的乡友。

袁道台出面解释证明，龙璋也亲自出面保释郭人漳及"文案"李寿芝等人。会审公廨究竟名义上是上海道台与上海知县的"下属公堂"，道台出面作证，自然能起作用。于是两星期后，郭人漳连同"文案李寿芝"及两名随员一同释放。同时释放还有刘揆一、陈天华、张继。

把李寿芝说成是郭人漳的文案，本就是龙璋、杨笃生为了救黄兴而串通郭人漳等编造的。郭人漳此时依然是黄兴的哥们。道台袁树勋也不知细节，自然看在郭人漳、龙璋这等亲戚和同乡的面子上，疏通会审公廨。

郭人漳认黄兴是朋友，但他们不是铁哥们。两年后，黄兴在北部湾的防城一带想策划起义时，黄兴就差点遭到郭人漳的暗算，真所谓是此一时，彼一时也。当然，民国后郭人漳又能把握机会，当选民国的湖南省议员。

据上海地方志记载，1904年8月5日，公共租界会审公廨审讯革命党人黄兴等，判决黄兴、刘揆一、陈天华、张继4人交保释放，章陶严等仍押捕房。黄兴、刘揆一、陈天华、张继判后立即东渡日本。

黄兴等释放后，狱中其他同志则继续通过司法手段争取无罪释放。在狱外的革命同志蔡元培、杨笃生、蔡锷、林长民、刘师培等大力营救。筹集海内外同志捐款数千元，聘请律师四人为他们辩护。这些人都是熟面孔。前面提过林长民是福建人，是东京拒俄运动的积极分子。此时他启蒙老师林獬正在上海。同时，他与雷奋、杨廷栋也是旧交。他来上海正是来联络雷奋、杨廷栋的。

在会审公廨的公堂上，万福华一口咬定行刺的行动是个人行为，与他人无关。原本唯一令人提心吊胆的是革命党人花名册，已被一名华捕故意销毁，从而没有了后顾之忧。

此案先后审讯六七次，拖了二个月，终于确定其他各人均与万福华的案子毫无关联。最后将万福华判监禁十年，而周来苏以租界"妨害治安"罪，被判监禁一年零三个月，因为抓捕时从他身上搜出手枪。其他人一律无罪释放。

这是会审公廨继《苏报》案后，又审结的又一起重大的革命党人案。

事后，除蔡元培、林獬、黄炎培、柳亚子等原本住在上海继续坚持外，大家纷纷离开上海。蔡锷应邀去江西随军学堂任监督。其他人全渡海去了日本。1905 年，孙文与黄兴等在东京的革命党人宣布兴中会、华兴会与光复会合并成同盟会，总部设东京，孙文与黄兴为领导。没有到会的蔡元培自动成为同盟会上海总部负责。孙文后来劝吴稚晖入同盟会，当伦敦总部负责人。秦力山在云南，钮永建在广西，自动秘密成为同盟会员。其实，成立同盟会这事，早在 1903 年上海张园的集会上就由钮永建和邹容提出过，为这事，邹容还挑事指责冯镜如和龙积之，使上海的"国民公会"自动解体。

四　暗杀活动的尾声

章士钊也去了日本，但他似乎思想受冲击很大，换成了另一个人。他在日本留学时，回顾往事，认为自己"才短力脆"，连累了同事，感到内疚。一改革命救国为求学救国，于是发愤学习。同盟会在东京成立后，他亦未加入。众人劝说无效，张继竟提议让同盟会美女吴弱男去劝说。结果是赔了夫人又折兵，吴弱男嫁给了章士钊，而章士钊还是不入同盟会。这时陈撷芬解放了自己，嫁一个追求自己的留美男生，去了美国。章士钊后来应吴稚晖之约，去英国留学。

此时，因《苏报》案发而去日本留学的穆湘瑶回国了。他也没有参加同盟会。穆湘瑶回上海后，参与了李平书、黄炎培等主持的上海自治活动。他组建了中国第一个全部由华人组成的上海警局，并出任上海警务总长。管辖范围以老城厢为主，扩大到除租界外的东南西三个中国人居住区。他的上海警务总长除控制一支按现代警察制度建立的警察和救火队外，还拥有沪学会商团，是李平书的上海商团的重要组成部分。穆湘瑶是墨水瓶事件的组织者和爱国学社的总评议员之一。奇怪的是上海警务总队与上海暗杀团的后续机构光复会及中区同盟会没发生冲突，而是最后联手拔除了大清在上海的官府衙门。

万福华后来在狱中因组织越狱行动，中枪伤，并被加刑 10 年。辛亥革命后，南京临时政府孙文、黄兴、吴稚晖等多次向英领馆交涉，要租界释放万福华。南

北议和后，沪军都督陈其美取代清朝的上海道台的职权，正式照会英领馆，并出面干预会审公廨。加之上海绅商名流及各界群众2万余人联名请愿，万福华终于1912年12月7日重获自由。获得自由的万福华从此开始了他开发边疆的奋斗历程，并留下丰功伟绩。

杨笃生后来又与吴越、赵声一起策划了一起刺杀出国考察的五大臣的事件。结果，因火车启动时猛烈震动，炸弹自行爆炸，炸伤五大臣中的载泽、绍英两人，却炸死了吴越自己。杨笃生十分懊恼。1907年在上海创办《神州日报》，担任总主笔。后来《神州日报》移交给宋教仁、邵力子、于右任等人，他也到英国留学，原本他就认识吴稚晖。1911年，终因传来广州黄花岗起义失败的消息，许多同志牺牲，忧恨过度的杨笃生在利物浦跳海自杀。

一生经历的失败太多了，最后的胜利即将来临时，杨笃生偏偏没那份耐心了。

关于杨笃生的后事，很少有记述。但一位活到1970年的老同盟会员李晓生却留下手稿，记录了同盟会一些不为人知的珍贵史料。其中就有一段关于杨笃生投海的事情。

杨笃生留学英国后依然关注国内革命形势，多次打算回国与黄克强等图谋再举。但杨笃生身体已力不从心，老是发病而不能起程。我们前面不曾提及一件事：杨笃生在制造炸药时，不慎爆炸，炸断二指，弄伤脑部，从此身体状况一日不如一日。杨笃生愤国事之日非，内心煎熬，脑病剧增，竟萌生短见。八月，在利物浦海面投海自尽，年方四十。死前一天寄绝命书给吴稚晖，还讲制造炸弹之改进方法。并讲其死后，遗产英金一百镑，请吴稚晖转寄给朋友石瑛，由石瑛转致孙文，赞助革命。而不提及其他家人。

次日，吴稚晖及石瑛匆忙由伦敦赶到利物浦，以为还可以面会杨笃生进行劝说开导。岂料，前一天杨笃生已陈尸于利物浦警局的殓房招人认领。

杨笃生投海那天，李晓生正好到利物浦探友，听到有中国学生投海自杀，忙去殓房一看。杨笃生生前与李晓生无来往，彼此不认识。故不知究属何人。

及遇到赶来的吴稚晖及石瑛，马上陪同再去验房认看，方知此为大名赫赫的杨同志。于是电告大清驻伦敦的留英学生监督钱士青，请朝廷官长前来料理丧事。钱士青到后，大家在李晓生朋友家中会面，围桌而谈。

吴稚晖先生向钱士青提议，要为杨筑墓建碑，以资纪念。

但钱士青仅打算草草埋葬了事，对于拨款筑墓建碑一节，钱士青诸多推诿。双方谈将半小时，还没有结果。

　　吴稚晖忍无可忍，忽然拍案而起。座中各人均大吃一惊。钱士青更是目瞪口呆。吴稚晖厉声向钱氏表白：

　　你须知道杨先生是革命党人，目前座中各人，除你外，我们尽是革命党人。目前在利物浦的中国同胞，一千数百人，也几乎尽属革命党人。我们革命党人，最讲道理的。今杨先生之投海而死，等于为中国革命而死。区区墓费，由国家支付算什么。倘你靳而不发，你还想返伦敦吗？我劝你不要多生枝节。今日先将葬费清付，然后即赴承办建墓之店签约。俟将来修建墓碑竣工，再由该店直接去函通知。届时你照约付费可也。

　　钱士青不禁汗流浃背，连连称是，最后竟奉命而行。

　　李晓生称，这是他平生第一次得到吴先生如此大发雷霆，"使余有极深之印象者"。

　　吴稚晖将杨笃生安葬于利物浦城北恩佛兰公园。挽联曰：

　　革命党之健者；炸裂弹之先道。

　　吴稚晖先生安葬杨笃生甫毕，马上把杨笃生蹈海殉国经过函告蔡元培。在柏林同学会举行追悼大会上，蔡元培把吴稚晖的信函当场宣读，与会人士，感悼非常。

　　到了1931年，吴稚晖查到杨笃生家属并为之申请抚恤。

　　事后，吴稚晖曾对人说：

　　与那种腐败官僚交涉，你愈客气他愈不客气，你不客气他就客气了。诚为经验之谈。

　　革命党人杨笃生，屡屡与朝廷作对，谋杀朝廷官员，策划反朝廷起义。死后，朝廷驻英的留学生监督，竟在革命党人的怒声呵斥下，拿朝廷银两为杨笃生树碑立墓，给予厚葬。可见此时海外革命党势力已经强大，到了"邪不压正"的地步。

　　吴稚晖对朝廷官员一贯地持蔑视态度，以往总是自己吃亏，可自从有了同盟会做靠山，大清朝廷的海外使馆领馆官员，就不再是当年的蔡钧了。为了将来，朝廷的驻外领使馆官员必须看革命党人的脸色了。

　　厚葬烈士，给烈士以荣誉和尊敬，也是对继续坚持革命立场的革命党人的一种慰藉。

　　1911年，对革命党人进行厚葬，杨笃生不是第一例。辛亥前五年的上海，革命志士邹容，最终也得到荣誉的安葬。首先出面处理邹容遗棺，并拿自己家住处安葬邹容的，就是上海华泾的"刘三大侠"。

五　邹容的葬礼

这里，提到的刘三称为刘钟和，又叫刘季平，自称江南刘三。而后人总称他为"刘三大侠"或"江南大侠"。其实上，本书已多次提到江南刘三这人了。

万福华刺杀王之春的案子意外造成了余庆里八号革命党秘密联络站被破坏。虽说巡捕房的华人文案果断地销毁革命党人花名册，使许多人免除了灾难。但还是有人和机构受连累而被暴露。那人就是刘季平，那机构就是丽泽学堂。前面在黄炎培遇难一节，提到黄炎培在东京认识了刘三，并在1904年春与刘三一道回上海。黄炎培也在刘三的丽泽学堂当兼职教师。

因为丽泽学堂在龙华以南，属于租界外的地面。这丽泽学堂是刘三与堂兄刘东海及革命党人秦毓鎏、费公直等人合办的。学校讲求应用之学，除学文理之外还重视武术军事，目的是积蓄、培育反清力量。暴露后，丽泽学堂被清廷查封了。刘三被迫再次东渡日本。

而另一位参与办校的秦毓鎏，此时因参与领导湖南起义失败，黄兴、刘揆一、宋教仁等人被当地人掩护逃回上海。而落下的秦毓鎏不是湖南人，自然更是历经艰难，回来时丽泽学堂已被查封，最终避难到安徽。

刘三早年在日本学习军事，与马桥俞塘的钮永建既是同乡又是朋友。在日本，刘三又通过钮永建认识了邹容。刘三长邹容七岁，二人相互敬慕，意气相投，遂成莫逆。在东京，刘三参加拒俄运动，参与组建拒俄义勇队。

1904年5月23日，会审公廨宣布最后判决，章太炎、邹容被移送提篮桥监狱服役。

刘三等多次去监狱探视邹容和章太炎，送去食品，鼓励他们坚强，等待胜利出狱。

在狱中，邹容和章太炎被迫做苦工，受到非人的折磨与摧残。高大魁梧的红头阿三监督苦役，动不动殴打和训斥。为此，章太炎绝食抗议7天。无奈，监狱当局根本不把人命当回事，倒是邹容好言相劝，认为在那些人面前饿死不值，同时，狱外同志也劝解章太炎。章太炎终于放弃绝食了。但反过来，瘦小的邹容也同样忍耐不了狱警的打骂，他脾气倔犟，要与狱警对打，哪打得过身高马大的锡克族阿三们？

结果落得更重的报复。

所以，一开始，章、二人对坐牢吃苦，几乎没有思想准备，特别是邹容。

邹容又称慰丹，他弟弟各邹侠丹。据侠丹回忆，邹容被捕之后，曾寄回重庆家中一张照片，在照片背后血书告知家人自己被捕后生死未卜，语气至为哀婉。

中国教育会的汪允宗，曾主管爱国学社的庶务，当邹容、张继从日本回上海到爱国学社的第一天，就是汪允宗拿钥匙为他们开门安排住宿的。汪允宗也是章太炎同是师从浙江名师俞曲园的同门师兄弟。汪允宗回忆，说他最后一次去狱中探视邹容时：

邹君向德大泣，言半月之前，无力任役，为印捕所殴，至今胸骨大痛，夜不能寐。顾此言方脱口，在侧监视之西捕即曳之入，不许复与德渊见面矣。

汪允宗又名汪德渊，所以"邹君向德大泣"中的"德"及"不许复与德渊见面矣"中的"德渊"就都是指汪允宗本人。

由此可见，章太炎、邹容在狱中十分艰难。章太炎究竟年长，凭社会经验，可以去学佛经，调整心态，逐渐安之若素。但对邹容，就不容易了。

1905年正月间，刑期将满的邹容因长时间营养不良和心情抑郁而生病，身体发低热，内心痛恨愁烦，夜间难以入睡，白天没有精神，半夜梦中骂人，到天亮又全不记得。章炳麟为他申请保外就医，不被允许。

邹容连续病了四十多天。1905年4月3日那天风雨如晦，半夜时分，邹容瘐死狱中，年二十岁。

第二天上午十点钟左右，章太炎闻讯赶来抚尸痛哭，哀伤至极。这一天离邹容两年的刑满已不到三个月。

邹容是继何梅士之后，第二个离开人间的爱国学社成员，第二个去世的愤青。他们去世时间间隔半年都不到。

邹容瘐死狱中的消息传出，人们哀为"国殇"，怀疑清政府买通唆使西狱对邹容加以毒害。为此，东京中国留学生会特派张继回国调查。爱国学社的同志金松岑为他写了《哀邹容》的祭文。

邹容死后，遗体被狱警遗弃到墙外，张贴告示限令十天内择地收葬。邹容家庭远在四川重庆，消息不通。出于同乡之谊，在《中外日报》工作的同乡陈竞全等人凑齐40元银洋，备薄棺收殓，暂时停放在四川义庄内，所谓义庄就是停棺处。为避免惹祸，在薄棺的石碣上，不敢刻真名，而是用了谐音"周榕"两字。

从日本赶回来的刘三得到邹容死讯，冒着生命危险，于同年5月28日，毅然前

往四川义庄，买通了守门人，终于在"万人冢"里找到了刻有"周榕"字样的石碣及薄棺。他请来堂兄刘东海等四人，趁着月光，用小船沿黄浦江悄悄运到家乡华泾，把邹容遗体安葬在黄叶楼宅侧。

第二天，刘三在邹容墓前焚诗追悼，泣不成声。

蔡元培得悉了邹容被刘三收葬，非常感动，并决定择日祭扫墓地。

1905 年 7 月 3 日，蔡元培、黄炎培、柳亚子、蒋维乔、汪允宗和中国公学、健行公学及爱国学校学生共 30 余人，由南市大码头登船，沿黄浦江南行三小时，中午11 点抵华泾。在刘东海家午餐后，集会为新落成的纪念碑揭幕。纪念碑是黄炎培事先委托杨斯盛的营造厂建造的。蔡元培亲手题写的墓碑上，墓主仍写成"周榕"，以避当局耳目。

那日，下着暴雨。与会 30 余人，举步维艰，踏着乡间泥泞小路从渡口走到坟地。大家静听蔡元培的演说，默默地悼念死者，大家衣服全湿了但好像懵然不知。人群中间有个叫陈英士的学生，或许是这天给他的印象特别深刻，从中国教育会的爱国学校出来后，到日本留学，并变卖浙江湖州老家的财产投身反清革命。

刘三同情受迫害的邹容、章太炎等革命党人。对策划取缔爱国学社、制造《苏报》案的端方深恶痛绝。才华洋溢的邹容就是因端方制造的迫害案而失去年轻的生命，刘三要为革命党人报仇，决心要取端方的人头来祭奠英灵。

在文明社会，个人出面凭刀枪来解决社会纠纷，用刀枪来维护社会正义，那是不可理喻的。

但在启蒙前的中国帝王专制制度下，路见不平，拔刀相助，却被广大社会平民赞扬，说那是替天行道，是侠义。

1905 年冬，刘三得到消息：

端方将到上海市中心某青楼宴请缉盐首领王耀卿。

刘三便组织吴江朋友费公直等人密谋行刺。他们预先潜伏在宴请的房间附近，等待端方一行的到来。

这费公直也是刘三留日的同学，并跟刘三一起创办了丽泽学堂。

不料事泄，巡捕追踪而来。为了朋友的安全，刘三让费公直等翻窗逾墙从屋顶上逃走，自己殿后掩护，不幸被捕。

黄炎培知道后，不顾夜深更尽和潮湿寒冷，雪夜从市中心奔几十里赶到华泾，组织营救。

刘三在租界巡捕房关了半年，受尽折磨。

为营救刘三，父亲毁家纾难。他家的布庄和钱庄全部倒闭。最终，经黄炎培多方协助营救，刘三获释，重赴日本。

但江南刘三慷慨激昂的豪气，感奋了周边的热血志士，刘三大侠的美名远扬四方。

刘三是同盟会早期骨干成员，与柳亚子、沈伊默、陈独秀是知交。1909 年参加柳亚子、陈去病、高旭、黄炎培、叶楚伧、黄兴、成舍我等人组织的南社，成为骨干。他善诗文书法，华彩十分，书法功力极深，与沈尹默合订润例卖字，流传颇多。

他与沈尹默交流书法艺术之事，还有一则典故：

原来柳亚子、刘三、沈尹默、陈独秀常相聚交流切磋诗词。一日沈尹默题新诗一首，兴冲冲而来，却只遇到陈独秀。陈独秀接手一看，不觉皱眉，说诗意尚佳，只是书法实在不敢恭维。沈尹默大窘，于是潜心书法，暗中与刘三交流。

士别三日，当刮目相看。当陈独秀再次看到沈尹默下笔时，已是自叹不如了。沈尹默终于与吴稚晖、钮永建一样，成那个时代三大顶尖的书法家之一。

辛亥革命成功，刘三不入仕途。后来应蔡元培之邀，与沈伊默、陈独秀等到北京大学任教，后又担任北京高等师范学校、东南大学、上海持志大学国学教授。

到 20 世纪 20 年代，原爱国学社的同志及刘三、李根源等人发起捐款筹资，原地重修邹容墓。

1924 年春，蔡元培、章太炎、章士钊、张继、刘三、李根源和于右任等 20 余人，专程前往华泾公祭邹容。并推刘三、李根源主持修墓立碑事宜。当时墓地坪高出农田，围以铁栏杆，墓面南为圆形石砌墓，高 2.36 米，直径 2.48 米，墓前尖顶青石刻蔡元培题写的"邹容之墓"。过神道石阶有石碑一座，刻有章太炎篆书"赠大将军巴县邹容"。墓后为章太炎撰文、于右任书的青石墓表。碑后复有造型美观的高大石屏，气势雄伟，东西两边各立一座石亭。1980 年，为纪念辛亥革命 70 周年，上海市文物管理委员会又再次修复在"文革"中遭破坏的邹容墓。墓区总占地一亩余，墓台坐北朝南，面向大道，四周环有长青松柏，庄严肃穆，两边是正方形绿化区，广植花草。

邹容墓在上海市徐汇区龙华乡华泾村，如今这里早就没有乡、村的称呼了，而属于上海市闹区徐汇的一部分。周围豪宅林立，一派闹市景象。修整一新的邹容墓，是上海青少年革命传统教育的基地。

章太炎刑期比邹容长一年。

1906 年，同盟会已经成立一年。

这年，章太炎已年满 37 岁。6 月 29 日这天，太炎已被关押整整 3 年。原爱国学社同志蔡元培、叶瀚、蒋维乔以及孙文的代表龚炼百、时功玖、胡国梁、仇亮等各界人士纷纷等在提篮桥监狱牢门口，迎接章太炎出狱，并将他迎至中国公学。

因爱国学社被取缔，而万福华刺王案又使中国教育会用来接待日本留学生的据点彻底遭破坏，上海再也没有其他可以用来接纳回国的日本留学生的机构和学校了。1906 年留日学生陈陶遗、姚弘业和秋瑾等成立中国公学，就是用来接纳海归留学生的学校。后来中国公学培养出了胡适、吴健雄、杨杏佛、冯友兰、罗尔纲、韩念龙等名人。

那天，香港《中国日报》《有所谓报》等报馆都向章太炎发电慰问、致敬。当晚，龚炼百、时功玖陪同章太炎登轮赴日。

各界把章太炎看成为国家与民族的英雄。

也就在这天，蔡元培、蒋维乔、严练如、刘三以及黄炎培等，在江苏学会召开会议，讨论邹容墓的修建费用，决议募集常款，存信成银行生息，供每年修墓、开纪念会使用。

严练如、虞和钦与钟观光一样也是中国国教育会和上海科学仪器社成员，是爱国女校数理化教师。钟观光就是制造炸药的暗杀团成员钟宪鬯。

7 月 7 日这天，章太炎在东京安顿完毕，由孙中山主持，章太炎加入中国同盟会，并接任同盟会机关报《民报》的主编。

日本留日学生在 7 月 15 日，开了一个盛大的欢迎会，到会的有两千人左右。章太炎致词感谢，宫崎寅藏接着发表了热情洋溢的演讲。

这年开始，章太炎在东京度过了四年光景。除办报搞革命宣传外，他也招收学生，传授国学。门下涌现了一批如钱玄同、黄侃、马裕藻、沈兼士、朱希祖、许寿裳、汪东及周树人、周作人等一批弟子。

当然，章太炎与大家接触久了，也就会产生口角或纠纷。他与孙文、黄兴也产生严重分歧，为此他和陶成章又从同盟会中拉出光复会的组织。而且章太炎在东京与在伦敦的吴稚晖在各自掌握的报刊展开一场旷日持久的笔战，那场长达 30 年的笔墨大战的中心内容，居然仅是爱国学社时期两人之间的鸡毛蒜皮的误解。

六　《苏报》案余音——卞小吾

受邹容影响，邹容的同乡卞小吾走上了激烈的排满反清的革命道路。他创办《重庆日报》，重新走《苏报》的路，最后为反清革命献身。

卞小吾虽说与邹容同乡，但原先彼此不认识。卞小吾在 1902 年去北京，想说服朝廷实行变革图强，但非常失望。

因绝望于清廷，1902 年冬转游上海。此时上海爱国学社革命活动激动人心。卞小吾每周到张园，听革命党蔡元培、吴稚晖等人的讲演。于是他也参加了爱国学社的活动，纵论国是，无所忌讳。并从此认识邹容、章太炎。

《苏报》案发，邹容、章太炎下狱，卞小吾三次往狱中探视，与邹、章密商革命途径。

邹、章劝告他：北京、上海为清廷所瞩目，应暂避其锋，四川地处西陲，民气甚高，大有用武之地。

其后卞小吾又与《中外日报》的汪康年、马君武、谢无量以及革命党人冯自由、章士钊等朝夕过从，畅谈革命。当年，卞小吾回四川，变卖房产，换得 6000 余两白银。1904 年春再次到上海，携带《革命军》《警世钟》《苏报案纪事》等革命书籍数百本秘密回重庆，广为散发，并开办东华火柴厂、《重庆日报》社和东文学堂。为防止清廷破坏，《重庆日报》以日本人竹川藤太郎为挂名社长。

新创刊的《重庆日报》以大量篇幅报道了《苏报》案消息及章太炎、邹容等在狱中的情况。被誉为"重庆的苏报"。

日报揭露清政府的腐败和列强对中国的压迫，针砭时弊，抨击现实，倡导男女平等，主张妇女天足，宣传家庭革命，尤其是报道并赞扬四川民众争川汉铁路的权利的斗争，成为四川一份最有具反清特色的报纸。其社论多出于卞小吾之手，销量由创刊时的 500 多份增加到 3000 多份。

更有甚者，《重庆日报》转载原刊于《苏报》的一篇文章《老妓颐和园之行》。川督锡良对此十分恼怒，密令川东道及重庆府尹取缔《重庆日报》，要逮捕卞小吾。

1905 年，卞小吾的处境已很危险，亲朋好友知道后，劝他暂避，免遭毒手，其

妻袁氏也力促离渝。卞小吾则以"革命事业正在蓬勃发展，不能一日中断"，不肯离开。

他说：

我绝不负邹、章嘱咐。章炳麟坐监能避不避，邹容更自愿投案，何等伟大！我岂能后人？又何惧哉！苟不幸，上可质皇天后土，下可对四万万同胞。

《重庆日报》照常出版。

1905年6月2日，他赴女工讲习所授课，步行至方家什字的拐弯处，茶馆内突奔出10多个差役，把他拥进一顶官轿，抬入巴县衙门。接着《重庆日报》被查封；东文学堂、女工讲习所、东华火柴公司，也因无人主持陷于停顿。这被称为"重庆的苏报案"。

1905年7月初，卞小吾被转移关押到成都科甲巷待质所的狱中。

这时同盟会重庆支部正式成立，即设法营救小吾。

同时清廷更迫切地想害死卞小吾。由于担心公开杀害，会引起民众的愤怒，最终引火烧身，于是护理四川总督赵尔丰与成都知府兼巡警高增爵密谋，诱使被判无期徒刑的囚犯王佑生伙同狱卒合演"躲猫猫"游戏，以结果卞小吾的性命。答应事成后，将王佑生释放。1908年6月13日深夜，王佑生手持狱卒提供的匕首，在狱室内追杀卞小吾。

卞小吾身受七十二重创而死。凶杀争斗过程前后达两小时，其间奔走声、怒斥声、惨叫声不绝，鲜血飞溅，遍地流淌。

第二天夜里，王佑生也被毒死灭口。

成都知府高增爵上报：

王佑生仇杀卞小吾，其本人亦畏罪服毒。

"躲猫猫"做得天衣无缝。

阴谋不久暴露，群众闻讯，莫不义愤填膺。

《衡报》刊载"惨无天日之四川"一文，愤怒披露锡良、赵尔丰、高增爵杀害小吾的罪行，指出：

此等官吏，亦世界所未有。

辛亥革命成功，民国元年中华民国成立。经同盟会熊克武提议，四川军政府追赠卞小吾为辛亥革命烈士。

卞小吾是"四川版"的邹容、章太炎，其壮烈程度，不下于真《苏报》案。

第十三章

广西新军运动

把话题从上海移开，转向广西的原因有以下几个：

1. 前文有关的几个重要人物自 1903 年 12 月开始，陆续转移到广西，他们是钮永建、蔡锷、秦毓鎏、孟森，还有岑春煊、庄蕴宽和郑孝胥等人，在南洋公学有关的章节中讲到钮、蔡、秦、孟等人，后面的有关事件要议论到以上各人；

2. 同盟会成立后，特别是 1906 年一过，日本政府应大清皇朝的要求，迫使孙文离开东京。孙文、黄克强在越南河内建立新的总部，图谋在两广边境地区发动武装起义。这里说的两广边境地区含当时属于广东的钦州、防城等北部湾沿海地带；

3. 原本上海爱国学社的革命运动，也牵涉到广西。当日"拒法反王（之春）运动"就是针对广西危机的。爱国学社运动中，马君武及《苏报》案涉案人员龙积之，也都是广西人；

4. 还由于广西边防面对法国，在广西搞新军建设，原计划规模较大，要建一个师兼一个混成旅。这混成旅就是多兵种混编的意思，比如炮兵、工兵及骑兵等。这样一来，留日军校生和保定军校生就成批聚集广西，其中多数是激进的革命党人。这些激进军人，是后来各省辛亥革命的最重要力量之一。广西的新军运动有代表性。

一 广西的新军

1904 年 5 月，因广西民变蜂起，岑春煊入桂督师，并由岑的文案张鸣岐总管两广军务军备。广西巡抚李经羲是与朝廷军机处王大臣奕劻、袁世凯同一伙的。而岑

春煊则与另一军机大臣瞿鸿机成一派，与奕劻、袁世凯钩心斗角。李经羲为了便于与岑春煊沟通，处理好督抚关系，主动求岑春煊同意让张鸣岐兼任自己的幕僚。这样一来，相当于如今两位首长同用一个秘书，自然彼此口角就少了，矛盾也少了。这可美了张鸣岐，于是他出入督抚衙门，成为桂林首号红人。更深一步，张鸣岐可以通过岑春煊和李经羲，把马屁拍到朝廷两个对立的大后台身上，确保不吃亏。同年，李经羲保举张鸣岐任广西太平思顺道，次年，岑春煊又荐张鸣岐署理广西布政使。岑在密折中向朝廷赞张鸣岐之才干"胜臣十倍"，这话正顺老佛爷的耳朵。老佛爷自然记得那个敢在自己面前拿鳏夫寡妇答对子的小帅哥。

1906年12月，清廷任命张鸣岐为广西布政使，署理广西巡抚，次年6月实授广西巡抚。

这张鸣岐左右逢源，官运亨通，好不得意。

钮永建自从1903年被大清列入就地正法的黑名单后，就没有继续在日本士官学校留学。前面说到，岑春煊和张鸣岐并不在乎这点。

他们知道，唯唯诺诺的是奴才而不是人才，有点才能有点个性的人不可避免会有点"反骨"。经营广西边防，需要的正是这种人。

1904年庄蕴宽和钮永建被岑春煊带到广西。庄蕴宽为广西龙州边防大营总办，钮永建为龙州边防大营总文案（相当于如今的秘书长或政治部主任之类）兼任教导团总理。

此时，与广西龙州边防大营平行的还有一个机构，那就岑春煊指派四品京堂郑孝胥当龙州边防督办。郑孝胥这个名字不陌生，他就是后来的伪满洲国总理，是大汉奸。但这人前半生，确还是个人物，历史上还是做了些事。1904年12月，郑孝胥奏请清政府同意后，在龙州开设广西第一所军官学校——广西边防将弁学堂，聘首批留日海归的孟森为总教官。将弁学堂校址设在龙州县城南门街陈勇烈祠。说来也巧，这孟森与吴稚晖同是1898年级南洋公学师范学院的学生，与雷奋、杨廷栋、章宗祥一起为南洋公学首批公派留学生。也就是说，孟森是比钮永建高一届的校友。那时，南洋公学学生数量不多，孟森、钮永建在校本就彼此相识。

1905年，张鸣岐署理广西布政使后，庄蕴宽接任广西太平思顺兵备道兼广西对汛督办。同年9月18日，清廷撤销龙州边防督办，龙州边防督办事务归庄蕴宽统管。于是，钮永建为龙州边防帮办兼广西边防将弁学堂督办。

经岑春煊等同意，钮永建到日本考察，并招募日本士官学校的中国留学生。钮永建联络好李书城、孙孟戟、尹昌衡、陈之骥、赵恒惕、王勇公等毕业后到广西发展，并由王勇公继续动员其他同学随后到广西来。

当时，中国同盟会刚成立，为不引起清朝当局注意，钮永建为同盟会秘密的会员。在庄蕴宽和钮永建的安排下，革命党人逐渐会集广西龙州。

卸除广西职务后的郑孝胥与孟森回上海，在岑春煊幕后支持下，搞宪政运动。

当时的广西有三大重镇：桂林、南宁和龙州。桂林是巡抚衙门所在地，也就是省会。南宁是地理中心。龙州则是边防重镇，关系着中国西南边境的安全。

庄蕴宽在龙州先后创办了广西陆军测绘学堂（后迁桂林）、广西法政学堂，还在桂林筹办广西陆军干部学堂及陆军小学堂。聘秦毓鎏为广西法政学堂总办，测绘局长陈其兼陆军测绘学堂监督，聘蔡锷兼理广西测绘学堂总事。广西法政学堂就设在龙州，于是，钮永建请秦毓鎏到陆军步兵教导团上历史课。原来这历史课是孟森帮忙的。我们现在知道，孟森是明清史学家，我国第一部《明清史讲义》就是他编写出版的。孟森在《清史讲义》批评晚清：

满族贵勋无一成材，汉族名臣们虽勉力支撑，却难免被后人讥为奴性十足。

这是一句大实话。

这里怎么冒出蔡锷来了？前面不是说，万福华案发后，蔡锷同蔡元培、杨笃生、林獬、柳亚子、黄炎培等革命党人都参加营救黄兴和章士钊等革命党人吗？

原来，案后蔡锷没有再回东京，而是先在江西当新兵营随军教官，后到湖南新军教练处当帮办。

在1905年6月，李经羲招募湖南500人至桂林，编成新军一个营，郭人漳任营长，林虎充督操官，蔡锷为新军营总参谋官兼总教练官，还兼任随营学堂总理。于是，蔡锷辞去湖南的教职，带领雷飙、岳森等一同赴桂林就任。这郭人漳，就是1904年在上海余庆里八号启明书局与黄兴等人一其被公共租界巡捕逮捕的当事人之一。黄兴正是冒充他的师爷，由老乡龙漳和上海袁道台保释出狱的。这个林虎不是别人，正是二次革命中民军李烈钧部赫赫大名的虎将。

蔡锷、林虎、雷飙、岳森也就这样进入广西。

1906年正月黄兴等到广西，自桂林南下龙州，劝钮永建、秦毓鎏发动起义。此时，钮永建、秦毓鎏把庄蕴宽缺乏实力的实情相告。黄克强无奈转回越南，临行前以制造枪械机件事委托秦毓鎏、钮永建。

确实当时在广西利用新军策划兵变的时期远未成熟，钮永建、秦毓鎏说庄蕴宽手中真正能控制的力量不足是事实。既然好不容易控制新军的建设，就该有长远目

标，绝不能目光短浅，更不能让这么几个士官生拿着手里的枪和腰间的挂刀，就去扔手榴弹，去起义去造反。那样不但不能成功，反而会付出不必要牺牲。小打小闹，推翻不了清朝，相反，要通过新军建设运动，把新军绝大部分控制到革命党手中，那才是希望。黄兴动员不了钮永建、秦毓鎏和庄蕴宽单独起事，只好返回越南。在回越南前，黄兴主持下，蔡锷与林虎、雷飙等秘密加入同盟会。

这孙文也有孙文的难处：

向海外华人募捐搞革命，总不能老是无声无息啊！总得有所行动，才好向支持革命的华侨交代。

所以，孙文不时地弄点武器，集合一些人马在两广沿海和边界策划武装起义。

1906年5月，两广总督岑春煊、太平思顺道庄蕴宽奏派陆荣廷到日本考察军事，学现代军事知识，目的是要培养陆荣廷这种人能为清朝效力，为本派系所用。

陆荣廷原是绿林人物。1893年，受广西提督苏元春招抚，所部编为一营，陆荣廷任管带。1905年升为荣字各营统领，与济字各营统领龙济光齐名，号称济、荣二军。这里，我们讲到了郭人漳、陆荣廷和龙济光此时是广西的三个营长，后来都成了独霸一方的大军阀。岑、庄虽有意栽培陆荣廷，而陆荣廷却学不进去日本课程。据说，陆荣廷往日本考察军政，并未入学校受训，只是到各军事学校参观，或者旁听，因课程深奥，听不懂，便无心学习，唯枪法一流，射击准确，颇受日本教官的赞许。在日本期间，他常与留学生往还，无所顾忌。日本待了两三个月，自觉乏味，便要求回到"龙州边防将弁学堂"学习。

半年不到，广西边防将弁学堂结束，陆荣廷就这样"镀了金"。由此，陆荣廷与钮永建有了一层"师生关系"。所以到后来护国战争，就有钮永建和林虎到广西策反陆荣廷的故事。

陆荣廷这次去东京，广西籍同盟会会员要介绍他加入了同盟会。当时有人不同意陆荣廷参加同盟会，孙文说：

允许他吧！

经孙文的同意，由当时担任同盟会广西分会会长的刘崛发给了他入会证。但事实证明，同盟会的入盟宣誓约束不了陆荣廷，孙中山后来尝到了陆荣廷的苦头。

当年，军机大臣奕劻以云南片马民乱需要处理为由，奏明太后，将岑春煊驱离权力中枢，调任云贵总督。岑春煊不服，但没用，朝廷不改旨意。于是岑春煊告病拒不就任，停留上海，观望政局。

先回到上海的郑孝胥就在岑春煊的支持下，搞立宪运动，联络上海各界士绅成立预备立宪会。郑孝胥当预备立宪会会长、张謇为副会长，张元济、雷奋、黄炎培、李平书、孟森、杨廷栋等为骨干。郑孝胥还被两江总督端方派遣当中国公学总办。

1906 年，庄蕴宽调桂林任兵备道台，钮永建调任桂林兵备道帮办兼筹办广西讲武堂及陆军小学堂，以训练新军为掩护，改良省军，组训新军，暗助西南边疆的革命起义，从事反清活动，为广西培养了大量的革命军事和政治人才。其中李济深、黄绍竑、李宗仁、白崇禧等均为其学生。

二 镇南关起义

1907 年正月，日本政府受清廷压力，以一万五千元的开价请孙中山离开日本。以这一万五千元为起火点，章太炎、陶成章与孙文闹分裂，重新拉出光复会。于是孙中山率胡汉民、黄兴离开东京到法占殖民地河内成立三省武装起义总机关，发展两广会党首领王和顺、黄明堂等加入同盟会。

当年春天，接替岑春煊的两广总督周馥派广东巡防营统领郭人漳、赵声率兵三营镇压钦州、廉州民众抗捐武装斗争。孙文任命王和顺为中华国民军南军都督，到钦州联络抗捐武装，发动钦廉起义，派黄兴等到钦州分别游说郭人漳、赵声在阵前倒戈响应起义。赵声本就是革命党人，这本无疑问。而郭人漳表面答应，临事背约。只因好官自为，钦州之役他害惨了王和顺，更出卖了赵声。胡汉民和黄克强也从此看透了郭人漳。但郭人漳一生的追求就是要谋官求发达，他放弃选择革命，谁又能奈何他？

10 月 27 日零时，黄明堂率革命军百多人由越南入国境，在龙州边防守军内应下，占领了镇南关要塞的 3 个炮台，缴获了一批武器，控制了镇南关。这几百革命党人，就这样攻占了清国最难攻克的军事重镇，这镇南关也是清国唯一打败过西方侵略军的要塞。

就在这一天，孙文与黄兴、胡汉民从河内亲赴镇南关。孙中山登临炮台，亲手发炮，激励将士。但右江道龙济光和广西参将陆荣廷率部猛攻起义军，"同盟会员"陆荣廷和大清道台龙济光一起镇压了这次同盟会的起义。陆荣廷以"功德"升广西左江镇总兵，龙济光升广西提督。不久，龙济光调走，陆荣廷又升为广西提督。

陆荣廷此举，既受质疑，也能理解。作为边防军官，上级政府机构还能发挥作

用的时候，陆荣廷如何面对自己的"同志"从强敌法国殖民地越南过境占领边防重镇呢？法国人乘乱绕过镇南关的可能性是很大的。为容忍同志而舍弃边关重镇而危及"社稷安全"呢？还是为了社稷而委屈同志呢？这是两难的抉择。当然，陆荣廷没有考虑多少，而只是从个人前途出发，从双方力量对比出发，权衡自己的立场：孙、黄即使能长久占领镇南关，也不能一下子改变中国命运，自己留大清当"参将"，比在孙、黄下面当革命党要舒适些。

孙文的钦廉起义和广西镇南关起义失败了。经营龙州边防督办事务的庄蕴宽和钮永建因镇南关起义而暴露。

黄明堂赤手空拳的一百多帮会会众，居然攻下了大清国的边防要寨镇南关。孙文、黄克强的起义，第一次摸到了大炮，那是大清边防要寨的国防大炮，并开炮轰击了大清的军队。

但那成功都是靠守卫镇南关的"龙州边防守军"做内应，三年多苦心经营的龙州边防，就当做庆祝革命而放了炮仗和焰火。或许，庄蕴宽、钮永建也处于两难中，要革命？还是要边防？或许曾希望革命战场不选在要塞，也或许希望发生在要塞的革命，不会给法国军队留下冒险的机会。

好在除了为龙济光、陆荣廷庆功外，新上任的广西巡抚张鸣岐，不承认有内部问题，更不敢公开追究。前一任太平思顺兵备道是谁？不就是张鸣岐么？驻守镇南关的龙州边防守军是谁指挥的？不就是广西大帅张鸣岐吗？张鸣岐是细心人，他绝不声张。因他知道，一声张就一定先坏了自己的前途。没有公开追究，就不会危及长期经营的广西新军运动，也不会对深深介入广西新军的骨干造成威胁激起事端。广西新军也同样是张鸣岐的政绩所在，他同样不想"自毁长城"。尽管如此，张鸣岐还是决定要给庄蕴宽点颜色看看。

于是庄蕴宽以丁忧为由，弃官回到上海。张鸣岐巴不得这样。钮永建也主动离开兵备道，也正好符合张鸣岐的心愿。张鸣岐还是让钮永建留在广西陆军小学堂总办的位子上干了一阵。

庄蕴宽回到上海。他在上海没有住房，就借居赵凤昌的惜阴堂。这时，朝廷农工商部署理尚书唐文治转任南洋公学校长，庄蕴宽被聘为南洋公学庶务长，管总务和学生体工队，并为学生体工队配了枪支。南洋公学的学生体工队除了与圣约翰大学等校际对抗赛外，还参与上海的体育竞技。辛亥年，南洋公学的学生体工队成为学生军，参与上海光复。

到了1910年，张鸣岐再次把气出到庄蕴宽头上，那是后话。那年，张鸣岐居然老话重提，向朝廷参劾庄蕴宽，勒令回广西交清账目。

张鸣岐搞秋后算账，却照样不敢算政治账。明明是当年庄蕴宽、钮永建等人引进的大批年轻革命党人，这批人的气焰使张鸣岐寝食难安，但张鸣岐只纠缠庄蕴宽账目问题。更不敢说到镇南关守军向革命党"献关"的事。当然，张鸣岐这不过是与奕劻、袁世凯的军机处合演一出掩耳盗铃的滑稽剧，以掩盖他们彼此之间的钱财糊涂账。庄蕴宽的清廉反而是得到朝野公认，后来连张鸣岐的后台袁世凯当总统时，都提名庄蕴宽当肃政使，主管国家廉政事务。

从另一角度来说，张鸣岐因投靠奕劻和袁世凯而得罪老东家岑春煊。他要整庄蕴宽，无非怕庄蕴宽勾结岑春煊，翻他的老底，而发个警告而已，故意暗示手中握有把柄：庄、钮管广西兵备时武器军需各账目有问题，有嫌疑。

而此时，庄蕴宽正参与岑春煊、张謇、唐文治等人的宪政运动，不顾张鸣岐的花招。1912 年，民国临时政府在南京成立，庄蕴宽出任江苏都督，后任北洋政府肃政史，主管廉政与审计。1915 年袁世凯称帝，全国 60 位约法会议员，59 位表示支持，唯庄蕴宽一人拍案而起。他致公开信给袁世凯，痛陈：

帝制不可为，民意不可假，时代潮流不可拂。

然后挂冠拂袖而去。

此后，庄蕴宽高名，"声震士林，名重国中"。

后来，老年的庄蕴宽居然帮助中国的一颗政治新星办成了一件大事：

驱逐湖南的张敬尧。

那是 1919 年与 1920 年之际的事。政治新锐润芝先生要驱逐湖南的张敬尧，"上访"京师，一时无门。后因高人指引，润芝先生把状子交到了庄蕴宽手里，算找对人了。经调查，张敬尧的确在湖南闹得民声鼎沸，不驱逐难平民愤。经总统徐世昌同意，庄蕴宽亲自出面协调谭延闿和吴佩孚出兵湖南，驱逐了张敬尧。

张敬尧于是被"摆平"了。最终，他因当汉奸企图危害中华，可耻地被陈恭澍枪杀于北京东交民巷。但张敬尧的确是首先栽倒在少年润芝先生之手，润芝先生也从此被诸多名人看重。

三　兵备处风波

钮永建和李书城离开省会桂林，有一说是被张鸣岐调走的，也有说是他们主动

后退的。不管怎么说，巡抚是要把他俩与其余新军骨干隔开。钮永建也要主动拉开与其他新军成员的距离，不因自己的暴露影响大局。

秦毓鎏也因庄、钮暴露离开了广西。1909年，钮永建最终被再次通缉，流亡德国柏林，进德国陆军大学留学。在欧洲，他参与吴稚晖、蔡元培、李石曾、张静江等人的欧洲同盟会。1911年广州黄花岗起义时，钮永建返回广州。

庄蕴宽、钮永建离开广西后，王芝祥继任为广西兵备处总办，杨增蔚为帮办。蔡锷接办陆军小学堂。李宗仁、黄绍竑这两个后来广西的一、二号人物，先后出版了自己的回忆。都谈到庄蕴宽、钮永建、蔡锷等任对广西新军运动的贡献。

黄绍竑在回忆中称：

庄、钮虽去，他们所招致的一班新人物，大都和九龙、香港一带的革命党人黄兴、赵声等暗通声气，秘密进行革命工作。

广西新军运动不因他们的离开而削弱。

李宗仁和黄绍竑都经历陆军小学堂的全过程。李宗仁是这样回忆当年的：

自从文昌门外的新校舍建成后，陆小面貌焕然一新。校内是新式的楼房，礼堂高大雄伟，大操场设施齐备，操场两侧是教学楼与学生宿舍。学校的教官及各部门负责人均身着绣有金色花纹的蓝呢制服，足蹬长筒马靴，腰挂一柄明亮的指挥刀。走起路来，军刀拖在地上，加上皮鞋着地的踢踏声，真是威风凛凛。总办蔡锷将军有时也来校视察。那时蔡锷也就30岁左右，仪表堂堂。特别是他上马时的雄姿，令那些小军校生惊异不已。蔡锷先将皮鞭向他那匹高头大马身上一扬，待马跑出十数步后，他才从马后飞步追上，两脚在地上一蹬，双手向前按着马臀，一纵而上，马即载着将军飞驰而去，留下一群毛孩子的赞叹声。

李宗仁对此崇拜至极，称赞为是"人中吕布，马中赤兔"。

顺便提及，白崇禧与李宗仁，黄绍竑一样，也曾是广西陆军小学堂的，而且是首届学生。

在广西坐稳巡抚交椅的张鸣岐是个城府很深的人。他因重用新人搞新政，博得全中国的称赞，被认为是开明官员，是改革开放的领头人，头上的花环不知有多少。

但历史告诉我们，诸如此类的人都值得特别小心。张鸣岐这样做无非是想沽名钓誉。他搞新政，是为巩固自己地位，绝不是允许在他的地盘上出现革命。但事情恰恰是与主办者的主观动机相反，他所用的那些新人物，多数是同盟会会员。他们来广西，目的是想在广西宣传革命和发动起义，而不是来替张鸣岐捧场，更不是给大清朝建立功勋的。

　　这班革命党人来广西后，坚持不懈地在民众中，尤其在新军和学生中开展活动，倡导反满革命，传播民族、民主革命思想。一些倡导革命的禁书，如邹容的《革命军》、陈天华的《猛回头》以及《扬州十日》《嘉定三屠》《洪秀全演义》等，都在学生中暗暗传阅。学校的阅报室中，也公开订有上海《申报》《新闻报》《时报》等新报纸。

　　革命党人甚至计划在干部学校举行毕业式，正式成立新军时，开始发动革命。然而就在这时，连连发生一些情况。

　　平时，张鸣岐常宴请笼络这批来广西的士官生。

　　一次，张鸣岐宴请尹昌衡、杨曾蔚、孙孟戟、王勇公、覃鎏鑫等，席间谈及时事，以话套话。此时，尹昌衡已吃得半醉，满怀的激情言论不觉冲口而出：

　　中国要想强盛，非革命不可……

　　他还要说下去。

　　边上王勇公看着发急，生怕尹说下去，就要漏底了。忙从桌子下用脚踢尹，不想恰好踢到了张鸣岐的脚上。

　　张鸣岐笑了笑，怀着赞同的口吻鼓励道：

　　革命嘛，革故鼎新，应天顺人，并不是一件奇怪或可怕的事情，本人立志刷新广西的政治和军事，即是革命，也就是广西的革命领袖。以后大家不要有所顾虑，畅所欲言好啦！

　　又一次，在酒醉饭饱之余，谈到了武器。张拿出他新置的手枪，给大家传看，并说这是革命武器。尹昌衡接枪在手，连放三响，将窗上玻璃震碎。酒桌上的这等举动，本属发酒疯，并没有什么意义。但在张鸣岐看来，这不是要在我张某地面搞革命又是什么。但这时他却击掌叫好：

　　壮哉！壮哉！

　　并满脸笑容地对尹昌衡说：

　　广西地方太小，不足以容公，将来四川有事，可以多多借重。

　　尹昌衡坦然大笑：

　　世事难定，将来不知是谁借重谁啦！

　　尹昌衡果然豪迈，虽然此时他没预料到自己及同在广西的胡景伊事后果然会成为四川都督，也没预料到这批在广西的同仁，个个都是风云人物。但他出言的确是豪气过人。

　　看历史我们知道，1911 年四川响应辛亥革命，尹昌衡被举为四川大汉军政府都

督，杀了拥军顽抗的大清下台总督赵尔丰。1912年，成都、重庆两府合一，尹昌衡被举为四川都督。尹昌衡后来还作为西征总司令，平定藏军。理应是国家与民族有功之臣，他却身陷袁世凯的大牢而不屈服。不愧是英雄豪杰！

而此时，醉酒的尹昌衡却醉酒胡侃革命，并说要举大帅为革命首领，无形中泄露了这批革命党人的预谋。

张鸣岐微笑不言，散席后还送每人一把用红布扎好的安南刀，以示联欢之意。

其实，张鸣岐话中已暗示逐客之意。但一班年轻人感情本易冲动，看到张这样厚待他们，还以为他张巡抚真能赞成他们革命呢，情绪就愈加激昂了。

张鸣岐此时已暗下决心：要杀鸡儆猴，拿这些人中的激进分子开刀了。

就在此时，正好又发生了两件事。

其一是报刊事件。

尹昌衡、覃鎏鑫、吕公望、赵正平等出版鼓吹革命的期刊《指南月刊》和《南风报》，由于言论激烈，不但刊载石达开"扬鞭慷慨莅中原"的诗，还在封面插画的竹子叶里，暗暗画成"民族革命"四字，旁边一只公鸡在啼叫，题为"雄鸡一鸣，天下震动"。尹昌衡的性格不拘细节，好饮酒赋诗谈革命，他的诗句"有志须填海，无权欲陷天"，颇受当时读者的欣赏并广为传诵。

这被广西巡警道胡铭盘觉察，立即将他们办的刊物查封。

为这事，胡铭盘特地约见吕公望，以浙江同乡之谊，劝说他们要嘛自动停版，要嘛接受预先审查。

并明确警告他们不必拿脑袋相拼。

胡铭盘对吕公望说：

吕先生，我们是浙江的同乡，特邀你谈谈与你们性命有关的事。你们几个人所办的《指南报》《南风报》都是鼓吹革命的，大帅看见愤怒得了不得，我怕你们闯大祸。

我在这里代你们斡旋，你们这次又改为《南报》。广西还没有报纸，我不干涉你们办报，但每期的稿子要送我看过，否则我这肩子挑不了。请你亦对他们说明，大家最好相安无事，这是要请你们原谅的。

这话，杀机重重。

其二是陆军干部学堂进行的革命煽动。

广西混成协干部学堂（后改称"广西陆军干部学堂"）是庄蕴宽、钮永建等人筹建的，原本是专门为培养"混成协"的干部而办的短期学堂，学习期限为一年。但

290

1909年正式开办时，庄、钮已离开，而新军计划要扩大为一师一旅，故广西混成协干部学堂改名为广西陆军干部学堂。还要多办一期（一共两百多人）。第一任监督是陈之骥，教官中有赵恒惕、刘洪基、何遂等。陈之骥言论激烈，深为当时陆军学生所景仰。

一天战术教官何遂率领全堂学生在器械场操练，他大声疾呼：

中国近几十年来，政治、军事的腐败，战争失败，外交失败，今天割地，明天赔款，试问有多少地可割？有多少款可赔？强邻逼处，瓜分之祸临头，国家危在旦夕，我们吃国家的粮，我们要负起保家卫国的责任。我们不能听从别人把国家送诸外国，我们不能做亡国奴，我们要革命！革命不怕死！怕死不革命！

何教官非常兴奋，慷慨激昂，声泪俱下。

同学异常感动，也有不少人流下泪来。何教官接着说：

我们今天的课目是'跳天桥'，要从天桥上跳下来，试看大家怕不怕！怕死就不要跳，不怕死的，革命的跟我来！

于是他走上天桥去一跃而下。同学们也依次跟着跑上天桥，连续不断地跳下来。跳完之后，他非常高兴。他在讲评中有几句话是这样说的：

各同学有勇气，不怕死，革命有办法。

这何教官这套训练法，与后来"大比武"中郭兴福教学法挺有相通之处。

可是，训练中有一个同学摔伤了脚。当局进行事故调查时，事情泄露了，知道了教官们在课堂进行革命煽动。

于是酿出了兵备处的风波。

张鸣岐暗中把任南宁讲武堂监督的蔡锷和以前被陆军小学风潮闹走的总办蒋尊簋秘密电召到桂林。派蔡锷为干部学堂监督兼学兵营长，撤陈之骥、孙孟戟的职。派蒋尊簋为督练公所兵备处总办，并派董绍箕为陆军小学监督、斯烈为提调，撤除雷飙和冷御秋（即冷遹）的职务。同时他把陆军小学监督雷寿荣和兵备处科长孔庚拘押起来。

张鸣岐自以为很高明，殊不知，他用来取代革命党危险分子的蔡锷和蒋尊簋又何尝不是革命党人？蔡锷本就是同盟会秘密成员，黄兴在广西边境时，蔡锷就暗中向黄兴提供武器。蒋尊簋是光复会和同盟会双重身份的革命党成员。

当辛亥革命后蔡锷是云南都督时，张鸣岐一定傻了眼。他也没看清他身边别的许多人，比如李书城，后来是武昌首义的总参谋长，直到20世纪50年代还是新中国的农业部长，李书城在上海兴业路的公寓就是中共一大会议会址。孔庚自辛亥革命

到二次革命时是山西省革命军总司令。孙孟戟当过安徽都督和安徽省主席。雷飙是陆军中将，1949 年就是他促使程潜、唐生智起义，和平解放湖南。胡景伊继尹昌衡后当过四川都督。1924 年 10 月，胡景伊与冯玉祥、孙岳发动北京政变，囚禁贿选总统曹锟。

湖南王赵恒惕是名人，进了中国中小学教材。耿毅、何遂是协助吴禄贞策划北方兵变时的副手，后来均是高级将领。陈之骥、王勇公、刘建潘是南京临时政府王牌八师的核心人物，二次革命的策划者。而且，陈之骥、王勇公、胡景伊在日本留学时与钮永建、邹容、蔡锷一起，他们就是《革命军》合伙炮制人或姚煜辩案的共同策划人。雷寿荣在抗日战争中与张鸣岐同陷入汉奸的泥潭。或许，雷寿荣会问张鸣岐，早知今日，何必当初？

反正，张鸣岐自以为聪明，其实正被自己的聪明所误。

一班新军人物这时候知道上了张鸣岐的大当，十分愤激。

王勇公时任干部学堂教员，这班人都是他出面请来广西的。他特别为之激动。

吕公望后来回忆当初的情况。

吕公望与蒋尊簋同为浙江人。张鸣岐升蒋尊簋为总办，蒋尊簋升吕公望为军需处一等科员。为此，王勇公、陈之骥、杨曾蔚等以为吕公望打小报告，出卖了他们。王勇公的妻子本就一付风风雨雨的性格，当面讽刺吕公望：

吕科员现在是蓝顶戴了，过二三年就可染红了。

吕委屈，但对她直说：

我现在不分辩，不久你们是可以谅解我的。照现在情势讲，你们以速出走为是。

有一晚，吕公望陪王勇公夫妇、孙孟戟夫妇去看戏。看到一半，王勇公的护兵赶来报告：

军需处长孔庚被拿。

大家愕然，戏也不看回到王勇公住处商议对策。

王勇公问：

怎么办？

吕公望说：

等到明早托王芝祥设法去。

吕公望刚回兵备处，王勇公已一身军装，佩着开口军刀来了：

戴之，我要与蒋尊簋去拼命！

戴就是吕公望的字，说完就向兵备处总办签押房走去。吕公望一把将他抱住。

王勇公又说：

别拦我！不让我去拼命，我只有自杀了。

顺手将刀抽出。

吕公望将他连手带刀紧紧抱住，叫当差的将佩刀夺去。王勇公尽力挣脱，跑入蒋尊簋办公室，拍台子大骂特骂。吕公望带五六个人将王勇公送回公馆。

吕公望再回兵备处时，蒋尊簋已坐轿上抚台衙门了。吕公望等了约一小时才见蒋尊簋回来，马上即跪在他面前口禀报：

我是来向总办自首的，我和王勇公等均是革命党，大家到广西就来是准备起义的。

还说：

总办在浙江开办讲武学堂的时候，秋瑾曾告诉我，你亦是同志。如果是同志，应设法救救他们，否则我亦情愿一死了之。

蒋回答说：

大帅明晨8时要军事会审，说要杀几个脑袋给他们看看。大帅要怎样办就怎样办，我是无法可想的。

吕公望跪着大概有半小时之久不起来：

总办在日本留学时对国内外的情形是很明白的，请总办再想想有格外施仁的办法没有。

最后蒋才说：

这事你去求王芝祥或者有办法。

吕公望：

谢谢总办，如此就有救了。

吕公望赶到王勇公公馆，有十多人坐在那里。一见面，王勇公太太抢先说：

现在已半夜多了，你还来此探听什么消息？

吕公望将跪求的过程述了一遍，并说，时间已迫，形势危险万分，我们统统到按察署求王芝祥去。

王芝祥就是接替庄蕴宽当广西兵备道的。此时王芝祥已升藩台，王芝祥升后，广西兵备道改督练公所兵备处，督练公所仍归王芝祥主管。

吕公望约同王勇公、孙孟戟、陈之骥三人连夜谒见王芝祥，苦求设法救雷寿荣、孔庚等。王先有难色，后来见他们请词恳切，心为之动，即毅然说：

难得你们这样的义气，好！好！拼我的老面子不要，替你们去碰一碰看。

王芝祥去见张鸣岐，张仍旧坚持严办。

王说：

杀他们必须上奏，如果皇上追问这些人怎样来的呢？大帅恐怕也脱不了关系。

这句话把张鸣岐说住了。于是以"少年浮躁"四个字把一些人撤职，并且限定某些人于两月内离开桂林。特别指定杨增蔚、陈之骥、王勇公、孙孟戟四人必须在三天内先行离开桂林。

这杨增蔚后来平平常常，是北洋政府的陆军中将。

王芝祥转达了这个决定，并劝他们服从，一场大风波才得平息下来。

王芝祥在这件事上颇受各方好评。

到后来发生辛亥革命广西宣布独立时，他能被大家推举为副都督，也正是因此。

兵备处的风波过后，张鸣岐心中后怕。

他终于发现参与广西新军运动的这批年轻人不是自己所能想象的，更不是自己所能驾驭得住的。他明白，逼走了钮永建、李书城，又有陈之骥、孙孟戟和尹昌衡，处理了这些人以后，能保证蔡锷等不是革命党？

张鸣岐是聪明人，他知道广西仍会出更大的问题，于是想离开广西。正巧，原上海道台袁树勋接替张人俊署理两广总督。因想通过禁赌和整治新军来开创局面，结果反而控制不了事态发展，与地位更高的广州将军增祺也没搞好关系，结果被朝廷革职留用。顺便指出，这增祺是满人，前面在《钮永建与拒俄义勇队》一章中提到俄军占领东三省，增祺怕死欲投降，结果俄军不顾，继续进攻夺取奉天。事后俄军搜捕增祺，在旅顺逼增祺订立《奉天交地暂且章程》。增祺就这样为了保命而不惜签字割地。当然，靠他那战俘身份签个字是割不掉东北的。

张鸣岐看准时机，通过李经羲结交上了奕劻，并向奕劻报效了据说是高达200万的钱财。银两是最好的通行证，功夫也不负有心人，而张鸣岐终于等到回音。当年9月张鸣岐顺利地当了广州将军并代理了两广总督。岑春煊知道这个消息后，明白这个"可做耐久朋"的张鸣岐已经背叛了他，非常气愤。从此两人恩断义绝。不久张鸣岐就实授两广总督，湖南籍沈秉堃接替张鸣岐当广西巡抚。

从官场正面形象来说，张鸣岐向上级报效了200万的钱财，绝非个人行贿。因为张是当时最开明也最聪明的官员，是忠于朝廷的典范，不可能有大笔私产，更不可能拿出200万的银两来买官。只能说张鸣岐是服从大局的领导，牺牲广西的小局而满足了载沣和奕劻的大局。张鸣岐升两广总督本身更不属于买官卖官行为，而是因为政绩昭著，合理提升。至于广西出现财政亏空，可以把原来主管兵备处的庄蕴宽叫回来述职交账。查出来庄蕴宽没事的话，沈秉堃巡抚看着办吧，反正军机处会同意紧缩广西新军项目。

蒋尊簋随调任广东新军协统（旅长）。吕公望深感险恶，回浙江去了。辛亥年，广东是江南最后一个宣布脱离清朝统治的，而且是在没有主要革命党人参与的情况下由省咨议局自己出面改为省议会，并宣布广东独立。广东省咨议局感到，广东再不宣布独立，就太没面子了。于是以议会名义拼凑军政府，指定大清两广总督张鸣岐当都督。

张鸣岐因镇压黄花岗起义自感罪行深重，而且不相信大清从此完蛋，半夜卷走总督府银两潜逃。蒋尊簋代理过渡都督，等胡汉民从香港回来后，蒋移交了广东都督，回浙江宁波。

四　驱蔡运动

蔡锷接替陈之骥当上了广西陆军干部学堂总办，也由于蒋尊簋随调广东，蔡锷也接替蒋尊簋当了广西督练公所兵备处的总办。

前面说过，广西陆军干部学堂原本是广西混成协干部学堂。

本来按朝廷的打算，是要在广西建立一镇（师）另一协（旅）的新军，以防备占据安南的法国侵略军。预先开办干部学堂，准备按此计划培养两百余名下级军官。但很快就发现经费不足，无力应付新军建设的财政负担。便撤销一镇的建军计划更改为只编一个混成协。钱何处去了，或许只有张鸣岐、载沣和奕劻才知道。反正这些人已与广西无关了。

一下子缩编三分之二，那么培养两百多号下级军官就显得太多了，于是要裁员。身兼学堂总办和兵备处总办两头衔的蔡锷决定举行甄别考试，以考试分数来决定淘汰名单。可不易理解的是，军校明明培养的是新式军官，上的是军事课程，蔡锷出的考题偏偏是科举考试的国文内容。

最后通过甄别考试下来，遭淘汰的几乎都是广西籍子弟。留下来的一百二十名学生中，湖南人竟然占了九十多，而留下的广西籍学生不到四分之一。

于是有人怀疑蔡锷此举，有假公济私、偏袒同乡的嫌疑。因为这帮学生中，湖南人不在少数。而众所周知的是：湖南籍学生的国文水平普遍较广西籍学生为高。

广西的学堂培养的是湖南人，在广西的军队，绝大多数军官由湖南人来当？于是桂人大哗，长期以来一直积累着的湖南人与广西本地人之间的矛盾也因此而激化。社会喧哗，一场轰轰烈烈的"驱蔡运动"爆发了！

广西各界人士群起攻击，广西陆军干部学堂和广西陆军小学堂也参与驱蔡运动。全校学生整队到抚台衙门请愿，坚守不去。抚台派人软硬兼施，学生竟毫无顾虑，高呼口号。陆军小学堂的李宗仁也说自己参与了这场运动。与抚台的态度不同，新成立广西咨议局支持运动，他们通过决议，解除蔡锷的职务。广西咨议局并向资政院提出有关本省办学，应以招本省籍学生为主的议案。广西咨议局就是广西议会。咨议局中有马君武等等一批同盟会员，参与驱蔡的广西陆军干部学堂和广西陆军小学堂多数成员也是同盟会员。对于同盟会来说，这是大水冲了龙王庙，自家人不认识自家人。

这事使蔡锷十分难过。从此以后，蔡锷仍坚持革命党人的立场，也坚持与同盟会成员合作，但不再表明自己曾是同盟会成员了。

此刻的云贵总督正是当年把蔡锷请到广西去的李经羲，出面邀请蔡锷去云南。

临行，蔡锷请参与"逐蔡"的同盟会员冷御秋和何遂等人吃饭，席间笑道：

成大事的人都有个修养，你们念过苏东坡的《留候论》吗？所谓'猝然凌之而不惊，无故加之而不怒'，你们能做到这，当成大事。

冷御秋朝蔡锷笑而不言。敬酒后，自己连喝三杯，算是致歉。

"逐蔡"虽是误会，却使广西同盟会的实力大大发展。广西同盟会在南门租了一处房子，成立了"军事指针社"，与陆军小学堂学生来往密切。冷御秋就是冷遹，原来与赵声同是南京陆军九镇徐绍桢部下的管带，营级军官。因从事革命被端方侦破，赵声出逃，冷遹受逮捕入狱。经友人救出后，正遇王勇公推荐到广西。冷遹在二次革命中，是著名的民军三师中将师长。1945年与黄炎培一起到延安，与毛主席讨论时政，著名的"窑洞对"就是黄炎培、冷御秋与毛主席谈论的记录。

"猝然凌之而不惊，无故加之而不怒"，蔡锷看似赞扬冷御秋和何遂，其实正是表明自己：

革命党人必须经得起误会，而自己能经得起误会！

要成大事，不能逞一时豪气。

尹昌衡、王勇公豪爽过人，敢说敢为，是优点。但过于刚烈则易脆，缺少韧性。

胸中憋不下半点儿冤气，藏不住一点儿秘密就容易坏大事。

而蔡锷却比尹昌衡、王勇公更有一股韧性，能在关键时刻忍辱负重，不怕误解和蒙受自己人的压力，这难能可贵。蔡锷、蒋尊簋的革命党人身份，就长期没被张鸣岐看穿，甚至在同志冷御秋和何遂的试探与挑动时，不动声色。其实冷御秋和何遂的试探，也正是黄兴和赵声有意向他们透露了蔡锷的身份。

蔡锷与徐锡麟不同，徐锡麟也深入官场，却因陶成章等同志误会他"恋官"，徐锡麟忍不住被误会，匆忙发起起义以表白自己，枪杀安徽巡抚恩铭。结果功亏一篑，不但徐锡麟等党人惨死，连秋瑾等大批革命党人也被捕遇难。上海老西门的江苏同盟会机构也被破坏，苏浙皖沪的革命严重挫折。而蔡锷不一样，历经"兵备处风波"和"驱蔡运动"后依然坦然自若，朝廷官员毫不怀疑，继续到云南发展。

特别是后来，蔡将军与袁皇帝虚与委蛇，在八大胡同与小凤仙合演英雄美人戏，遭遇巨大压力。蔡锷能从容淡定地面对一切，而后一鸣惊人，腾空而起，破碎袁大头的皇帝梦，再造共和。这该有多大的毅力与勇气？

蔡锷比在讨袁中折翅的王勇公运气好，比因不服袁大头而被关进天牢的尹昌衡潇洒。冷御秋和何遂也同样参与反袁，但也同样兵败落野。

"猝然凌之而不惊，无故加之而不怒"，正是蔡锷可贵的刚毅坚忍的性格的自我表达。

蔡锷到云南后被李经羲任命为云南新军第三十七协协统（旅长）。朝廷和李经羲更相信蔡锷，因为蔡锷是被广西革命党人驱逐的。半年后，武昌爆发起义。蔡锷参与云南光复，被推选为军政府都督。蔡锷不忘李经羲之恩，武装保护李经羲离开西南。

就这些事件，李宗仁回忆说：

尽管张氏以其淫威暂时达到了目的，但广西经这班人的鼓动提倡，一般青年，尤其是学兵营及陆小、干校学生，脑海中已注满了革命思潮，都在摩拳擦掌，等待时机的到来。

黄绍竑的回忆是：

对于这班新军人物，无形之中，起了两种感想。第一是他们外表上都很有精神，富有朝气，与旧军防营的军官比较，自然要敬此而恶彼。第二是认为他们都是革命党，到广西来，是阴谋革命推倒满清的，自然更合青年学生的口味。因而许多青年人物，都在不知不觉间，和这班新军人物，融合同化起来，终于成为广西革命的导

火线。

事实正与李宗仁、黄绍竑的说法相符。

赵正平、耿毅、冷遹和何遂为同盟会广西分会负责人。通过他们，同盟会实现了广西本地化，广西革命发展很快。

清政府在各地创办各种军官学堂，培养军事骨干力量，目的是在维护其摇摇欲坠的封建统治。但是，和它的愿望相反，许多军事学堂学生在革命党人的宣传和策动下，加入了同盟会，参加了革命。广西陆军干部学堂先后加入同盟会的有30多人，陆军小学堂有50多人，学兵营中竟有100多人。桂林混成协的连、排长多是革命党人，该协整个掌握在革命党人手中。李宗仁所在陆小第三期的学长梁史，就是同盟会陆小分部的负责人兼同盟会广西支部机关报《南风报》的经理。作为学生的李宗仁、黄绍竑、白崇禧这些后来的首脑人物，都是这时在广西陆军小学堂参加同盟会或参与革命党人的活动。

大约在1910年冬，在陆小同盟会组织所租房子里，李宗仁用钢针在指头上戳血作誓，成为同盟会会员。

辛亥革命发生，赵正平、耿毅与王芝祥商量，要巡抚沈秉堃和平宣布独立，响应武昌起义，以免流血。沈、王见大势已去，乃于1911年11月7日与省谘议局议长宣布广西独立，与清政府决绝。并由谘议局推举沈秉堃为广西部督，王芝祥、陆荣廷（驻南宁提督）为副部督，定期举行庆祝大会。

广西光复成功。

由于前面许多准备工作十分充分，机会成熟，广西光复没有遭遇意外。只是沈秉堃、王芝祥自觉得是外省人，与广西议会不容易调和。

于是，广西光复后就自动带兵支援武汉前线而离开广西，陆荣廷乘机转副为正，出任都督。

王芝祥带领的广西援军后来到南京，改制为著名的民军王牌第八师。这是一支纯由陈之骥、王勇公、赵恒锡、刘建潘等军校生组成的学生军。二次革命后期，八师由骑兵支队长刘建潘带领坚守南京。失败后，刘建潘又把八师带回广西。刘建潘后为护国军湘粤军总参谋长，在护法战争中，因军旅意外事故英年早逝。骑兵司令出身的他，因马失前蹄坠马，头部撞了山石而亡。

第十四章

上海的革命党机构

一 蔡元培与上海同盟会

1905 年 8 月 20 日，兴中会、光复会和华兴会三会合并，在东京成立同盟会。蔡元培并没有出席成立大会，或许是由于他一贯不主动谋求个人在党团的地位。比如他为爱国学社的创办出的力比谁都多，但他还是宁可让黄宗仰当总理。光复会的会长位置，也是别人安排给他，而不是出于自己主动。他作为光复会的会长，并没有像陶成章在《浙案纪略》中说的那样：元培受众人拥戴，应该是同盟会理所当然的会长，而仅因谦让，孙文才当了盟主。

蔡元培没去参加会议，而同意兴中会、光复会和华兴会三会合一，只表示他顺历史潮流，认为革命力量联合是大势所趋，个人进退不在话下。但既然是三会合一，他是同盟会的第一批"当然成员"是事实。正像后来的陈独秀，没参加中共第一次代表大会，却是当然党员一样。而蔡元培同盟会上海会长，是不是东京同盟会成立时就预定的，不得而知。

说起来，蔡元培更应该是学者、是思想家、是新思想的传播者，而不是最好的组织者和领导者。这点，是由蔡元培谦和的性格决定的。后来蔡元培也一再说自己行政管理能力欠缺。他是谦逊，还是自知之明？这只有他自己说得清。

蔡元培当同盟会上海会长，他第一个发展的同盟会员是黄炎培，随后还有张相文和白雅雨等。蔡元培是从品格和立场来看人而不是从实用主义的角度去拉郎配，用简单扩大山头的办法。所以在上海同盟会里他的同志，就是黄炎培、高旭、柳亚

子、蔡寅、陈陶遗、叶楚伧、陈去病、刘季平、汪允宗、邵力子、马君武等知识分子，也就全是所谓的"士"。而且其中黄炎培、叶楚伧、柳亚子、邵力子、蔡寅、高旭、陈去病、马君武、陈陶遗基本都是自己的学生一辈。汪允宗也本是爱国学社的账房，张相文和白雅雨是留校当教师的原南洋公学师范学院学生。尽管后来继承他的江苏同盟会也发展了虞洽卿、沈缦云、叶惠钧、王一亭、顾馨一、李厚祁、李厚禧等地方改革很有成就的商绅，但上海同盟会或江苏同盟会成员集中于士绅阶层。从事新军运动的成员属于秘密成员，该另当别论。从事新军运动的成员集中在陆军第九镇。从统制徐绍桢开始下至标统管带，比较出名的有赵声、冷遹、柏文蔚、林述庆、林之夏、倪映典、熊成基等。赵声和冷遹早被端方发觉，虽经徐绍桢保护而不死，但都先后离开了陆军第九镇。

同盟会东京总部的孙、黄总是不断地在两广沿边沿海地带及湖南组织暴动，过程大致重复以下三部曲：发展一批革命党，然后弄枪支军火，最后就是爆炸、开枪暴动以短时间占据一个地点。

蔡元培在上海吸取前期暗杀团逐渐远离平民的教训，减少了秘密活动。除了继续制造革命舆论外，转而搞教育等公益事业，也注意协调与上海立宪派与地方自治活动的关系。所以，上海革命党与其他各种派别，特别是与立宪派和地方自治活动的积极分子的关系相当调和。

立宪活动派和地方自治活动分子彼此本就没有隔阂，许多人是两面相关的。只是立宪活动派以知识分子为主，即所谓的"士"阶层，而地方自治活动分子以办公益企事业兼行政组织管理为主，即所谓的"绅"阶层。但更有一些是"绅士"一家，是既有"事业"和"产业"还有名誉与声望的人物。张謇、李平书、汤寿潜、沈缦云等就是此类，他们既是立宪活动积极参加者，更是地方自治运动的主要活动家。

上海革命党与立宪派改良派的关系相对温和，即使就在爱国学社时期，也是这样。虽说章太炎与康有为发生论战，但不影响上海两者的合作。爱国学社与上海维新党人还是经常联合举行反清活动，比如叶瀚本身就是爱国学社的成员，还比如汪康年、龙积之、冯镜如、狄楚青、沈荩都被看成爱国学社共同行动的朋友。汪康年办的《中外日报》就抗议清朝制造《苏报》案，迫害革命党人。上海革命党与维新党彼此之间不像海外那样剑拔弩张。海外革命派与维派关系紧张有它的道理：争夺华侨的捐款，而上海不存在争夺捐款群众的问题。再说，维派改良也并非只有康有为的一种模式，也并非一定要保皇不可。

　　同盟会员也有转向搞公益事业和城市基本建设的人士，比如黄炎培、马君武、虞洽卿、沈缦云、叶惠钧、王一亭等就全力搞教育、卫生、体育等公益事业及道路、桥梁、电厂、水厂等基本建设。他们还参与地方自治活动，甚至参加清朝的议会选举，当议员，从事议会斗争。其中许多人当选江苏咨议局议员（由于咨议局议员要求本地化，马君武在广西当选）。应该说蔡元培身边同志的多种尝试是有益的，更有特色。同盟会员当选咨议局议员，参与议会斗争的，数上海最多，这与东京同盟会急于求成的方针有点不一致。

　　对于分歧，蔡元培十分无奈。同盟会内同志之间，本就分歧众多。他经历的情况与钮永建、庄蕴宽在广西的经历相似。钮永建、庄蕴宽虽自己暴露出走，但还是保住了广西搞新军运动的士官生这支基本骨干队伍不受影响，广西新军运动继续演得有声有色，士官生们还是把强有力的对手张鸣岐吓得自己开路了事。上海是另一种局面。

　　1907 年，东京同盟会总部发生意见分歧而分裂，蔡元培无法表态。自己不想同时成为同盟会、光复会两方的对立面，也不想再次被指定为新的光复会会长，他只好自己考虑出路。

二　留学德国与欧洲同盟会

　　1907 年初夏，蔡元培作为清政府驻德公使孙宝崎随员去欧洲，年近 40 的蔡元培开始了他半工半读的留学生涯。

　　蔡元培是幸运的，每逢困难就有张元济，张元济总在自己最困难的时候出现。与以往一样，蔡元培、张元济从来没有要求改变对方的政治主张。他俩此时的政治观念显然有明显差别，但不影响彼此友谊，而一旦一方有难，另一方总能尽相助。这种情况，在上海并非特例，上海的自治运动参与者、宪政运动参与者与同盟会的成员彼此相行不悖，遇重大事件，都能彼此协调立场，这点很令人深思。这次，张元济每月从自己的商务印书馆预支稿费 100 银元给蔡元培，让他抽空编写学术书稿作为交换。君子之交，重在平等而不能存在施舍关系，这是他们相处的原则。孙宝崎让蔡元培在德使馆中兼职，每月支付 30 两。蔡还充当国文家教，从海外清廷官员子侄中拿些家教收入。

于是，欧洲凑齐了吴稚晖、李石曾、张静江和蔡元培这后来著名的国民党四老，加上迟来两年的钮永建，当然还有爱国学社的一批留欧学生也参与他们欧洲同盟会。后来这吴、李、张、蔡四老和钮常在重大事件凑成一团。有趣的是李石曾在欧洲开豆腐店，张静江投资支援，把中国豆腐引向世界，营利所得，用来支持欧洲同盟会日常开销。

三　江苏同盟会、健行公学与南社

蔡元培走后，把上海的事托给了上海同盟会总干事黄炎培。随后上海同盟会按东京总部要求，改名为江苏同盟会，上海金山县的高旭（天梅）为会长，会址仍留在上海。高旭后两任会长是章梓、陈陶遗等为。江苏同盟会总部设于上海健行公学附近的"夏寓"，健行公学正是柳亚子、高旭、陈陶遗、陈去病、朱少屏等同盟会员合办的学校，校址在老城厢西门的宁康里。因开办者本身都经历过"爱国学社"事件，所以此校继承"爱国学社"的传统。以《黄帝魂》《法国革命史》《荡虏丛书》等书籍为教材，向学生灌输革命思想。宁康里某号设立同盟会会所，因其屋初为革命同志夏听榘养病之所，故名"夏寓"。同时，江苏同盟会还有另一处据点是中国公学，中国公学也是留日学生中的高旭、陈陶遗、姚洪业、孙镜清等人筹办的，有人说秋瑾也是筹建者。高旭、陈陶遗通过江苏教育会的黄炎培疏通乡绅关节，终于打通两江总督端方的渠道，由总督府每月拨银1000两，派四品京堂郑孝胥为中国公学监督，中国公学正式开办。前面提过商务印书馆杨志洵在中国公学兼任教授，他就是胡适之念念不忘的恩师。

江苏同盟会以《复报》为机关报，编辑好的《复报》送到东京出版，然后与东京出版的《民报》《洞庭波》《鹃声》《汉帜》等报刊再通过健行公学在国内发行。甚至连四马路青莲阁开书店的原爱国学社的"老朋友"徐敬吾，也再次被请来帮助推销这些革命刊物，徐敬吾也乐此不疲。前面说过，徐敬吾因《苏报》案发，他作为爱国学社的义务门房兼庶务而被捕。魏光焘把他释放后，他在福州路青莲阁的自家书店前高悬他本人在巡捕房拘留所穿着号衣的放大照片。

他把因爱国学社而坐牢的事看成是荣誉而非耻辱。

这一时期，孙文还经常往返于日本、南洋之间，船过上海时，孙文不下船，而是陈陶遗和柳亚子、朱少屏、高天梅等人，多次去吴淞口的外轮上会见孙中山，接受指示。

1907年初夏，陈陶遗在东京奉命携带枪支、炸药回国，密谋刺两江总督端方，发动起义。

由于叛徒告密，陈陶遗被捕，关进南京监狱。同时又因发生徐锡麟刺杀恩铭案，端方等加紧镇压，江苏同盟会从而暴露，健行公学被取缔。连帮助销售革命报纸的"野鸡大王"徐敬吾也再次被捕。连受打击的上海同盟会（江苏同盟会）更陷入困境，好端端的局面再失。

很遗憾，这次逮捕后，我们再也没有发现有关"野鸡大王"徐敬吾下落的记载。还有他那位从容大方，在张园演讲会上谈笑风生的女公子徐宝姒。但愿他们父女能像一个平常市民家庭一样安度属于自己的岁月。

经众乡绅和知识界出面营救，陈陶遗一年后获释。端方曾亲自接见，想用官职笼络他，遭到拒绝。端方自策划镇压爱国学社和《苏报》后，就屡有革命党人要杀他。他也知道自己与革命党人积怨太深，罪孽深重，他不得不考虑后路，不得不留点好名声。他原本就知道陈陶遗，他曾以江宁总督府名义支持过陈陶遗的中国公学，也想改变革命党对他的看法。在营救陈陶遗的江南父老面前，端方还是顺水推舟，释放了陈陶遗。

出狱后陈陶遗写诗明志：

死别未成终有死，生还而后始无生。

因同盟会革命据点被破坏，革命党人处于困境中。江苏同盟会以柳亚子、黄炎培、高天梅和叶楚伧等人的名义，在1909年发起组织同盟会重要的文化组织"南社"。陈去病、叶楚伧虽远在广东，但都参加了，陈去病还是南社的主要负责人。南社是革命党人团结联络同仁的重要机构。

叶楚伧在1907年南下广东汕头，是应同盟会总部要求，去支持潮州汕头起义的。由于到达时起义已经失败，叶楚伧留汕头办俱乐部和"诗钟社"等从事革命联络活动，并办《中华新报》宣传革命精神，请陈去病任编辑。

陈陶遗出狱后，参加南社，成为骨干。

说明一下，陈陶遗这"陶遗"二字，是在东京留学时由章太炎为他改的，意为"陶唐氏之遗民"。陈陶遗本名陈公瑶。后来因辛亥革命中策划苏州光复而成立江苏都督府有功，南京临时政府成立时，他被选为临时参议院副议长。在北洋政府阶段，他是江苏省长（当时的省民政厅长即省长）。有趣的是，其中很长一段时期，陈陶遗

是在他的同盟会老同志钮永建为江苏省主席的情况下当江苏省长的，只不过省长在南京而主席在上海，各为自己一方负责。之所以有那局面，是护国战争后，袁世凯被迫下台，上海重新成为革命党活动中心。北洋政府派代表团南下，重新在上海开始南北和谈。政府的国内国际事务，也都邀请革命党参与，比如王正廷参与巴黎和会，蔡元培当北大校长，南方独立的各省由革命党重新主政等。南京是同盟会人认定的民国首都，所以坚持保留江苏省主席，哪怕只是名义上的。

1911年年初，柳亚子等怀疑高天梅有过变节行为，宣布与他一刀两断，而陈陶遗到南洋群岛当教师并为革命筹款，上海同盟会（江苏同盟会）沦于低潮。高天梅的嫌疑或许是场误会，1911年，他领导金山县光复，选为金山县民政部长（即县长）。

四　中部同盟会与上海光复会

1911年7月31日，中部同盟会在上海成立。

1907年，孙文被日本驱逐，同盟会东京总部呈分裂状态。黄兴、赵声等决定在上海另建总部，搞了个中部同盟会，面向华东和长江流域，有别于在两广地区的香港或河内的组织机构，那是由孙文直接领导的胡汉民、陈炯明等人组成的。自然还留有"北方同盟会总部"的称号，北方一样有同盟会员活动，新军中的吴禄贞、张绍曾、蓝天蔚、阎锡山、张凤翔等就是同盟会员。辛亥年张凤翔、阎锡山还先后光复陕西、山西。北方同盟会员策划反清起义者也大有人在，北方同盟会员开头没采用北方同盟会的称号，而是用"天津共和会"名号。天津共和会的创始人是张相文和白雅雨，白雅雨任会长，会员中有刘清扬等著名的女革命家。白雅雨、张相文抱着救国救民的目标，在潜心研究学术的同时，关心国家命运，关键时刻毅然投身革命。他们既是中国地理学会的创建人，还先后经蔡元培介绍而参加光复会和同盟会。上编讲墨水瓶事件时，我们提到张相文与儿子张星烺。滦州兵变发生后，白任兵变参谋长，因叛徒告密，白雅雨率军向天津进军途中而中埋伏遇害。白雅雨又名白毓崑，牺牲后追封为民国陆军上将。白雅雨在北洋法政学堂的学生李大钊、北洋女子师范学堂学生刘清扬和参与滦州兵变的冯玉祥后来都是名人，比如刘清扬是伍豪夫妇的入党介绍人，李大钊、冯玉祥更不用提了。白雅雨在北洋女子师范学堂的学生还有崔振华、崔霁云两姐妹同盟会员，很出名，崔振华后来是张继太太，十分强悍。

唯独白雅雨至今几乎没有多少中国人还记得他。

"北方同盟会"的牌子是在辛亥革命发生以后，由张继和汪精卫接过去，张继是北方同盟会支部长。总部负责人还有汪精卫、彭家珍和黄复生。彭家珍和黄复生在1912年1月，策划过暗杀袁世凯、良弼等人的计划，结果是彭家珍与良弼同归于尽。张继经上海回河北，而汪精卫释放后留在北方。而此时的张继正宣传无政府主义，一度与在欧洲的中国无政府主义领军人物吴稚晖、李石曾遥相呼应。

黄兴、宋教仁、谭人凤、陈英士把中部同盟会总部放到闸北，中部同盟会成立的地点是"湖州会馆"。"湖州会馆"正是毗邻"三湾一弄"地带，那里有老上海最大的贫民区和苏州河码头仓库，也是青洪帮聚集点。事实上中部同盟会是利用帮会的"天宝客栈"作为联络点的。"天宝客栈"被朝廷侦破后，陈英士又在上海卢家湾的马霍路（如今黄陂北路）重新经营"客栈"，并以"清和坊琴楼别墅"和"粤华楼17号"为附属机关。这些都是声色赌毒的"天上人间"，朝廷和租界当局一时没有把那与革命机关联系在一起，从而有利于避开朝廷耳目。或许除黄兴、宋教仁、谭人凤、邵力子、于右任等人外，其余人多少与帮会及声色赌毒擦点边。干大事者不拘小节，我们如今没必要苛求他们。反正后来这些人与蔡元培、黄炎培、柳亚子、刘季平和叶楚伧等人有差异。当然，由于时间太短，中部同盟会在上海主要力量是邵力子、于右任等报人加上陈英士组织的清洪帮力量。虽说此时离辛亥革命发生仅两个月，但后来还是能利用到刘福彪等人，拉出一支起义的队伍，而不至于落伍。但上海同盟会向上海帮会发展，把刘福彪、应桂馨、张宗昌及武士英吸收入队伍，实属无奈。

同盟会活动场所从蔡元培、黄炎培时期的公共租界到高天梅、柳亚子、陈陶遗、朱少屏时期的老西门宁康里老市区，最后到了闸北贫民区。这反映同盟会逐步向贫民靠拢，同时，也是由于士绅阶层发生严重分化。

这时候上海的政治力量，宪政运动最引人耳目，他们以上海为中心组织全国各省咨议局议员向朝廷的请愿争权运动声势浩大。他们是上海当时的政治舆论中心。

而同时，因上海地方自治活动的发展，李平书等的上海城厢总工部局和自治公所处于准执政地位。朝廷官员对他们这批地方乡绅，既心存恐惧而又不得不依赖。李平书、穆湘瑶等上海士绅实际掌控了上海各界人士，从中产阶级到下层平民。

中区同盟会退居闸北，还因闸北处于清当局与地方自治运动争夺控制权的区域，闸北名义上也搞地方自治运动，由闸北马路工巡总局进行"自治"。而上海道台瑞澄看到"自治"既有民心又能得到"实实在在"的利益，于是强行兼任闸北马路工巡

总局的总办，并把之改称上海巡警总局。新建的上海巡警总局，算是大清的正式警察机构，它不由上海城厢警务长穆湘瑶控制。别看表面大清直接控制闸北，但闸北正因为地方自治与大清双重关系，双重关系就有矛盾，反而有利于党人活动。

还有原来上海或江苏同盟会老成员问题。为表示"同志一家"，黄兴、宋教仁全都参加了南社。并注意与原江苏同盟会的成员比如章梓、蔡寅等建立联系。此时的上海，同盟会是一支重要力量，但已不足以称为上海革命的第一主力了。

同时，在东京与孙、黄闹翻的章太炎、陶成章重建了光复会，也在闸北建立上海总部。上海原是光复会总部所地，新独立出的"光复会"有相当的势力。本是华兴会的李燮和也参与了光复会。由于李燮和等一些原"华兴会"成员是湖南人，上海的大清军警衙役经袁树勋多年经营，基本上是原来的湘军势力。李燮和凭"乡谊"很容易地得到这些同乡的支持。特别是闸北巡警总局的警察就是全由湘军改制组成的，李燮和的光复会很快就在闸北巡警总局发展了势力。同样，光复会与吴淞要塞及黄浦江巡防的湘军也多有往来。相反，同样是湖南老乡的黄兴、宋教仁反而不及李燮和那么处于主动地位。

因东京的分裂，同在闸北的光复会与中部同盟会却彼此芥蒂很深。

上海革命党机构的事，就暂讲到此。

1910年11月，孙中山召集黄兴、赵声、胡汉民等人在马来槟榔屿开秘密会议，商量发动广州起义。他们计划以广州新军为主干，另选革命党人500人（后增至800人）组成敢死队占领广州，然后由黄兴率领一军入湖南，赵声率领一军出江西，谭人凤、焦达峰在长江流域举兵响应，再会师南京，进行北伐，直捣北京。

为此，他们紧急召唤美欧日本及中国内地的同盟会员及时参与广州起义，为此他们广发通知。承认接到通知的有英国的杨笃生、法国的张静江、德国的蔡元培和钮永建，更有日本的许多留学生，比如林觉民、林伊民、喻培伦等等。上海的陈英士也接到通知而南下广州准备参加起义。

这样，我们有必要了解一下广东发生的革命。

五　广东的革命运动

前面说过1907年叶楚伧、陈去病从上海南下广东汕头支援革命的事。

广东汕头潮州 1907 年发生的黄冈起义就是同盟会发动的。这次起义与孙文、黄兴在安南河内领导广西镇南关起义及广东的钦州、廉州是相互呼应。钦州、廉州如今也划归广西。孙文、黄兴的起义指挥部设立在河内甘必达街 61 号。

具体发动黄冈起义的领导人是许雪秋。

许雪秋是广东海阳人，新加坡华侨富商之子。他年轻时立志"逐满兴汉"。1905 年归国以承建潮汕铁路工程及招募团练为名，聚众千余，约期举义，未发事泄，受当局追办，而返回新加坡。1906 年结识孙中山，加入同盟会，被委任为中华国民军东军都督，主持岭东军务，于是又回潮州组织武装起义。

许雪秋回潮州后，召集"三点会"成员密议行动计划。大家知道"三点会"是冯自由等秘密组织的帮会，冯自由又是孙的秘书。许雪秋到香港会晤冯自由等，谓"事机成熟，惟人才缺乏"，请电同盟会总部速派同志归国相助。于是孙中山派人配合许雪秋，加紧了起义筹备工作。前面说的叶楚伧、陈去病等，就属于同盟会派出的支援人员。

孙文决定发起钦、廉起义时，潮州、惠州也决定同时起义，互相配合，造成声势。许雪秋就要"三点会"首领余既成、陈涌波发动起义。

但由于走漏风声，引起清潮州总兵黄金福、黄冈都司隆熙的警觉。5 月 21 日，黄金福派兵进驻黄冈镇，并借故捕去会党成员 2 人，激起众怒。5 月 22 日余既成等聚集党众 200 余人于黄冈城外起义，经一夜血战，攻克黄冈。

黄冈起义就这样骤然发生。

5 月 23 日，起义者在旧都司衙门成立军政府，举陈涌波为司令，余既成、张跃为副司令，以"广东国民军大都督孙"及"大明都督府孙"两重名义布告安民。这"大都督孙"或"都督府孙"就是指孙文。

起义军纪律严明，秋毫无犯，因此深受群众拥护，附近贫民纷纷参加义军，队伍很快发展到五六千人。

但这次起义事出仓促。具体主持者不了解通盘计划，事发后才派人去香港请许雪秋来督率义军。

适时黄金福部清军已抵离黄冈 20 里的潮州。起义军决定：兵分两路，一路由陈涌波率领，直趋汕头，目标是乘黄金福带兵外出之时，攻占其巢穴；一路由余既成率领，直接奔向潮州，攻击黄金福部。5 月 25 日两路军队同时出发，而此时许雪秋还没有赶回黄冈。

余既成部抵达潮州时，天已黎明，而黄金福的清军早有准备，因此初战失利。

进攻汕头的陈涌波义军，得知余既成失利，即改变计划，转回援助。两路会攻黄金福的清军，敌军黄金福形势危急。恰于此时，清广东水师提督李准的援军到来，义军受双方夹击，潮州不但未能攻下，义军损失不小。5月27日，陈涌波、余既成决定解散队伍，转往香港，起义遂宣告失败。

此后不久，孙文、黄兴、胡汉民的钦、廉起义及镇南关起义也宣告失败。由于起义失败，河内的同盟会总部又被法国殖民当局取缔。

因黄冈起义骤然发生，又迅速失败，叶楚伧等到汕头时，风声已过。他们于是留下办革命报刊，设革命联络机构以等待时期。

而广东最重要的革命事件是1911年的黄花岗起义。

孙中山1910年11月，策划新的广州起义，准备工作做得非常认真细致。

他们有分工：

1911年1月，同盟会在香港成立统筹部，以赵声、黄兴为正副部长，下设调度处、储备课、交通课、秘书课、编辑课、出纳课、总务课、调查课，具体领导这次起义。不论是筹款购械、还是组织联络都有专人负责。为了更好地领导起义，并陆续在广州设立秘密据点，作为办事和储藏军械的地点。

他们有步骤：

制定了行动日程表。

4月8日，省城内外及各省革命力量大体联络就绪。统筹部决定发难日期定在4月13日，分10路进攻，赵声为总司令，黄兴为副。组织敢死队之外，加设放火委员，预备临时放火，扰乱清军军心。

但广州起义与以往孙中山领导各次起义一样：

他们的一切计划都是建立在理想主义的一厢情愿上。

计划周密的广州起义，又马上遇到不"顺心"：

首先就在统筹部开会这一天，发生了同盟会员温生才刺杀署理广州将军孚琦事件。因广州将军被杀，清当局宣布广州戒严，这一戒严就造成许多意料不到的困难。温生才杀广州将军，这怎么不能在同盟会内部通报一下？怎么不能与起义配合进行？

其次是部分款项不能如期到账，从日本购买的军械也没到。

缺钱和没有军火，起义日期不得不推迟。

接着，又突然发现，作为起义主力的新军出现新的状况：

新军第二标即将按计划退伍复员。退伍复员的新军即使手中有枪，也是没有子弹的。加上戒严时期，新军子弹本就被控制。再说，面临退伍复员的新军战士情绪就有问题。

这下，麻烦就多了。

副总指挥黄兴由香港潜入广州，已在两广总督衙门附近的小东营五号设立起义指挥部，但枪械未到，兵源突变，这就使起义陷于既不能速发，又不能拖延的困难境地。黄兴等人临时决定起义延缓一日。并将原定十路进军计划改为四路：

黄兴率一路攻总督衙门；

姚雨平率军攻小北门，占飞来庙，迎接新军和防营入城；

陈炯明带队攻巡警教练所；

胡毅生带队守南大门。

但胡毅生、陈炯明等认为清军已进入戒严状态，必有防范，提议改期。而姚雨平反对改期，但要求发枪500支以上。而黄兴这一路的喻培伦、林文坚持决定无论如何也要按期起义。

这样，不但天时地利没有了，人和因素也成问题了。没了天时地利人和，这场战就不好打了。

还有，这原定十路进军计划是必要还是不必要？少了六路，这起义还能进行？就算只需要四路，但陈炯明和胡毅生两路动摇不干的情况下，余下两路还要蛮干？

事实上，这次据称作了"非常认真细致准备"的十路起义，却是90%落空了。

还有新军子弹被收，没有作战能力，革命党方面也没应急给予补充。

胡毅生、陈炯明事先逃出了广州城，不干了。

姚雨平因胡毅生刁难，领不到枪械，起义爆发后赤手空拳的部众藏匿不出，缺席了。

这样，起义成为黄兴一路的孤军作战。

这还能不败？

在千里外印度洋边的槟榔屿，按理想主义制定的全面起义计划，还没认真思考能否取得广州，就想象大军进攻南京、北京。

这不是功亏一篑，而是在幻想"一篑千功"。

革命真的很难啊！

专门背着炸弹对敌投掷的林觉民、喻培伦等人先与黄兴等攻入总督衙门，纵火焚烧督署，张鸣岐匆忙出逃。敢死队冲出督署后，转攻督练所，途中与清巡防营大

队人马相遇，展开激烈巷战，受伤力尽被俘。

为镇压起义，逃得性命的两广总督张鸣岐下令放火烧民街。火海中，市民惨不忍睹。

黄兴的敢死队120余人，打到后来多数牺牲。其中林文、方声洞、刘元栋、林尹民等相继中弹牺牲。

敢死队就是由林觉民、喻培伦带来的福州籍和四川籍的日本留学生组成。外省籍的敢死队此时已经大部牺牲。

林觉民、喻培伦被俘，官府起初只知是抓来的受伤乱党，而不知他们真实身份。

当时纷纷传言，抓获一名剪短发、穿西装的美少年，那其实就是林觉民。另一名是喻培伦，他是四川籍留学生，死后追授为大将军。

两广总督张鸣岐和水师提督李准会审林觉民。林觉民不会说广东话，就用英语答话。他毫无惧色，利用公堂上发表演说，侃侃而谈，综论世界大势和各国时事，宣传革命道理。谈到时局险恶的地方，捶胸顿足，愤激之情，不可扼抑。他最后奉劝清吏洗心革面，献身为国，革除暴政，建立共和。

他的慷慨陈词，满庭震动。

水师提督李准走出台案。

亲手为他松绑，搬椅子劝坐。

总督张鸣岐也不禁感叹：

惜哉，林觉民！面貌如玉，肝肠如铁，心地光明如雪。

当时身边官员怀恻隐之心劝总督为国留才。

而张总督认为这种英雄人物万不可留给革命党，遂下令处死。

张鸣岐此前已领教过王勇公、何遂那些闽籍士官生的厉害劲，本就想过要杀他几个表表自己对清皇太后的忠心。

林觉民被关押几天，滴水米粒不进。行刑那天仍泰然自若地迈进刑场，从容就义。

林觉民殉国时，年仅24岁。

起义失败后，广州革命志士潘达微收殓牺牲的革命党人遗骸72具，葬于广州郊外的红花岗，并将红花岗改为黄花岗。史称"黄花岗72烈士"。这次起义因而也称为黄花岗起义。

与邹容一样，林觉民是辛亥前中国最光辉的青年榜样。但他的形象是在辛亥革命十三年后，才重新被中国人所认识。那年，林觉民的遗腹儿子 13 岁了。孩子把父亲仅有两件遗物交给当局。那就是著名的林觉民《与妻书》及《禀父书》。

《禀父书》及《与妻书》是广州起义前三天林觉民在香港滨江楼写下的绝笔书。

《禀父书》情真意切，却大义凛然。

爱国爱家不能两全啊！舍家为民实是出于不得已。有这样的儿子，做父亲的是三生有幸：

> 父亲大人，儿死矣，惟累大人吃苦，弟妹缺衣食耳，然大补于全国同胞也，大罪乞恕也！

《与妻书》更句句是爱，字字是情。生离死别之际，他表达的不是凄美的小爱，而是一种无上的大爱。

> 吾充吾爱汝之心，助天下人爱其所爱，所以敢先汝而死，不顾汝也……

林觉民《与妻书》后来编进中学"语文"课本里的《林觉民与妻诀别书》。在中国中学生的口中一批又一批地传诵了几十年。

林觉民的岳父陈元凯那年正在广东候补知县，首先得悉林觉民死讯。他知道作为"朝廷钦犯"的林觉民将要株连亲属，忙派人赶在清政府下文之前回福州，让林家所有的人都疏散到其他地方躲避。于是，林觉民妻子陈意映连夜回娘家，娘家在文儒坊。由于考虑文儒坊也必被监视，于是就租住附近早题巷 3 号的屋子。由于巷小屋僻，最终没有暴露。而林觉民的住宅转入他手。如今既是林觉民故居，也是冰心故居。地址是福州市鼓楼区杨桥路 86 号。是福州著名的"三坊七巷"历史和文化老建筑区域。

一天夜里，林觉民的两封"绝命书"，经匿名传送，辗转到福州，悄悄塞进林觉民妻子的门缝里来。其中不知经历多少风险和曲折。陈意映认得是丈夫的来信，一口气读了几遍，便晕厥过去。所幸陈元凯的房子就在前面，娘家人赶了过来，才把她救活。

"绝命书"到之前，陈意映还夜夜梦想丈夫活在人间。真是：

可怜黄花岗上骨，犹是春闺梦里人。

一个月之后，陈意映生下了烈士的血肉。两年后死于忧郁和贫困。孤儿由祖父和外公抚养成长。

当初，林觉民是这样奔赴广州起义现场的：

前节提到过，1910年11月，槟榔屿会议上，孙中山制定了第二年在广州起义的计划，并电令在日留学生、华侨倾巢出动。

林觉民接到指示，于是及时到达香港跑马地统筹部机关报到，黄兴喜不自禁地说道：

意洞来，天助我也，运筹帷幄，何可一日无君。

当即命林觉民回闽布置福建响应广州起义之事，并嘱：

快去快回，多带闽籍人来广州聚义。

林觉民回家招募志士，不敢让父亲知道。

林觉民还准备了大批炸药，要跨省运到广州。为掩护从福建搬炸药到广东，林觉民甚至想让身怀六甲的太太陈意映上路掩护。因陈意映已怀孕八个月，众人实在不忍而强烈反对，改由方声洞的姐姐方君瑛代替，冒险完成炸药跨省运送。方君瑛是著名的女革命党人，也是暗杀团中的著名女将。方家兄弟姐妹多数英豪。方君瑛和方声洞还有一小妹方君笋，当年就积极参与东京留学生的拒俄爱国运动，与林宗素、胡彬夏、曹汝锦等争着要上收复东三省的战场。

黄花岗位72烈士中的6个就是林觉民的福州邻里同学。

林觉民与志同道合的林文、方声洞、刘元栋、林尹民等留日学生，一起来到香港，全部当了敢死队。其中林觉民与林尹民还是堂兄弟。

广州起义另一朵可圈可点的战地红花是黄兴和徐宗汉喜结良缘。

4月27日黄兴右手中弹，伤及二指。最后孤身一人到城内秘密联络点，经万般艰难逃脱，上小船过珠江。回到同盟会地下联络组织溪峡机关，正好遇见徐宗汉。黄兴本与徐宗汉多有来往。因孙文、黄兴各自方言差异，难以互相沟通，徐宗汉常为孙文与黄兴当"翻译"。

徐宗汉见状，急忙为其裹敷伤口，做饭清洗。4月29日，黄兴手指发炎溃烂，徐宗汉当机立断，为黄兴改装，护送黄兴避过清兵盘查，通过老友张竹君的安排，登上哈得安号夜轮逃亡香港。抵港后，黄兴入雅丽氏医院手术治疗。医生要求患者家属在手术认同书上签字。

在张竹君怂恿下，徐宗汉以黄兴夫人的名义签了字。

黄兴虽然听不懂粤语对话，但还是能猜出个八九分，有些尴尬，但十分感激：

麻烦你了！难为你了！

徐宗汉两目低垂：

这些年，我忘了性别，忘了身份，忘了一切，所谓名节，早已不计较，我心坦荡，可质天日，我不记得我是女人，是孀妇……

徐宗汉手术后又尽心照顾。

黄兴与徐宗汉两人志同道合，从此成为革命夫妻。

辛亥革命后，徐宗汉与黄梅仙、李果一起在上海办博文女校和中国女界联合会。她们是中国妇女解放运动的开拓者和第一批领导人。

第十五章

国会请愿运动

一 预备立宪公会

清末民初，上海的新兴力量是士绅阶层。前面讲过的爱国学社、《苏报》案及上海谋求暴动起义的愤青们，他们就是士的一部分，是士绅阶层中的一批最激进的知识分子。但最后促成上海发生根本变化的，的确不仅仅是这批激进识分子，而还有更广泛的一大批人。

150年前，法兰西学院院士亚历西斯·托克维尔（Alexis de Tocqueville）先生指出：

对于一个坏政府来说，最危险的时刻通常就是它开始改革的时刻。

托克维尔的这句话针对其他国家的政府说的，他并不熟悉中国，对大清天朝更没有多少了解。但这话用在大清末年，是再正确不过的了。

晚年的大清天朝不论从任何角度看，都是当时世界上最坏的政府，也是中国历史上最坏的政府。大清朝廷出现过许多危险的时刻，比如太平天国和捻军起义，比如甲午惨败和马关条约，还比如八国联军占领紫禁城和庚子赔款。但都不算是大清最危险的时刻。最危险的时刻恰恰是伴随着20世纪大清开始宣布变法维新的时候，这一时期大清建立了新军，各省建立了议会性质的咨议局，朝廷建立了中央一级的资政院，上海和各地开始的地方自治运动。

地方自治运动的出现，产生了脱离王朝控制的行政权，那行政权虽说只是局部的，但实行的民主制与大清独裁帝制格格不入。

各省咨议局和朝廷资政院的出现，立刻与独裁的帝制发生冲突，于是产生了激烈的对抗，搞国会运动、搞全民签名、请愿上访，步步进逼，迫使朝廷交权。

各地出现了新军，新军参与起义造反，推翻各地的满清政权。新生的咨议局就转而支持新军起义，以民选议会的名义给政权的更迭提供合法性，宣布独立脱离满清的种族主义独裁政权，从法律上证明辛亥革命推翻大清朝廷的合理合法。

就这样，历经260个年头的大清王朝在地方自治、立宪运动和新军起义的三大潮流中终结了它不光彩的历史使命。

前面说到，1905年冬，广西边防督办郑孝胥及广西龙州将弁学堂总教习孟森移交完毕，1906年回上海。此时两江总督端方拨款支持在上海成立的中国公学，郑孝胥被指派为中国公学监督。在中国公学，郑孝胥初期表现还是放手的。不然，中国公学不可能成为一个海归留日学生革命的据点。

孟森回张元济的商务印书馆。后来出任《东方》杂志主编。他通过张元济的商务印书馆出版了大量著作，最著名的当属他编写的《明清史讲义》，当然他编写的《步兵操典》也发行量很大，广西龙州将弁学堂就用他这本书。各省进行的新军操练，也都把《步兵操典》当做教材。

同年，岑春煊称病拒不接受云贵总督的任命，也留在上海。岑春煊生病是假，心病才是真。他告病却不养病，而是积极四出活动。他与自己的亲信郑孝胥密谈策划，找参与策划东南互保的关键人物张謇和赵凤昌，找张元济和浙江立宪派领袖人物汤寿潜。他们情投意合，主张在中国革新政治。开展宪政运动。

1906年9月1日朝廷被迫以光绪的名义颁发"仿行宪政"的上谕。

1906年9月上旬，岑春煊出资一万银元，力挺郑孝胥出面。与各方具体密商、讨论，决定成立"预备立宪公会"。

同年12月15日"预备立宪公会"在上海愚园正式成立。投票选出了15名董事。这15名董事是郑孝胥、张謇、汤寿潜、张元济、黄炎培、雷奋、杨廷栋、杨斯盛、李平书、孟森、孟昭常、荣德生、狄楚青、叶瀚、夏瑞芳等。郑孝胥为会长，张謇、汤寿潜为副会长。初期会员百余人。张謇是大清末代状元，洋务运动杰出人物，他与汤寿潜、李平书、杨斯盛、荣德生、夏瑞芳都是上海著名实业家。黄炎培是革命党人，公开身份是教育家和社会活动家。前面提过狄楚青，他是沈荩的朋友，现为《时报》的馆主。叶瀚接替汪康年主持了《中外日报》，他原是爱国学社教员，《苏报》案发时，他力劝吴稚晖、章太炎等避难的情节，大家一定

记得。孟昭常是新名字，但他与孟森、雷奋、杨廷栋一样都是海归留日学生。孟森、雷奋、杨廷栋前面已有介绍，是南洋公学早期公派的留学生。只是大家会奇怪：雷奋、杨廷栋是最早向中国引进西方启蒙思想、政治、法律、哲学名著的带头大哥，是宣传卢梭、孟德斯鸠民主自由思想的先行人物，更是与秦力山等人一起最早提倡排满革命，并与康、梁保皇势力展开大辩论的革派人物，为何他们会卷入"立宪"中来？

国人提到"立宪"，就想到"君主立宪"，想到康梁变法，想到保皇。的确，朝廷颁发"仿行宪政"，正是主张"君主立宪"，朝廷当然要保皇。

但"立宪"本身绝非是为了延长君主制度。

民主共和制度，更要靠宪法来保证。雷奋、杨廷栋等人从事宪政，本意并非保皇，他们是利用宪政这场合，宣传宪政思想。事后，我们可以看到，他们利用宪政机会，利用自己咨议局和资政院议员的身份，开展合法的议会斗争，步步进逼，同样是包含他们原先排满反清的立场。受他们的推动，许多重要的"立宪派人士"后来转向推翻满清的革命立场。他们心目中的目标是"民主立宪"或"共和立宪"。

岑春煊与张謇、汤寿潜、张元济等人之所以能彼此之间"一投即中，一拍即合"，这有他们的共同基础。张元济是1898戊戌变法的先行者。在1904年6月间，他就与张謇、汤寿潜等连日会谈，决定游说军机大臣瞿鸿禨和其他达官显贵，推动立宪。这瞿鸿禨，正就是岑春煊的靠山和盟友。回忆一下，本文前面讲到当年吴稚晖想向光绪皇帝递交状子要求变法，而在京城当街拦轿子，拦到的官员正就是瞿鸿禨。

同在1904年，张謇与汤寿潜多次与张之洞、魏光焘等要人讨论立宪问题，游说他们奏请朝廷立宪，甚至代拟了折子。张謇等还给袁世凯写信，请他赞助立宪。只因张元济对袁世凯在戊戌中行为切齿难忘，牵涉到袁世凯的事，就不介入。这些情况，岑春煊当然也都知道。岑春煊当总督之际也与袁世凯、徐世昌、孙家鼐、张百熙等向朝廷上折，建言立宪。朝野也都视岑春煊为开明总督，当时有北袁（世凯）南岑（春煊）之说。

所以这"预备立宪公会"一开头就办得顺当。初期"预备立宪公会"的成员以江、浙、闽为主，除董事中的名人外，还有在职的南洋公学校长唐文治和庶务主任庄蕴宽。唐文治是原大清总理衙门的，当过朝廷的工部侍郎和署理农工商部尚书，是正二品朝廷大员。庄蕴宽是在原广西兵备道和龙州边防总办位子上丁忧回上海的。

赵凤昌因脚疾行动不便，是处于后台操作，其主意往往支配了整个"预备立宪公会"的战略部署。他的作用远远超过前台的会长、副会长。

前文讲 1900 年上海电报局经元善在上海集会通电反对慈禧立储，公开支持被罢退的光绪皇帝，被慈禧下令追捕。就是赵凤昌安排经元善躲过朝廷追杀，把慈禧下达的"严办经元善"命令，变成一场无果的国际引渡交涉。那是他自协助策划"东南互保"以后，赵凤昌又一次帮了盛宣怀的大忙。

参加"预备立宪公会"的还有福建的林长民和浙江的汤尔和。林长民和汤尔和都是后来两省的议会（咨议局）的领袖人物，他俩也正是 1903 年在东京参与策划拒俄运动的核心人物。

后来，"预备立宪公会"逐渐拓展到国内十多个省及港、澳、海参崴、南洋各地。最后像江西、安徽、山西、四川、吉林等省的咨议局议长或副议长都加入进来，声势越来越大。会长副会长改选了三次。两届后，预备立宪公会越来越表现出与朝廷对抗的架势，保皇倾向的郑孝胥自己提出不当会长，由岑春煊推荐，当了湖南布政使。汤寿潜当会长，张謇、张元济为副会长。

而其实中国第一个立宪团体是上海的"宪政研究会"而不是"预备立宪公会"。宪政研究会成立的目的是"务求尽国民参预政事之天职"。选举马相伯为总干事，雷奋为副总干事，有会员 300 多人。林长民也是宪政研究会的成员之一。所以到了辛亥革命，雷奋等发起在上海成立全国各省的议会联合会时，林长民代表福建省首先响应。

"宪政研究会"以雷奋的《时报》馆所在的息楼为主要活动中心。这息楼与相近的惜阴堂后来就成了辛亥革命最重要的营运中心和决策中心，影响着革命的主要进程。宪政研究会出版《宪政杂志》月刊，系统宣传世界各先行国家的宪政理论和经验，陈述自己的观点。宪政研究会有比较浓厚的学术气息，看似学术沙龙。但其实主要是探讨国家大事，组织政治活动的机构，是一个政治团体。雷奋就是跨两个组织的，好在他们是宗旨相同、行动一致。

梁启超曾于 1907 年 6 月秘密到达上海，目的是争取得岑春煊的支持，并谋求与郑孝胥、张謇、雷奋这些江浙立宪派代表人物的合作。但遭冷遇，合作不成。

梁回日本后，组织了"政闻社"。政闻社以蒋智由为主编，创办《政论》月刊，在上海发行。这蒋智由原是《选报》馆主和中国教育会成员，前面提及南洋公学发生墨水瓶事件时，蒋智由派马叙伦采访，写了不少支持学生运动的报道。蒋智由也

是爱国学社的教员之一。如今马叙伦已成熟了，他后来参与浙江光复的具体工作。梁启超在上海的遭遇表明，此时的康、梁的影响力已远不及郑孝胥、张謇、雷奋等的"预备立宪公会"了。

二 江苏议会运动

当时上海是属于江苏的一个县，因为上海的辐射影响，江苏在地方议会制度建设方面，处于全国领先地位。

由于上海地方自治活动搞得早也比较成功。作为上海自治机构的上海城厢总工程局，进行地方自治活动时，就分设议会和董事会两个部分来实施。议会有议事权和决策权，却不参与执行。董事会有执行权，却必须执行议会的决议。议会和董事会功能类似西方的立法与行政互相分离又互相约束的机制。议会和董事会的产生采用民主选举。上海城厢总工程局初步具备了现代民主制的雏形。

早在清廷颁布《各省速设咨议局》上谕之前，1906年12月，上海城厢总工程局就邀集刚正式建立的预备立宪公会、宪政研究会、江苏教育总会及上海劝学会、商务总会、地方公益研究会等共12个团体，共同拟定出《江南筹办咨议局草案》交给两江总督，转呈送朝廷作为起草《咨议局章程》和《咨议局议员选举章程》的参考。

1907年9月20日，西太后下令在京师设立资政院，以作为将来立议院基础。

同年10月17日，颁布《各省速设咨议局》上谕并颁发《咨议局章程》和《咨议局议员选举章程》，命令各省督抚速即在省会筹设咨议局，作为"资政院预备议员之阶"和"采取舆论之所"，规定由符合一定条件的绅民选举所谓贤能者为咨议局议员。

江苏因督、抚分别在江宁和苏州设督、抚衙门，江苏咨议局分设宁、苏两属咨议局筹办处。1908年3月，江苏在选民调查和统计完毕，开始进行议员选举。选举制度仿采用复选方式：先由选民选出若干候选人，再由候选人互选而产生定额议员。

根据《咨议局章程》规定，要成为一个选举人，要成为一个选举人，必须为本省籍贯二十五岁以上的男子且具备下列条件之一：

1. 在本省地方办学务及其他公益事务满三年以上著有成绩者；

2. 曾在本国或外国中学堂及与中学同等或中学以上之学堂毕业得有文凭者；

3. 有举贡生员以上之出身者；

4. 曾任实缺文七品、武五品以上未被参革者；

5. 在本省地方有五千元以上之营业资本或不动产者（非本省籍贯，寄居满十年以上，如有一万元以上的营业资本或不动产者，亦得有选举权）。

此外，还规定有不端品行者或从事贱业者不能成为选举人。

还要说一句：他们不能是现职的朝廷正式官员。

可以看出这些条件，与上海城厢总工程局议员选举条件有相似处。其差异在于是，城厢总工程局除强调身份信用之外还要加上"纳税"为基本条件。选举人必须"年纳地方捐税十元以上满三年"且不是"受破产律之处分而未过五年者"；而被选举人要求还要高一些，他必须"年纳地方捐税二十元以上满三年"且不是"受破产律之处分而未过十年者"。

而咨议局选举强调的只是身份。

这好理解，上海城厢总工程局要为市政工程埋单，资金来自纳税人，参与管理者决策者也应是纳税人。你官做得再大，哪怕是国舅甚至是天王老子，只要你没有向上海城厢总工程局的税收管理机构的纳税记录，你就没有成为选举人和被选举人的资格。

从咨议局选民资格的要求中可以看出，选民的数量占本省全部人口的比例极低，且选民大多为有身份、财产和受过良好教育的人，可以说是地方的各类精英人物。

代议制政治，被讥笑为是少数精英群体的游戏。

但对当时的中国来说，却是优点。

严格的选民资格对我们这个压根都不知道选举是什么东西的民族来说还是有道理的。但即便是这样，到了投票的时候，除了少数地区外，许多地方精英的反应大多依然显得极为冷淡。更不用说是连资格都没有的普通乡村农民。

选举结束，张謇、黄炎培、穆湘瑶、孟森、孟昭常、雷奋、杨廷栋、史良才、蒋炳章、夏清贻、屠宽等都当选了。张謇靠的是自身传统功名。黄炎培、屠宽是靠在上海和江苏从事新式教育所获得的成就。孟森、孟昭常、雷奋、杨廷栋、史量才则是凭社团及在公共报刊取得的成就。穆湘瑶靠他上海自治运动的成就，特别是他建立第一套民营的警察制度和第一支警察队伍。

江苏议会选举是1908年完成的。张謇当选江苏咨议局议长。

江苏谘议局成立后，通过了大量关于促进本省教育、实业、财政、社会发展

的议案，积极行使《咨议局章程》中赋予议员们的立法、监督和财政等方面的职权。做了对江苏社会发展有益的事。同时利用朝廷《咨议局章程》的漏洞，通过自己立法，扩大自己的权限，挤压清朝督抚的权力空间，形成朝督抚与咨议局的权力争夺。

而一系列这类权力争夺中，尽管督抚得到朝廷的偏心，但最终还是咨议局胜局居多。这一方面是朝廷督抚眼光守旧，不懂法律更不知道如何运用法律，更主要的是咨议局议员是民选的，其底气足、合法性强。而督抚在议员眼里属于清廷代表和外来势力，与咨议局比起来合法性严重不足。咨议局作为民选机关合法性，能够获得地方精英和百姓心理上的和舆论上的支持。例如，上海影响较大的《申报》《时报》和《东方》杂志等报刊都站在咨议局一边。当然《申报》股权自1907年就归华人，而《时报》主编雷奋和史量才与《东方》杂志主编孟森本人就是咨议局议员。所以，面对咨议局扩权，外界给予否定评价的极少，苏省各界对咨议局扩权实际上是持支持态度的。而要是两江总督越权侵犯咨议局，则被舆论广为斥责。在咨议局与江督的权力之争中，清廷即使开始是支持江督的，到最后迫于压力也会变卦，督抚在与咨议局的争执中明显处于下风。这严重动摇了清廷的统治基础。

咨议局以其"民选"身份，得到了民意。

三　大清资政院

大清资政院于1910年10月开幕。

资政院不是真正意义上的国会，原本设立资政院的目的仅仅是将"庶政公诸舆论"，以"为他日设议院之权舆"。就是说，是议院成立之前的一种准备和过渡。

朝廷为限制资政院的实际权力，规定议决事项须具奏请旨可否，以便使资政院成为无碍于清王朝，而又能维护专制统治的装饰工具。资政院表面像议会，而实为清廷控制，是朝廷摆设的花瓶，而不是有实权的真国会。

资政院议员分钦、民选两种，共200人。钦选议员包括宗室王公世爵、满汉世爵、外藩王公、宗室觉罗、部院衙门官、硕学通儒和纳税多额者。民选议员是由各省咨议局议员互选后，再由督抚复选确定的。

由于资政院议员中，海归留学生十分活跃。在美国记者心目中，大清资政院会议的热闹程度堪比美国国会了。由于这个原因，统计一下的海归留学生比例很有必要，据有关学者统计，略超过 20%，据说其中留日学生有 41 名。但细看名单，这 41 名也还不对。比如有个统计列出钦定议员中海归留日学生有汪荣宝、王璟芳、陆宗舆、郭家骥、胡祖泰、贡桑诺尔布、长福、刘道仁、李湛阳、刘泽熙、周廷弼、胡骏有等 12 名。这就不准，比如没考虑到章宗祥。

章宗元、章宗祥兄弟两都是钦定资政院议员。其中章宗祥就是日本帝国大学法律的，而章宗元是留学美国加州大学，两兄弟回国都是大清"法科进士"。而胡祖泰既是留日学生又是留美学生。

尽管人数上统计缺漏个别人，20% 的比例还是可信的。

存续开总共一年左右的资政院会议，提出影响最大的议案就有四宗：弹劾军机案、预算案、陈请速开国会案和新刑律案。最后还通过了罢免盛宣怀的提案及把袁世凯推为内阁总理的提案。这两件是加速大清灭亡的催化剂。

在资政院中，海归留学生比非留学生活跃，民选议员又更比钦定议员活跃。一位旁听资政院的美国人评论说：

资政院议员们表现了他们无上独立的精神及其尊严与权力感，此实使清廷及观察家大感惊奇。民选议员紧握控制议会之权力已大获成功，钦选议员已在彼等之牵制及左右下。议事及票决均以民选议员为转意。几位显得有卓越能力及善辩之民选议员，已成为该院之领导者。

这里所说的卓越能力及善辩之民选议员就是指易宗夔、雷奋、邵义、籍忠寅、罗杰、孟昭常、牟琳等人。议会中发言最多的就是易宗夔、雷奋、邵义、籍忠寅、罗杰，而公认最能言善辩的就是被称为资政院"三杰"的易宗夔、雷奋、罗杰。他们对议员们的意见倾向影响很大。尤其是雷奋，连易宗夔都称赞他"工于演说，对于院章及议事细则剖析毫芒，闻者称善"。

每当资政院讨论重要问题，议员因意见不同激烈辩论时，雷奋总是侧耳静听，不大开口。等到辩论至难解难分之际，他才开始发言，发言时，"态度极其从容，言论极其透彻，措词极其清晰而宛转，等他发言之后，所有极难解决之问题，就得到一个结论，而付之表决了"。

资政院辩论议案时，会场内总是一波未平，一波又起，各种议案、质问、说帖，不断被提出，与清廷相对立的事件，时有发生。资政院实际上已经带有类似西方国家议会的色彩。

钦定议员中留学生出身的，也有不俗表现。比如汪荣宝，也同样受关注众人关注。有趣的是，雷奋、汪荣宝、江谦、孟森、胡礽泰、章宗祥和章宗元都是1998—1901年的南洋公学毕业后公派留日留美后回国的学生。江谦是南京高等师范和东南大学（即后来的中央大学）首任校长。汪荣宝前面没介绍过，他是1900年入南洋公学后公派留学日本早稻田大学和庆应义塾，在东京参加"拒俄义勇队"。回国后，在大清兵部任职，1908年任民政部右参议。1910年任资政院议员和内阁协纂宪法大臣。民国后任欧洲日本多国大使。1931年7月回国后，到北平，任陆海空军副司令部行营参议、外交委员会委员长。

请注意那位来自湖北的王璟芳，1903年中国在东京留学生发起的"拒俄"爱国运动时，他白天报名参加"拒俄义勇队"，而半夜后悔，并跑到驻日本公使蔡钧住处密告钮永建、汤尔和是明讲拒俄，实则革命。据此，蔡钧再向端方汇报，结果朝廷降下密旨，要各处官员，必要时擒拿钮永建、汤尔和，将他们"就地正法"。

作为对王璟芳告密的犒赏，朝廷破格给王璟芳"举人"的功名而不必考试。后来又推荐他出任资政院议员，王璟芳也不时在议会作作秀。没想到1911年，革命党拿端方人头为革命祭旗，多少年后端方文档资料曝光，查到蔡钧的电稿中有关王璟芳告密的事，于是，一桩历史公案终于真相大白。而那之前，告密嫌疑的帽子，一直戴在章宗祥、曹汝霖的头上。因为那两位在大会上与钮永建、汤尔和公开辩论。

但辛亥革命不搞报复，不搞秋后算账，更没搞镇压奸细和镇压反革命。王璟芳继续心安理得地当他的议员，做他的升官美梦。

易宗夔、雷奋、罗杰这些议员深受民主宪政思想的熏陶，对清廷的制度极端不满。他们利用资政院的合法舞台，进行争取宪政法权的斗争。他们甚至在资政院提出议案，要求撤除对孙文、黄兴和赵声等革命党人的追捕，撤销对戊戌变法的定案，解除对康、梁的限制，允许康、梁、孙、黄回来参与国家振兴。

而且，资政院议员们居然主张马上建立正式国会来代替资政院。

许多议员也是当时全国范围的国会请愿运动的带头人。这说明，大清朝设立的资政院，也是大清在自己身边埋设的一颗炸弹。当然，资政院是受限制的，它的议案即使是全票通过，不经御批也是不能生效的。但不生效的议案却代表相当的民意，资政院激进派以这种"民意"与朝廷抗争。

资政院授权袁世凯组织责任内阁，直接导致满清朝廷空壳化，裕隆皇太后和皇室完全被架空，加速了清朝的灭亡。

资政院一直存读到1913年民国国会正式选举出来为止。

四　国会请愿运动

如果说，各省咨议局对抗清廷地方督抚，动摇了清廷的统治基础，那各省咨议局联合发起的国会请愿运动则直接打击和分化了清廷的上层。

1909 年 12 月，在江苏省咨议局局长张謇领导下，国会请愿运动正式开始。

首先说说什么是国会请愿运动。

1908 年 8 月，清廷颁布了《钦定宪法大纲》等文件，开出长长的一项九年计划，说是到 1916 年正式召开国会，实现宪政。

但文件还在酝酿之中的 1907 年秋天，各地立宪派便纷纷上书清廷，要求速开国会。为什么，九年太长了。

1909 年 10 月各省咨议局第一次开会时，江苏咨议局议长张謇通电各省咨议局，建议组织国会请愿同志会。经过一个多月的多方联络，各省代表于 12 月 18 日陆续抵达上海，开会商议请愿速开国会之事。1910 年 1 月，各省请愿代表团代表到北京，向都察院呈递了由直隶咨议局议员孙洪伊领衔的"速开国会"请愿书。各省督抚和御史也纷纷致电清廷，请求速开国会。

但朝廷敷衍推托，不当回事。

半年后，请愿代表扩大到 150 人，带着征集到的 30 万人的签名，开始第二次请愿。但朝廷继续拒绝。

当年 8 月，第三次请愿又开始了，这次是多方位展开。先是各省五六千到上万的民众进行了声势浩大的游行活动，带着上几十万到上百万签名向各省督抚请愿。然后各省带着有各地最高行政长官在内的签名名单，分批到京师请愿。

10 月 7 日，请愿代表团向资政院整队进发时，辽宁学生牛广生、赵振清等两人要"拔刀剖腹，以明心迹"。苦劝后，两人趁人不备，各从自己腿上和胳膊上割肉一块，涂抹于请愿书上，并高呼"中国万岁！""代表诸君万岁！"随后忍痛跟踉跄而去。

10 月 25 日，由东三省总督锡良领衔，湖广总督瑞澂、两广总督袁树勋等 18 个督抚及将军都统联名上奏，请求立即组织责任内阁，次年召开国会，以免人心鼎沸。

摄政王载沣被迫让步，宣布提前三年，即在 1913 年召开国会。

但还有代表不满意，比如东三省代表与津冀代表。他们写血书，要为立即召开

国会进行第四次请愿。

对这次请愿，清当局采用镇压的手段来对付。摄政王命令直隶总督陈夔龙、东三省总督锡良进行镇压。

陈夔龙将国会请愿的天津学生代表温世霖逮捕，发配新疆，交地方官严加管束。以威慑民众。

锡良则不愿违民意，自动辞职开缺。载沣将四川总督赵尔巽调任东三省总督，强行将东三省代表押解回籍。赵尔丰署理四川总督。注意，别混淆了赵尔巽、赵尔丰这先后出任四川总督的哥俩。

虽然暂时压下这请愿浪潮，但一波高过一波的"上访"，确实使朝廷上层胆战心惊，朝廷备受打击。他们也几乎是无计可施了，想不出如何对付这群发性"上访"。

在这起重大事件中，江苏咨议局发挥了主导作用。张謇等人在请愿中积极奔走于各省进行串联，为请愿活动的开展立下了汗马功劳。

立宪派请愿的真正目的，已经不是维护二元化的君主立宪政体了。开国会的目的，说白了就是建立由立宪派控制的国会，再由国会去控制责任政府，这将彻底使满清皇帝靠边站。说君主立宪，不如说是虚君立宪。1907年以后的主流立宪派已不是1998年的康梁的维新保皇所能比拟的，国会请愿运动，已基本把康梁排除在外。

同样，满人也清楚，开了国会，自己的统治也就终结了，所以对立宪派提出的速开国会一事从开头就十分抵触。满清政府此时已虚弱到极点，政治合法性严重流失。立宪派许多人士认为如果不搞这种虚君立宪，由他们掌握政府主导改革，那么中国很快就会因满人王朝而走向亡国。立宪派中激进派则亮出革命的旗号，想用极端手段实现目的。如江苏议员屠宽，就着手在常州策划反清起义，雷奋等利用议会对清进行合法斗争的同时，注重扭转张謇等名流标榜的"忠君"立场。

在辛亥革命前夕，国会请愿运动受挫，载沣倒行逆施，制造皇族内阁，雷奋就向张謇、孟森等人指出：

清政府万无不倒之理，如果各省咨议局议员不肯出头，将酿成全国混战的局面。

雷奋还特别推心置腹地劝告张謇：

切勿因为自己是清朝状元而死守君臣大义，须知皇帝与国家比较，国家重于皇帝。

到这时，连赵凤昌也断言：

清廷之无可期望，谋国必出他途以制胜矣。

赵凤昌的"谋国必出他途以制胜"就是要公开踢清廷出局。

赵凤昌后来看到全国各省纷宣告独立脱离朝廷，兴奋地认为是"文明大举，大势已成"。赵凤昌果然穿针引线，在他小小的"惜阴堂"里操纵着南北会谈的全过程，凭智慧化解双方随时出现的障碍，终于达成协议，成立民国，排除了清王朝继续存在的任何可能。因此赵凤昌被誉为"民国的助产婆"。

赵凤昌字竹君，又字惜阴，曾是邓廷桢、曾国荃及张之洞的幕僚。后是上海《申报》的三大股东之一。"惜阴堂"位于如今的上海徐汇区南阳路十号。

可见，雷奋、杨廷栋等一批人物已经充分地利用"议会"这一合法手段进行斗争了，他们原先的革命立场并不因为成了国家与省两级"议会"成员而改变。

张謇、汤寿潜等大批立宪领袖到辛亥革命发生之际也跟着转向灭清的立场。

辛亥革命发生前夕，张謇也认识到：

共和乃潮流所趋，莫可奈何。公之明哲，瞻言白里。愿征广义，益宏远漠。为神州大陆洗四等国之大羞，毋为立宪共和留第二次革命之种子。

认同中国实行共和是历史的趋势，张謇也终于与保皇决裂。

11月8日，江苏光复后，裕隆太后代表朝廷发罪己诏，想以此转变民心，博取同情。

张謇发表讲话，指出朝廷"因不充分之立宪，致不得已之罪己，亦不能取信（天下）"。并说"听东西南十余省之舆论，大致趋于共和"。

后来的辛亥革命过程中，全国17省咨议局议员们正就是如雷奋所说，关键时候出面主持本省大政，稳定了本省的革命秩序。17省议会代表及时地在上海聚会，用同一声音对清廷和袁世凯的北方代表发言，并及时制定新诞生的民国的大政方针，认真地选举了新政权的领导机构，促使辛亥革命顺利发展。

可以说，辛亥革命要不是有南方各省的咨议局支持，新军起义会沦为"流产的革命"。

从普遍的意义上讲，反清的辛亥革命不仅是一场新军的革命起义，更是一场来自议会内的革命，正是议会自身终结了朝廷的统治，使清末王朝政治彻底失败。

第十六章

李平书与上海自治运动

一　上海城厢内外总工程局

如今上海的外滩，有个陈毅广场，那儿竖立着新中国上海第一任市长陈毅的铜像。但以前的上海，不计租界当局及政府官方立的名人铜像，而真正由民间团体在上海竖立的铜像只有四人：盛宣怀、孙中山、李平书和杨斯盛，他们是实实在在对上海近代化作出贡献的人物。孙中山是名誉的，而其余三人则是以干实事和从事建设促进上海的现代化进程。其中李平书，则是从基础做起，通过上海自治运动，实现上海的文明进步。

上海公交 11 路是一条以老西门为起点和终点的环线，围着人民路和中华路绕了一个圈。中间有个大境阁，大境阁附近，保留着一段近 50 米的上海老城墙，这老城墙见证着上海老城的历史。

上海老县城本有沿公交 11 路线的封闭城墙和护城河。李平书通过 6 年的努力，最终大家同意撤除城墙并填埋护城河修出当时老城最宽敞平坦的人民路和中华路。

李平书最早提出破墙修路，要敞开上海的胸怀。那时正是他领导上海城厢自治运动的第二年。那年，大清官僚没有同意。

江南原本是中国的首富之地，可是经清朝 270 年的统治，富庶的江南不堪盘剥，正陷入百业凋零，民生疲惫的局面。粮食、丝绸、布匹源源不绝地通过运河漕运，输向京师，养着皇廷和官员，养着散布京畿四周数百万终日无所事事的八旗闲民。

江南官员除了盘剥平民之外，从来没有认真地为公共事业花过精力。

上海开埠，列强从中国官员手中谋得不宜耕作的沿江低洼滩地。那一带，形象地取名外滩、洋泾浜或泥城桥。外滩，顾名思义就是指城墙外的沿黄浦江的河滩。列强通过建立工部局，经过40多年的建设，使中国人大吃一惊：

这就是上海？

1880年的《申报》对开埠以后的半个世纪租界在市政建设方面领先华界一大截而惊叹：

上海自有工部局以来，湫隘逼仄之路悉化而为康庄，乡间鄙陋之区皆变而为阛阓。四方之人趋之若江汉之朝宗，商贾往来无远勿届。街衢之间，日事洒扫，迂者直之，陂者平之……以中国界内之地较之租界，不啻有天渊之异焉。

一墙之隔，墙外租界是高楼大厦鳞次栉比，马路平坦开阔、交叉纵横，电灯、煤气、自来水通千家万户，污水地下走，马路天天扫，灰尘天天清。

反观城内华界，泥屋草房连片，道路狭隘泥泞弯曲，河道污浊，饮水、用水、排水混于一河，燃烟呛人，污粪处处，蝇虫乱飞。

这种鲜明的对比，强烈地刺激着上海的爱国绅商，有识之士莫不对此痛心疾首而惭愧无比。改良市政成为他们迫切的愿望。李平书以下一段话，很能反映当时上海人的普遍感受：

吾一言通商以后之上海，而为之愧、为之悲。愧则愧乎同一土地，他人踵事增华，而吾则因陋就简也。悲则悲夫同一人民，他人俯视一切，而吾则局促辕下也。要之，通商以来，上海，上海，其名震人耳目者，租界也，非内地也；商埠也，非县治也。岂非所谓喧宾夺主耶！抑非所谓相形见丑耶？而吾上海之人，数十年来，处之夷然，安之若素，面不赧而心不惭。

官府不办，自己动手干。

1905年，上海地方士绅李平书、郭怀珠等，鉴于华界市政建设远远落后于租界的实际状况，创议仿洋人，设立总工程局，筹资以进行铺路、造桥、通电、通自来水之类的市政建设。同时他们知道光搞建设还不行，还需要配套的管理。要求设立的总工程局必须有行政管理职能，这获得当时上海道台袁树勋批准。

上海道袁树勋照会郭怀珠、李厚祐、叶佳棠、姚文楠、莫锡纶等绅商，集议筹办上海城厢内外总工程局，试行地方自治，所有马路、电灯以及城厢警察一切事宜，均归地方绅商董事承办。

1905年10月16日举行会议，拟订了总工程局简明章程20条。规定总工程局分议会和参事会两部分。

议会为代议机关，起草法律，制定规则，讨论重大事件，并作决定。由议董33人组成，推举1人为议长。

参事会为执行机关，由领袖总董、办事总董、各区长、科长组成。

总工程局参事会下设户政、警政、工政三科，每科设科长1人。户政科下设户籍处、地产登记处、收捐处；警政科下设巡警处、消防处、卫生处；工政科下设测绘处、路工处、路灯处。

三科之外附设一裁判所。

注意，此时局、科、处的关系与如今不同，那时是科长领导处长。

10月16日的会议正式选举了总董、议董。

李平书为总工程局领袖总董，莫锡纶、郁怀智、曾铸、朱葆三为办事总董。莫锡纶、郁怀智轮流常驻局中。这领袖总董相当于市长，办事总董相当于政府主管副市长。裁判所相当于法庭。

而穆湘瑶、姚文楠、刘汝曾、林曾贲、袁希涛、沈恩孚等33人为议董。议董就相当于议员。沈恩孚后来当选议长。

上海城厢总工程局完全是参照公共租界"工部局"职能而建立的，它也采用商办商管的原则，基本排除了官府不必要的干预。上海城厢总工程局从而不是单纯的市政建设及管理机构，而是地方自治机构，准确地说，是拥有地方立法权和执法权的机构，它是拥有司法权、税收权的一级政府。

由于上海城厢总工程局成立，上海城厢开始了大规模的市政建设，修建了道路、桥梁，接通了电灯、自来水。随后几年中，修路100多条，筑桥60多座，建造码头6个，新辟、改建城门9座。

同时制定了各种各样市政管理条例。按现代规则建立了中国第一套自治的警察制度、税收机构和城市规划测绘机构等。同时还通过办学、办医院以改善民生提高市民的综合生活质量。需要强调的是，这警察机构、税收机构和城市规划测绘机构不从属于大清朝廷，而是直属于上海城厢总工程局董事会。还有一点要指出的就是：醉心于中医研究的李平书着手开办西医为主的综合性医院——上海医院，这是中国人自己开办的第一所现代医院。

上海城厢总工程局对改善华界的市政设施、提高综合管理的文明程度、缩短华界与租界的差距，建立了卓越的功勋。

二 大闹会审公廨事件

1905 年，促使上海道台袁树勋支持上海城厢总工程局的一个原因是当年发生的"大闹会审公廨事件"。

本书在讲《苏报》案终审时，当时就提到英国副领事德为门（Twymen）当了会审公廨的观审，并提及德为门极端傲慢和蛮横。

1905 年以后，关之出任中方谳员，与德为门发生了多次尖锐的冲突。按过去的惯例，由公廨发落的女犯一向羁押在公廨所建的女所里，但德为门（Twymen）借口公廨女所污秽不洁，要将女犯押入工部局新建的女西牢。对于外方的霸道言行，中国地方官府三番几次向驻沪外国领事团提出抗议，但都毫无效果。最后，终于酿出事情来了，那就是黎黄氏案的发生。

1905 年 12 月 9 日星期六，《申报》第四版以"公廨讯案巡捕房大起冲突"为题，详细报道了黎黄氏案的发生，并惊呼：

似此冲突，盖设立会审公堂以来所未有也。

这起案件由此迅速引起上海民众的广泛关注，并激发了后来称为"大闹会审公廨"事件。

事情的起因是这样的：有一名广东籍妇女黎黄氏，在四川做官的丈夫去世后，准备将其棺材送回家乡安葬。黎黄氏及其旅伴三男二女从重庆乘轮船沿长江而下，准备经上海回广东。由于同行的还有十五名女童，这引起了上海公共租界巡捕房的怀疑。12 月 8 日，黎黄氏一行人等刚刚抵达上海，便被巡捕房以拐带人口的罪名拘捕，送交会审公廨审理。

此案由中方谳员关之、襄谳（即助理谳员）金绍成和英国副领事德为门会审。据黎黄氏供称，随行女童是应广东的亲戚来信托买，作为丫环或婢女。都有"身价凭据"，另外船中还有一百多件随身行李。

按大清律这是无罪的，不算人贩子。而按会审公廨成立时中外双方的约定，会审公廨审纯华人的案子，适用大清律。按这样来说，黎黄氏肯定无罪，十五名女童应发还，归黎黄氏带到广东去。

所以，关之以工部局方面所控拐带罪名证据不足，决定照章将黎黄氏一行暂押

公廨女所听候发落。这裁决本应当即生效。

公共租界捕房捕头不服，当堂抗诉，坚持控黎黄氏是拐带人口嫌疑犯，必须由捕房带回，过后再审。接着，德为门也出面支持捕头，坚持要捕房将人犯带回，押到工部局女西牢。

于是中外双方发生争执，并因争抢犯人而冲突械斗。武力冲突中，中方两衙役受伤。捕房巡捕武力占优，抢走黎黄氏等人并押于西牢，十五名女孩子送进济良所。

德为门坚持要由他们单方面判决处理。但即使是由他们单方面判决，也得按大清律审理。大清律规定，有卖身契的人口买卖不违法。巡捕房迫于压力，后来总算把黎黄氏和十五名女孩子放给广东会馆，被买卖的女童命运依旧。

可是，巡捕房就是不卖会审公廨清方谳员的账，不肯把有关人员交给会审公廨大清方谳员，严重蔑视大清的法律地位。

租界领事团的这种傲慢激起中国方面的抗议，上海华人商务总会立刻发表声明，呼吁罢市罢工以示抗议。

12月18日上午九时，愤怒的民众围攻老闸巡捕房并一把火烧了捕房。印度巡捕竟悍然向示威群众开枪，当场打死华人三名，打伤多人，酿成震惊中外的血案。在上海其他地方也有流血冲突发生。在这一天的流血事件中，华人死伤计有三十余人，其中死者十一人。这引发国际争端。

这就是历史上的"大闹会审公廨事件"。

这是一起复杂的事件。

事情开头时租界当局自以为是地产生了道德上的优势和正义感，认为大清法官居然包庇一次买卖达15名女童的人口贩子，他们并以此蔑视华官，践踏大清主权。

或许，这有引发大清国深思的地方。大清律没有保护妇女儿童的条例，没有禁止买卖人口的条例，特别是女童。大清制度和观念，的确是给国家和人民带来耻辱。

但复杂的事件归结到国家主权时，性质发生了根本性的变化。当上海官绅民联合起来，在上海的地面上为这事出面捍卫国家主权时，那又表达了另一层更高的正义。

市民就这事抗议殖民主义当局，正义从而转回到上海民众的手中。上海民众果断地利用这事件烧毁中国大地上老闸巡捕房，这正代表了一种更庄严的正义——捍卫国家主权、反抗国外殖民主义。

上海华人商务总会组织的罢市、罢工对租界当局的反击，显示了上海新兴商业中产阶级的力量。使袁树勋的外交交涉底气大增。袁树勋于是转向上海新兴商业资产阶级求取支援。作为交换，他同意上海新兴商业资产阶级更大的自治权。

三　上海建立本国的民营警察机构

由于"大闹会审公廨事件"中，印度巡捕（就是所谓的"红头阿三"）枪杀中国人酿成血案，从此印度巡捕不能继续在上海街头处理治安事件了。红头阿三终于被迫退出上海街头。

上海华人决定建立本国警察机构，全部用华人警察代替印度巡捕。中国各界公推穆湘瑶为中方警务长。

穆湘瑶是浦东三林塘人，也就是今年上海世博会主场馆一带。他是武举人出身，1901年与黄炎培一起考进南洋公学特班，成为蔡元培的学生。1902年墨水瓶事件发生，他参与南洋公学学潮和爱国学社革命运动，还是领导骨干。同时他与黄炎培、李叔同在沪南办"沪学会"。1903年因《苏报》案发，爱国学社被清朝取缔，穆湘瑶、李叔同先后留学日本。1905年回国，继续办'沪学会'。

穆湘瑶与爱国学社其他成员卷入辛亥革命的途径不一样，穆湘瑶后来没参加同盟会，而是参与地方自治运动。他参与搞市政、搞实业、搞教育、办警察、搞军事体育建立民兵武装，与乡绅们合力实现地方自治。最后汇合各方力量，取代清朝在当地的统治，实现上海的光复。

在1905年10月，上海成立城厢内外总工程局时，穆湘瑶当选首届议董，也就是议会议员。同时，穆湘瑶也出任上海自治机构警务总长。这是中国人建立的全由中国人自主掌握的现代警察机构。

讲到警察机构，顺便参照当时的警务条例，介绍上海地方自治的行政管理规章制定的内容。

可以看到，那些条例十分体现市民意识。在如今看来，同样是很人性化的。

例如警察职责，自治机构都做了详细描述。

除了刑事案件以外，警察还有应行救护职责：

包括迷路、疾病、醉酒、投河、落水、马车溜缰、失物等。

规定警察应行禁止职责：

包括车子搁路、车子在夜间不点灯、车子不守交通规则、茶馆夜间十二时后不歇业、粪担随路停歇等。

这里该说明一下，当时上海城厢居民多数使用马桶，由粪工收集粪便后肩挑到内河码头，再以粪船运到农村处理。粪工在城里放下粪担随路停歇，当时一定认为十分不雅。所以警察加以禁止。

此外还规定警察应行登记职责：

包括翻造修理房屋及围筑篱笆、在门外搭盖凉棚、在马路疏通阴沟、桥梁道路有损、堆积火油超过15箱、柜台装在门限以外、堆积碍路之物在门限以外、河中有船阻挡交通、店铺开张或闭歇、居民有搬去迁入者、人家有死亡者、居户有婚嫁之事。诸如此类，警察应行登记。

在奖惩方面，日常一些细小的不端行为，如上差时与沿街妇女谈话者、上差时迟到五分钟以外者、上差时沿路食物买物及吸烟者、沿路长谈者，都会受到处罚。

警察还管理食品卫生。

自治机构制定了关于食物店铺卫生规约，对食物的卫生标准做了详细的规定。如：

牛羊猪鸡鸭等店不得以有病之牛羊猪鸡鸭等及熟肉之腐臭者出售。

熏腊店、饭店、面店、热酒店及各项点心店不得以隔宿之物出售，其糟鸡、糟鸭及一切食物须用纱罩，以免蝇虫贻害。

水果摊店不得以腐烂之物出售，西瓜不准切块，如不得已须将已切之西瓜用纸遮盖，等等。

不难看出，当代中国社会推崇的社会事务精细化管理，在当年已经达到了一个相当高的制度化水准。

显然，穆湘瑶的这个警务机构甚至包括了如今的城市建设管理局、工商局、食品安全与质量检验监督多种职能。

穆湘瑶的上海警察厅长工作，很能局部地反映当年管理的专业化程度。

穆湘瑶的上海警察厅长当到1913年二次革命失败后。袁世凯强行迫使他离开警职，并移交给袁的亲信郑汝成，穆湘瑶被限定从事工商事业。其主要原因大概是因为：袁世凯不允许上海施行自治，要夺李平书、穆湘瑶的自治权，更不允许他们独立行使警察权和拥有民兵武装商团。他还怀疑穆湘瑶手下的警探与上海巡捕房一起调查应桂馨和武士英的刺宋案。

四 上海商团的建立

"大闹会审公廨事件"中，老闸巡捕房被中国老百姓烧毁，所有公共租界的巡捕罢工、罢岗。

巡捕不干了。

公共租界工董局发慌了，于是动用"万国商团"维持秩序。万国商团全由殖民主义者组成，没有华人。他们漠视中国居民的利益，加上执法粗糙，屡起纠纷，造成中国人严重不满。

早已与袁树勋有交情的虞洽卿出面提议建立华人商团。

他先发起建立华商体操会，为建立商团做准备。然后向公共租界工部局的交涉，在万国商团中设立了中华队。同年，上海著名绅商穆湘瑶、李平书、王一亭、郁怀智、苏本炎、吴馨等设沪学会体育部、商业体操会、商余学会、商学补习会、士商体育会。参加者有职员和各类知识分子。主要职能是强身体育和军事体育，也聘请社会名流演说，促进人文精神的培养。

讲到体育会，该讲圣约翰大学和南洋公学。中国竞技体育发端于圣约翰大学和南洋公学，足球、篮球和田径类校际比赛，就起源圣约翰大学和南洋公学每年一次的对抗赛。接着，圣约翰大学和南洋公学的比赛扩大到包括上海的南洋公学、圣约翰大学、沪江大学与苏州的东吴大学、南京的金陵大学、杭州的之江大学等六所大学。后来这六校成立"中华大学体育联合会"。

庄蕴宽到南洋公学当庶务主任后，南洋公学还配备一批枪械，开展军事体育训练。

这种竞技体育和比赛吸引了上海士绅们极大的兴趣，所以，有身份有实力的上海乡绅，都以开办体育会、参与体育运动为体面的事。当年体育会有如当今的高尔夫俱乐部。

上海自治运动的乡绅们开办的这些体育会就是上海商团的前身。

这些体育会的开办，得到清朝在上海官方们的支持。这原因主要是在维持社会治安方面的作用。1907年袁树勋提升后，上海道台由瑞澂接替，瑞澂一上任，就想

搞出点政绩来。正好这年5月，江宁当局下命要取缔境内的鸦片馆，瑞澂于是交由总工程局总董具体办理，限期肃清。

当时上海县治分为城厢及城外三区，其中城外的东、西、南三个区共有鸦片馆336家，而城厢内鸦片馆196家，雇佣伙计总共近4000人，这不是个小数字。禁烟布告贴出后，鸦片商们背后串联联合反抗，一时谣言四起，搞得全城人心惶惶。而上海道台衙门加上县衙门的衙役根本无力应付。

工程局领袖总董李平书、办事总董曾铸共同商议：

由曾铸捐资提供伙食补助，请上述5个体育会派人参与维持地方秩序。

于是，五会会长联合出面，组织"临时商团"，设立联合行动司令部，分区出防。

经过3天3夜整治，果然地方安谧，鸦片馆如期关闭。

瑞澂大喜。以各会员义勇可嘉，各赠银章一枚。

借此机会，五体育会实现联合，定名为"南市商团公会"，推举李平书为会长。

商团公会立下制度，规定了各会会员每天晨起操练，3年为限，到期毕业。毕业后，由上海道发给文凭，升入商团公会为团员。商团公会所需经费，一是酌收会员费，二是各董募集。

商团公会有颇为完备的组织机构。正副会长以下设评议部、董事部、司令部、军需部、经济部、文牍部、交际部、卫生部。

随后，地方每遇到例外情况，官府就请商团出面维持。当时南市区一到黄昏，就有流氓出来"采灯花"——捣乱秩序，伤人越货。官府就提供武器，由商团出面弹压。商团张贴公告以警告：

匪徒胆敢与商团抗者，格杀勿论。

由于商团的威慑，流氓销声匿迹。

商团从而得到道台的信任。上海道拨给步枪160支，子弹5000发，供商团出防，还特许商团自购杂色枪械用于训练。于是，商余学会置枪60支，商学补习会自置40支。到此，商团由先前的体育团体发展成为拥有一定武装的合法的军事团体，或说是合法的民兵组织。

这样，一个有议会、有政府、有警察、有武装力量及有财政收税来源的自治政府在上海城区内形成，这就是上海城厢内外总工程局。总工程局与专制的清朝专制制度不同，它在一定程度上采用了民主制。与实行压迫的清朝官僚不同，它的职能是服务的。

宣统元年（1909 年）五月初一日，上海城厢内外总工程局改为上海城自治公所。

上海城自治公所名称的出现，表明上海自治运动机构淡化了民间性而更明显地政权化了。

从此，租界外的上海，存在着两个不同性质的政权。

一个面向朝廷，一个面向平民。

一个代表独裁的帝制，一个实行一定程度的民主。

一个为朝廷收钱粮，一个从事公共市政建设。

一个是统治压迫型的，一个是社会服务型的。

奇怪的是：这两政权共存，互相依存。

上海道台见到上海城厢内外总工程局利益巨大，就给自己留一手。上海道台规定闸北市政另属北市马路工巡总局管辖。后来道台瑞澂又把上海北市马路工巡总局改称"上海巡警总局"，自己兼任巡警总办。这样一来，尽管李平书等在闸北建了电厂、自来水厂，但不能直接管闸北的事。而且既然道台兼任巡警总办，李平书、穆湘瑶就不能过问闸北警务。

第十七章

上海光复

一　上海光复的前夕

至此，已把辛亥革命前夕上海的各部分势力做了较全面的分析比较，接下去自然要讲到上海光复的事了。

上海光复完全是因武昌起义的形势发展造成的，是形势所逼，而非出自任何个人或单个团体事先的"光复路线图"。

而武昌起义的提前爆发，却是因两湖总督瑞澂在武汉残杀革命党人引起的。正好在上节提到，起义发生的两年前，瑞澂是上海道台。因他在上海搞改革创新、参与地方自治运动及借助上海商团的力量铲除鸦片烟馆而声名雀跃，因而得到提升，短短的一年多，连跳几个台阶，升到两湖总督。

原来当过两湖总督的端方，在直隶总督的烫手位置上被撤，酸溜溜地改当川汉铁路督办。又因在川汉铁路的问题上，端方急于求成，招惹大祸。首先受连累的是瑞澂，接着是端方自己和赵尔丰，再后面是盛宣怀。当然最大的牺牲者是大清王朝了。

大清气数已尽，川汉铁路的事，仅是导火索而已。没有川汉铁路的事，必有另一件事同样能点起它灭亡的导火索。

其实，川汉铁路这事，就算是到了100年后的今天也同样是难题。想沿长江修通从重庆经涪陵、万县、丰都、秭归、宜昌到武昌的铁路，谈何容易？大清国十年的炸药总产量，也不够开通其中最短的一条隧道。把那铁路包给外国人自然是好主意，哪个洋人国家愿啃硬骨头，乐得让洋人去啃。

即使是如今，想从重庆乘火车去武汉，还得绕大弯。

要么经达县通过安康、汉中沿汉江走丹江口和襄樊才能到汉口。

要么南下贵阳，经黔湘二省到长沙，再从长沙到武昌。照样没有第三条近路可走。

当年这"川汉铁路事件"不过是一个黑色幽默而已：

天欲亡这个朝廷，必先制造事端，让其上下发狂。

大清王朝上下，正为川汉铁路的事，举国发狂。

端方调兵镇压保路运动而造成武汉兵力空虚，武汉革命党正好乘机起事。瑞澂则提前下手镇压民众。瑞澂在武汉对革命党的镇压，激起暴动，武汉新军揭竿而起。瑞澂以指挥弹压为名登上停在江上的军舰，手下纷纷溃逃。瑞澂最终弃城而逃，窜回上海。

武汉新军起义成功。湖北省咨议局汤化龙利用议长的地位与其参与国会请愿运动中的名声，拍案而起，高度赞扬革命。他称赞武昌起义乃是顺应天时，是汤武革命。

他及时应变，以民选议会的名义，组织湖北军政府，挑选黎元洪当都督。借助议会的支持，起义产生的湖北军政府具有了天经地义的合法性。汤化龙还通电上海的立宪公会和各省咨议局敦促响应革命，脱离清朝的控制。当然这汤化龙或黎元洪本身是封建朝廷的官员，没有受过自由民主思想的熏陶，后来的举止行为说明他们本身难以摆脱旧观念的束缚。

就在瑞澂窜回上海差不多同时，武昌革命受到朝廷的拼命反攻，前线吃紧。同盟会谭人凤、居正来到上海，与中部同盟会黄兴、宋教仁、李书城等商量对策。中部同盟会决定是全力支持武昌起义，而一时没想到要在上海组织另一次起义来响应。1911 年 10 月 27 日，黄兴、李书城、宋教仁等同盟会成员及时赶赴武昌。

这无疑是正确的。

据记载：

黄兴在 10 月 28 日由沪至武昌，人心顿安，盖以黄兴为真正革命党，办法必多。

11 月 3 日，黎都督在阅马厂筑坛，拜黄为总司令，黄足穿草鞋，腰悬水壶，受任后即趋赴汉阳督战，想夺回汉口。

李书城协助黄兴，授为湖北民军参谋长。

黎都督利用筑坛拜帅的旧方式，授权革命党人当总司令，只说明黎都督、汤议

长究竟是旧人旧脑筋:

通过封建迷信的仪式来延续权力私相授受的旧社会观念。

本该提供一个让国人眼界一新的机会,却这样落入旧套。

居正、宋教仁也到湖北现场。紧急关头革命党人直临火线,这使起义新军与同盟会连在 起了,这也就克服了湖北军政府被非同盟会成员全部把持的尴尬局面。

武昌首义、湖南继起后,陕西、山西、云南相继宣布光复。

起初,上海各行各界,包括同盟会、光复会等首先想到的是组织和派出战场服务队和救援队到武汉去支援起义。中德医工学堂的学生朱家华就是带队学生领袖之一。就是说,上海光复前一周,同盟会、光复会首要考虑的大事,还是直接组织人力物力增援武昌而没有立即意识到必须光复上海。

此时上海各界,预料到武昌起义后全国和上海必将出现的地震,有各自的应变考虑。但一时没人想到上海要率先起义,而是普遍采取观望态度,备而不动。想等待南京、杭州两翼先动,然后响应。

但坏消息不断传来,湖北民军与朝廷的荫昌、冯国璋对阵中渐趋下风,汉口失利后,汉阳告急。而且又有消息说朝廷正派萨镇冰为海军司令,带海军从上海江南制造局装载军火后去镇压武昌民军。于是上海同盟会和光复会接黄兴、黎元洪从武昌来的电报,要求上海各界响应起义,控制江南制造局和吴淞口要塞,破坏朝廷海军增援武汉。

黄兴、宋教仁于 1911 年 11 月 2 日,也就是黄兴正式接受总司令职务前一天,自武昌致上海中部同盟会留守杨谱笙等的电报中,看出武汉方面的急切心情。黄兴电报称:

极盼宁、皖响应。

而宋教仁电报告以"武汉战争吃紧,极望各处响应",并希望上海资助武器弹药。

据说黎元洪的求援电报甚至发到南洋公学校长办公室,要南洋公学联合圣约翰大学,去攻占江南制造局。黎元洪估计是听闻南洋公学和圣约翰大学每年的竞技比赛十分了得,而想出的无奈主意,也可能是黄兴的意见。当时南洋公学庶务长正是庄蕴宽。黄兴认为庄蕴宽是革命的。黄兴曾在广西龙州被清军抓捕,送到庄蕴宽帐前,庄蕴宽故装不识,说了句广西当地人听不懂的常州话"酿依差落",吩咐亲信放黄兴出镇南关("酿依差落",就是"让他自己开路"的意思)。

这次黄兴去武昌前,也曾在一个秘密地点向南洋公学师生演讲。当时会场气氛热烈，黄兴当众咬指血书"驱除鞑虏"四字。

当时《申报》客观报道了武昌战局对民军不利的消息。

但上海普通市民不信，以为是《申报》在为朝廷帮腔，因而抗议《申报》。转而高价买专说武昌形势大好的《民立报》。虽然普通民众不信，但上海有关势力已经酝酿采取应急行动了。

其实，自武昌首义发生，上海街头就到处纷纷扬扬，议论着是否要发起革命的问题。这争论，不仅出现在市民的争辩中，更出现在报刊中。连主要是面向外国人的上海英文报纸也不例外。

上海士绅们立即进行紧张的活动，张謇、赵凤昌、庄蕴宽、沈恩孚、杨廷栋、雷奋、史量才、狄楚青、李平书、袁希涛等经常聚集在《时报》馆的"息楼"和赵凤昌的住宅"惜阴堂"讨论政治问题。他们许多人的态度发生了明显的转变，从鼓吹立宪、搞议会斗争、搞请愿，转为赞成革命、提倡民主共和。这在狄楚青主办的《时报》上很清楚地反映出来。10月13日，即武昌起义后3天，雷奋等在《时报》上的社论《论政治思想与革命势力消长之影响》指出：

今日革命风潮之所以遍于各省者，实由政府腐败有以致之也。

又说：

故今日之议员，对付政府，不论如何激烈，犹出于忠君爱国之热诚。倘当道者恶其激烈，不惮出百计以排去之，则激烈者去而阘冗者来，微论于政治无补也，试问此辈激烈之议员，能蛰伏终身、不谈时事乎？抑将别有所举动，以与政府试一搏击乎？夫欲与政府试一击搏，非投身革党不为功，斯则可虑之甚也。

这篇社论颇有见地地指出，由爱国而请愿立宪的人们，在请愿遭到朝廷拒绝、镇压以后，势必由立宪而走向革命。

在上海拉高革命声调，没多少人会批驳你。反过来，保皇派反对革命的立场反而特别给人印象深刻。尤其是时任的南洋公学教务长辜鸿铭教授，这位号称天下第一怪人的教授，在英文报纸《字林西报》上连发文章，反对革命。

辜鸿铭称革命必导致中国亡国。辜鸿铭还说：

革命党是毒血，必须开刀，把脓血挤出去消毒。

这招致各界质问。

喊革命不怪，讲保皇才怪。那就是当年的上海。

这辜鸿铭与郑孝胥都是福建老乡，同持保皇立场。此时辜同住在虹桥路郑孝胥家里，郑孝胥先前是湖南布政使，因湖南革命他回上海避难。

上海将要发生的革命，几乎是公开的事实，没有任何的隐瞒。上海不是满人处于支配地位的世界，排满革命的口号早在上海喊了七、八年。再说在上海滩，人人不担心被扣上"乱党"的帽子，而耻于被拒在革命的门外。所以支持武昌民军政权，几乎是绝大多数人的心愿。这在当时长三角可能同样是常态：

连鲁迅笔下的绍兴阿Q也为假洋鬼子不许他革命而耿耿于怀。

这种情况下，上海各势力开始彼此互动，进行接触沟通。虽说不上是如今说的"预警""信任""联合行动"那么复杂的机制，但最先是"别误会我的宗旨"和"别侵犯我权利"这一层面上互相招呼。李平书就通过中间人向陈英士传递信息：

告以保民宗旨，彼此随时协商，互相尊重主义，避免侵犯。

而在黄兴向上海求援的前一天，上海商团首先采取了应急措施，举行全员集会，高调动员，进行阅兵，又选举了商团临时总司令。

陈英士和李燮和对此及时作出响应，保证尊重李平书和他的机构在上海行使的民政管理权，表示同意联合起事。

其实，联合起事的，不只是表面上商团那支准军队，而且还有一个事实上执掌权力的政府和议会以及一支有实力的警察队伍。参加行动的有李平书等各总董和议长沈恩孚、议董吴馨、莫锡纶、王引才及警务长穆湘瑶。

这样，上海商团和南市警务队伍、中部同盟会和他的敢死队、光复会代表的力量三方尝试着联合行动。虽然原本他们彼此有隔阂和芥蒂，但支持武昌民军政权这点成了他们共同的基础。

同盟会和光复会的矛盾源于东京章太炎、陶成章与孙、黄之间的翻脸。商团与光复会及中部同盟会主要因活动层次不同，以往缺乏沟通。但商团中也有同盟会成员，李平书就通过商团中的同盟会员沈缦云、王震等与中部同盟会的陈英士等建立对话关系。如前所述，一开头是彼此注意对方，从"避碰"和防"摩擦"着眼。光复会则与上海商团彼此严格遵守"互相支援，互相尊重彼此利益"的约定。

钮永建于1911年10月11日从广州回到上海，那正是武昌起义发生后第二天。李平书主动把龙门师范学院的学生军武装交给钮永建，加上钮自行联络南洋公学运动队成员和军体教员，钮永建有了一支小队伍。龙门师范是李平书办的新式学校，上海城厢议会议长沈恩孚原是龙门师范的学生。钮永建与李平书是亲戚，在李平书眼中既是当过朝廷边关要员又是留德留日的上层人物，更是上海最老资格的革命党人之一，李平书想借重他。

光复会与同盟会有别扭，但从陶成章的《浙案纪略》书中看，陶成章对钮永建相当好感。在书中陶成章特地提到徐锡麟参加革命是受钮永建的指引。所以通过钮永建、沈缦云、叶惠钧、王震等沟通，商团、中部同盟会和光复会逐渐目标趋于一致。

二 新选的上海商团总司令

就在上海各方酝酿共图大计之际，另一方面的重要力量也关注上海，想借力上海商团，并派人前来联络，这就是江北提督兼南京陆师第九镇统制（师长）徐绍桢。派来的人不是别人，正是陆军第九镇的管带（营长）李显谟。

开头部分已经讲过，李显谟又名李英石，是李平书的侄儿，原是江南陆师学堂的学生。1901年，他与蔡锷、胡汉民等26人由吴稚晖带队去日本留学。其中，他与蔡锷等9人坚持要留学日本成城学校，而清公使故意阻挠，引发吴稚晖大闹东京公使馆事件。

事件中，李显谟砸了公使官邸的陈设，被日本警察驱逐回国。后来李显谟转入将弁学堂，毕业后再次留学日本士官学校，为第六期骑兵科。毕业后，投到徐绍桢部下，任马标第一营管带（就是骑兵团的营长）。武昌起义后，徐绍桢正想在南京率陆军第九镇起义响应，于是派李显谟去武昌和上海联络。

徐绍桢也是老资格的革命党人，他部下就出过赵声和冷遹等著名的同盟会军事起义领导人。

李显谟的到来，使李平书信心大增。同徐绍桢携手，就意味着与苏浙皖最强有力的陆军力量联手了。

11月1日这天，上海商团举行大会。

李平书给道台刘燕翼、县令田宝荣提供的信息是：

上海商团的集合是为了落实父母官的训示，为了更好地保护地方治安，邀请第九镇军官来沪加强商团训练。

由商团联合会集合所属23个商团团员二千余人，在南市"九亩地"举行盛大的检阅典礼，李显谟担任总检阅官。李显谟台上的革命讲演激动人心，全场轰动，被一致推为商团临时总司令，统一负责指挥训练。

商团总司令下辖六个司令：

沪学会商团，穆湘瑶为司令；

商余学会商团，郁怀智为司令；

沪西士商商团，吴馨为司令；

商业体操会商团，名义上李平书为司令，李指定朱少沂代理司令；

商学补习会商团，苏本炎为司令；

闸北商团，钱贵山为司令。

各个分商团司令在总司令的领导下，负责本商团的操练和指挥。

这操练和指挥就是起义预演。

有些网络上的文章把上海商团显山露水，高调革命，说成是陈英士掌握了李平书的上海商团，掌握了沈恩孚的上海议会，掌握了穆湘瑶的上海警察……这只是后人对历史的误读。事实不是那样。李平书、穆湘瑶、李显谟、沈缦云、王震（一亭）预谋进行上海光复，并不是为了被掌握和被领导，更不是为了争取被同盟会掌握和领导。

上海商团转向革大清命的原因。

一是他们认为上海是其根本利益所在，他们必须那样做。上海搞的自治运动的目的，就是要模仿西方推行市民制度，排除王朝的种族政权。他们的榜样是西方的政治制度，而不是要效忠大清朝廷。

二是南京徐绍桢的陆军第九镇与他联手。陆军第九镇军力强大，有这靠山，不怕来自松江和苏州的清军干预，上海商团可放心一搏。

三是只要不是出动大批清军来镇压，他们能完全控制老城区及城外的东、南、西三区。

同时他们的确是在为武昌形势担忧，希望起义能对武昌起支援作用，加速满清灭亡。

说到上海起义的23个商团，我们应该提一下一支人数只有70名成员的回民商团，它的领导人是沙善余和伍特公。之所以要提到伍特公，是因为伍特公是当年墨水瓶事件中遭受冤屈的学生。正因为伍特公受冤屈，激起全班乃至全校学生的抗议，激起了中国历史第一次大学潮，使许多人走上反清革命的道路。同在这商团起义中，伍特公和墨水瓶事件另外参与者穆湘瑶和赵晋卿就这样凑巧地又走在一起了。此时伍特公是路透社和法新社上海站的记者，他一辈子也不忘参加这次起义。穆湘瑶是商团第一路司令兼警务总长，而赵晋卿属于吴馨为司令的沪西士商商团。伍特公、穆湘瑶和赵晋卿在前文介绍过他们。赵晋卿自上海光复后就发达起来，次年就为沪西士商商团会长，几年后成了上海总商会会长、中华总商会的主席兼公共租界的华董及后来国民中央政府不拿薪水的部长。还有经历爱国学社的其他同学黄炎培、柳亚子、邵力子也参加上海的光复，但那几位同学不是上海商团的成员。

11月1日，白天上海商团全员集会检阅，作备战动员。晚上钮永建、陈其美与商团的李平书、吴馨、叶惠钧等人聚会，定下了"上海先动，苏杭应之"的方针。大清在上海本地没有强大的军力，占领上海没有问题。但朝廷部署在松江枫泾的陆军第23混成协，及该协驻苏州城内第45、46两标都是大清的主力军。枫泾正处于苏浙大运河的中心，北通苏州，南达杭州，东通黄浦江，是扼守松江上海的咽喉要道，位置十分重要。陆军第23混成协本就是清朝对松江、苏州两府的威慑力量，上海正是它的控制重点，这对起义的威胁很大。对这点，钮永建担保说，他可以搞定这两处军队。驻苏州城内第45标统刘之洁是钮永建、吴禄贞在日本军校同学。刘本人是同情革命的，他长期协助革命党人吴禄贞在东北从事新军运动。枫泾第23混成协协统艾忠琦虽然不激进，但他明哲保身，不是多管闲事的人，手下各标各营锐气正盛，他大都是睁只眼闭只眼。特别是第45标标统刘之洁深得巡抚程德全赏识，刘实际控制着45、46两标，艾忠琦无可奈何。

很快光复会也表示赞同"上海先动，苏杭应之"的方针。于是商团、同盟会、光复会决定联合行动，但有各有重点：中部同盟会重点是占领控制江南制造局，光复会重点是策反吴淞和市北的湘军系统军警，从而控制吴淞要塞，封锁黄浦江长江航道。商团则是驱逐朝廷的上海道台和县令，结束朝廷对上海自治的干预。这样的分工，既控制江南制造局又控制吴淞要塞，结束朝廷力量在上海的存在，大清海军通过长江增援清军攻打武昌就不可能了。

三方在行动中各有侧重但危急时刻必须毫不犹豫地互相救援。这是共识，是出于共同命运。虽然他们对胜利后权力的分割有默契，但无明文约定，以至于差点留下后患，好在事后他们还是能通过妥协来解决问题。

而此时集中于上海的宪政派是纯知识分子，没有组织暴动的能力。他们只在造舆论方面有优势，而在武装行动时最多只能是参与策反。

驻沪大清官员是上海道台刘燕翼、知县田宝荣，自武昌起义后，他们表面上加强了防范，分别照会公共租界与法租界，要求选派探捕，在各轮船码头严密搜查，

防止革命党人运送枪械军火。但租界方面表态说严守中立。刘燕翼还发出安民告示，声称：

> 湖北兵变，不日便会平定，其他各省各埠，均安静如常，大家不要听信谣言。

但实际上他们此时心中狐疑，感觉前途难料，因为他们没有任何有效手段对付乱党。但他们始料不及的是，结束他们政治前途的竟然是上海商团！

11月2日（夏历九月十二日），就是中部同盟会和光复会接到黄兴、宋教仁求援电报的那天晚上，三方约定第二天同时起事，统一以白旗和上臂袖缀白布条为标志。上海老城厢由李平书通知商团及救火联合会进入准备，以南市救火总会次日在钟楼鸣钟9响，继以13响为号，由警务长穆湘瑶派出全部警察控制道路并把守城门，负责地方保卫事宜。商团全体集中到位。下午四点，三方面一起行动。

钟楼鸣钟9响，继以13响的信号就是"九·十三"的意思，上海光复就定在九月十三日这天（即公历11月3日）。陈英士和《民立报》等代表的中区同盟会方面，原本坚持要用"青天白日"旗为起义标志，但最终同意用白旗白袖章的主张，表明大家能以大局为重。商团和光复会方面反对的理由很简单：

> 夜间行动，白旗白臂章容易彼此识别，而且准备起来容易。剪了白布，明天一早就可以发下去。

辛亥民军的标志是白旗白袖章，从而辛亥民军被称为白军。

鲁迅小说《阿Q正传》中阿Q梦见的革命军是"白衣白甲"，这其实正是说明辛亥民军以白旗为统一的旗号，以白袖标为标志。所以白军的称呼，本身不含贬义。白既表示革命，还包含着对明朝亡国的悼念。许多地方的庆祝光复的仪式，同时也是悼念明朝的仪式。

前面提到，在辛亥年九月十三日这天（1911年11月3日），湖北民军政府黎元洪都督在阅马厂筑坛，拜黄兴为总司令。同在这天，上海起义发生了。

三　上海起义

11月2日午夜后（即3日清晨，夏历九月十三日），果闻钟声铿锵，连鸣两次，商团团员莫不欢呼雀跃，知时机已成熟了。

上海起义就这样平平常常地开始了。很平静，很温和，略带点戏剧性，并没有多少可歌可泣的人物，更没有惊天动地的故事。但在中国近代史上，却极其重要。

起义第一枪在闸北因"擦枪走火"而响起。

11月2日晚三方碰头会后，李燮和激动不已，连夜做好准备。11月3日一早将白旗发给已经联络好的军警，约定兵士衣袖挂白布条，下午4时举火为号，举行起义。

不料，情况突变，闸北警局陈汉钦准备起义的秘密，被巡警中的朝廷暗探汪景龙发现，汪用手枪押陈汉钦到巡警局长姚捷勋的签押房。

没料到这姚局长面对汪景龙和陈汉钦，显得十分糊涂，言不达意地打哈哈。陈汉钦见状就反过来说汪景龙是神经病，没事找事。汪景龙大怒，开枪击陈，不中。姚局长此时大声呵止。同时，门外准备造反的警员们气势汹汹，大声喧哗，并在隔墙放火。暗探见状大惊，慌忙逃走。

姚局长此时料想局面已不可逆转，而自己又没有参与革命的思想准备，于是对陈汉钦说了一声：

子善自为之。

挂冠离职而去。

接到陈汉钦的报告，李燮和果断下令提前发动起义。

上午11点，陈汉钦率闸北众警察占领闸北巡警总局并升起白旗。尹村夫、吴龙泉等人见形势已是箭在弦上，不得不发，于是不等李显谟号令而提前率领闸北商团配合行动。下午2时，闸北全境不费一枪一弹，已被民军占领。这民军就是起义军警和商团的合称。

接着，闸北商团进入上海火车站，并要控制火车调度室，就主权问题与租界当局英方派驻的"万国商团"发生争执。最后英方被迫接受民军进驻火车站的事实，并同意将清朝统治的象征龙旗卸下，换上民军旗帜，其余各条须请示上级后才能决定。后来，李平书与租界交涉，英国总领事表示：

一旦革命党领袖派出一支显然有组织的军队来保护车站，万国商团便应从该站撤出，只是这条铁路不为任何一方运输军队与军火。

这显然包含不许清军使用沪宁铁路之意，正符合上海民军的愿望。李平书的商团终于正式接管沪宁铁路，穆湘瑶弟弟穆藕初出任沪宁铁路警务长。

下午，闸北起义胜利消息传出，驻扎浦东的沪军巡防营由管带章豹文率领，巡防水师五营官兵由管带王楚雄率领立即响应，升起白旗宣布反清。最后吴淞炮台守军姜国梁等易帜反正。11月3日当天，李燮和在上海闸北商团配合下，一枪搞定闸

北到吴淞宝山的全部局面。清廷在闸北的80%军警参与起义。第一枪还不是革命党人放的，而是朝廷暗探开的。

上海老城的光复计划按部就班进行。

11月3日上午9时，各商团队伍在斜桥上海总商会集合，队伍排列好后，即有人登台演说，宣布独立，扯下了清朝龙旗，升起了标志革命的白旗。一时欢声雷动，经久不息。

会上陈其美提议成立上海军政府，并提议李平书为上海民政总长，外交总长由李平书的朋友外交家伍廷芳出任，沈缦云出任财政总长。陈其美提的这些都是商团方面的人，以表示合作的诚意。

商团方面没就上海军政府多发表意见，也没对应地提名陈其美及其同志参与上海军政府。显然，没猎得天鹅，就谈如何分食天鹅肉，为时过早。而是由李显谟登台发号施令，要各商团午后集中沪军营操场领枪。领枪后，各分团大部人马进入城厢指定分区控制局势，并派出部分商团人员与陈其美一起进攻制造局。陈其美则随后登台指令张承槱、刘福标的敢死队下午2时会齐江南制造局门口，集合待命。

朱葆三是上海道衙门的总账房，平常从事经济活动，表面对政治不太热心。由于朱葆三平常代理上海道台处理经济事务，加上他办事爽快利落，在商界享有盛誉，社会上广有"上海道台一颗印，不及朱葆三一封信"的传闻。这天上午，朱葆三正与道台刘燕翼在衙门，刘燕翼给朱葆三看了两江总督张人俊的电报：

上海革命起事，商团尽叛，已分南京、松江两地进兵。无论革命党、商团，擒获者，全数正法。

朱葆三看后不动声色，伺机潜往商团司令部向李平书密报，再回来报告说外面情势危急，城门大道已被叛变警察全面控制。他规劝刘燕翼、上海知县田宝荣一起越墙逃往租界内的洋务局躲避。

其实此时，两江总督张人俊已自顾不暇，电报不过是用来安抚下级的。南京第九镇新军，已是两江总督头顶上的一把刀，张人俊正尽一切手段防范九镇徐绍桢。驻松江枫泾的那个第23混成协（旅），张人俊或革命党谁才调得动他们？那也只有钮永建和徐绍桢心中才有数。

刘燕翼、田宝荣一逃，上海城道衙、县衙的衙役如鸟兽散，城厢没有抵抗力量。商团在没有发生冲突的情况下，顺利地占领了各处。其中，冯少山率领沪西商团占领南城、西城；尹村夫、冯润生率领商余、清真、洋布、韫怀、伶界等商团占领东城、北城；刘舜卿率领书业商团占领硝磺局。到下午四时，各城楼均悬挂大白旗，城门全由民军（商团）把守。这硝磺局就是火药厂。

商团和警务队不费吹毛之力，控制上海除江南局之外的全城。

光复后的上海到处挂白旗，表示赞成革命。这表明中国人憎恨满清种族主义的野蛮政权，这是历史事实。

四 江南制造局之战

下午5时，张承榌、刘福标的敢死队和部分商团成员及学生军集合在江南制造局门口，准备发动进攻。

此时，李燮和的光复会已经在闸北及宝山、吴淞大面积区域实现光复，原湘军系统军警万余人投到光复会旗下，光复会实力大涨。

而李平书的商团也已不战而胜，占领整个上海城厢和城外除租界的东、西、南三区。

陈其美眼看其他两方面斩获无数，而自己集合在江南局门口的队伍依然是寸土未得，一枪未获，不免心急。但他雄心十足，他相信，爱拼才会赢，只要敢去拼命，成功就在眼前。在自己前面的，就是大清独一无二的大兵工厂，而且已经处于孤立无援的地位，只要占领它，就断了大清的武器来源，就能有力地支援武昌起义军。

从上海城厢不战而下的情况来看，陈其美认定江南制造局总办张士珩是绝不敢负隅顽抗的。在下午5时许，他等不及与上海商团协调，就率党人及张承榌、刘福标的敢死队员进攻制造局。

张承榌、刘福标的敢死队包括高子曰、杨谱生在内总共才百把号人马，日本士官生丁怀瑾的海归敢死队不过一个步兵班，加上来助战的商团成员和学生军，总人数也不及张士珩300人的制造局守卫队。陈其美下令要刘福标组织的敢死队当先锋，发起冲锋。他们想趁制造局工人放工交接班之际，涌入制造局内。驻守厂门城楼的清军居高临下，先放空枪一排示警。敢死队员和学生见枪响后并无子弹射来，就继续冲过去，扔了几个自制的手榴弹。清军空枪之后这回来真的，守军以实弹射击，冲锋在前的敢死队员一死数伤，后者纷纷溃逃。其实这刘福标的敢死队并不"敢死"。队长刘福标原是一个在城隍庙卖膏药的拳师，100多名队员都是临时凑合而成，其中有帮会人员、江湖艺人、退伍勇卒，而以镇扬帮理发师居多数。因这些人大多

数未经过军事训练，没有战斗力。张承槱的敢死队是中国公学来的一些学生，没有枪械武器，同样没有战斗力。配合进攻的几十名商团及学生也一样。

在守厂的清军机关枪下，他们动弹不得。

见此场面，陈其美认为凭自己这点军事力量没有取胜希望，决定冒险只身进入局内劝降。

大家表示反对，但陈其美执意如此，众人无可奈何。

众人按陈的示意而后退，守军停止射击，陈其美高摆双手向前，到大门口自称是《民立报》记者，只身不带武器而来，是为了调解冲突，和平解决。在门口对话时，被清军突然按倒地上五花大绑。拘捕陈其美后，清军认定他是头领，于是威胁门前的义军退走，否则将陈其美在门前砍头示众。

没当成说客，反当了人质。陈其美这下可招惹麻烦了。

带着学生体工队来增援的钮永建见状，除了叫喊外，也无计可施。派人向李显谟请求增援。

此时正是黄昏时分，进攻江南制造局失利的张承槱等敢死队退回县城。守城的见是带白袖标的友军，不加阻挡，敢死队直奔上海道台衙门。一起奔向上海道衙、县衙的还有闸北商团的李征伍等人。

这上海道台衙门和上海县衙门究竟在何处？

其实道台衙门和上海县衙门远不及文庙和城隍庙那么显赫。旧朝廷官员对文庙这种地方还是敬畏有加，不敢越轨。道台衙门和上海县衙门显得相当简陋，如今黄浦区（南市区）金坛路的一家幼儿园据说就是原道台衙门，而豫园中学则是原上海县衙门所在。

此时，道衙、县衙的旗杆上已经挂起胜利的白旗，反正的原守署亲兵经商团同意，戴着白袖套继续留下维持秩序。张承槱敢死队没受阻挡直入三堂，抢取衙门文件放火烧。不想道台衙门屋檐太低，房顶竟然扬起浓烟大火，失火闯祸了。张承槱等顾不着救火，接着又去参将署烧东西，又引起参将署失火。

远处救火会的瞭望塔见到烟火，又响起了一阵警报。这次是真的消防火警。好在全部人员都处于战备状态，大批救火队出动灭火抢险，免了一场火灾。

有人说是敢死队故意放火，但多数人认为是失火，反正没人较真。这改朝换代的大变动，没有战火，没有流血，就反而使人感到不正常。不过张承槱丢下自己的指挥官陈英士死活不管，自己跑到这儿来玩火，有点不可思议。

上海城厢光复当日，百姓反应一切如常。

李平书以上海军政分府名义出安民告示。为何取名军政分府，估计当时没有认真思考，可能只想到是中华革命军政府的一部分吧，这时虚张声势的上海军政分府，与11月9日以后真实的上海督军府是两回事。

以下是史料关于11月3日那天城区秩序的记载：

是日夜里，各商团分区出防，维护治安，凡监狱改过所、硝磺局等要地，防守尤严，救火会亦全体戒备，社会秩序稳定。一个典型的例证是，民军占领城厢时，南市新舞台演戏如常，观众看戏亦如常，似不知本城有变者。伶界商团部分团员，在演完夜戏后，便卸装去参加攻打制造局。

这新舞台，就是名角潘月樵的演出场子，而潘月樵正是伶界商团的领队。

李平书、李显谟得到钮永建和商团等的报信，十分焦急。李平书决定自己进江南制造局与总办张士珩交涉。李显谟先不同意，但在李平书坚持下，李显谟就陪同李平书开车进厂。

原本，李平书就是江南制造局的提调。这提调与总办的关系是二号与一号的关系。如果说总办张士珩比做江南集团公司党委书记兼董事长的话，李平书该是总经理。虽说这些年，李平书忙于上海自治，多数时间不在厂里，但李平书任江南制造局提调的时间长，江南制造局内外关系多，威望高。张士珩虽说是正职，但号召力依然不及李平书。前些天，李平书会晤过张士珩，建议不给两江总督张人俊及进攻武昌的冯国璋等发军火，但张士珩不理睬。李平书也正想如何对此采取措施，但当时没想过要动枪动炮。

这总办张士珩是李鸿章的外甥，本是从天津调来，是个不干净的国有军工企业老总。这次，张士珩拿住陈英士在手，李平书是来请求释放陈其美，有求于张士珩。但李平书诚恳与客气的后面，还是带着商团总司令同来。可张士珩却一不看形势，二不卖情面，并讽刺说是"书生不知利害，妄思革命，徒送死耳。"

旁边李显谟气鼓鼓的，但忍住了。出来后，李显谟认定必须武力解决。

在当夜零点前，李平书、王一亭再次赴局见张，愿以自治公所和商会名义保释陈其美。张士珩仍不允，说陈其美自称系《民立报》访事，那么应由该报具结，保证"以后不来局滋扰"。这次张士珩虽暗示可保陈其美活命，但仍拒绝保释。

常言说，先礼后兵。李平书这可是一礼再礼了，张士珩仍不领悟。礼过兵来，后面就将是靠枪炮说话了。于是使人发消息通报厂内职工、护厂的清军巡防营和炮队营及黄浦江中停泊的朝廷海军飞霆舰（舰长正是后来大名赫赫海军名将林建章。这林建章在1918年率中国舰队驻军海参崴和庙街，中国军队武装干预西伯利亚，迫

使北国政府宣布废除中俄不平等条约）。巡防营和炮队营的指挥官大都是湖北武备学堂的学生，而李平书曾是学堂的负责人，有师生之谊。

4日凌晨1时，总司令李显谟发出总攻令。商团团员、起义士兵及敢死队员700人从四面八方向制造局发起总攻。李平书坐镇在城内救火联合会筹划指挥。李显谟偕冯少山率领负责通信的马队，在阵地附近指挥作战。当时没有野战电话，更没有无线电台，用马队联络各阵地，算是最便捷的办法了。究竟是长期在军校锻炼出来的，李显谟安排得当，指挥有条不紊。

从正面进攻的民军攻了两个多小时，仍相持不下。而进攻江南制造局军械库的商团及城区巡防营起义官兵，在局内工人配合下，破墙而入，夺取了军械库。于是开库发枪，参与的商团成员连同随钮永建参与攻打制造局的南洋公学与龙门师范师生都人手一枝新枪，转而从侧翼进攻总厂。江南制造局的总军械库应该是在龙华。当时制造局很大，沿江从南码头延伸到龙华。此时攻下的军械库不知是否就是指龙华的总军械库。

原上海道各署的起义军队和商团组成的民军也由船厂海军栅进入船坞，开展侧攻。在后门进攻的伶界商团团员潘月樵系京剧武生，他发现门侧有木制栅栏，就建议火攻。附近一些杂货铺店主自动捐助火油多箱，潘月樵遂利用道具辅助，蹦跳到墙上和进攻的人员一起纵火焚烧并冲进了制造局，潘月樵立了首功。

民国临时政府成立后，临时大总统孙中山亲笔题"急公好义"的匾额褒扬潘月樵。潘月樵也被授予民军少将军衔。民国初年，潘月樵先后担任军长和巡防统领等。后因反对袁世凯称帝，处境极为困难，最后重操旧业，创办"天仙科班"，为京剧培养不少人才，弟子有麒麟童周信芳等人。潘月樵从虚拟的舞台将相到现实的民军将领，最后再回虚拟的舞台世界，真是人生如梦啊！

潘月樵还是幸运的。

还有一路商团从制造局炮兵营护墙沟内夺得钢炮一门，搬到江南局北大门外对准大门开炮轰击，一下子厂内大乱。

你说这不奇怪么？炮兵营不向民军开炮，反而是连炮带弹送到护墙沟去被民军"夺"走，彼此之间没人流血挂彩。这还不就与局内工人配合夺取了军械库一样吗？

商团攻进局内，喊声与火光一片。张士珩急令驻厂的巡防营和炮队营抗击，谁知两营官兵已与李家叔侄暗通款曲而按兵不动。"巡防营观望不前，炮队营不但屡调不出"，还把大炮连炮弹一起"被抢"到革命党人手中。无奈，张士珩急请海军飞霆舰救援，谁知该舰也早与对方默契，回以"炮未安齐"，不予理睬。

眼看大势已去，张士珩慌忙下小船，逃出制造局。局内守军陆续退出阵地缴械投降。

闸北和吴淞的李燮和组织的光复军也在黎明前赶到。各路参与上海光复的队伍在11月4日凌晨胜利会师于江南制造局。大军涌进制造局，逐个占领阵地，清理战场。

至此，上海全面光复。

这场攻打制造局的战斗又是开枪开炮，又是放火烧房，究竟死伤如何？

民军方面后来笼统说是死伤70余人，这些人至今都只能列入无名英雄了。因为没有任何再具体的回忆。而守方的清军有牢固工事城楼，最后又是主动投降，不知是否零死亡？反正也没有详细记载。

此时，指挥部最关心的一个有名有姓者的死活，那就是陈英士。

张士珩和亲信逃了。陈英士下落不明。李平书、李显谟下令搜遍全局。

最后，花了几个钟头，终于在厕所旁边的一个储藏钢铁的小房间里找到陈英士。一位目击者记述为：

只见他手足带绊着镣铐，坐在一张条凳上，头紧靠着板壁，默然不动。一看，原来他的发辫从新凿的洞孔拉出房外，房外梁上挂着一个铁钩，发辫就紧紧缚在上面，所以他一动也不能动。同志们给他打开镣铐，放下发辫。他已经手足麻木，不能走路。

还有一说是海军军舰向船台开炮，吓跑了张士珩。但这一炮可能不是林建章的飞霆舰开的。有记载说飞霆舰没有理睬张士珩开炮的请求，但没记载该舰向张士珩的部下开了炮。而开炮的应是驻上海的其他已起义的军舰。几天后，飞霆舰开到九江的江面上，正式起义。领导九江光复的是林子超（林森）。林建章与林森是老乡，也是本家。只是此时林建章还只是小小的舰长，相当于校级军官。

有一段记录提到江南局光复时与海军军舰的误会。南洋公学的军体教练魏旭东、助教许奇松也随钮永建参与攻打江南局。许奇松也曾留学过日本并参加同盟会。当时许奇松正在船台附近，一军舰先向船台开炮，然后旗语联系。民军在江南船台摇白旗作答。许奇松见这兵舰开来，挂着万国旗，然后有当官的放软梯下小船，以为是传说中帮朝廷的德国兵舰，立即开枪射击。实则这艘不是德国兵舰，而是已起义的清廷军舰，它来协助民军攻打制造局。等到许奇松弄清楚时，该军舰下软梯的军官已中弹。从而社会上就误传开南洋公学学生军攻打起义的南洋水师，是"南洋"打"南洋"。其实是场误会。

五　江苏独立

11 月 4 日上海光复，就在这天，通过在《时报》报馆息楼与赵凤昌家惜阴堂的周密筹谋，虞洽卿、黄炎培、钮永建、陈陶遗、章梓等同盟会员及沈恩孚、史量才等人分别去松江和省会苏州，策划更大的行动。他们要策反江苏巡抚程德全，要他出面宣布江苏独立，脱离大清朝廷。而事前，其中一些人曾以江苏咨议局名义，要张人俊脱离清朝宣布独立，而遭拒绝。于是这些人把策划江苏独立的计划落到程德全身上。而钮永建没有去苏州，他去的是松江。他此行目的是为了实践自己在 11 月 1 日许下的诺言：

化解松江枫泾新军第 23 混成协对上海的压力。

4 日当晚，钮永建与黄炎培、陈陶遗、章梓及沈恩孚、史量才等军民 50 余人先至枫泾，动员新军第 23 混成协响应起义。23 协协统艾忠琦因不同意起义而连夜潜逃。11 月 5 日晨，上海民军与起义的新军 23 协官兵入苏州城占领各机关，并赴巡抚衙门以全省军民及省议会的名义要求宣布独立。

见形势如此，巡抚程德全同意反正。按预先商定的程序，宣布江苏省军政府成立，程德全出任都督。

程德全留黄炎培和沈恩孚等咨议局议员在江苏省军政府任职，特别委托雷奋作为江苏都督代表，与起义各省及湖北军政府联络。

程德全出任江苏都督，其背后有三种力量在支持。

第一是陈陶遗代表的原江苏同盟会。陈陶遗排除同盟会内其他非议，全力拥护程德全；

第二是第九镇统制徐绍祯的支持及刘之洁的拥戴。松江枫泾起义的苏南新军第 23 混成协改制为民军；

第三是张謇的咨议局。

张謇等人因张人俊顽固而转向策反程德全。这时的张謇正与赵凤昌等正在上海联络全国各省的咨议局议员，要求议会用统一的声音来说话。在辛亥革命中，各省咨议局的作用不可低估。

由于三方都支持，而其中任一方都不想打破江苏的平衡而单独掌握局面，所以程德全一下子成了众望所归。

巡抚衙门前挂起"中华民国军政府江苏都督府"牌子，旗杆上扯起"兴汉保民"的红字白旗。有人把巡抚衙门大堂屋上的几片檐瓦用竹竿挑去，以示革命必须经历破坏才能成功。

就此苏州宣告和平光复，没流一滴血。

不流血、不破坏的革命，在大家看来会权威不足，所以后来还是补充流了血。

由于钮永建、黄炎培、陈陶遗、章梓等同盟会和江苏同盟会的成员支持程德全的态度与中部同盟会暗中密谋驱逐程德全的行为有差异。后来，受陈其美支持的蒯际唐、蒯佐同两兄弟，企图策划驱逐程德全，推翻江苏省军政府。事情很快败露，程德全将他俩密捕枪杀。但此案涉及苏州驻军的很多人，程德全只杀了二人，等事变平定后，程德全将搜获的文件、名册一把火烧了，以安定人心。

随后程德全成立总参谋部，自任参谋总长，聘同盟会的钮永建、顾忠琛等二人任参谋次长，以示团结，同时也加强对民军的控制。

江苏都督府组成如下：

都督：程德全

参谋总长：程德全

次长：钮永建，顾忠琛

民政总长：李平书（留上海，未就），张謇（兼）

外交总长：伍廷芳（留上海，未就）

以下是：

外务司长：马相伯

军务司长：陈懋修（后为民军三师长，二次革命前夕被内部枪杀）

政务司长：宋教仁（后为唐绍仪内阁的农林部长）

内务司长：张一麐（后任袁世凯总统府秘书长，北洋教育部总长）

财政司长：熊希龄（后任北洋国务总理）

通埠司长：沈缦云

教育司长：黄炎培（后任北洋颜惠庆内阁教育总长）

都督府秘书：沈恩孚，黄炎培（兼）

参事会长：范光启

雷奋作为都督代表，与各省军政府进行联络。

在上海的原江苏咨议局正式改为江苏议会，张謇为议长。

出任要职的钮永建、顾忠琛、宋教仁、沈缦云、黄炎培、范光启都是同盟会员。江苏省军政府从而相对稳定。前文对范光启没作交代，范光启是《民呼报》《民吁报》《民立报》的社长或总编，负责中部同盟会的宣传舆论，参与策划陆军第九镇徐绍桢起义。后来因坚持反对袁世凯，而遭袁世凯在上海的爪牙郑汝成暗杀。

顾忠琛是原新军第三十一协协统（旅长），新军第三十一协本属安徽，因驻守太湖，与苏州相邻。现江苏独立，顾忠深响应，自然就近参加。自此，程德全总参谋部有钮永建、顾忠琛代表的松军（原23协）和苏军（原皖军31协）。遗憾的是30年后，晚年的顾忠深陷入汪精卫的泥沼。

同日，钮永建在松江宣布松江光复，成立军政分府，钮永建任都督兼军政部长。

上海光复的消息传到杭州后，同盟会员褚辅成与光复会员朱瑞等发动81标与82标起义。蒋志清（介石）等率上海敢死队到杭助战。经一夜战斗，于11月5日光复杭州，清朝浙江巡抚增韫被俘，将军德济投降。由于传说中的增韫是个大孝子，对其母亲极其孝顺，革命党为此对他陡生敬意，他及家眷备受优待。11月7日，浙江省各界代表开会推举都督，举浙江咨议局议长汤寿潜为都督，褚辅成任政事部部长，管辖各部。

6日林述庆宣布镇江光复，出任都督。

同日，无锡光复，成立锡金军政分府，秦毓鎏被推为总理，继称总司令。

8日扬州亦为革命军占领。

两天之后，萨镇冰的大清海军停泊镇江江面，所部镜清、保民等14艘舰艇同时响应革命。

江苏独立，朝野再次震动。

11月8日这天，隆裕皇太后代表朝廷向全国发罪己诏，想用眼泪博取大众同情，以图转变民心。

狂妄傲慢的大清朝廷此时已心知肚明，260余年的种族独裁政权大势已去。

这只是上海光复后连锁反应的开头部分。

六 辜鸿铭被"礼送出校"与学生军的建立

回头来继续讲上海光复发生后的事。

11 月 4 日上海光复那天清晨,参加攻打江南制造局的南洋公学师生胜利返回学校。每人带着江南制造局军械库拿来的枪支和弹药,全副武装,在校园里遇到乘马车来校的教务长辜鸿铭,于是学生们拦住,与他辩论。学生们与他有过节,非要辩出个谁是谁非来。

就在几天前,辜老师在上海英文报《字林西报》上继续发表反对革命的文章,文中说,中国坚决不能发生革命,一革命就要亡国。还说革命党是毒血,要动手术把毒血排掉。

学生要他承认文章是错的,因为革命已经发生了,中国好好的。租界列强严守中立,对上海已发生的事,不偏不倚。辜老师言论不成立。同时还要求辜老师就攻击革命党是毒血的话向革命学生道歉,道歉的表示是挂起白袖章,表示改变立场转向革命。

但是辜鸿铭不肯认错,更不肯挂起白袖章改变立场。

他说:

你们革命,就要保证各人的思想自由。

我在报纸上发表文章表达个人观点的权利,就必须由你们的革命提供保证。反对革命是我个人观点,不是代表学校讲的,也没有代表了你们各人,因而没有必要道歉。

双方闹哄哄争吵没完。学生也自己感到无法辩赢这口若悬河的怪老头,最后在校内利用教学船的桅杆,升起白旗,表示南洋公学全体赞同革命立场。

校长唐文治也到场,他向辜鸿铭叹口气说:

这是大势所趋。

学生们欢呼,并放鞭炮助兴。

有个学生把鞭炮挂在辜鸿铭马车的马尾巴上点燃,吓得马慌忙逃窜。在学生的哄笑声中,辜鸿铭连人带车就被惊马拉出校门。点鞭炮,礼送"政敌"出门,开了民国将"政敌""礼送出境"的先例。

辜鸿铭这一出校门，就再也没进南洋公学大门。虽然他就住在南洋公学一墙之隔的虹桥路上郑孝胥的家里。其实，学生本对辜鸿铭没有成见，平常感到辜有点怪，但却很有学问。他的课，也很受欢迎，但没想到这老头居然那么犟！

辜鸿铭被礼送出校成了新闻。辜鸿铭口口声声反对革命，却又针锋相对地坚称：革命必须保护他的言论自由和人身自由。

从这以后，"怪人"辜鸿铭的名号响遍南北。

回到南洋公学的学生军并没有停下来。

他们打开南洋公学的军械库，里面本有一大批枪械，许多学生一下子兴奋起来，要拿枪当革命军。但学校不是兵营，要当兵就要自己找地方安营扎寨。

于是有人指出上海还有一个地方没有实现光复，还由"清军"继续把守。原来那指的是李鸿章祠堂。李鸿章死后，朝廷给了李鸿章"文忠"的谥封，建了祠堂。那时的学生普遍认为李鸿章是卖国贼。于是学生们产生了拿枪进攻李鸿章祠堂、把它当做兵营的想法。

当时南洋公学与李鸿章祠堂都在沪西郊外的田野上，河道沟渠纵横，南洋公学四周还开挖护城河，唯一相通的路只有一条法国人越界修路的华山路。但华山路有法国的巡捕巡逻，不能拿着武器行走。于是学生们空手从校门出华山路，少数人打开后门，在河面搭临时桥把枪弄出去，经华界的法华镇路出其不意占领李鸿章祠堂。守祠堂的原来不是清军，而只是一批"黑猫警长"——保镖和家丁。

学生们把李鸿章铜像用白布蒙起来，祠堂门升白旗，就算光复了。原本护祠的"黑猫警长"们乘机监守自盗。祠堂里有许多摆设，如自鸣钟、插屏、花瓶等，当然是公物，"黑猫警长"却说是他们的私物。学生们没经验，只要他们立刻离开，就让他们作为私物拿走了。

最激烈的表现是学生们看到李鸿章一幅油画像，就以极其愤怒的心情，用刺刀乱刺乱劈，扯得鸡零狗碎。当时大家认为做得对。不料原南洋公学的美国籍教授福开森，他也是著名的中国文物收藏家，听到学生占领了李公祠，匆忙赶来，要学生保护这幅油画。据他说，李鸿章以全权大臣名义与日本签订《马关条约》时，被日本人刺伤了。那是日本人一手造成的国际丑闻。为此，一个著名的日本女画家特为李鸿章画了这幅油画。它关系到中日甲午战争和《马关条约》，还因为自古以来，两国交兵，不斩来使。这类暴行，只有日本人才干得出来，也是世界级的丑闻。那油画属于应该保护的文物。

学生们闻之，无不追悔莫及。

这就是伴随上海光复的一些真实历史场景。

随后，南洋公学学生军和龙门师范学生军在南市泰康旅馆召开"上海学生军成立大会"。学生军章程宣告其宗旨是：

灭满兴汉，建立民国。

学生究竟是学生，多数人不久就回课堂上课去了。上海学生军中坚持留队的人员中比较有名气的是钱大钧。钱大钧既不是南洋公学学生，也不是龙门师范的，而是来自江宁的江苏陆军小学堂。后来他是黄埔军校首任参谋长兼教官，后期代理过黄埔军校校长和教育长。1932 年他任主力陆军第 13 军上将军长，该军 88、89 两师长就是著名的孙元良和汤恩伯。抗战胜利后钱大钧当上海市长兼淞沪警备司令，调离之后，淞沪警备司令就由汤恩伯继任。

后来真正按孙文的意见建立的学生军，主要来源并非上海光复时的学生军，是一支以军校士官生为骨干的部队。

顺便提及，后来学生退出李鸿章祠堂，而复旦公学在吴淞的校舍先被李燮和占据为光复军司令部，后又在二次革命中被摧毁。孙中山出面把李鸿章祠堂调拨给复旦公学作校舍，至今那里还是复旦中学。

设全国性的学生军，其中更深层次的原因是江苏省只能有一个都督，镇江、松江和南京就不要再设都督了。后来林述庆改当苏军北伐总司令，钮永建改当学生军都督，徐绍桢改当南京临时政府卫戍总督，这就解决了江苏一省多督的问题。只上海保持例外。

七　上海都督之争

上海光复后是否因权力再分配而引发丑闻的事，至今争论不休。

1911 年 11 月 6 日下午，上海城旧海防厅的确发生了一场争权夺利的纠纷。

究竟那场纠纷中，谁是谁非？谁高尚，谁卑鄙？

谁吃亏，谁占便宜？

老祖宗们是否因此而丑陋？

从现在的观点来看，这些根本不重要。重要的是过程，是结果。重要的是这其中是否有人性的亮点。

其实争权本身不能算是丑闻，争权是一种博弈过程。

倘若博弈的最后，各方能委曲求全，达到利益均沾，实现多赢，不愧是一种好的选择。倘若强敌犹在，就搞内讧，最后势必搞得蛋打鸡飞，大清卷土重来，那绝不是高明的抉择。

作为后来人的我们该坦然面对海防厅那场有点"乌烟瘴气"的闹剧。

史界有一种流行的说法：

1911年11月6日下午，上海各界代表近60人，齐集旧海防厅推选都督。他们联手排挤了李燮和的光复会。

这说法不妥当。

一是谈不上在场的成员是'各界代表'。

那时的代表不像如今那么'水'，随便一开口，就宣布许多人被他'代表'了。

其实并非如此。

肯定地说，1911年11月6日下午会议主席是李平书，到旧海防厅的60多人是上海城自治公所的行政成员、议会成员、商团负责人、各部起义军官、中部同盟会的头领、归国的留日学生及受沈缦云和王一亭资助的《民立报》等少数记者。

起码，上海滩的名人张謇、雷奋、黄炎培、杨廷栋、史量才、狄楚青、柳亚子等真的由各界选举出来的'代表'没出席。光复会李燮和那万把人的光复军（光复军这名字是后来才有的，这里先借用）就只有章豹文一人在场，还没有自称是代表。

就说报社代表吧，上海当时三个最大的中文报纸《新闻报》《申报》和《时报》就没人'代表'它们。所以与会的只是李平书那一帮既得利益者和原本在场的中部同盟会、敢死队和几个报社记者。这60余名相关人员，谈不上是上海的'各界代表'。

二是不存在李平书和陈英士刻意排挤光复会的问题。

因为上海光复后，上海城自治公所划出南市旧海防厅作为各派碰头交流的场所。

南市旧海防厅在小东门附近，有五开间的高大平房。清朝在各沿海码头城市设海防厅，海防厅设同知一职以稽查港口船只的出入，相当于宋、元、明时期的市舶司。海防厅因十六铺码头的发达而迁址，原小东门海防厅便称旧海防厅。

没在市区安家的李燮和、陈英士、黄郛等上海光复后那几天常聚在旧海防厅，有人索性在那过夜。相反的是商团成员留在在自己家中而不无缘无故去旧海防厅。只有邀请和通知，商团成员才会去海防厅。而光复会李燮和大帮人马和陈英士、黄郢等即使没有会议，也总在旧海防厅。

上海光复后的 11 月 4 日、5 日、6 日，李燮和就连几天住在旧海防厅。他还在旧海防厅自封为上海'临时司令'，并以临时司令名义在海防厅与人议事。人们感到奇怪是 11 月 6 日下午，光复会李燮和那一帮人不知去了何处，只留章豹文一人。后来有人解释说是李燮和几天来太疲劳，而旧海防厅人来人往，喧闹嘈杂，他带几个人就回到平济利路良善里 166 号休息去了。平济利路良善里 166 号就是光复会'锐进学社'的社址，在如今卢湾区济南路 24 弄。章豹文就是刚起义的原沪巡防营管带，虽说属于后来光复军的组成部分，但不是光复会的核心成员。自称为上海民军部临时司令的李燮和的去向可能没有事先向章豹文通报。

除章豹文外那天还有其他沪军各营原军官们，这些军官在上海有家，或是住在兵营中，他们可能因接到通知就来了。李平书原以为光复会李燮和一帮人就在海防厅，根本不用另行通知。11 月 6 日下午李燮和没参加那会议，不存在会议主持人李平书故意排挤他的问题，也更不存在陈英士有意排挤他。

三是谈不上预先商议好有'推选都督'的议程。

李平书原有会议议程，本没有选举都督的安排，选举都督是发生'闹场'时临时冒出来的主张。

他们聚集旧海防厅议论的事集中在两方面：一是徐绍桢在南京秣陵关起义，要动员大众支持南京光复；二是上海商团方面想把原城厢自治公所议员群体改为临时议会，作为立法机关，行使立法权。把自治公所改名为上海市政厅，行使行政权力。这样才能以合法政府的名义与租界列强打交道，比如接管火车站，交涉海关权益。这临时议会和上海市政厅的民政事务，按三方起义时达成的契默，还继续由商团方面的自治公所当家。李平书只不过利用开会的机会，向其他各方通报一下罢了。至于陈英士方面是否事先就计划利用这次聚会，单方面宣布成立以他们为主的上海市都督府，不得而知。单方面决定的事，并非没有先例，11 月 4 日上海刚一光复，李燮和就单方面宣布自是上海民军'临时司令'。

会议在讨论设立市政厅时，政府成员名单正式公布了。这名单引起黄郢等的强烈抗议。

黄郢产生的不满，不是用反对政府成员的方式来表达，而是提出了必须推选都督的主意。

可见，齐集旧海防厅开会的原本宗旨不含"推选都督"的议程。"推选都督"是

会议进行过程中，黄郛突然冒出的主张。黄目的是要改变方向原来的会议进程。黄郛的主张，得到帮会、中部同盟会与《民立报》记者的支持。这改变了当天会议的进程。

以下详细叙述一下开会过程。

这天开会时，坐在主席台上的有十余人，由李平书担任主席。会议的前一小时秩序很好，李平书发言后，李英石、陈其美等依次发表讲话，场内很安静。

几个头面人物的泛泛而谈，没有引起异议。

甚至连议会老班子议员自动成新议员，也没有异议。

但争议出现在宣布完政府名单时。

陪同参与会议的原敢死队、《民立报》记者及黄郛等听到名单傻了：政府任何位置上都没有陈英士和帮会人员。

上海城自治公所方面宣布的名单是：

民政部长（市长）李平书

军政部长　钮永建，李显谟（副）

外交部长　伍廷芳

财政部长　沈缦云

交通部长　王一亭

海军部长　毛仲芳

还提到警察厅长穆湘瑶和上海议会议长沈恩孚等。

该提名的都有提到了，唯独没有陈英士。

针对这事，老同盟会员俞凤韶有个回忆。俞凤韶与张静江、陈英士同是湖州老乡和朋友，后来也是陈英士和黄郛的坚定支持者。他那天就是 60 几个"各界代表"之一，他回忆说：

我与膺白（黄郛）先生第一次识面，是在上海城内旧海防厅开会时。上海已经光复了，由李燮和主持军事，过了三日，乱糟糟一无办法。南京第九镇（徐绍桢）举义失败，情势危急，革命党人与地方绅士，共同在海防厅开会，商量办法，急切没有头绪。膺白先生忽由人丛中挺身出来，一番激昂慷慨的演说，决定组织都督府，推陈英士先烈为都督，大计遂定。

俞凤韶避开尴尬的"闹场"问题，但他指出是"膺白先生忽…决定组织都督府，推陈英士先烈为都督，大计遂定"。

俞凤韶肯定"组织都督府"推选都督是在会议进行当中由黄郛忽然提出的，而不是李平书事先定的议程。

黄郛提出组织都督府，推选都督的建议后，陈英士抢先宣布都督府名单。成员如下：

陈英士自任都督兼军令部长，黄郛为参谋长，李显谟、李燮和、陈汉卿、章梓、杨谱笙、钮永建、沈乩、叶惠钧、王熙普等为参谋。

名单一读完，全场哗然，发生了严重的争执，秩序大乱。商团众多代表以及起义军官，都否定陈英士，说那天陈英士只是被救的对象，要选都督，该推李显谟。他们说李显谟军事学识渊博，指挥上海光复任重功高。还有商团的叶惠钧可为副都督。

这时，脾气暴躁的黄郛忍不住了，他第一个拔出手枪逼着李平书，说都督人选非陈其美不可。并称是陈其美首先进入制造局，有第一功。

在场的起义军官也拔枪相对，说陈其美进入制造局后即被拘禁，后来是李显谟指挥起义军和商团打下江南局，并解救了陈其美。彼此剑拔弩张，形成强烈的对峙局面，会场气氛非常紧张。

毕竟商团方面头领及起义军官占多数，陈英士、黄郛处于下风。这时，原在会场内靠墙站着的刘福彪，突然举起一颗手榴弹大呼：

都督非选陈英士不可，否则我手榴弹一甩，大家同归于尽！

面对这局面。李平书喝令各方收起枪械，急忙宣布散会。

这天的会议无功而果。

绅士遭遇流氓，革命面临严重考验。

这场都督之争，严重地考验着光复后的上海，考验着人们的智慧，考验着人们的良心。

平心而论，绅士也好，流氓也罢，他们都是市民社会平等的一员，他们同样可以平等地向社会提出自己的政治诉求。

再说，李平书与陈英士、黄郛之争，不能简单地说是资产阶级与同盟会之争。因为与李平书同阵营的钮永建、虞洽卿、黄炎培、沈缦云、王一亭比陈英士、黄郛的同盟会资格更老。

会后，李平书先统一含部分同盟会成员在内的乡绅阶层和知识界的观点。这些人物就是穆湘瑶、李显谟、郁怀智、沈恩孚、吴馨和同盟会的钮永建、虞洽卿、沈

缦云、王一亭等。幕后李平书也肯定与赵凤昌、张謇、雷奋、杨廷栋交换意见。

好在这些都是头脑清醒的高智商人士。

由于徐绍桢秣陵关起义受挫，整个华东地区的革命形势依然十分严峻，内部来不得一点意气用事。南京的大敌不除，就不该计较眼前利益是谁多得一些还有谁少得一些。

还有，在乡绅面前，不管是李燮和还是陈英士、黄郛，只要不闹得过分，就能保持上海平静。而上海安宁，得到最大利益的总归是乡绅阶层。再说，另两派始终没有对李平书的商团对上海行政的施政提出挑战。与其针锋相对，还不如适当妥协。钮永建也一再表示不争上海的军事权力。李显谟也致力于整合商团、部分倾向商团的起义军队及太湖水警队（驻闵行）。与其争都督得罪两家，还不如让其他两家去争。

李平书于是拿定主意。

但开头李平书并不松口，继续与沈缦云、王一亭及起义军官议论，高调声称要请同盟会的钮永建当都督。钮永建是上海本地人，他当都督符合"上海人管上海事"的地方自治原则。钮永建又是老资格的同盟会大佬，上海滩无其他同盟会员可与他相比。再者，钮永建既出自日本士官学校，又留学于德国陆军大学，更是无人可比。李平书以此先封陈英士等人的口。但陈英士等人占据旧海防厅，大有哪怕是单独挂牌，也要干都督的意思。

等李平书做好市政厅内部行政安排后，回过头来表态同意陈英士设沪军都督府并由其自任都督。双方提的军政府名单是二合一，一个小改动是将钮永建和李显谟的"军政部长"改为"军务部长"。由于钮永建不肯就位，军务部长由李显谟全权代理。

他们议定，上海市政厅与沪军都督府实行分署办公。旧海防厅就作为沪军都督府的官邸，而上海市政厅和议会仍旧在原自治公署办公。警察厅置于上海市政厅下属。各自军队依然在各自营区内，归原来各方自管。也就是说陈英士以都督的名义也只能管原来的敢死队及将来自己招兵买马扩大的军队，而不能干预光复军或商团，甚至是不能干预驻守李鸿章祠堂的学生军。

初期，就是11月6、7日那两天，光复会方面是在静观其变，以为李平书与陈英士会继续闹一阵。但到11月8日下午，听到李平书方面居然轻易地同意陈英士自任都督消息后，光复会全体"大哗"。

李燮和部下有人主张逮捕陈其美，治以违令起事篡窃名义之罪。

但李燮和考虑再三，以为武昌起义不久，上海刚刚光复，全国形势还没有稳定，如果兄弟阋墙，不但引人耻笑，而且要贻误革命全局，因而坚决主张退让。

这时，李平书也出来斡旋，表明陈英士仅仅指挥他的原班人马，并无意侵犯其他方面的地盘。所谓"都督"不影响各方原有权力。李平书最后对李燮和说：

今日之事以大局为重，愿公一言。

李燮和答曰：

诺。

11月9日，李燮和率部去吴淞成立吴淞军政分府及光复军总司令部，自任总司令，司令部就占用复旦公学的校舍。并宣布只承认苏州军政府为江苏全省军政府，不与陈英士往来。

李显谟带领上海起义的部分清军和太湖水警队在闵行另设司令部，并声称自己在政府代理的军务部长与陈英士沪军都督不相关。而事前，陈英士曾向李平书提出，军务部长不能留在市政厅，而要到督军府一起办公。

陈英士对自己能当上沪军都督，内心还是有数的。

陈英士对外宣明，保卫地方一切事宜，划归民政总长李（指李平书）办理。

他说：

本都督得一意编练军队，筹划征讨大计。此后各属凡关于地方绥靖事宜，着向民政处报告，听候民政总长李办理，以清界限，而靖地方。

也就是说，陈英士与李平书划清了权力"界限"：不仅行政权力归李平书，就是整个上海市地方的军事安全与防卫权力，依然是上海商团的权力范围，归李平书统管。陈英士只管征兵和对朝廷进行北伐。

这也是陈英士对李显谟声称军务部长归属问题的间接回应。陈英士放弃要军务部长到督军府办公的意见。就是说，李显谟以军务部长名义处理上海市地方的军事安全与防卫时，只听从民政总长李平书意见，而无须与督军府交涉。

同盟会在许多占优势的省份没占执政地位，而在不占优势的上海，却意外得到都督位置，这算是一种平衡吧。

一场剑拔弩张的激烈争端就此告一段落。

竞争、妥协、和平解决内部争端是民主政治的一种表现。上海政治一开头，就体现了这种自我调节的功能。这二李一陈在上海滩似乎互相怄气彼此不买账，但他

们争着向南京派出增援部队组成淞军，组成沪军先锋一营先锋二营，这些派遣军都表现出相当高的素质。他们一时都表现出大局意识，彼此的总体目标是一致的。

后来，民国政府给上海军事长官的最高军衔只是少将，这与上海商团中演员出身的潘月樵从军后的军衔一样，比苏州和松江军事长官的将衔低一个大级别。而商团总司令李显谟后为陆军中将江苏警务司令，吴淞军政分府的李燮和也是陆军中将。李燮和后来应老乡黄兴的要求，带领"光复军"增援武昌黎元洪，而不再继续与陈英士在上海滩这块弹丸之地横眉冷对。而原吴淞地区移交给程德全。

陈英士成了民国唯一少将军衔的都督，尽管如此，他还是顽强地坚持上海都督的身份。

别以为陈英士如此谦虚谨慎地图个虚名不值得，上海都督的实际好处，却是不可估量的。

陈英士都督府挂大旗招募新兵，响应者成千上万。连"老革命"林宗素都带女生排队应试。陈英士当都督期间，的确给革命军增加了新生力量，为同盟会在上海建立了牢固的基地，对以后中国政治形成重大影响。

曾经对陈英士的人生产生很大影响并促使他投向革命的人就是"刘三大侠"刘季平，辛亥革命后，于右任、邵力子等通过报刊对刘三大侠大加赞扬。陈英士几次动员"刘三大侠"出山，但刘三没有接受，而只出席"南社"，与柳亚子、黄炎培一起作清流之谈。

顺便提及的是，陈英士招募新兵时，招进一个对他本人和国家造成重大影响的人物，那人就是张宗昌。张宗昌善骑射，是外东北胡子和流氓。他从沙俄控制的海参崴乘船到上海谋出路，投军到陈英士门下，参加民军。一年后调到冷遹的三师当骑兵团长，二次革命中被冯国璋收买，在徐州前线突然反戈从三师后方与北军合击冷遹。这是造成二次革命失败的因素之一。接着又是张宗昌替袁世凯策划谋杀了陈英士。七叛八变的张宗昌后来成了雄霸一方的山东军阀。

李平书在上海光复后，就着手布置自己的"三亩半自留地"——上海市政厅。

1911年11月7日，上海城自治公所正式改为上海市政厅。李平书以民政总长的名义委任穆湘瑶为上海警务长，莫锡纶为上海市长。

闸北警局陈汉钦部一度归警务长穆湘瑶统辖，华界警员总数共达1300多人。李平书在11月5日曾被程德全提名为江苏民政总长。江苏民政总长的位置相当于江苏省长（布政使），但李平书并不肯离开上海。

11月12日李平书又提名顾履桂为上海副市长。15日、16日后，上海立法机关

临时议会成立，议长还是沈恩孚。

上海市政厅的一切规章制度参照原上海自治公所。

由于沈缦云接受程德全在江苏都督的任命，朱葆三接替沈缦云当上海财政总长。从巴黎回国的张静江协助朱葆三，当了副手。14 年后，张静江当了国民党的中央主席，易位后还当了浙江省主席。

第十八章

《中华民国临时政府组织大纲》的
诞生及攻克南京

一 《中华民国临时政府组织大纲》的诞生

不能把辛亥革命理解一场仅仅是通过开枪放炮来实现的改朝换代。除了战争，辛亥革命应该有更多的内容。

首要的内容就是中国必须实行民主共和，第二个内容防止中国因分裂而被敌国侵占。

要实现民主共和，就必须有民主的宪政纲领，就必须普及法治国家的观念，就必须初创民主宪法，就必须着手建设民主共和国的组织制度，还必须对如何彻底埋葬大清王朝有长远的措施。

要防止中国分裂，一是必须先把宣布独立的各省联合起来，二是必须实现国内停战，南北会谈。而南北会谈又不能以保留"两制"为条件，就是说，中国只能一制，那就是民主共和制，而不能帝制和共和制两制并存。

不无遗憾，中国同盟会也好，光复会也好，就这些理论问题、制度问题，没有适合形势的纲领和目标，没有实际操作的思想准备。他们甚至对革命的骤然发生，突然取得重大胜利没有思想准备，更没有认真考虑去如何应对。也就是说，中国同盟会和光复会等革命党，根本没有形成适合当时局面的革命"路线图"。

或许说同盟会早制定了《革命方略》。但《革命方略》中坚持孙文的"军政、训政、宪政"三阶段论，此时显然落后于当时的国内认识。其"军政、训政"两阶段的观念离民主共和制度甚远。军政、训政本就含有专制的成分，那不可能与民主共和协调。

因为国会请愿运动的"立即召开国会""立即立宪"和"立即建立责任内阁"的主张，已被相当部分知识分子承认。这种主张，就不容出现"军政、训政"。

因而，中国的士绅集团——立宪派人士控制的各省议会却成功地掌握了先机，控制和支配着辛亥革命的民主共和进程。

一个十分奇怪的现象发生了：

决定辛亥革命走向的关键场所，既不是大清王朝的紫禁城，也不是伦敦、东京、檀香山的同盟会总部。既不是袁世凯的责任内阁，更不是南方各省都督府。

上海有两处最不显眼的地方，《时报》馆"息楼"和赵凤昌（竹君）的家"惜阴堂"，就是这一"楼"一"堂"关系着辛亥革命的命运。

充当中国有史以来第一次民主共和盛宴主人的不是同盟会，而是别的人。同盟会、光复会都只是作为贵宾被邀入席。

这是中国历史的重大误会。而后来人却又不得不把那"重大误会"当做中国历史的一段必然。

有人说因为民国的助产婆赵凤昌是瘸腿的，所以后来的民国犯软骨病。这其实正是说，由于操纵这段历史进程的中国士绅集团的软弱性，从而造成后来中国的民主共和制度先天性缺钙。但要不是有这批人物，还有谁能代替他们来缔造中国的民主共和制度？

自上海光复后，华东、华南各省又掀起了一阵光复的高潮。先是林森实现九江光复，带动南昌光复，从而江西成立军政府，宣布独立。接着是广西、安徽和福建独立，民军控制局面。讲到福建独立，该附带提一下林獬，林獬在武昌起义后回闽，他出任福建都督府政务院法制局局长和共和党福建支部长，而其妹林宗素仍留在上海。

随后，迫于全国形势，广东咨议局也自我改制为广东省议会，策划了广东独立。其后，山东也在独立立场上反复和动摇着，搞了假独立。但山东烟台却明显地采取了革命立场。中国政治形势发生突变，在大部分国土上推翻了清朝的政权。

在此形势下，围绕在息楼和惜阴堂的活动加大了力度。张謇、岑春煊、张元济、唐文治、雷奋、杨廷栋、庄蕴宽、黄炎培等广泛地联络着黎元洪、汤化龙、汤寿潜、程德全等各省都督和议会的领袖，联络着孙文、黄兴等革命党领袖，甚至是盛宣怀和袁世凯。他们策划着中国未来的政治格局，他们在构造中华民国的路线图。

分析当前的局势后，他们开始实施两项目标：

一是邀请全国宣布独立的各省议会代表来上海建立全国临时议会，共同协商国家大事。

程德全等出面以民国江苏都督的名义，向海外知名人士发出邀请，要他们来上海共商国是。这些海外知名人士当然首先有孙文。同时，因为资政院已通过决议，要撤销对康、梁、孙、黄的通缉，康梁如果能发表声明，赞同推翻大清，自然也可以回上海。孙文收到国内第一份要他回国的电文，即来自江苏都督府（或是黄炎培，此时黄兼江苏都督府秘书）。

二是筹建全国性的革命临时政府，选出代表性的领袖。

他们认为选出的代表性人物必须是面貌一新、大众接受、而且应该是被看成朝廷克星的人物，以达到振奋民众、震慑朝廷的作用。从而，他们自己排除了张謇、汤化龙、汤寿潜等原立宪派领袖，排除了岑春煊、程德全等朝廷原官员，更没有把保皇的康梁看在眼里，他们瞄准的人物首先是黄兴、孙文和袁世凯。袁世凯老奸巨猾，有消灭朝廷的实力却名声不佳，不给予巨大的利益引诱并施加足够的压力，是很难促使他采取手段埋葬朝廷的，再说平民大众一下对他也难以接受。也由于此时孙文远在国外，对辛亥革命的响应也不算及时。而黄兴就在武昌前线，所以第一步就认定黄兴是最好的人选。

为筹建全国性的临时议会，1911年11月12日，雷奋、沈恩孚、姚桐豫及高尔等借鉴美国独立战争时召开"十州会议总机关"导致"卒收最后成功"之经验，就以江苏都督府代表和浙江都督府代表名义通电全国，促各省派代表到上海商讨筹组全国性的临时议会和临时政府事宜。并电请各省确认上海推定的伍廷芳、温宗尧为临时外交代表，全权处理与朝廷相关的事务。

该倡议也采用美国独立战争的约定：倡议发出后，如得到第一个省响应，就马上与响应的省一起开会，正式着手筹备工作。

三天后，就是11月15日，林长民代表福建议会首先响应。于是江苏、浙江及福建三省代表会集上海开会，议决成立"各省都督府代表联合会"。

雷奋、沈恩孚、姚桐豫、高尔和林长民就是"各省都督府代表联合会"的头面人物。沈恩孚是江苏省议员兼上海市议会议长。这姚桐豫是浙江台州军政分府首官，原是广西巡抚的文案。而高尔，也不是陌生人，前面提过的《国民日日报》就是在他名下注册的。林长民当年在日本东京留学时就是拒俄运动的领导骨干，留学时也是雷奋、杨廷栋的朋友，他还是上海"宪政研究会"的积极参与者。这些人后面还有在"息楼"和"惜阴堂"两个沙龙摇羽毛扇的张謇、岑春煊、程德全、汤寿潜、唐文治、庄蕴宽及谋略家赵凤昌。

为筹建全国性的临时政府，庄蕴宽受"各省都督府代表联合会"委托到武昌前线。他此行有两重目的，首先当然是要与湖北军政府联络，实现苏、汉联动；其次是动员黄兴回沪，上海这边的大局正等待着他呢。

湖北军政府黎元洪和议会汤化龙向庄蕴宽重申武昌首义的重要性，主张要定都武昌。同时，湖北方面也针锋相对地向各省发邀请，只因战争还在进行中，交通不便，同时战局对武昌方面不利，武昌受北军炮火威胁。因此各省代表多数应邀去了上海。对湖北方面定都武昌的提法，苏浙闽沪等各方都有人持异议。

在双方发生争执时，赵凤昌提出了暂且考虑"政府设鄂，议会设沪"的折中方案，主张各方相互妥协。他认为当前首要目标，应该是推翻满清专制，建立共和政体。这不仅需要南方各省革命力量的联合，还应考虑联络袁世凯共同倒清。

这是赵凤昌建立"广泛的倒清统一战线"的提议，也是20世纪中国的第一个统一战线的主张。由于汤化龙原来兼任湖北军政府的民政部长，此时正与黎元洪在权力争夺方面发生摩擦，汤化龙也转向支持"议会设沪"的方案，以图利用设在上海的临时议会，约束黎元洪。这样一来使湖北方面就有黄兴、汤化龙转向接受上海设立全国临时议会的主张。加上湖北战局处于不利地位，黎元洪也缺乏讨价还价的资本。所以庄蕴宽说明这折中方案时，鄂方也同意，最后是沪、鄂双方达成了妥协。

赵凤昌这"建立广泛的倒清统一战线"的主张被普遍接受，形成共同约定。同时赵凤昌对内采用"妥协"的方式，达到博弈各方实现内部共赢，以巩固团结的策略，也为多数人认可。

按赵凤昌"政府设鄂，议会设沪"的主张，1911年11月30日，各省都督府派代表到武昌，筹建民国中央临时政府。12月2日那天，在武昌的各省代表推举雷奋、王正廷、马君武三人起草条例，作为建立中华民国的法律依据。雷奋执笔，一口气写完《中华民国临时政府组织大纲》，这部体现着民主共和精神、实行三权分立、确保权力之间彼此制约的宪法文件就这样出炉了。12月3日，驻武昌的全国各省代表讨论《中华民国临时政府组织大纲》，采用各省代表联名签字的办法表决通过。经直隶（河北）、山东、江苏、浙江、福建、河南、湖北、湖南、安徽及广西十省代表共二十二人在大纲上签名确认，12月14日奉天（辽宁）、山西、江西及广东四省代表补充签名追认。

就这样，中国第一部民主宪法文件诞生了，这是亚洲第一部民主宪法。

注意，别把《中华民国临时政府组织大纲》与《中华民国临时政府组织法》弄

混了。这两者之间有着明显差别：

前者是雷奋起草，是全国十四省代表签名通过的宪法性质的文件。它是作为指导建立临时政府的法律依据。它被通过时，临时政府没出现。

后者是宋教仁写的，是后来公布在《民立报》上的文稿。但它并不是法律文件，因为它被临时参议院退回。它向临时参议院提交的时候，南京的中华民国临时政府已成立，那时宋教仁是司法部的法制局局长。临时参议院也知道是孙文让宋教仁写的。《组织大纲》强调的是"三权分立"，而《组织法》含"五权分立"。大纲主张"宪政"，而《组织法》含同盟会《革命方略》及《军政府宣言》《军政府与各处国民军之关系》的观点。一般认为，军政府本质上与宪政是矛盾的。临时参议院退回宋的"组织法"提案。

临时参议院退回宋案理由是：

不合参议院工作程序。

议会是按程序退回文稿，无需加任何评语，不作优劣评价。

临时参议院退稿的行动表达的基本原则是：

临时政府的任何阁员企图修改根本法，这不合正常的程序。

立法权必须与执法权相分离，立法权属于参议院，而不属于临时政府。起草或修改根本法，是议会的事而非临时政府的职责，临时政府该考虑的事是如何执行现有法案，而不是企图更改立法。

同时，临时参议院选举总统与批准政府的目的，不是为大众和议会本身找个"老爸"，而只是为百姓确定一个适合的"公仆"。

"老爸"为全家人的服务，与"公仆"为平民大众的服务是不一样的。"老爸"的每句话，就是家庭法律，他的言行可以不受子女约束。但公仆只能是依法办事，而不能自说自"法"，为所欲为，公仆只能按别人制定的条例办事，而不是自己为自己制定办事条例。

《中华民国临时政府组织大纲》和《中华民国临时政府组织法》在标题上只差三个字，很容易搞混。但区别方法极简单：

文件标题中含有"法"字的那个文件偏偏不是"法"。

这里不评判雷奋和宋教仁孰优孰劣。两人一样又不一样。他们都是精英，但雷奋是议会的精神领袖，而宋教仁是政党组织领袖；雷奋是雄辩家，而宋教仁是公关家；雷奋是理论家，而宋教仁是实践家；雷奋是在清民两时代议院的活跃人士，是许多民国（含北洋）法律文件的操刀手，而宋教仁最出风头是在北方的资政院和南方临时参议院同时撤销而产生民国国会前夕。两人都注重法律研究工作，但雷奋偏向于法理精神，而宋教仁偏向于革命精神。虽然雷奋更早时期也鼓吹过排满革命，但后来更趋理性化，走议会道路。宋教仁则是先走过激烈的革命道路，等到宋教仁也要走议会之路时，却被暗杀了。

他们还有共同之处，都喜欢办报。

宋教仁被暗杀后，袁世凯执意要颠覆共和，复辟帝制，雷奋的共和理想破灭，罢职归乡。

雷奋与钮永建政治上不是同志，但却既是同学也是同乡，也是几乎同时从南洋公学公费到日本留学的。钮永建在第二次革命失败后被老袁作为三个头号通缉犯之一。于是，雷奋集资7万银元，替钮永建遣散千余民军残部，并设法让钮永建在太仓浏河口登美国商船出国，既安定了故里，也保全了朋友。

回头说庄蕴宽，他此次武昌之行真实目的是利用他和黄兴的情谊劝黄兴回上海"主持大局"。

以往在广西，是黄兴一次又一次地找庄蕴宽，不是同盟会成员的庄蕴宽支持了孙文、黄兴在广西的发展，筹建中的广西新军安插了大批革命党骨干，暗中支持广西和广东钦防地区的起义，特别是镇南关的起义。而镇南关的起义，使庄蕴宽、钮永建暴露而被迫离开广西。

而这次是庄蕴宽倒过来主动来找黄兴。

在武汉前线司令部，庄蕴宽先找到总参谋长李书城。李书城本就是庄蕴宽在广西新军建设的助手，也同样因庄蕴宽暴露而遭张鸣岐驱赶。

汉阳前线的黄兴正因战局严重而焦急万分。

门被推开，李书城进来：

克强，你看谁来了？

一看到庄蕴宽，黄兴跳将起来，迎上前去。

庄蕴宽开门见山，要黄兴辞去湖北军政府总司令的职务，回上海，说是不能犹豫。

黄兴听后为难，自己是主动请缨出任湖北民军总司令的，眼下湖北形势危急。黄兴表示不能中途撂担子，不能有愧于自己的职守。

庄蕴宽对此十分赞赏。

但庄蕴宽坚持要黄兴慎重考虑，向黄兴指出，目前民军进攻南京也正处于紧要关头。南京作为明朝最后的都城，攻下南京，对全国影响非同小可，希望黄兴也能对光复南京作贡献。

二　袁世凯东山再起

庄蕴宽此时已得到袁世凯与上海暗中勾通的消息。情况表明，南北战局将有变化。

南京此时被民军四面包围，眼看就要攻克。南京方面的铁良、张人俊、张勋的清军并不属于袁世凯的派系。即使清军被全歼，袁世凯绝不心痛。袁世凯正想利用自己的局部胜利和朝廷的失败进一步地为自己谋好处。

此时武昌的重要性不论在朝廷眼中还是全国人心目中变了。袁世凯的得力干将冯国璋攻占汉阳后，果然停了步伐。

一是袁世凯要策略，二是朝廷后方野火不断。

这后方的野火烧得厉害：早在10月29日，太原新军起义的当天，第二十镇统制（师长）张绍曾突然联合第三镇协统（旅长）卢永祥、第二混成协协统（旅长）蓝天蔚、第三十九协协统（旅长）伍祥侦、第四十协统领（旅长）潘矩楹等，在直隶滦州联名致电清廷，提出十二项要求。这类似于通牒的十二项要求，其中最重要的是：

（一）于本年内召集国会；

（二）组织责任内阁；

（三）宪法由国会起草，皇帝不得加以修正或否认；

（四）皇帝对"国内"用兵时须经国会通过；

（五）每一年度之预算如未经国会议决，不得沿用上年度之预算。

很显然，这些主张就是前立宪派组织的第四次国会请愿运动的口号。

在这公开的通牒的后面，还出现了新动向：

吴禄贞和阎锡山秘密联络上了，组成燕晋联军，又与张绍曾、蓝天蔚秘密协议，制定四支生力军横扫京津冀的巨大行动计划。

此前不久新军第六镇统制吴禄贞已占据北方最重要的十字路口石家庄，宣布反对朝廷对内用兵，要求武汉前线停战，并停止了对北军冯国璋部的弹药粮草供应，暗中与滦州新军将领相呼应。王勇公（王孝缜）、何遂作为吴禄贞助手，正在忙碌着。何遂掩护着山西独立的阎锡山，化解阎锡山对吴禄贞的担心，并达成反清的共

同行动计划，而王勇公沟通湖北的黎元洪、黄兴、李书城，采取联合行动。

也是正逢此时，上海光复，江苏等地宣布脱离大清独立。

资政院乘机提出让袁世凯组织责任内阁，架空朝廷。到此，大清王朝已无可奈何，只得同意。大清隆裕皇太后召集全朝商议，有人甚至提出退到热河，迁都承德，一旦时局紧急，再向蒙古退却。最后还是由隆裕皇太后发"罪己诏"，企图以眼泪求同情。

原本，清军与民军在汉口激战时，袁世凯已在湖北，驻扎孝感萧家港。11 月 1日，隆裕皇太后接受资政院提案，同意袁世凯组织责任内阁。上谕电达前线：

袁世凯现授内阁总理大臣，所有派赴湖北陆海各军及长江水师仍归袁世凯节制调遣。

全国军政大权就这样落到袁世凯手中。

得到组阁权的袁世凯意气风发，立即动身回北京。

不知何故，陈其采偏偏在这时候向袁世凯的亲信泄漏了吴禄贞、阎锡山、张绍曾、蓝天蔚的秘密行动计划。袁世凯得到情报，决定要先稳住自己的阵脚，于是在动身之前先瓦解吴禄贞、阎锡山、张绍曾、蓝天蔚的各部，拉拢他们的部下，同时下毒手，要从肉体上消灭最关键人物吴禄贞。

他暗中用重金收买吴禄贞的卫队长马步周当杀手。11 月 8 日凌晨一点半，吴禄贞刚刚送走执行任务的何遂，独自在石家庄火车站长室伏案修改作战方案，准备凌晨发动起义。突然，贴身警卫马步周闯进室内，高呼：

报告大人，听说统制升任燕晋联军大都督，特来向大帅贺喜。

说罢，打千下去，从靴子里拔出手枪，向吴禄贞连连射击。

吴禄贞猝不及防，胸部中弹，仍强忍剧痛，拔剑夺门而走。不幸刚出门口，被埋伏的刺客重击扑地，马步周上前割下栽培他的恩人的首级，匪徒一拥而上，血洗火车站。

吴禄贞的参谋官张世膺、副官周维桢也同时遇害。

一代英豪吴禄贞就此撒手西去，燕晋联合军事行动遭破坏。

此时，奕劻、那桐、徐世昌等总协理大臣及载泽、载洵、傅伦、善耆等亲贵大臣均已辞职，袁世凯取得了足以控制朝政与指挥军队的权力。他于是以朝廷名义剥夺张绍曾、蓝天蔚的职务并利用北洋军的其他亲信爪牙瓦解张绍曾、蓝天蔚余部，大清短暂地留住了最后一口气。但北洋军诞生地天津到滦州一带局势依然危机重重。

张绍曾、蓝天蔚南下避难。不过，几年后张绍曾还是回归北洋，当过北洋政府的内阁总理。

清廷连发上谕催袁世凯回京。11月13日，袁解决了石家庄的吴禄贞及滦州的张绍曾和蓝天蔚各部后，进京组织内阁。

袁世凯过去吃过载沣的亏，这次他借武昌起义和吴禄贞、张绍曾策划的滦州事变而东山再起，自然对朝廷心存警惕。他内心着实是不想再当朝廷的玩物了，倒过来，他心怀异志，他要利用乱局：

把我老袁当成狗？想用就牵出来，想扔就抛弃？——没那么简单了！

于是，晚清乱局中出现了新的巨大变数，那就是袁世凯。

面对朝廷和南方革命势力两方面，他表面是朝廷的大忠臣，但骨子里，他不愿意听从任何方面的旨意，更不想效忠哪一方。他只注重如何才能在乱世中谋得最大权益。

他在汉阳得手后，指示冯国璋停止进攻，命刘承恩给黎元洪写信求和。

他还通过英国驻华公使朱尔典，请他居间调停南北战事。

他特别注意上海的动向，上海正要形成全国的议会中心，上海想制造全国性的临时革命政府，那才是厉害所在。袁世凯亲信赵秉钧知道，正是赵凤昌等人在上海参与策动大事。而赵秉钧幕僚洪述祖就是赵凤昌的小舅子，于是暗中派洪述祖给赵凤昌带信，探听动静，试探谋求与民军和谈。

张謇是宪政派领袖人物，而赵凤昌足智多谋，这两人也正是袁世凯要问计和疏通的人物。赵凤昌及张謇此时也正想从朝廷内部找机会，不想接到洪述祖暗中通信，得到机会。

洪述祖为人低下龌龊，社会关系也十分复杂：既是赵凤昌的小舅子，又是赵秉钧幕僚，还曾经是岑春煊的门客。

赵凤昌拿到洪述祖传递来的信，便与大家商议。

原来自11月15日，雷奋、沈恩孚、姚桐豫、高尔、袁希洛、俞寰澄、朱葆康、林长民、潘祖彝等成立"各省都督府代表联合会"后，各省代表连日在沪开会。开会的主要地点是黄炎培设在老西门外斜路的江苏教育会会所，而会前各项议程的密商地点却是惜阴堂。惜阴堂因而成为当时讨论国事的会场，讨论内容都是些诸如国体等有关全局的大问题。庄蕴宽名为南洋公学庶务长，实是各界联络人，其本人就长期借住惜阴堂。因庄蕴宽的这层关系，除原来的沙龙成员外，还有民军的程德全、顾忠琛、钮永建、黄兴等也常参与密谈。

对于洪述祖传递来的袁世凯的和谈密信，上海方面持关注的态度。于是通过"出差武昌"的庄蕴宽向黎元洪、黄兴、汤化龙等通报。黎元洪、黄兴本早就已与袁世凯多有书信往来，并与袁世凯密使交换过意见，自然一拍即合。黎元洪、黄兴和汤化龙也皆认为可行。

黄兴等向上海的答复意见如次：

今日但求覆清，以行共和，不战而胜，奚不可为？且足补南军之拙，唯当得其人而语之耳。

这话是说，革命全部目的就是推翻帝制实现共和。要是能不战而胜，则是求之不得。而且这正是弥补了南军军力之不足。唯一的要做的事是如何得到当事人的确认。

经过密商，张謇、赵凤昌、马相伯、姚文枏、沈恩孚、黄炎培、雷奋等人作出一项重大决策，即鼓动袁世凯转向共和，诱迫清帝退位。如果袁能成功，可以拥立袁世凯来统一全国。

于是派出张一麐赴京，对袁进行工作。这就是被称为"惜阴堂策划"的著名近代史典故。

此时张一麐正是程德全的江苏都督府的内务司长。他原先当过袁世凯幕僚，与袁世凯关系密切。后来由于南北会谈成功，袁世凯当上总统，张一麐也就成了总统府秘书局长，随后改当北洋政府的教育部总长。张一麐曾劝告袁世凯远离杨度，不要贪恋帝制，但袁世凯不听，张一麐于是毅然离开京师。这些是后话。

于是，开始暗中酝酿南北和谈。

赵凤昌提议唐绍仪作为南北居间的和谈人物。唐绍仪与赵有私交，又是袁世凯的老亲信。南方赞同赵凤昌的提议。此时袁世凯正在组织大清朝责任内阁，原定唐绍仪出任邮传大臣。袁世凯收到此信号就搁置唐绍仪，邮传大臣改杨士琦。赵凤昌于是通过上海电报局长唐元湛联系唐绍仪，邀请他南下上海协商大计。

前面已讲过，南方各省已确认上海推定的伍廷芳、温宗尧为临时外交代表，全权处理与朝廷相关的事务。唐绍仪、伍廷芳原本也是彼此熟悉。这样一来，就定下了南北双方会谈的首席代表。

三　南京光复之战

攻克南京是辛亥革命中发生的一场最重大的战役。

因武昌起义是由新军发起的，所以清政府对驻江宁的新军第九镇十分提防。新军第九镇统制（师长）徐绍桢本就是革命的军人。其部属就有赵声、柏文蔚、冷遹、林之夏、倪映典、熊成基、林述庆等同盟会员。早在端方任两江总督时，赵声、冷遹就被侦破，幸得徐绍桢庇护两人才幸免于难。

辛亥革命前夕，时任两江总督张人俊和江宁将军铁良认为新军靠不住，因此停发弹药，而加强张勋的江防营的供应补给，逐批调入南京各要紧位置，并对新军第九镇进行监视。

10月31日，张人俊又命令第九镇限期从市内移驻距城30多公里的秣陵关。相反，张人俊令江苏提督张勋的江防营二十个营兵力全部进城警戒，每人补充子弹500发，江防营一下子占了全城兵力的一半。第九镇移驻秣陵关后，张勋等派人严密布控，观察动静。更有甚者，铁良公然派出旗籍军官怀枪窜进徐绍桢的行营，企图行刺。徐绍桢忍无可忍，11月8日，新军第9镇7000人在秣陵誓师起义，分三路进攻南京城。但因朝廷方早有准备，守军工事坚固，而徐部子弹太少，进攻未能奏效。11月9日，革命军弹药用尽，只得退往镇江。

利用这事件，张勋等人在城内搜捕革命党人。证据很简单：发现谁家藏有白布，就说那是用来制作白旗，是革命党内应。发现学生有剪辫子的，就指为革命党人。全部格杀勿论。

徐绍桢自感力量不足，于是到苏州、上海和杭州联络苏沪浙各地，组织联军。以图再次向南京发起进攻。应徐绍桢的呼吁，苏浙沪起义军将领商定组建联军，推徐绍桢任总司令。

钮永建处理好松江的事务后到上海，正巧在惜阴堂遇见徐绍桢，与他商量进攻南京的事。当时徐绍桢最急切的是军需弹药，为此，钮永建带徐绍桢夜访虞洽卿，虞当场慨允暂借10万元以充军需，加上从其他各方筹措来的款项共17万，移交徐绍桢暂用。

虞洽卿此时为闸北市政厅民政厅长。因陈英士当沪军都督，李燮和在吴淞设立光复军司令部，宣布吴淞归江苏都督府管辖。虞洽卿也借此单独成立闸北市政厅，从属于江苏都督府，而不与沪军都督府发生关系。徐绍桢从而通过另外的途径意外得到这笔军款。

11月11日，联军司令部在镇江成立。联军兵力主要有朱瑞部浙军、刘之洁部苏军、黎天才部淞军、洪承典部沪军、徐宝山部扬州军、柏文蔚和林述庆的镇江军等，

总兵力万余人。驻守南京的清军有张勋部江防军、江宁将军铁良部驻防军、赵会鹏部巡防营、王有宏部缉私队等，共计 2 万人。

1911 年 11 月 23 日，苏浙联军各路开始向南京城外据点发动进攻。11 月 29 日，总攻开始，镇江军和浙军攻中路，江苏军攻左翼雨花台，淞沪军攻右翼乌龙山、幕府山。朱瑞率浙军先发起主城进攻战，在朝阳门受阻。镇江军继至，分两路攻紫金山。经过激烈战斗，11 月 30 日占领天保寨。

李平书从江南制造局调来新造大炮增援，从天保寨居高临下，大炮可以轰击南京城任何地方。

苏军刘之洁部占领雨花台。

雨花台正是张勋的防地，苏军也在雨花台上架炮向城内轰击，一时四面火起，秩序大乱。张勋遣清军统领胡令宣、被俘的联军总司令部顾问史久光出南门，手执白旗，臂缠白布，入苏军司令部，谒见刘之洁求和。

刘之洁把张勋的信件送交联军各方商量，给出最后通牒答复，态度坚决措词强硬，等于要张勋、张人俊自捕请降：

要对方解除武装，必须在限定时间表内答复，答复最后期限在次日中午，到时不应，重炮轰城。

当晚两江总督张人俊、满旗将军铁良仓皇搭乘日本军舰"秋津州"号出走，张勋无奈，带少数残兵连夜潜逃出城。

次日，林述庆的镇江军首先从太平门入城，刘之洁部从南门入城，于是各军相继攻入城内，全城光复。

南京会战，从 10 月 31 日，第九镇被迫移师秣陵关开始到 12 月 2 日入城，持续一个月。

必须重申一个事实：

清军曾残酷屠杀南京城内居民，仅仅因没有发辫或家中被搜查出白布，导致成百上千平民被害。但南京光复后，民军纪律严明，再也没有发生杀人事件。也没有满族家属死于民军枪下的事。而国内其他城市，之前偶有发生清军独占的城堡将被民军攻占之际，清军将官杀死自己家属，然后自杀的事。这只因为满族将官不了解辛亥志士的自由、平等、博爱的宗旨。辛亥志士要消灭的是专制制度，而并不拿人命来赔偿。部分大清铁杆效忠者头脑中种族屠杀的残暴欲望太强烈，以至于自己失败时，就在自杀前杀死自己的亲属，但那是极少数。整个辛亥革命中，大清朝廷方面死于战争的人远少于民军方面的牺牲。

第十九章

金陵箫鼓

一　黄兴大元帅

　　果然，北军攻占汉阳不久，冯国璋与黎元洪、黄兴在武汉前线协商停战。

　　11月10日，袁世凯秘密派出的谈判代表是刘承恩、蔡廷。这蔡廷是袁世凯的副官、海军正参领，也就是正三品的海军参将，同时也是黎元洪的学友及黎元洪在北洋水师时的同僚。

　　而刘承恩同样是袁世凯的旧部，又是黎元洪的同乡和朋友。

　　早在袁世凯来鄂之前，他们就受荫昌和冯国璋之命，给黎元洪写过两封劝降信，转达朝廷"和平了结，早息兵事"之意。这"和平了结，早息兵事"，就是要向清朝投降。

　　武汉革命当局理所当然地拒绝理睬。

　　11月初，刘承恩给黎元洪写了第三封信，仍未回信。

　　大清此时焦头烂额，知道载沣搞"皇族内阁"不但挽救不了大清的垂危，反而只能加速自己的灭亡。于是让"脚疾"的袁世凯重新出山。上年，载沣正是以袁世凯"脚疾"为由，把袁世凯一捋到底，赶回河南老家。

　　前面提过，袁世凯走马上任不久，就通过洪述祖与上海方面的革命人士暗通款曲。

　　袁世凯也亲自给黎元洪去信，语气婉转，表示善意。这时候黎元洪、黄兴也接到庄蕴宽转自上海的消息，心中有数，黎元洪这才回了信：

公果能来归乎？与吾徒共扶大义，将见四百兆之人，皆皈心于公，将来民国总统选举时，第一任之中华共和大总统，公固不难从容猎取也。

黎元洪的回信不失立场：你袁公若真的能归附我等反清革命事业，那你就会得到四亿国人的拥护。

11月9日，汉阳前线民军总司令的黄兴得信后也致函袁世凯，劝其反戈朝廷：

明公之才能，高出兴等万万，以拿破仑、华盛顿之资格出，而建拿破仑、华盛顿之事功，直捣黄龙，灭此虏而朝食，非但湘、鄂人民戴明公为拿破仑、华盛顿，即南北各省，当亦无有不拱手听命者。

黄兴更是提出：

要直捣黄龙，灭此虏！你袁公愿意与我们一起干？

11月11日，刘承恩、蔡廷与武汉民军密谈。他们得到湖北黎元洪、黄兴的许诺：

只要袁世凯同意在武昌停战，回师终结满朝，同意民主共和，愿举袁世凯为总统。

这交易过程是戏剧性的，刘承恩怕口说无凭，回去无法向袁世凯交代，就要讨证据。那时会谈没有录像录音，会谈纪要也不被认为有权威性。怎么解决这问题？

覃振，那时是以黎元洪秘书的身份参与会谈。他出主意打圆场说：

以吾大都督名义，委任汝宫保为大总统如何？

刘、蔡两人连声赞同，于是欣然持委任状而去。委任状上盖湖北大都督关防。

未来民国总统由湖北省都督委任，算是民国初期最有趣插曲之一。

作为回报，袁世凯表示一旦如愿，就请黎元洪当副总统。

这"宫保"就是指袁世凯。"东宫"就特含"太子"的身份，"宫保"就是太子少保。袁世凯和盛宣怀都曾被朝廷封为"太子少保"，这是一个荣誉地位，所以袁世凯很愿意被称为袁宫保。

刘承恩、蔡廷高高兴兴回去复命。

11月30日，袁世凯再派密使刘承恩、蔡廷过江，与黎元洪谈判。革命党代表借汉口英租界顺昌洋行为会场，召开第一次会议，同意与袁世凯议和。达成停战协议：

从12月3日早八时至12月6日早八时，停战三天。

这是辛亥革命时期，民军与清军的第一次停战。

以后又签署了五次协议，将武汉停战期一直延续到1912年1月29日。

武汉既然停战了，武昌的防务可松了一口气。但武汉停战协定对其他地方无效，江苏战事正在热闹中。黄兴提出要民军合力增援进攻南京，于是他妥善辞去湖北民军总司令的职务与庄蕴宽先后回上海。

就在这此时，民军苏浙联军总司令徐绍桢于12月2日宣布攻克南京。

南京作为明朝的开国首都，它的光复，对中国人来说，意义重大。连湖北省代表都认为，民国应该建都南京。

于是，《中华民国临时政府组织大纲》通过后，筹建民国临时中央政府的事又回到上海进行。

12月4日，张謇、赵竹君（凤昌）等幕后策划，汤寿潜、程德全、雷奋、庄蕴宽、林森、林长民等十七省代表聚集在哈同的爱俪园，倡议组建全国性的临时中央政府。会议议决暂定南京为临时政府所在地，不管黄兴自己适应不适应，先推举黄兴为全国大元帅，黎元洪副之，作为全国临时政府的先声。

此时，蔡元培、黄宗仰和章太炎也分别从巴黎和东京回国。最早回国的是黄宗仰，他照样由罗迦陵请到爱俪园当自己的"法师"。

章太炎是到了11月16日才从日本回到上海。章太炎是光复会的两大首领之一，当即赴吴淞李燮和的光复军司令部住下。黄宗仰知道后，专程到吴淞把他迎接到市区，住进爱俪园。

蔡元培和章太炎也作为浙江省代表参加了大元帅的投票，他们各投了黄兴一票。投票地点是老西门外黄炎培等人的江苏教育会。

章太炎为人有点幽默：明明是他作为浙江省代表投了赞成票，事后却说后悔话，说是被胁迫的。他没忘记东京同盟会时，他与黄克强有过节。不过，后来在选举孙文为临时大总统时，他又回过头来褒黄贬孙。一旦发现自己上了袁世凯的当之后，他又坚定地回来拥孙反袁。就是说，他虽嘴不饶人，但行为办事还是能根据事情的重要程度而选择立场。

黎元洪对自己被选为黄兴副手感动到愕然，但各省代表反应平淡。

决定定都南京后，赵凤昌与汤寿潜、程德全、陈其美诸人一起聚会，制定国旗为五色旗，以代表汉、满、蒙、回、藏五族共和，得到各省的赞同。陈其美本坚持青天白日旗，但以各省意见已定，被搁置。五色旗后提交临时参议院议决，定为国旗。

至于中华民国国歌，此时没有决定，而是等到中华民国临时政府成立后，教育总长蔡元培出面征集。最后确定的民国国歌由沈恩孚作词，沈彭年作曲。此时沈恩孚还是上海议会议长，后来出任同济大学校长。

国歌歌词是：

东亚开化中华早，揖美追欧旧邦新造。

飘扬五色旗民国荣光，锦绣河山普照。

我同胞鼓舞文明，世界和平永保。

推举黄兴为全国大元帅后，黄兴一再对黎元洪和程德全表示谦让，这大元帅不过是一个象征性名号，何以如此自信心不足？着实使人略感失望。

如果确实是黎元洪或程德全更适合当革命领袖，本来就不会选黄兴而弃他俩。议会代表选举出来的职位，岂能让你黄兴、黎元洪私自转让？

原本黄兴是绝对多数票当选的，可因为"谦虚"，却反而招来异议。浙江方面的朱瑞等就公开说黄兴在武汉是打败仗的，表示不服。原本与朱瑞浙军有隙的苏军北伐军司令林述庆对黄兴也有异心。林述庆的猜忌是因为苏军北伐军的参谋长陶骏葆上了陈其美的"鸿门宴"被杀。

1911年12月31日，负责后勤支援的陈英士以"讨论进军北京问题"为由，邀请苏军北伐军总司令林述庆与参谋长陶骏葆来沪"面议"，林、陶如约来沪。陈在上海南市旧海防厅的都督府大堂接见了陶，并当场宣布陶骏葆的罪状：

陶骏葆在第九镇进攻南京雨花台时，中途截留由上海运往南京的械弹，以致革命军遭受大量伤亡。

接着，陈英士令人关闭都督府大门，将陶骏葆绑了起来。

陶大呼"冤枉"，但毫无用处。下午五时，未经军法审讯，陶骏葆就被枪杀了。林述庆逃离上海，并率北伐军到江北。林述庆走后，陈英士乘机派刘福彪的敢死队占驻镇江。因陈英士结仇林述庆，林述庆也猜忌黄兴。

尽管黄兴要推托大元帅的职务，李平书的上海商团已经高规格地选配卫士，负责中华民国临时大元帅的安全警卫。大元帅警卫队由80人组成，全选拔自上海商团。上海商团本就是镖局性质的武装机构，神枪手、武林高手或神探侦察并不乏人。

因军中朱瑞和林述庆等人的猜忌，1912年北伐军总指挥孙文任命黄兴和钮永建出任正副总参谋长时，黄兴没有到位，改由钮永建代理总参谋长。钮永建平时奉行"忠恕之道"，对同事总是礼让有加，是公认的"好好先生"。同时还因他在两广办过军校，军校生就是北伐军各级骨干。

由于黄兴在出任大元帅时犹豫反复的表现使代表们有所失望，代表们还要继续物色更适合的革命领袖。于是，代表们把目光从黄兴身上移开，另找更理想的。

黄炎培提名孙文。

息楼和惜阴堂的各人也没有异议，除了孙文还能有谁？

邀请孙文回国共商国是的电报再从上海发出。黄炎培后来称电报就是他拍的。虽说黄炎培是同盟会员，但此时却不是代表同盟会，也不代表自己，而是代表各省设在上海的议会联合会（或称临时议会），也代表张謇、程德全、岑春煊、唐文治、汤寿潜、赵竹君和庄蕴宽等人。

二 海外孙文

孙文收到上海的临时议会的来电，却偏偏不是国内各地同盟会的分部来电。谁都知道，临时议会不由哪一党哪一派控制，而仅是凭信念和舆论来运作。而执著于民主共和理想和宪政观念的士绅阶层成员对议会影响巨大。

议会联合会催自己去上海，什么意思？这当中会不会有陷阱？孙文疑惑。

孙文的疑惑也不是没有道理：

不知何故，民军与朝廷军队打打停停，时而从报刊看到前线的战况，时而传来停战谈判的消息。特别是中外各报陆续传出暧昧的《顾廖密约》。这《顾廖密约》是段祺瑞的代表廖宇春主动南下到上海，通过中介与苏浙联军参谋顾忠琛搞的秘密协定。

中外报纸对《顾廖密约》猜测纷纷，但猜不出什么。顾忠琛与廖宇春到底说了些什么？葫芦里装的是什么药？尽管传说中的顾忠琛是同盟会员，但孙文不知道顾忠琛此时秉承的是谁的主意。

还传来消息说上海选举黄兴、黎元洪为正副大元帅。对此，孙文有点兴奋，但又不免阵阵疑惑。

辛亥枪响以来已经两个月过去了。大半个中国，70%的人口地方已经撕下龙旗，飘起了革命的白旗。孙文还在西半球的海洋间游弋着。他既兴奋，也迟疑。

孙文终于接到大哥孙眉的电报，说广东现在都督空缺。原广东省咨议局改名过来的广东议会要找革命党人，从革命党人中挑一个出来当都督。兄弟你能否出面吱一声,让老哥来当都督啊?反正为支持革命,你孙眉大哥都倾家荡产了。

孙文终于领悟到,中国的确发生了惊天动地的大革命。

可回复给广东革命党人的复电却由疯子吴稚晖抢先捏在手里,一手包办。这可是难得一件与孙家有密切关系的电报啊,你吴疯子却不让自己看一眼:

你用我的名义发电报,怎么不让我过过眼?孙文忍不住去抢电文,却被吴疯子一把推倒,摔个四脚朝天。

吴说:这是为你好,你不知道才最好。

南方同盟会终于得到孙中山推荐胡汉民担任广东都督的答复。电文如下:

胡汉民先生为人,兄弟知之最深,昔与同谋革命事业已七八年,其学问道德均所深信,不独广东难得其人,即他省亦所罕见也。籍其平生之大力量、大才干,不独可胜都督之任,即位以总统,亦绰绰有余。

于是,在香港的胡汉民和陈炯明回广州,由丘逢甲主持宣誓,当了广东省军政府的都督、副都督。丘逢甲不是别人,正是当年台湾被大清朝割让后,继续在台湾领导抗日的民族大英雄。丘逢甲此时老了,但依然心系台湾。

胡汉民都督算是第几任?可以说是首任,也可以说是第三任。广东议会本是推选原两广总督张鸣岐当广东省军政府都督的,可张鸣岐不肯配合,连夜卷银两铺盖逃了。究竟张鸣岐是镇压了黄花岗起义的刽子手,被屠杀的革命党人的血腥味依然弥漫在广州城的每个角落。他没那勇气。接着,由新军协统蒋尊簋出面代理。广东人只知道蒋尊簋是张鸣岐的亲信,说他是"打入敌人心脏的革命党",谁也不相信。起码孙文、胡汉民、陈炯明、姚雨平不信。再说,根据地方自治的原则,广东省都督必须是广东省籍人士出任,蒋尊簋该回原籍宁波。说起来也巧,浙江省都督汤寿潜当了个把月,因拟任民国临时政府的交通总长,就提出辞职。蒋尊簋顶替当了浙江第二任都督。我们已经知道,蒋尊簋的老爸就是蒋观云(智由)。由于蒋观云是爱国学社的教师,他办的《选报》与《苏报》一样是第一批支持"墨水瓶事件"的上海报刊。他们父子是两代反清排满的革命家了。这种身份,当浙江都督算是众望所归。

吴疯子为孙文处理了这起广东的大事,也处理了孙文的家事。广东的政治安排,各界人士皆大欢喜。只有孙眉满肚子怨气。

孙文为这事被大哥孙眉埋怨,可那是今后政治上的无价资本。

这种处理方式,使孙文赢得名声,也赢得胡汉民、陈炯明等广东帮的长期支持。

此后，孙文把自己大小事包括后来遗嘱的事也交给了那吴疯子，甚至死后家中老婆名分与财产的琐事处理也交给他。

吴疯子反过来认为，自己越俎代庖，包办人家的事不说，还一把将他推倒在地，结果人家不但不生气，反而笑呵呵的。这人够朋友。

想想过去把孙文想象成面孔漆黑的灶神爷，或想象成邓禹、刘秀那样的绿林豪杰，甚至当年留学东京，在钮永建、吴禄贞面前表现出死活瞧不起人的神态，吴疯子觉得是自己偏见了。

三　金陵箫鼓——南京群英会

胡汉民、陈炯明主政广东后，孙中山的代表王宠惠首先回广东。

当年小帅哥王宠惠坐怀不乱的故事，我们在本书一开头就讲了。那年他才20岁，因营救秦力山而离开南洋公学流亡日本。就在那年，他由南洋公学校长张元济提名，作为南洋公学和北洋大学共同的公派留学生到美国加州大学，后来转学获得耶鲁大学法律博士学位。

王宠惠作为广东代表到达上海与各代表相会。1911年12月13日，代表们决议定都南京。各省代表先齐集南京，成立临时议会，选举议长。34岁的汤尔和被选为议长，30岁的王宠惠被选为副议长，选为副议长的还有原来江苏同盟会会长陈陶遗。汤尔和就是1903年作为拒俄义勇队的另一代表。王宠惠同时被定为伍廷芳的和谈参赞。同为南方参赞的温宗尧就是十年前的老朋友。而他的北洋同学王正廷也是湖北省代表，作为列席代表也参与南北和谈。王宠惠后来被孙文提名为临时政府首任外交总长。

1911年12月，就在王宠惠动身来上海时，他在原南洋公学的小学弟叶楚伧也正从广东汕头赶到广州。叶楚伧原本在上海，与柳亚子、苏蔓殊等都是当时著名的报人、诗人和作家，也是南社的核心。因1907年上海革命党受挫，而潮州汕头又因准备起义而缺人，叶楚伧主动到广东汕头支援。

在汕头，他与当地革命党人一起策划颠覆清廷。广东军政府改由胡汉民主持后，就要组织军队来增援苏浙民军联军。由于此时南京已经攻克，广东增援军队改名为民军北伐军，继续开赴南京，准备从南京过江继续北伐。姚雨平为广东北伐军司令，叶楚伧应邀出任参谋长。1911 年 12 月 8 日，广东北伐军兵分三批，从广州乘船北上。尽管部队组建仓促，但这批粤军北伐将士有高昂的精神和顽强意志，在后来的北伐战争中表现出色。

北伐军出发时，叶楚伧写下荡气回肠的《北伐誓师文》，叶楚伧称此时神州虽"义师四举"，"然北未捣幽燕之巢，南未歼汉襄之贼，吾将士岂能戢矢镞剑，不与中原豪杰共竟斯功耶!"洋溢着雄壮悲切的楚风燕气，表达了一定要消灭清王朝的壮志。

12 月 19 日，姚雨平、叶楚伧率军到南京。

与姚雨平、叶楚伧的途径不同，广西王芝祥也带广西北伐军到南京。王芝祥先去增援武昌，武昌停火后，应黄兴之邀转道南京，改名广西民军北伐军。王芝祥在武昌时正遇当年被张鸣岐逼走的王勇公。王勇公于是归队并出任旅长。

原先王勇公是作为吴禄贞与黎元洪、黄兴共同行动的联络人，只因吴禄贞遭暗杀，北方一场重大的起义沦于失败。赵恒锡、陈之骥、冷遹、耿毅、何遂、赵正平、刘建潘等一干人马又陆续在南京会齐。与两广北伐军同时会师金陵的还有王湘的海军陆战队、范光启的铁血军及柏文蔚从镇军分出来的皖军。

各省志士踵趾相接，乃集议建都南京，并推徐绍曾为南京卫戍总督。镇江都督林述庆改任苏军北伐总司令，柏文蔚、范光启、姚雨平、王芝祥和王湘等各路北伐军也进一步筹划过江追击张勋、倪嗣冲等部清军。上海光复军总司令李燮和接受黄兴建议率军到武昌增援，李燮和把吴淞和宝山的军政事宜全部移交给程德全。

江苏都督府也从苏州迁到南京。钮永建早已卸任松江都督，而连同江苏民军总参谋部迁南京，后改为北伐军总参谋部并建立北伐军总兵站。民国成立后的 1912 年 1 月 8 日，钮永建被临时大总统任命为民军代总参谋长兼北伐军总兵站代总监，并继续作为南北和谈的南方军事参赞。还因南方军事参赞这身份，他成了临时参议院的"荣誉议员"。好像当时临时参议院"荣誉议员"的身份极罕见，一般情况下，"荣誉议员"可以在参议院前排就座但没有被选举权和表决权。可能因为他作为实际上的民军负责人及"南会谈的军事参赞"，必须随时参加临时参议院会议，接受议会的决定，并向议会汇报军情及南北会谈的情况。

江苏都督府迁到南京后，因程德全拟任临时政府的内务部总长，庄蕴宽代替程德全出任江苏都督。徐绍桢的南京卫戍总督是保卫中央政府的警卫部队，与江苏省都督职能不重叠。除上海外，江苏省就不再有多都督问题。

这时，南京革命军云集。除徐绍桢本部外，还有朱瑞的浙军第 1 师、范光启为

总司令的铁血军、洪承点的沪军先锋队、茅迺封的南京宪兵司令部、姚雨平为司令的粤军、王芝祥的桂军、吴忠信为总监的江宁警察等。

南京一片喜气洋洋，到处旌旗在望，箫鼓相闻。

江宁的原两江总督府开始修整，准备作为将来的中华民国总统府。从上海赶到南京筹备建都的柳亚子，进了南京总统府，负责筹备总统就职事宜。但他实际只干三天就不干了，究竟是个书生气十足的人。他遇到满身戎装的叶楚伧，喜出望外，涕泪满面。这对"难忘结客少年场"的哥们，自1907年从上海分手，四年后的如今意外在南京相逢。

十年前的1902年，他们这对当年爱国学社的毛头愤青，今天终于长成魁梧挺拔的英雄豪杰！

叶楚伧也不禁感慨万千，为中华民主共和国的即将诞生而兴奋。他留下的《金陵杂咏》，记下了当时南京的气氛：

> 万旌旗拥汉家营，莽荡中原未太平。
> 终是六朝金粉地，南城箫鼓北城兵。

在南京，叶楚伧受志同道合的柳亚子的劝说，两人分别辞去北伐军参谋长与总统府的职务，回上海开办《太平洋报》，宣传即将诞生的民主共和国。以后叶楚伧主持《民国日报》近20年，成了那年代的主流喉舌。

而广西由原都督沈秉堃带出来的另一队民军没到南京，而是改名"湘桂援鄂联军"进入湖南地面策应武昌。原《苏报》馆主陈范与妹夫汪文溥一起参加了湘桂援鄂联军，陈范任司令部书记。汪文溥此前是本地知县。当年，汪文溥也曾经在上海与吴稚晖、章士钊一起，任《苏报》主笔。

这是陈范一生中最为舒畅的日子：清朝覆亡在即，夙愿即将实现。

长期妻离子散、过着颠沛流离生活而仍心忧天下的陈范，对此自然是深感欣慰的。可惜当时的总司令沈秉堃魄力不足，又无远志，陈范对他很失望。于是接受叶楚伧与柳亚子的招请重新回上海。在他们俩合办的《太平洋报》从事笔政。陈范、叶楚伧、柳亚子同是"南社"核心人物，在爱国学社年代他们是师生和战友，历经多年的风雨沧桑，重新相聚，自然高兴。只是，他们的相聚，依然短暂。

陈范的朋友龙积之此前正避难在湘桂边界。他把女儿嫁给了沈秉堃手下的一位民军将领，后来这位乘龙快婿对龙积之关怀备至。据说晚年龙积之童颜鹤发，快活人生。这也是人生一种选择吧。

当年《苏报》案发，只因章太炎一声呼唤，龙积之尽管只是维新党而非革命党人，却能毫不犹豫地投案自首。后来差点被端方代表朝廷从租界巡捕房引渡出去，当做"自立军"案的遗犯杀头。从这点看，他为人堪称上品。

四 《顾廖密约》与伍廷芳、
唐绍仪的"南北会谈"

袁世凯通过洪述祖传话，与"惜阴堂"加强联系。南方也加大对朝廷的军事与政治压力，而袁世凯在朝廷内部配合唱双簧，迫使朝廷同意派出唐绍仪为团长的代表团南下，与伍廷芳开始了南北会谈。

南北会谈必须在停战状态下进行，虽然冯国璋与黎元洪在武汉秘密谈判达成武汉停火，但那只是局部的。苏军北伐司令部、皖军和粤军越过长江，继续进攻。张勋、倪嗣冲的清军向徐州溃败，张勋连爱妾"小毛子"都被民军拿获。双方前线已到徐州。

表面上为实现全面停火，段祺瑞的代表廖宇春南下，与江浙联军参谋顾忠琛在上海进行会谈。与廖宇春同行的是北军红十字会会员夏清诒。廖宇春本是松江人，是保定陆军小学堂的监督。民军中苏浙联军中沪军先锋营的队长朱葆诚就是保定陆军小学堂的学生。

廖、夏到沪，廖宇春先联系上朱葆诚，经朱葆诚介绍认识了沪军先锋营首官洪承点。这洪承点恰是江浙联军参谋长顾忠琛的学生，于是廖宇春又经洪承点介绍认识了顾忠琛，告以和平谈判的目的。顾忠琛汇报后，上海决策者定了框架，授意顾忠琛去与廖宇春举行会谈。于是，顾忠琛、朱葆诚、洪承点乃约廖宇春、夏清诒密会于文明书局二楼经理室，分别代表民军和北洋军进行了"和平谈判"。文明书局经理俞复也参与密会。

这俞复，另一个身份是无锡军政府的民政部长。无锡军政府的民政部长是行政首官，相当于无锡市长。他是与秦毓鎏等人一起策划无锡光复的。文明书局为廉泉、吴稚晖、丁福保等人所办。前文说过，1901 年，吴稚晖大闹东京公使馆后回上海，他与廉泉合办了文明书局。丁福保也是南菁书院出来的，并在张元济译学院东文学

堂学过日文。

正式签约那天，黄兴以中华民国临时政府大元帅的名义授权顾忠琛：

兹委任顾忠琛君与廖宇春君商订一切。

顾忠琛与廖宇春草签了五条秘密约定：

（一）确定共和政体；

（二）优待清皇室；

（三）先推覆清政府者为大总统；

（四）南北满汉军出力将士各享其应得之优待，并不负战时害敌之责任；

（五）同时组织临时议会，恢复各地之秩序。

这就是引起世界普遍关注的《顾廖密约》。其中"（交战军人）不负战时害敌之责任"条文首次出在中国官方的正式文件中。这是中国文明进程的巨大进步。

辛亥革命中，南军率先实施了这条例。后来的第二次世界大战胜利后，中国军队依然实施这条例，文明地优待了无视这条例的侵华日本帝国皇军，宽容地遣送全部投降日军回日本。而日本军队曾以"捕杀战败的中国失散军人"为名，单在南京一城，就屠杀了30万平民。在八年里，中国数千万军民死于日本侵华战争。这文明与野蛮，真是泾渭分明。

《顾忠琛—廖宇春密约》签约的那天正是伍廷芳、唐绍仪在上海的第二次会晤。

名为谈判停火的《顾廖会谈》，并没有任何有关具体停火的约定，而是开出了五点政治纲领。《顾廖会谈》其实就是中国结束封建帝制、实现民主共和的"路线图"。

《顾廖密约》的核心是把大清朝廷排除出中国的政局。别看表面上"顾廖会谈"级别低于"唐绍仪、伍廷芳会谈"，但其实正是它及时地为唐绍仪、伍廷芳会谈定了基调。

自武汉实现了停火后，表面上是为实现"徐州前线停火"的顾廖和谈也进行到尾声，那南北和谈就要正式进行了。

最初，朝廷派出一个庞大的代表团。唐绍仪为全权大臣总代表，严修、杨士琦为代表，汪精卫、魏宸组、杨度为参赞，并以在京每省1人为各省代表，其中有：直隶刘若曾、山东周自齐、山西渠本翘、陕西于邦华、江苏许鼎霖、浙江章宗祥、安徽孙多森、江西朱益藩、湖北张国淦、湖南郑沅、四川傅增湘、福建严复、广东冯耿光等。

但经唐绍仪最后挑选，全权代表及参赞改为：

全权代表是唐绍仪，参赞是汪兆铭、欧赓祥、许鼎霖、赵椿年、冯懿同等五人，

388

除此之外杨度等大批人马作为一般随团成员。

12月11日，他们先南下到达汉口，12月12日到武昌面见黎元洪。但此时南方谈判的代表伍廷芳等一个也没到武汉。

其时，各省驻上海代表确定的南方谈判代表除原来的伍廷芳（全权代表）、温宗尧（外交参赞）外，加上军事参赞纽永建及广东代表（参赞）王宠惠及湖北代表王正廷。这名单也抄报到黎元洪手中。照理，武昌是辛亥首义地点，湖北代表王正廷也应是南方参赞。但朝廷代表汪兆铭十分活络，他是被袁世凯从大清刑部监狱直接带回自己家里的，汪兆铭对此十分感激，便与袁大公子结拜兄弟，就这样他们凑成一家子。汪兆铭此来的目的就是要南方接受袁世凯当总统。汪兆铭来之前已私下向湖北传达了总理大臣袁世凯许诺：只要支持袁世凯为总统，袁世凯就一定提议黎元洪为副总统。

于是，黎元洪以"中华民国中央军政府大都督"名义宣布伍廷芳为民国议和全权代表，温宗尧、汪兆铭、王宠惠、钮永建为参赞，胡瑛、王正廷为湖北特派代表。组织议和代表团，并颁发照会。

黎元洪把参赞头衔让给汪兆铭，而改胡瑛、王正廷为湖北特派代表。黎元洪是否因为把湖北参赞名额给了汪精卫，湖北就不派参赞而改为"特派代表"？莫非仅仅为了对方许诺自己一个副总统的名号就把湖北发言权交给朝廷方的参赞汪精卫了？

还有，黎都督指定王正廷为湖北"特派代表"，这"特派代表"是何含意？是把湖北当做南北和谈的第三方？还是名义上湖北继续算南方阵营？

黎元洪的行为改变了上海的各省代表和临时参议院的原定代表组成方案。各省代表十分不理解。

还有，黎元洪自封的"中华民国中央军政府大都督"算什么名号呢？《中华民国临时政府组织大纲》中，没有这一条啊。

此前，伍廷芳已借口自己正履行中华民国临时政府外交总长的职责，不能去武昌。而且大都督圈定的四个参赞中，除兼职参赞汪兆铭外，其他三人一个也没来。

唐绍仪根据袁世凯指示及英国驻华公使朱尔典的安排，离开武昌乘船到上海。南北双方同意把南北和谈地点定在上海。

在北军炮口威胁下的武昌，也的确不适合作为谈判地点。

因为南北会谈不是与清朝订"城下之盟"，而是反过来在谈朝廷如何下台。

举行这种谈判的地点自然必须是呈现一派胜利景象的上海。

经约定，唐绍仪、伍廷芳会谈决定于12月17日在上海首次会面。

就在酝酿南北会谈前夕，全国17省代表已经就法律问题进行了讨论，并通过了对《中华民国临时政府组织大纲》的修正案。修正案补充规定：中华民国临时大元帅可以代大总统衔的身份行使"国是权利"。

这就是说，临时大元帅黄兴，合法地拥有"代大总统"的头衔。

12月17日，北方代表团到达上海。唐绍仪住戈登路（即如今的江宁路）英商李德立（Edward S. Little）的寓所，其余代表住静安寺路（今南京西路）的沧州饭店。这二处离赵凤昌南阳路的惜阴堂与伍廷芳戈登路的观渡庐都很近，几乎就是饭后步行的距离。还请注意这英商李德立（Edward S. Little）。本书提到，他是公共租界工部局连任三届的董事。1904年，会审公廨审理《苏报》案时，他以普通人的身份出庭，要为章太炎和邹容减刑提供证言。

17日晚，伍廷芳与唐绍仪会晤后，马上通报赵凤昌：

顷唐使来拜，已约明日两点钟在小菜场议事厅开议。全权文凭，乞明日午前掷下为祷。又黄公衔似可添代大总统字样。

伍廷芳提出要赵凤昌为代表团出具中华民国全权代表的照会，并且黄兴要以代大总统衔签署。可见赵在当时南北双方心目中的地位。

12月18日上午，赵凤昌便约黄兴、伍廷芳与唐绍仪到自己家惜阴堂相见。

赵凤昌好像是与黎元洪针锋相对，他重新颁发代表证书。他以黄兴大元帅代大总统衔的名义重新给伍廷芳出具全权代表证书和其他各参赞的证书，但不改变黎元洪宣布的名单。黄兴一一在代表证书上以代大总统的名义签字。胡瑛因自认为是"中央军政府大都督"下的外交部长，与伍廷芳的中华民国临时外交总长冲突，没有参加会谈。因黎元洪用汪精卫代替王正廷，王正廷就不再授参赞衔，仅列席会谈。汪精卫也得到赵凤昌颁发的参赞证书。

这样，在上海举行的南北会谈中，汪精卫既是清廷的参赞，也是南方的参赞。南方代表团的外交参赞是温宗尧，军事参赞是钮永建，还有一个代表广东的参赞王宠惠。而清朝的参赞是汪精卫、欧赓祥、许鼎霖、赵椿年、冯懿同。

赵凤昌以黄兴大元帅代大总统衔的名义出具全权代表证书是为了表达中华民国共和政府的正统身份。由于议会及时通过《中华民国临时政府组织大纲》的修正案，黄兴的"代大总统衔"是有法律依据的，而非空穴来风。

赵凤昌其实不是与黎元洪针锋相对，而是有意给大清难看：

大清朝廷的代表要与谁谈判？

与中华民国黄兴"代大总统"的代表谈。

谈什么？

谈大清下台的优待条件。

就是说，是中华民国代大总统黄兴如何给大清朝廷提供优待条件，以使大清朝廷体面地退出中国的政治舞台。

既然北方代表认可这种谈判方式，所以谈判一开始，代表中华民国临时政府的南方代表团在政治上已经取得胜利。

通过赵凤昌安排的这南北会谈，显然与黎元洪出于狭隘小算盘而作的安排大不一样。

南北议和于12月18日下午两点在南京路和广西路交叉路口的公共租界市政厅举行。注意：辛亥革命后，当局重新着手建设新的市政厅，新的市政厅在汉口路和江西中路汇合处。通常所指的公共租界市政厅，是指后者。

会议一开头，伍廷芳提出南北会议第一项内容是：清廷必须先承认变更国体为共和，双方才能"开议"。这就是《顾廖密约》的核心内容。唐绍仪和整个清廷代表团事先显然没有料到，所以显得有点不知所措，当天没有表态。

次日，唐绍仪公开表态：

共和立宪，我等由北京来者无反对之意。

伍廷芳曰：

甚善。

于是，这就成为双方的共识。

从18日到31日，南北双方共进行了五次公开会议，讨论了停战、国体及召开国民会议诸问题。但这只是桌面上的例行公事，南北两方真正的政治交易是在赵凤昌的惜阴堂中进行的。

整个会谈是冗长的、复杂的，也是充满戏剧性的。

白天大部分的时间，双方谈的是有关停火的事。两方的军事参赞就前线部队划非军事区问题进行讨价还价，规定你退出多少里，我让出多少里，争得脸红耳赤。因而凡白天发出去的电报总互斥对方违反协议，显得双方严重对立。

重要的问题是在夜里谈。

晚上谈的是一些政治问题，如清帝退位后政权由谁交接问题，还有外国承认问题等。这些问题由于事先有过交底，就显得相对温和。所以夜里发出去的电报才是会议的真正内容，而这些内容在会议进行时是不公开的。

据当事人回忆：

这次议和是个大烟幕，有关会议情况的电报，白天打出去的和晚上打出去的完全不同，是两回事。白天开会是在做表面文章，造气氛，晚上才牵涉本质。

当然，谈判是反复多端的，谈判过程的表里也是不一致的。

按谈判进程，南方临时参议院议员杨廷栋根据《顾廖密约》中的实现共和、优待清廷的"路线图"，给满清朝廷写下《退位诏书》。这意味着满清朝廷照本宣读南北双方拟定的诏书后，得到相应的优待条件，退出中国的历史舞台。

杨廷栋书写的《退位诏书》经双方谈判代表认可后，由唐绍仪交给朝廷内阁总理袁世凯，再让袁世凯逼清朝退位时交给隆裕太后当庭宣读。

退位诏书原文如下：

奉旨朕钦奉隆裕皇太后懿旨

前因民军起事，各省响应，九夏沸腾，生灵涂炭。特命袁世凯遣员与民军代表讨论大局，议开国会、公决政体。两月以来，尚无确当办法。南北暌隔，彼此相持。商辍于涂，士露于野。徒以国体一日不决，故民生一日不安。今全国人民心理，多倾向共和。南中各省，既倡义于前，北方诸将，亦主张于后。人心所向，天命可知。予亦何忍因一姓之尊荣，拂兆民之好恶。是用外观大势，内审舆情，特率皇帝将统治权公诸全国，定为共和立宪国体。近慰海内厌乱望治之心，远协古圣天下为公之义。总期人民安堵，海宇义安，仍合满、汉、蒙、回、藏五族完全领土为一大中华民国。予与皇帝得以退处宽闲，优游岁月，长受国民之优礼，亲见郅治之告成，岂不懿欤！

钦此。

袁世凯收到《退位诏书》文稿后，细细斟酌，总觉得不甚合己意。考虑再三，决定在"天下为公之义。总期人民安堵，"两句之间插入以下一段话：

"袁世凯前经资政院选举为总理大臣，当兹新旧代谢之际，宜有南北统一之方。即由袁世凯以全权组织临时共和政府，与民军协商统一办法。"

要借用隆裕皇太后宣读的圣旨，来宣告自己组织临时共和政府的专有权利。

这样一来，隆裕皇太后颁布的退位诏书，与杨廷栋的原文不一致。后人说袁世凯篡改了。这其实没必要认真去追究，因为此时的袁世凯还比较小心谨慎，没敢对共和国体进行篡改。既然拥护共和，又实施逼宫让满清退位。这与17省代表的要求是一致的。

　　退位诏书增减几个字，不该算是什么问题。再说真正的退位诏书，应是隆裕皇
太后正式发布的为准。

　　应该说，清朝的《退位诏书》是中国三千年帝王史中最重要的一份诏书，也是
最有文采的一份诏书。杨廷栋也因草就这份诏书而让历史记住了他。杨廷栋和雷奋
都是当时中国一流才子。我们曾提到，杨廷栋首先在中国翻译出版的卢梭《民约论》
等名著，他还参与审定《中华民国临时约法》等。

五　中华民国临时大总统

　　孙中山从马赛乘船经槟榔屿、新加坡等地，于 1911 年 12 月 21 日到达香港。吴
稚晖、章士钊、张继等也同时归国。

　　广东当地的相关人士包括同盟会成员对国内革命形势看法有保留意见，不放心
上海那批决策者的动机，不了解"临时参议院"是否有权威性。他们劝孙中山不要
响应"临时参议院"的召唤，不要去上海、南京，而留在大后方广东，静观其变。
最多是派出北伐军到江苏前线参战。

　　但孙中山在吴稚晖、马君武、张继等人的劝说下，决心应邀去上海。

　　吴稚晖、马君武、张继既是孙文密友，又都是经历爱国学社与《苏报》案全过
程的"老上海"。他们对中国的形势与上海的重要性有深刻了解，他们也能体会这时
候的张謇、赵凤昌、雷奋、唐文治、庄蕴宽、黄炎培等"上海帮"召唤孙中山的目
的，完全出于民族大义而非其他私利。

　　12 月 25 日孙中山毅然来到上海。

　　孙中山到上海住在宝昌路 408 号（今淮海中路 506 弄 3 号）。他首先拜访了赵凤
昌、张謇等名流。

　　12 月 26 日，黄宗仰出面把孙中山接进哈同花园，上海各界在此举办盛大欢迎仪
式。据说由于李平书严格挑选了保镖，使孙中山在哈同花园化解了一场暗杀的危险。
前面说过：李平书那商团，原本可算是"镖局联合会"，比如说是电视剧中"威远镖
局"那类型的联合机构。商团后来转成革命军，那纯粹是历史使然。上海商团中确
实有机警过人的高手，由于在成立上海军政府时也已明确，上海的安全防卫归原李

平书负责，对孙中山的安全警戒由民军中的商团负责也是当然的。对孙中山的安全警戒，也是临时大元帅黄兴的80人的卫队的责任。

初回国内的孙中山，没有完成角色转换，并不曾把自己看成领袖人物。专门组织暗杀别人的他，首次成了对手的暗杀对象。经历惊险后的孙中山接受了全程由上海商团提供警卫的提议。后来在南京举行临时大总统宣誓仪式，也把大会的保卫工作交给上海商团。

跟随孙文来沪的张继，遇到了事前已回上海的章士钊和章太炎。同在这爱俪园，同是黄宗仰接待，当年爱国学社的章太炎、张继、章士钊和邹容四人曾经就在这里结拜为兄弟。在哈同花园旧地重逢，他们禁不住喜极而泣。眼下，章太炎、章士钊应邵力子和于右任之约，主持《民立报》。传说中，因吴稚晖扬言不肯做官，推掉孙中山对他教育部总长的提名。孙于是改提章太炎，其时友人也正动员章太炎回浙接替汤寿潜当浙江都督，章太炎婉拒了后者。

因章太炎与吴稚晖夙怨未消，他俩依然坐不到一起。黄宗仰由张继、章士钊作陪，另行接待蔡元培和吴稚晖。蔡元培从欧洲回国时间略早于张继、章士钊、吴稚晖三人。

两年后，这位当年爱国学社的总理黄宗仰静心回归佛门了。

至此，吴敬恒、蔡元培、黄宗仰、章太炎、陈范、章士钊、张继、马君武、黄炎培、柳亚子、叶楚伧、穆湘瑶、邵力子等一大批原爱国学社的成员又汇集在上海。

胡汉民也把广东都督移交给陈炯明，自己也来到上海。

12月29日，聚集南京的17省代表在江宁咨议局集会，投票选举中华民国临时大总统。此时孙中山正在上海向各界发表演说。

事实证明，孙中山应邀来上海，这一步他走对了。他撇开地域观念，以大局为重。一到上海，他就被推举为临时大总统。从此，他成了中国的民主共和名正言顺的领袖。

说实在话，如果孙文不回国并北上上海，"临时参议院"有可能退而求其次，或许是别的人被选举为第一届临时大总统。虽然第一届临时大总统总任期不超过三个月，但其历史意义是大不一样的。

时势造英雄，如果此时英雄不出来，则随便来个次等的人物，他同样可以成为英雄。就像武昌起义的第一枪，就不肯耐心地等待黄兴、李书城的到来。其实，原本大家都希望像武昌起义这种有历史意义的第一枪能由赵声或黄兴打响。

此时，南北和谈也到了最后关头，双方在讨论，如果袁世凯的确迫使清朝退位并承认共和国体，则由袁世凯接任大总统。

但这大总统与临时政府的临时大总统不一样。临时政府是采取总统制，没有独立于总统的内阁，而只有对总统直接负责的各部。而袁世凯接任的大总统，则不是"临时"的，而是正式的。正式的中华民国政府是采取内阁制，就是政府设"责任内阁"，由总理负责。大总统是代表国家的元首。

袁世凯对这是心知肚明：眼下自己不正就是"内阁总理"吗？自己不正是利用"内阁总理"的特殊地位去对付溥仪母子吗？

如果将来老袁当总统，再出一个新的"内阁总理"把老袁当做新的溥仪，那该怎么办？

于是，袁世凯要唐绍仪坚持说，总理要由总统提名，并保证第一届内阁就提名唐绍仪当总理。

而此时孙中山正在上海，同盟会方面加强了在南北会谈的声音，对总理人选问题绝不退让，坚持说总理必须在同盟会员中提名，总理提名经参议院通过之后，再由总理提出阁员全体名单，请参议员投票。

袁世凯拒不接受同盟会的主张，通过唐绍仪表示反对。

南方代表中尽管汪精卫站在袁世凯一边，但钮永建、王宠惠这俩同盟会员坚持同盟会的主张。况且温宗尧与王宠惠之间十多年前就存在特别友好关系，伍廷芳和温宗尧自然是采取南方代表用同一声音说话的立场，与北方代表针锋相对。

于是双方互不让步，和谈处于僵持状态。

南北谈判中，汪精卫站在袁世凯一边，这立场无可厚非。

汪精卫原本就是朝廷方面代表团成员，至于南方心甘情愿也给汪精卫一个谈判代表的身份，那是黎元洪的事，也是最后核发代表证书者黄兴的事。南方给汪精卫谈判代表的身份，却并没有对汪精卫提出任何约束与要求。汪精卫是无义务却享有权利的一方，他可以毫无约束地行使代表权，却没有对南方承担任何义务的必要。

不要因为汪精卫后来的不堪，而连带指责他在南北会谈的表现。

当然，如果有人要说：南北谈判中，汪精卫是坚定地站在革命党一边，是孙中山忠诚的朋友，那就不符合事实了。

此时，临时参议院已经选出中华民国临时大总统。

选举之后，在南京的各省代表特派"临时参议院"议长和副议长汤尔和、王宠惠、陈陶遗三人到上海欢迎孙中山来南京就职。王宠惠是副议长又是南方和谈代表，他必须不停地在南京和上海来来回回，从而既不误南北会谈，又不缺席议会活动。

南北会谈谈不成的问题，自然又按常规，转回"惜阴堂"找对策。

惜阴堂主赵凤昌列席旁听这最后的谈判。列席旁听的还有孙文、黄兴及一批惜阴堂常客。

赵凤昌十分善于揣摩各人心理，他感觉到唐绍仪对此问题，十分为难，便插言：

我是以地主的资格列席旁听的人，不应有什么主张。但现在对内阁问题，我有一个意见，可以贡献诸君以备参考。我认为新总统的第一任内阁，是新旧总统交替的一个桥梁，所以这国务总理必须是孙、袁两位新旧总统共同信任的人物。我以为只有少川先生最为适当。只要孙、黄两先生不反对，我很想劝少川先生加入同盟会为会员，这就是双方兼顾的办法。

赵凤昌这话刚说完，孙文、黄兴同时鼓掌，表示欢迎唐绍仪加入同盟会，同时即决定请唐绍仪出任国务总理。而袁世凯对唐绍仪加入同盟会的事，也没有异议。是啊，汪精卫不也就是同盟会员？

这个问题就这样圆满解决了。

这少川先生就是指唐绍仪，唐绍仪字少川。

由于第二天要举行临时大总统的就职典礼，12月31日，袁世凯召回南北和谈的北方代表。"中华民国临时参议院"选举临时大总统，也与袁世凯装模作样，假仁假义，扬言不忍对孤儿寡母下手的虚假表白有关。

先推翻清朝的一方，出任总统，这原则不会变。

最终究竟是南京临时大总统转正，还是袁世凯到时当选总统？那要看朝廷的结局来决定。南方也表示，一旦袁世凯在南方推翻满清王朝之前能让清室退位，南京临时大总统一定同时退位，转而支持袁世凯当大总统。

1912年1月1日，在南京总统府举行临时大总统的就职典礼。礼炮21响后，司仪员徐绍桢宣布临时大总统孙中山就职宣誓。

《临时大总统誓言》全文如下：

倾覆满洲专制政府，巩固中华民国，图谋民生幸福，此国民之公意，文实遵之，以忠于国，为众服务。至专制政府既倒，国内无变乱，民国卓立于世界，为列邦公认，斯时文当解大总统之职，谨以此誓于民国。

这天，1912年1月1日，中华民国正式成立。

第二十章

尾 声

一 吴禄贞和白雅雨的滦州兵变

辛亥革命的事就说到此。尽管后面有更多的惊涛骇浪，但我们不想继续说下去。我们只想零星交代部分人员的归宿，作为本书的收尾。

革命成功后并非总是胜利的庆典，更有对死者的悼念。讲革命，只提那些弹冠相庆的幸运者，那显然是不公平的。这里，先讲三位在胜利庆典前后为辛亥革命而惨烈献身的先烈。

中华民国成立后，孙中山出席的第一个追悼会就是上海张园举行的吴禄贞追悼会。

前面多次提到吴禄贞，虽说对吴禄贞革命经历叙述不多，但吴禄贞的牺牲是辛亥革命的巨大损失。

吴禄贞雄才大略。武昌起义后他与从东北挥师入关的张绍曾、蓝天蔚共谋，联合阎锡山准备给满清最后一击，不能不说是最有魄力的计划。结果计划泄露，袁世凯重金收买吴禄贞卫队长马步周当杀手，马步周卖主求荣发起突然袭击，并残忍地割下恩人的首级。吴禄贞是辛亥革命牺牲者中最惨烈的之一。

孙中山在祭文里赞他：

荆山楚水，磅礴精英。

代有伟人，振我汉声。

觥觥吴公，盖世之杰。

雄图不展，捐躯殉国。

……

滦州大计，石庄联军。

将挚虏廷，建不世勋。

1913 年 11 月 7 日，吴禄贞的遗体被安葬在石家庄。

刻碑"故燕晋联军大将军绶卿吴公之墓。"

滦州兵变的事，并没有因吴禄贞牺牲而了结。

蔡元培到德国求学后，白雅雨和张相文也先后应北洋法政学堂和北洋女子师范聘请，离开上海北上天津。张相文任北洋女子学堂校长，白雅雨任北洋法政学堂和北洋女子师范教授。白雅雨的学生有李大钊和刘清扬等。他们设立秘密组织"天津共和会"，会址设在法租界"生昌酒楼"。辛亥革命发生同时，滦州兵变被瓦解，他们不气馁，再次策划起义。白雅雨亲自组织陆军第 20 镇中下层军官发动起义。张相文南下上海、南京与民军总参谋部的钮永建联系，要求配合。民军总部同意，准备派蓝天蔚当北伐军前锋总司令，带"海容""海珲""南琛"3 艘巡洋舰，从上海出发，去烟台登陆，然后直逼天津、北京。只可惜，出兵需要时间准备，而且正值南北和谈时期，出兵重开北伐，阻力很大。等到蓝天蔚北伐军北上时，白雅雨已为革命献身了。

就在 1912 年 1 月 1 日孙中山在南京宣誓就任大总统时，白雅雨与陆军第 20 镇张绍曾旧部施从云、王金铭、冯玉祥等人举行起义。1 月 3 日在滦州成立北方军政府，宣布滦州光复。施从云和王金铭分别为都督和总司令，白雅雨为参谋长。

袁世凯为镇压滦州起义，指使王怀庆和曹锟出兵围攻。义军在向天津进发的途中，因泄密而中埋伏。施从云、王金铭牺牲，白雅雨被捕。

1912 年 1 月 5 日面对酷刑，白雅雨视死如归，行刑时拒不下跪，声言：

此身可裂，此膝不可屈，杀则杀之，何辱为！

白雅雨先被砍掉一条腿，又因无辫可揪，白雅雨被倒悬树上，砍掉了头颅。

时年 44 岁。

滦州的北方军政府，是辛亥革命中唯一被颠覆的革命政府。

白雅雨烈士就义后，北洋法政学堂和北洋女子师范及南通各界人士先后举行追悼会。1912 年 9 月，白雅雨灵柩安葬于南通狼山。

张謇书墓碑"白烈士雅雨之墓"和墓志铭，墓志铭为江谦所作。

这位江谦同学，是"南京高等师范学堂"的首任校长，"南京高等师范学堂"也就是后来的中央大学。

民国建立后，国民政府先后在北京什刹海和河北滦州建立墓碑，纪念白雅雨烈士。

1937年国民政府还为白雅雨及其他滦州烈士重新进行了国葬，并追赠白雅雨为上将。

经冯玉祥倡议，山东泰山也立了白雅雨纪念碑。

原来准备接应起义军的同盟会天津各成员，此时个个义愤填膺，同盟会京津分会军事部部长彭家珍和黄复生秘密决议暗杀袁世凯、良弼、载泽等大清奸臣为滦州烈士报仇。

白雅雨死后第二天，彭家珍等就组织炸杀袁世凯，袁躲避及时，于是闭门不出。

1月27日晚彭家珍探得良弼行踪，预先设伏并舍身投掷炸弹，当场炸断良弼左腿，良弼倒地，同时炸死卫兵八人，马弁一人。炸弹的弹片触石反射，正击中彭家珍头部，彭当场牺牲。

良弼炸成重伤后，不久死去。良弼在临死时哀叹说：

杀我者好英雄也，真知我也！我死，清廷也随之亡也。

良弼死，大清的最后支柱宗社党彻底瓦解。彭家珍是辛亥革命中最后一位因暗杀朝廷官员而献身的烈士。

1938年四川老家建立彭家珍烈士纪念碑。

林森题写的南北正面碑志：

先烈彭大将军家珍殉国纪念碑

戴季陶题写东西侧面碑志：

彭大将军家珍烈士纪念碑

这里附带说明一个历史事实。有人说，1912年1月1日孙文宣读的《临时大总统誓言》是汪精卫执笔写出来的，这点请大家不要相信。

一是汪精卫反对南方临时参议院酝酿成立临时政府和选举临时大总统。他南下的全部目的就是要民军方面同意袁世凯当总统。他没有参加临时大总统宣誓就职的活动，也不会替孙文写《临时大总统誓言》。

二是汪精卫此时已回北方。依据是：12月29日临时参议院选举大总统后，12月31日南北和谈告一段落，汪精卫随朝廷代表团撤回。1912年1月3日、4日、5日这几天，京津的北方同盟会正紧急开会，策应滦州光复的事，汪精卫也参加这些会议，与会的还有彭家珍和黄复生等人。会上有人提出刺杀袁世凯等人建议。汪作为北方同盟会的领导在会上表示不赞成南北会谈之际搞滦州兵变，更反对刺杀袁世凯。为此，彭家珍和黄复生大怒，把汪精卫逐出会议。

黄复生不是别人，前年就是他与汪精卫一起谋杀载沣，也因此一起被捕。至于汪精卫是否事后提醒袁世凯加强防范不得而知，但此时的他既不赞成发生滦州兵变，也不赞成刺杀活动，同样不会赞成南方先举行大总统宣誓。

二　辛亥北伐与清廷下台

临时政府部长名单中，江南士绅占有许多位置，后来部分读史的人士感到不平，以为他们是长袖善舞，空手套白狼。

其实，"息楼"和"惜阴堂"的江南士绅们除庄蕴宽代替程德全当过江苏都督外，多数并没有谋官。再说庄蕴宽在广西搞新军运动不但为辛亥革命积聚力量，而且坚定地支援孙中山和黄兴的武装革命。孙、黄的镇南关起义，就借力于时任广西边防总办的庄蕴宽。庄蕴宽、钮永建因镇南关起义而暴露身份最后逃离广西，所以庄蕴宽既是武装反清的重要参与者，更是辛亥革命中各省革命力量实现大联合的重要"操盘手"。没有17省的大联合，就没有形成拳头的南方临时议会和临时政府，也就很难保证辛亥革命顺利发展。而上海和苏州光复及陆军23混成协的起义，从事宪政运动和地方自治运动的江南士绅贡献也是巨大的。攻克南京，别说程德全和汤寿潜两省都督对苏浙沪联军的形成起的作用，就凭李平书和虞洽卿等人提供的资金和物资，也起了关键的作用。

所以，不能低估江南士绅在辛亥革命中的历史作用。

至于张謇、汤寿潜、伍廷芳、程德全当选为临时政府部长，这四人一概未到职。张謇、汤寿潜是实业家，他们公司的业绩才是他们的命根子。他们的确也希望得到更高的名气，但他们在牟取个人的行政地位和权力方面总还摆出一副谦让的姿态，尽量不流露出"急吼吼"的模样。伍廷芳、程德全也没到位临时政府部长。

庄蕴宽后来也主动退出江苏都督职位，而让程德全再任江苏都督。雷奋、杨廷栋的议员身份也是从咨议局和资政院延续过来的。其中资政院就延续到1913年民国国会选举后，与临时议会同时消失。他们也都重新参与选举。

后来到了北洋政府时期，他们也各有自己的事业，并不十分恋官恋权。北洋官员全面向袁世凯"劝进"时，程德全已被袁世凯免职，隐居上海，皈依佛教。庄蕴宽、唐文治、伍廷芳、汤寿潜都参与反对袁世凯复辟帝制的斗争。其中庄蕴宽、张謇、唐文治十分坚定，庄蕴宽还当面指责袁世凯的称帝。唐文治通电全国，进行声讨。张謇不满袁世凯搞"二十一条"，正式辞去袁世凯政府农商总长职务，随后断绝与袁世凯一切关系。雷奋、张一麐也因袁世凯倒行逆施、企图称帝而离开北京回老家。此后，伍廷芳后来还参加了孙文的革命党。可见，这批江南士绅还是挺有气节的。

相反，向袁世凯"劝进"的北洋议员、官员及各省都督中，不少是原革命党人。

实事求是地说，辛亥革命发生时，这些江南士绅（立宪人士）通过他们控制的各级议会及时地支持各地新军革命，与新军起义者筹建各级政府，这确保了各省独立的合法性。同时也是这些议会，参与全国性的革命联合，才造成全国与朝廷对立的局面。辛亥革命中，议会的重大作用，是不可低估的。没有各省议会的运作，新军运动有可能流产。

再说那个赵凤昌，更看不出临时政府中有哪个岗位是他意欲谋求的。整个辛亥革命过程，他除了消耗自家茶水招待客人外，看不出追求个人的什么目的。

他说，他所以这样做，是担心中国如果不能迅速达成统一的民主共和的话，就有分裂和被列强肢解的危险，他关心的问题是如何确保中国的主权和独立完整不受损害。

当时的朝廷内阁、南方各省都督和政府甚至是同盟会、光复会，很少有政治人物能考虑与他相同的问题。

所以，他的一切努力，照他的话说，全是为了国家统一大业，而无个人私利。

但他是否果真如此高尚？我们不得而知。没有证据去肯定他，同样没有证据去否定他。

反正，他老了，而且他还是一个因脚疾连家门都出不了的老人。

他靠购买上海《申报》股权的红利养老。金钱上他也足够了，说他参与辛亥大业的谋划完全是出于对个人的权利和金钱的追求，的确是缺乏证据。

应当恢复历史本来面目，客观评价江南士绅们在辛亥革命中的重大贡献。

1月6日，南京成立北伐联军总部，孙中山宣布自任北伐总指挥，任命黄兴为陆军总参谋长。并表示：拟俟和议决裂后，亲统大兵北伐。同时制订了六路北伐的计划，并通告黎元洪执行。

六路北伐军是：

以鄂、湘为第一军，由京汉铁道北进。

粤皖为第二军，向河南北进。与第一军会于开封、郑州间。

驻淮阳的民军林述庆部为第三军。

驻烟台民军为第四军。第三军、第四军向山东推进，会于滦州、秦皇岛。

关外之兵为第五军。

山陕民军为第六军，向北京进击。

一、二、三、四军即达目的后，与第五、六军会合进攻北京。

1月8日，孙中山任命钮永建为副总参谋长代理总参谋长。

同在南京，总参谋长黄兴一时不到位，有点意外。

可能的原因除前文的猜测外还有：

临时政府中各部的总长提名后还必须由临时参议院表决，而次长则可以由大总统直接提名。参议院表决出来各部的总长，有四成不是同盟会的成员，大总统直接提名的次长全是同盟会员。于是黄兴向孙中山建议实行"次长实权制"，而把各部实权控制在同盟会手中。次长实权制不是《中华民国临时政府组织大纲》中的条例，但因孙中山、黄兴实际上已安排了各部下属的具体工作人员，同盟会员的次长事实上已掌实权。

既然自己提出"次长实权制"，那他这个总参谋长就不用到位，反正，参谋次长是自己人。

但对于军队来说，"正""副"首长是不能一回事的，所以孙中山还得按程序指定"代理"。

北伐作战计划制订后，实际上马上投入战场的只有粤皖联军。已经集结在南京周围的粤军姚雨平部和皖军柏文蔚部，立即沿津浦路向北推进，到皖北的固镇同清军张勋、倪嗣冲部发生遭遇战，取得胜利。

张勋、倪嗣冲所部被姚雨平、柏文蔚部追杀，溃败而逃到济南。

北伐军进入山东地面。

北军败绩使朝廷紧张，而赵凤昌和张謇把手伸进北军，策划其强力将领以拥护共和制为口号，向朝廷进一步施压。

袁世凯更是以遭彭家珍袭击为由闭门不出，内阁各部处于瘫痪状态。同时袁世凯还以革命党暗杀袭击和南方军事胜利胁迫朝廷，又哄又诈地把皇宫小金库八万盎司的黄金骗将出来。

经不起讹诈的清廷终于走投无路，准备向袁世凯屈服。

此前，驻俄全权公使大臣陆征祥联合清廷驻外使节，向朝廷发难，发文告催皇帝皇太后退位。而段祺瑞接到赵凤昌和张謇的电报后，召集北洋将领，发动逼宫。1912 年 1 月 23 日，段祺瑞致电内阁，称：

军心动摇，共和思想有难遏之势。

1 月 25 日，段祺瑞再电内阁：

各将领力主共和，闻溥伟、载泽阻挠，愤愤不平，拟即联衔陈请。

1 月 26 日，段祺瑞领衔四十七名将领电请清廷明降谕旨，立定共和政体。

2 月 12 日，走投无路的隆裕皇太后发布退位诏书，宣告满清结束在中国的统治。

与退位诏书宣布的同一日，袁世凯向南京发表了"真电"表示赞成共和，其电文如下：

南京孙大总统、黎副总统、各部总长、参议院同鉴：共和为最良国体，世界所公认，今由帝政一跃而跻及之，实诸公累年心血，亦民国无穷之幸福。大清皇帝既明诏辞位，业经世凯署名，则宣布之日，为亲政之终局，即民国之始基。从此努力进行，务令达到圆满地位，永不使君主政体再行于中国。现在统一组织，至重且繁，世凯亟愿南行，畅聆大教，共谋进行之法；只因北方秩序不易维持，军旅如林，须加部署；而东北人心，未尽一致，稍有动摇，牵涉全国，诸君皆洞鉴时局，必能谅此苦衷。至共和建设重要问题，诸君研究有素，成竹在胸，应如何协商统一组织之法，尚希迅即见教。袁世凯真。

袁世凯认为他逼迫清帝退位工作已告完成，他已履行了他的诺言，于是他要等南方履行他们的诺言：推选袁为大总统。

2 月 13 日，孙文实现诺言，辞去临时大总统。2 月 14 日，南京临时参议院选举袁世凯为总统。

满清自多尔衮入关到 1912 年 2 月 12 日宣统退位，共计 268 年。

这次北伐历时短促，北伐军总参谋部也仅存在一个月左右。2 月 12 日，清廷退位，2 月 13 日孙文辞大总统，南京临时政府解散。黄兴与段祺瑞竞争陆军部长不得，

又不愿当无实权的陆军总参谋长，袁世凯支持黄兴以南京留守处名义驻守南京，黄兴接管民军总参谋部为南京留守处工作机构。

三　爱国学社的三驾马车：蔡元培、吴稚晖、章太炎

蔡元培、吴稚晖、章太炎是爱国学社的核心人物，是爱国学社的三驾马车。他们在中国政治舞台火火辣辣地表演过，在现代中国留下深刻的人生轨迹。

《苏报》案使章太炎成为中国家喻户晓的大革命家、大英雄。而章太炎后来传播国学培养人才，又使他成了当代中国著名的国学大师和大学者。

胡仁源就是蔡元培、吴稚晖、章太炎在爱国学社的学生之一，1913年，胡仁源在出任北京大学校长，他在北大建立各自然学科的同时，也改革了北大的文科。他大批选拔苏浙文科才俊登上北大文科讲台，这中间大部分是章门弟子。胡仁源钟情章门弟子的原因，大抵因为他自己正是章太炎的学生。这促使章太炎的国学影响远超出苏沪浙的范围，风靡京师。

吴稚晖、章太炎之间的长期争辩，或许是他们之间的"负面"因素。但正因那段争辩，却使得一段历史变得清晰明朗。这或许也是一种社会贡献。

章太炎晚年生活清贫，1936年6月14日逝世，享年67岁。当时最高当局决定对他举行国葬，却因抗日战争爆发而没能如愿进行。

1912年，蔡元培当了民国临时政府的首任教育总长。

民国首任教育总长的提名在吴稚晖、章太炎、蔡元培三人之间轮转了一圈，最后落后在蔡元培身上。

孙文最早提名吴稚晖，吴稚晖说自己主张无政府主义，当部长做官与信仰发生矛盾。

接着提名章太炎，却被临时参议院的议员们否定。章太炎口无遮拦，人缘不好，得罪人不少。章太炎改当总统府枢密顾问，而蔡元培则通过参议院表决，当了首任教育总长。从此，蔡元培为中国教育与科学事业奋斗终生。后来他当过大学院院长、北大校长、交大校长和中央研究院长。

1940年3月5日，蔡元培72岁那年病逝香港。

吴稚晖与李石曾是中国无政府主义的代表。他的理论基础为"人性本善"。他认为"世界本善，人性亦本善"。宣扬人类最理想的社会形态是"各尽所能，各取所需"的社会：物质文明十分发达，人们道德品质极其高尚，人人崇尚劳动，专致学习，没有阶级差别，体脑差别，城乡差别，没有压迫，没有剥削，没有国家，没有政府。

但是，他生活的最主要经济来源，就是卖字。他靠卖字，挣了许多钱，但他不善于积累钱。

他主张参政不从政，只当委员不做官。

他除当监察委员之外，的确没有当过属于政府编制的官员。比如，1943 年，政府主席林森病逝重庆，那位奉化籍的蒋先生力邀吴稚晖为新主席，吴稚晖坚辞。

推辞理由很具体：

1. 我平常的衣服穿得很随便简单，做元首要穿燕尾服、打领带打领结，我觉得不自在；

2. 我脸长得很丑，不像一个大人物；

3. 我这个人爱笑，看到什么会不自主地笑起来，不要哪天外国使节来递国书，会不由得笑起来，不雅。

但他声称的不做官却不意味着他不爱出风头。事实上任何能出风头的地方，他绝不退让。

比如，1924 年广州的北伐军誓师大会上，他亲手向北伐军总司令授旗。

1928 年北伐军攻进北京城后，举行入城仪式。总司令蒋介石辞职，以布衣身份到碧云寺哭灵，而吴稚晖大模大样登台发表北京入城式演讲，宣布北伐战争胜利结束。

1947 年吴稚晖担任了制宪代表主席，他解释那制宪代表主席不属政府常设席位，没有薪金，不是官，当制宪主席符合他参政不从政的宗旨。他一本正经地将民国宪法递交给总统。

1953 年他 89 岁时去世，他没有留下直系亲属。

蔡元培、吴稚晖、章太炎这三人后来怎样处理彼此之间关系，有太多可叙述的。大体是吴稚晖、章太炎两人恶言相对，而蔡元培居中调停。蔡元培为人平和且理性，与章太炎尚能互相联络。但蔡元培更多的时候是与吴稚晖、李石曾和张静江联系在一起。

有趣的是，民国元年在南京，蔡元培向吴稚晖提起一个人，那人就是假孙文钱

允生，而吴稚晖却总把钱允生记成刘保恒。

原来当年会审公廨终审判决释放钱允生后，钱允生回到老家。

民国元年，真的孙文在南京就任中华民国临时大总统时，当年的假孙文也从老家来到南京。当然他不是来打官司，不是要司法鉴定，裁决谁是真孙文，谁是假孙文，从而决定谁来当总统。他不过是想来看看原来张园演说的那批爱国学社成员和原《苏报》同仁。九年过去了，这批人出头了，自己也着实想念他们。不过，吴稚晖和章太炎两个锋芒毕露，得理不饶人，他不敢找他俩。而蔡元培是厚道长者，眼下又是民国大官，他上门求见了。

蔡元培还真是个宽厚人，还是同这个假孙文见了面，说说彼此的故事。

钱允生的出现，蔡元培方知钱允生乃为镇江的一个流氓。在蔡元培面前，钱允生依然不忘夸夸其谈，又吹其子曾出洋，什么外交都能办。

不过钱允生这次来，大概没想到要骗钱财或骗个什么官职差使，也没想过要走后门谋其他利益。其时，即使临时政府有空缺，他也不会去干。当时的临时政府，没有免费午餐，连部长都要自己掏腰包去谋三餐饭，哪来的薪金？柳亚子当了三天的大总统府要职，因三餐饭都得自己去解决，加上没完没了的琐事，就挂印而走。钱允生不过也是因经历了那场生死挣扎，想来看看当年《苏报》和爱国学社的熟人而已。

即使是流氓钱允生，也有一份真情义。

他真实的名字究竟是钱允生？钱保仁？还是刘葆恒？这无关紧要，反正他不是真孙文。

我们已经提到，当年爱国学社的总理黄宗仰是最早回到上海的。

宗仰归国，又参加了同盟会和南社。他依然在爱俪园为罗迦陵说佛经，其间还出任《商务日报》主编。辛亥年11月，上海光复，宗仰接章太炎到爱俪园。12月下旬孙中山经欧洲回国，宗仰又迎孙中山至爱俪园。曾经，宗仰也避难海外，是孙文亲自接待了他。这次孙中山回国到上海，黄宗仰自然当仁不让地负起地主的义务。当然，他是借花献佛，借用哈同夫妇的爱俪园。但爱俪园接待孙中山这事，给哈同和罗迦陵也带来极大的荣誉。

第二次革命失败后，宗仰辞出爱俪园，廓然皈依江天寺，被推为首座。1919年，应请为南京栖霞寺住持，他是僧众拥戴之"禅师"。

1921年7月这位著名的革命禅师圆寂，年56岁，安葬于南京栖霞山。

四 章士钊和张继

《苏报》案的引发者之一是章士钊。由于其恩师俞明震的背后掩护，章士钊远离危险。后来他积极参与刺杀满清官僚的行动，终因行为幼稚，导致上海革命党遭遇大逮捕。虽然经多方营救，化险为夷，但这对章士钊刺激很深，他再也没有参加同盟会或光复会。

章士钊于1911年年底回上海，受邵力子和于右任之邀，任上海《民立报》主笔，并被程德全聘为江苏都督府顾问。此间，章士钊与同盟会成员发生政见分歧。

章士钊此后或为北洋政府官员，或为报人，或为律师。

一直到1973年7月1日，他以九十二岁高龄去世。

章士钊原江南陆师学堂的老校长俞明震在《苏报》案大逮捕前夕，到上海四马路秘密会客，把消息传给革命党人，那该是他人生最精彩的一段。《苏报》后俞明震一度受猜忌，1907年，才重新到江西任道台，后来迁甘肃。民国初年，出任民国平政院肃政使。

在《苏报》案前与章士钊、邹容、章太炎保持最密切关系的人是张继。《苏报》案后他与章士钊，何梅士等一起办过《国民日日报》。年轻的好友何梅士却早早地去世了。

邹容病死狱中后，张继以日本留学生代表的名义，回国调查邹容死因，追查租界监狱当局背后是否暗存阴谋，终因取证困难，不了了之。

他参与多起暗杀团的行动。从企图伏杀慈禧太后到万福华刺杀王之春，都有他的份。万福华那把哑火的手枪，就是他临时交给刘师培的。

到东京，初见孙文，他便感动不已，看到孙文亲自动手为自己打来洗脸水，这位身材高大的燕赵汉子竟然激动得手脚无措，极度诚惶诚恐。

后因章太炎与孙文闹翻，章太炎退出《民报》，而张继再度主持《民报》并逐渐与孙文和解。为此，张继与章太炎这对结拜兄弟产生隔阂。还因张继在《民报》上宣传无政府主义，与吴稚晖、李石曾等在欧洲《新世纪》的无政府主义遥相呼应，张继与吴稚晖倒成了无政府同志。不过后来，吴遇张继时，常拿张家的"河东狮吼"

来调侃。

辛亥革命后，张继力主改同盟会为国民党，并参与新党章程的制定与组织工作。1912年8月，同盟会与统一共和党、国民共进会、国民公党、共和实进会4个政团合并，在北京虎坊桥湖广会馆的大剧场内召开国民党成立大会，公推张继为临时主席并报告国民党成立经过。大会选举孙中山为理事长，黄兴、宋教仁等8人为理事。张继力推民主政治理念，并一直致力于多党政治的实现。1913年，他当选为第一届民国国会议长。但宋教仁遇刺身亡，"二次革命"失败，国会梦破灭。

张继是文人，但行为表现更显得是个莽撞的粗汉。

辩论中用拳头来说话，是张继的特色。

1907年9月11日，梁启超在东京留学生会馆锦辉馆演讲，听者甚众。张继先是扮成听众，听到梁宣讲光绪时便大呼"八嘎"（日文应写成"马鹿"），跳上台去，抓住梁启超饱以老拳，直至梁仓皇逃窜。张继这样做，显然有辱斯文，但因"派性"作怪，在当时革命党看来，却是大出了一口恶气，几乎是壮举。

张继常被当做"武林高手"。1935年冬天，他到南京参加国民党四届六中全会。会议结束后进行全体摄影时，记者孙凤鸣突然举枪刺杀汪精卫，53岁的张继居然首先冲出来和张学良联手擒获孙凤鸣。当然，张继并非出于对汪精卫有什么特别的情谊，张继与汪精卫在北方同盟会共事期间，并不十分协调，后来，汪是左派，张继却是西山会议派首领之一。张继与艳电之后的汪精卫，更是势不两立了。

张继于1947年去世。

五 钮永建、孟森、江谦和张相文

钮永建很长寿，1965年在美国去世，也就是说，活到了96岁。辛亥后许多国内重大变化几乎均有他参与。

典型的是1911年到1927年间，他参与策划在上海发生的各次起义，每次起义也都或多或少与攻打江南制造局有关。其中有一次失败的，那就是1913年的二次革命。

他也参与孙中山领导的多次国内战争。最引人注目的是他对敌方策反的成功率非常高。

1915年，袁世凯接受"二十一条"的卖国条约并要称帝，钮永建回国进行反袁并和林虎去广西策反陆荣廷讨袁。

陆荣廷是在设在龙州的广西将弁学堂的学生，而钮永建是学堂总办，彼此有师生关系。林虎原本也是广西新军军官，与陆荣廷有一定的情谊。因袁世凯厚此薄彼，公开为龙觐光撑腰，压制陆荣廷，这使陆荣廷心怀不满。钮永建和林虎利用这机会，与陆荣廷达成反袁协议。最后陆荣廷和李烈钧、唐继尧联手打败龙觐光，并进军广东，成立两广军政府，南方各省重新宣布反袁独立，护国战争形势大变。钮永建以护国军驻沪军事代表名义通电南方独立各省，提出共同行动纲领：

恢复旧约法，召集众参两院，依法组织内阁，惩治帝制祸首。

接着，又与李平书联名致电黎元洪，要求将废法、乱法、犯法之人立予拔黜，付诸法庭。

这引起普遍响应和支持，在全国造成重大影响。

北洋政府就此派代表来上海，与革命党重开南北和谈。

1923年，钮永建与孙中山秘书徐谦策反冯玉祥成功。

冯玉祥曾与白雅雨一起进行过滦州兵变，同时钮、徐、冯又同是基督教友。利用这些关系，钮、徐既答应给孤军陷入湖南的冯师提供粮食给养，给他提供顺利退兵的机会；同时肯定冯玉祥滦州兵变的功绩及共叙与白雅雨情谊。冯玉祥于是回师北方，联络胡景伊、孙岳在1924年发动北京政变，拘捕贿选总统曹锟。而曹锟和王怀庆正是当年镇压滦州兵变的元凶。

1926年9月，国民党在上海成立吴稚晖、张静江、钮永建、蔡元培、张继、叶楚伧、侯绍裘的七人特务委员会，由钮永建主持，负责军事工作。

钮永建首先策反孙传芳的浙军第5军军长兼浙江省长夏超。1926年11月15日夏超起义反孙传芳，出任国民革命军第十八军中将军长。夏超后来虽然战败，但此后孙传芳就无法维持浙江局面了。

1927年，北洋海军总司令杨树庄与钮永建秘密谈判后，决定在上海集中全国海军，易帜为国民革命军海军，杨树庄为总司令，陈季良、陈绍宽、陈训咏、曾以鼎为四大舰队司令。

孙传芳驻沪的李宝章部也伺机撤出上海。

同时，山东军阀毕庶澄部向钮永建商洽投降条件，毕部因讨价还价的条件过高，遭拒绝，被下令无条件缴械投降。毕庶澄交出行军部署文件后，只身逃往南京，被张宗昌枪毙，3万北军全面溃败瓦解，赤手空拳的工人也缴了毕部溃军几千支枪。

装备精良的原财政部上海税团也经劝说反正，北伐军不费一枪一弹顺利进入

上海。

1927 年上海起义也与江南制造局有关。杨树庄海军在上海易帜后，海军陆战队进驻江南制造局，并移交给钮永建作为机动部队随时调遣。

国民革命军海军随后沿长江占据江阴要塞等要地，全面封锁长江，迫使孙传芳、张宗昌放弃南京及江南各地，逃向江北。

北伐军第一军、第二军、第六军、第七军等各部顺利占领上海、南京、安庆及整个长三角。

后来，北伐总司令蒋介石下野，胡汉民南京政府集体辞职，钮永建也辞去南京政府秘书长职务，再任江苏省主席。其间南京政府已事实上不存在，江苏省及南京处于各方围攻中。钮永建以省主席名义与何应钦、叶楚伦、白崇禧等组成江苏省政务委员会，协调各军，稳住局面。由于李宗仁、黄绍竑、白崇禧及桂军骨干力量与钮永建的历史渊源，桂系十分协调。江苏省政务委员会指挥何应钦的第一军、李宗仁的第七军和杨树庄的海军合力抗击，居然取得龙潭战役的大胜。国民海军切断孙军后路，舰炮猛烈轰击敌方阵地加上七军、一军的勇猛，孙传芳和张宗昌的主力军六万遭全歼。北伐军不但固守南京，而且通过反攻，重新向北发展，到徐州召开军事联席会议，与冯玉祥部连成一片。孙传芳和张宗昌从此一蹶不振。从西而来合击的唐生智、张发奎、朱培德也因败绩就从此低落。此时钮永建已 58 岁了。

后来蒋氏重出江湖，桂军主力改编为新七军由钮永建兼任军长。

钮永建也曾出任军事委员会委员长。不过他处事厚道，主动使军事委员会从属于立法院，受立法院监督。军事机构自动接受立法院这种文官机构监督，这是一种文明的表现。

虽说钮永建一直有"好好先生"的外号，但他曾果断地下令没收盛宣怀的家产为国有。原因很简单：盛家大少是鸦片鬼。说不准哪天，盛宣怀的家产会坏在盛大少手里，最后被日本人吞并。没收为国有就保证了国家资源和财产不被外人控制。没多少人对此表示质疑。因为钮永建先把自家祖传的马桥 5000 亩良田尽数交给乡里作为公益建设使用。

南京现有一处"钮永建故居"供大众参观，是他当江苏主席时居住的，为一般结构的大众化民居。

孟森自广西龙州边防将弁学堂回沪后，参与立宪运动，当议员。但孟森最终成为学者，是中国第一个清史专家。他长期在张元济的商务印书馆工作，也是北大和中央大学的历史教授。

参加滦州兵变的张相文，是中国地理学开创性人物，中国地理学会首任会长。也是北大等高校地理教授。他终身从事教育。

为白雅雨写墓志铭的江谦，是南京大学前身的南京高师第一任校长。江谦、白雅雨、钮永建、张相文都是大学同一班的同学。而孟森、吴稚晖则高他们一届。

江谦任南京高师校长时，黄炎培是该校两校董之一。

六 黄炎培和他的特班同学

同盟会元老黄炎培也积极参与了辛亥革命过程中的各种谋略活动，但他同样没有刻意去谋求南京临时政府中的职务。后来袁世凯掌握了政权，袁世凯向张謇试探用官职拉拢黄炎培：

闻江苏有一黄某，很活跃，我想招他来，政事堂里还缺人。

张謇答：

黄某不宜做官，外边也要留个把人的。

袁世凯不快，对人说：

江苏人最不好搞，就是八个字："与官不做，遇事生风"。

袁世凯垮台后，1921 年、1922 年黄炎培也两度拒绝出任北洋政府的教育总长，结果由教育部次长汤尔和代理。

黄炎培是教育家。他先在乡里搞普及教育，自己兼任义务教员，后来主持兴办浦东中学。1917 年以后，他以南京高等师范和河海大学的校董的身份，参与学校创办。南京高等师范就是后来的中央大学。浦东中学、中央大学及河海大学，都是人才辈出的名校。黄炎培还以校董的名义参与创办暨南大学、上海商科大学、厦门大学等。上海商科大学和河海大学的另外校董是张謇。

黄炎培倡导职业教育。怀着"使无业者有业，使有业者乐业"的愿望，他创办了中华职业教育社。近百年来，中华职业教育社为提高中国劳动者的素质，作出巨大贡献。

他是社会活动家，不但参与辛亥革命的各重要活动，还参与领导 1919 年的 6 月 3 日运动，促使北洋政府释放了 54 名被捕学生。

黄炎培与沈钧儒等组织了中国民主政团同盟，简称"民盟"，黄出任民盟主席。

1945 年秋，黄炎培与胡厥文等发起组织中国民主建国会。

长期坚持不要当官的黄炎培，自 1949 年以后，担任了新的共和国副总理。

1965 年 12 月 21 日黄炎培 88 岁时在北京逝世。

黄炎培的浦东同乡穆湘瑶受袁世凯挤压，离开上海市自治政府的领导位置。

第二次革命失败后，袁世凯夺取了对上海的控制权。袁世凯和亲信郑汝成自然不能容忍上海商团武装，不能容忍上海自治政府，更不能容忍独立行事的上海警察厅。

此前，上海市自治运动的领袖李平书，因第二次革命的事受袁世凯通缉，不得已出国逃难。接着穆湘瑶被迫离开上海市自治政府，放弃上海警察厅长位置和对商团的控制。

李平书和穆湘瑶被排挤，上海市自治运动被终止，商团彻底被解散。

穆湘瑶回浦东老家三林从事开河修路的社会公益事业。浦东三林地区，正是上海世博会的主场馆所在地。

穆湘瑶的亲弟穆藕初原本也是沪宁铁路的警务长，他离职后出国留学。后来穆湘瑶、穆藕初兄弟成为中国的棉纱大王，是中国著名的民族工商业巨子。

墨水瓶事件后与穆湘瑶在上海同办"沪学会"的李叔同多才多艺，是我国著名的艺术大师。辛亥革命发生时，他参加叶楚伧、柳亚子的《太平洋报》报社，任编辑。后来应江谦聘请出任南京高等师范（中央大学前身）的艺术系主任和教授。中央大学的校歌就是他的作品。他最后皈依佛教，法号弘一。

当年《苏报》案后，爱国学社被取缔，他与穆湘瑶先后流亡日本。临出国前，他难舍一片爱国心，留下《金缕曲》以诉衷肠：

披发佯狂走。

莽中原，

暮鸦啼彻，

几株衰柳。

破碎河山谁收拾？

零落西风依旧。

便惹得离人消瘦。

行矣临流重太息，

说相思刻骨双红豆。

愁黯黯，

浓于酒。

漾情不断淞波溜。

恨年年絮飘萍泊，

遮难回首。

二十文章惊海内，

毕竟空谈何有！

听匣底苍龙狂吼。

长夜西风眠不得，

度群生那惜心肝剖。

是祖国，

忍孤负？

可叹，他究竟是个艺术家，空怀收拾"破碎河山"的壮志，却只能总把宝剑埋在枕下，夜听"匣底苍龙狂吼"。

1942 年国难深重之际李叔同在福建泉州开元寺圆寂。

特班同学经历爱国学社及苏报案的还有贝寿同、沈步洲、胡仁源、谢无量、项骧、胡敦复和邵力子等人。

《苏报》案后，贝寿同留学德国，沈步洲和胡仁源留学英国。他们虽都曾是欧洲同盟会成员，但不是革命家，回国后他们只参与国家教育与经济建设。

1913 年，胡仁源和沈步洲回国后分别出任北大校长和北大学长。胡仁源在北大新设理科教育，改造文科，加强纪律管理，北大开始新生。

这期间，在袁氏筹安会的策划下，阵阵马屁声正在中国大地扬起，"劝进"声一浪高过一浪，这马屁声直吹得预备皇帝袁世凯袁大人心花怒放、飘飘欲仙。

就拿整个教育部来说，据说是每个小小的科员金事，都是人人一份"劝进书"。偏偏是天子脚跟前的北大校长胡仁源，一再装糊涂，不接翎子，远离政治，拒不"劝进"。

袁预备皇帝皇恩浩荡，要赐每一个北大教授以"中大夫"的官阶，也被胡仁源视为荒唐而拒绝。在预备皇帝眼中，这胡仁源大概属于给面子却偏不要面子的一类，是情商不够高的典型。

1916年，胡仁源的老师蔡元培接任北大校长。

沈步洲后被聘为北洋政府教育部司长、教育部次长。

谢无量也是同盟会元老，当过孙中山广东大元帅府的参议长，是书法家与国学大师，新中国成立后还继续是人民大学的教授。

贝寿同是中国第一个留学西方的土木建筑专家，是第一代设计师和大学土木建筑专业的开创人。

项骧、胡敦复和邵力子在《苏报》案后参与震旦大学筹建。震旦大学仅设三个"脱产"领导岗位：总教习，总干事和账房。马相伯和项骧分别出任总教习和总干事，邵力子兼任教员。项骧后来留学美国，回来参加选拔考试，并为御前面试第一名，被誉为"洋状元"。后为民国财政部次长。

胡敦复为留美海归博士，是清华首任教务长，后任北京女师大、东南大学、大同大学校长。经他选拔，茅以升、胡适、梅贻琦、竺可桢、赵元任、胡刚复、胡明复等为庚款学生赴美留学。

邵力子、沈步洲、于右任等坚持与马相伯一起退出震旦创立复旦。

邵力子与于右任志趣相投，一起参加上海同盟会，一起办《民立报》等宣传革命，并与柳亚子、叶楚伧、黄炎培在一起，组织"南社"。

邵力子与戴季陶、于右任都是叶楚伧《民国日报》报社的重要成员。他是国共两党的元老，国民党中央政治会议委员、陆海空总司令部秘书长、甘肃和陕西省主席、中国驻第三国际的代表。也出任过国民党中宣部长。后来他被称为"和平老人"，这称呼大概因为他是1949年南北和谈的代表。

叶楚伧和柳亚子也经历爱国学社案，而且与邵力子有重叠的工作经历，也在此处交代他们的最后经历。

叶楚伧后来主政《民国日报》，成为该党意识形态的代表人物。由此，他长期为国民党的中常委、中宣部长和中秘长，也当过江苏省主席，他还是西山会议派首领及中央大学文学教授。

走上官宦之路前，叶楚伧常用笔名叶小凤或湘君在报刊上发表文章。他诗文婉约细腻，文笔流畅华丽。往往被那个时代的文学青年误认为是文学美女。却不知他本来是个魁梧挺拔、豪迈洒脱的猛男，不但不是什么美女，而是玩枪弄炮、杀人放火的革命党大佬。当时文坛有"以貌求之不愧楚伧，以文求之不愧小凤"的称誉。其实，笔名叶小凤仅因父名为叶凤巢之故。于右任或许更是他的知己，于右任如是评说：

青鞋布袜寒哉儒，内涵劲气雄万夫。

这个说法，或许才更恰如其人。

叶楚伧在抗日战争胜利后就逝世了。

上海淀山湖边的周庄，是叶楚伧的老家。周庄濒湖沿街处，是叶楚伧故居。如今，当地政府把这作为历史名人住址，加以保护，部分开放为旅游点，是周庄游必经的游点。

称与叶楚伧"应遗留名文苑传，难忘结客少年场"的柳亚子，后来是中监委。因发表谈话批评当局在皖南事变中的行为，被蒋介石先生开除党籍。他一生率性而为，至老仍脱不了书生气。

七　雷奋、杨廷栋和杨荫杭

雷奋、杨廷栋和杨荫杭是最早向国人宣传卢梭、孟德斯鸠和穆勒的自由主义思想的代表人物，也是最早在国外办报主张排满革命的学者。

回国后，他们从事新闻出版及教育事业。雷奋、杨廷栋转向从事宪政运动和走议会道路，而杨荫杭参加同盟会。

雷奋归国后出任上海《时报》主编，旋任江苏省咨议局议员，资政院民选议员，成为红极一时的议会明星。

辛亥革命中，他以江苏都督代表名义在上海发起组织各省议会联合会。各省议会联合后成为中华民国临时参议院，为全国革命力量大联合打下基础。

民国成立，袁世凯接任总统。雷奋留京任咨政院议员，北洋政府早期的许多法律规章，大多由他起草。当发现袁世凯有称帝图谋时，雷奋即退出政界，转回松江，从事松江自治运动，被推选为松江市自治公所总董。袁世凯死后，雷奋被聘为财政部参事及湖北省高等检察厅厅长，均因肺病未赴。1919 年，他 48 岁，英年早逝。

杨廷栋留学回国后，长期在商务印书馆从事编译出版工作，他最出名的译著是卢梭的《民约论》。他是清末议员，也是国会请愿运动的积极组织者和策划者。1909 年 12 月，他和张謇、孙洪伊、罗杰、蒲殿俊组织江苏、浙江等十六省咨议局代表在

上海开会成立。发起国会请愿同志会，组织国会请愿运动。这开创全国各省议会代表聚集上海开会的先例。1911年辛亥革命发生后，正是沿用全国各省议会代表聚集上海开会的形式，组成全国临时议会，形成革命的大联合，协调一致地迫使清王朝退出中国历史舞台。

南北会谈的后期，杨廷栋、雷奋和张謇根据南北会谈的进度草拟清廷退位诏书，秘密起草诏书地点选在苏州阊门外钱万里桥附近一家并不起眼的维瀛旅馆。杨廷栋任主笔，张謇和雷奋一起帮衬。拟好了全文后，经南北会谈的双方首席代表同意，本要交给张一麐，由于张正生病，就由雷奋直接递送。

杨廷栋后来是中华民国临时参议院议员，也是参议院中最后决定《中华民国临时约法》定稿的成员之一。他后来与黄炎培一起，是中华职业社的领导成员。他在1950年89岁时去世。

杨荫杭在1906年又攻读美国宾夕法尼亚大学法学硕士。他是老同盟会员，学成回国后，辛亥革命发生，他出任江苏省高级法院院长（江苏省高级审判厅厅长）。

1912年，由于南北和解，原来被民军打败赶走的辫帅张勋回到南京。南京大小官僚联名欢迎。有人把杨荫杭也列入欢迎名单。杨荫杭发现后，说"名与器不可以假人"，立即在报上登了一条大字的启事，申明自己并没有表示欢迎。有朋友认为杨荫杭这样做太不通世故了，因为那几天辫帅正神气着呢，当时没人预料张勋以后还会因搞复辟而彻底垮台。杨荫杭的朋友说：

唉，补塘，声明也可以不必了。（注：杨荫杭字补塘）

杨荫杭回道：

你知道林肯说的一句话吗？ Dare to say no!（你敢吗?）

杨荫杭是无锡人，因省高院高级法官要由外省人出任，杨荫杭调浙江。

杨荫杭任浙江高级法院院长时，浙江一恶霸仗着都督朱瑞是后台而横行乡里，终因作恶多端发展到无故杀人的地步。督军朱瑞、省长屈映光百般庇护，出面说情。杨荫杭不留情面，依法判处死刑。屈映光为此上告到大总统袁世凯，由于总统府机要局长（秘书局长）张一麐坚称杨荫杭执法如山，刚正不阿，袁世凯也只好承认杨荫杭是好人，并将其调离浙江。这里的张一麐正就是原来江苏民军都督府的内务司长，在"惜阴堂策划"中，受上海的全国临时议会派遣，去策动袁世凯反清。

后来杨荫杭出任京师高等检察长。正值北洋政府交通部总长许世英受贿案发。杨荫杭下令关押总长许世英并不准保释，此案当时轰动京城。

下令关押的那一夜杨家的电话彻夜不停，上至总理和司法总长，下至同事友朋，有强硬威吓，也有通融说情，软磨硬泡。杨荫杭宁可丢乌纱，也不肯接受国务院的内部调解。许世英终因声名狼藉，被革除部长职务。杨荫杭则头也不回，从此不当京师最高检察官，而回上海当律师。他组织中国第一个律师公会，任第一任会长。他后来还当过中国第一大报《申报》的总编。

1945 年 3 月 27 日，杨荫杭 67 岁，在苏州因中风逝世。

当代人忘记了促使中国发生思想启蒙的雷奋、杨廷栋和杨荫杭，却记住杨荫杭的妹妹杨荫榆、女儿杨绛和女婿钱钟书。

八　陈范死于孤苦伶仃

讲述章太炎、邹容、章士钊和吴稚晖等人的事情时，《苏报》案的第一号缉捕对象陈范被我们冷落了。

其实，既然讲《苏报》案，随你怎么绕，也是绕不过《苏报》掌门人陈范的。

前面讲过：《苏报》案大逮捕时，吴稚晖、沈步洲和何梅士把陈范转移到凤阳路修德里汤中的"演译社"中。两天后陈范在忧愤交加之中带缳芬等两姨太太及陈撷芬、陈信芳两个女儿东渡日本。

陈范是带着无奈流亡东京。

在日本，他结识了孙中山，参加过冯自由等组织的洪门三点会。原本，大女儿陈撷芬春夏间已到过日本，并与林宗素、胡彬夏、曹汝锦等在东京成共爱会，积极参与拒俄运动。此时再来，也正巧遇到秋瑾也到了东京，于是秋瑾应邀参加共爱会，并与陈撷芬成了密友。陈撷芬继续在东京出女学报，想以此向上海章士钊的《国民日日报》提供点经济支持。

陈范的姨太太也在周围人影响下参加三点会。

摆脱封建婚姻的秋瑾，看着陈范不顺眼：

拥着两房姨太太流亡日本，算哪门子的革命党？

本来赖以过日子的《苏报》被封了，坐吃山空，带来的那点银子一下子就花空了。姨太太也先后改嫁，女儿也张罗着自己的学习及所从事的革命事业。国内，陈范的长子出走，不知所终。次子陈仲彝出狱以后，清廷一直迫他交出父亲，只得逃

走。陈范最终落得家破人亡、妻离子散。

陈范不久后去了香港。1905年夏天，他返回上海。此时《苏报》案早已过去，但清廷放不过他，找个借口将他逮捕下狱。陈范于是在牢里关了一年多。在狱中，他处境凄凉。

1906年秋天他被保释出狱，辗转在浙江温州、湖南长沙等地，过着颠沛流离的生活。因生活无着，湖南醴陵县知事汪文溥来信相招，陈范到湖南醴陵，倚靠朋友汪文溥过日子。汪文溥是陈范妹夫，曾经，他和吴敬恒、章士钊都被陈范聘为《苏报》主笔。

辛亥十月，武昌起义，原广西都督沈秉堃带着胡景伊的那支混成协进入湖南准备增援湖北，改名为"湘桂援鄂联军"，陈范与汪文溥投军到沈秉堃部，陈范出任司令部书记官。其时，因上海光复，带动华东华南一大片山河凯歌四起，全国17省议会在上海成立。

陈范回到上海，应叶楚伧、柳亚子、章士钊及景耀月的邀请出任《太平洋报》和《民主报》的编辑。

那时，革命告成，民国新建。许多功臣、元勋纷纷登场，动不动标榜自己"首造共和"的天功，要参与论功行赏。但陈范默默无闻，平心静气地当一个平凡的共和国民，只口不提自己当年倡言革命的辉煌历史和惨痛遭遇，更不曾出头露面取谋求一官半职。失去《苏报》，他晚年生活无固定来源，十分贫苦。

对此，陈范没有丝毫悔意。他说：

为实行主张起见，自始预料及此，无所于悔。

说明他当日也知道《苏报》宣传革命的必然结局，但他心甘情愿。

共同经历过那段日月的吴稚晖和蔡元培等人念及陈范及《苏报》的功绩，分别向江苏都督庄蕴宽及上海都督陈其美发函，请发还被清廷没收的《苏报》《女学报》财产，抚恤陈范和他在常州的寡媳孤孙。却由于当时民国政府办事效率低下，一直没有下文。

对于老战友们为自己的奔波，陈范却说：

请谢诸君，勿以我为念，养老之资现犹勉能，笔耕砚耨，聊免饥寒……吾辈正谊明道，非以计功利，岂容贪天之功为己力。

1913年正当二次革命受挫，革命党人兵败逃亡海外之际，陈范陷入凄凉的晚境：幼孙病故，孤身一人，贫病交加。那年5月16日去世，年仅五十四岁，死时，两个女儿不在身边。

1914 年，他的"南社"同人柳亚子为他立传。书中写到：

时南都兴建，昔之亡人逋客，方济济庆弹冠，而先生布袍幅巾，萧然物外，绝口不道前事。

章士钊称陈范是"潮流中之长厚君子"。还说：

查清末革命史中，内地报纸以放言革命自甘灭亡者，《苏报》实为孤证。此既属前此所无，后此亦不能再有。

《苏报》之名垂史册与陈范的追求是分不开的，在百年报业史上自有其地位。

对陈范心静如水，不以革命成功而提出丝毫要求，章士钊说，《苏报》案后，陈范"亡命十年，困踬以终，不闻有何怨言"。

这些算是知心人的评论了。

陈范凄凉地走了，他为中国历史留下一缕永存的清香。